《维果茨基全集》编委会

主　编

龚浩然

副主编

刘华山　黄秀兰　王光荣　吴长福

编　委（按姓氏音序排列）

白素容　陈会昌　龚浩然　管翠苹　黄浩枢　黄秀兰　贾旭杰

李德祥　李　红　刘聪颖　刘华山　梁秀娟　吴长福　王光荣

王　永　乌云特娜　许高瑜　杨成寅　郑发祥　张树芸　张豫鄂

国家出版基金资助项目
国家重点出版规划项目
浙江大学龚浩然维果茨基研究出版基金资助项目

维果茨基全集

第1卷 对传统心理学的反思

〔苏联〕列·谢·维果茨基 著

吴长福 刘华山 张树芸 黄浩枢 白素容 刘聪颖 译
刘华山 校

时代出版传媒股份有限公司
安徽教育出版社

图书在版编目（CIP）数据

对传统心理学的反思/（苏）列·谢·维果茨基著；吴长福等译.
—合肥：安徽教育出版社，2016

（维果茨基全集/龚浩然主编；1）
ISBN 978-7-5336-8300-9

Ⅰ.①对… Ⅱ.①列…②吴… Ⅲ.①心理学—研究 Ⅳ.①B84

中国版本图书馆 CIP 数据核字（2016）第 135077 号

维果茨基全集

第 1 卷 对传统心理学的反思
WEIGUOCIJI QUANJI
DI YI JUAN DUI CHUANTONG XINLIXUE DE FANSI

出 版 人：郑　可
质量总监：张丹飞
策划编辑：杨多文　徐宝妹
责任编辑：章慧敏　邰　旻　汪　琳
特约编辑：袁　舰
技术编辑：李　松
装帧设计：张鑫坤

出版发行：时代出版传媒股份有限公司　安徽教育出版社
地　　址：合肥市经开区繁华大道西路 398 号　邮编：230601
网　　址：http://www.ahep.com.cn
营销电话：(0551)63683011，63683013
排　　版：安徽创艺彩色制版有限责任公司
印　　刷：安徽新华印刷股份有限公司

开　　本：650×960　1/16
印　　张：25.75
字　　数：330 千
版　　次：2016 年 6 月第 1 版　2016 年 6 月第 1 次印刷
定　　价：130.00 元

（如发现印装质量问题，影响阅读，请与本社营销部联系调换）

序 一

著名苏俄心理学研究权威龚浩然教授主编的《维果茨基全集》(中文本,共九卷,以下简称《全集》)的问世,不仅是我国理论心理学与心理学史界的一件大事,而且也是我国整个心理学界的一件大事。

列·谢·维果茨基(Л. С. Выготский,1896—1934)是苏俄心理学的主要创始人之一,也是20世纪备受推崇的心理学家。《全集》可谓内涵丰富、思想深邃,影响全球。

《全集》具有以下四个鲜明特点:

(1) 导向正确　在苏俄心理学的发展过程中,维果茨基自觉坚持以辩证唯物主义导航,反对传统心理学或旧心理学的自然主义和唯心论与二元论哲学两种研究取向,反对行为主义的"没有心理的心理学""没有头脑的心理学",反对贬低方法论的重要价值,反对人兽不分、目中无人、脱离实际和社会实践,大声疾呼将心理学真正构建成人的本真的科学。

(2) 开拓创新　维果茨基的开拓创新是多方面的、重大的,最根本的是他将"文化"要素纳入核心价值之中,开创了心理学"文化"研究的取向,和他的弟子列昂杰夫、鲁利亚等人建构苏俄社会文化历史学派,促进苏俄理论心理学、普通心理学、发展心理学、教育心理学、思维心理学、心理语言学、社会心理学、神经心理学、病理心理学、缺陷心理学、艺术心理学等众多心理学科的改革、发展与繁荣。可以说,社会文化历史学派(苏俄还有鲁宾斯坦学派、格鲁吉亚学派、列宁格勒学派)是精英最多、影响最大的心理学学派,也是苏联解体前后得到西方公开承认并予以重视和研究的苏俄心理学派。

(3)贡献重大 维果茨基的贡献不限于心理学某一学科、理论、学说、学派,而是集心理学理论、历史、应用三者于一体。其主要学术成就为:深刻论述传统心理学危机的历史内涵,改造古典心理学的科学路径与举措;明确坚持心理学的科学方法论、实践的理论基石、服务社会的生长点的观念;提出研究意识与无意识的重要价值,创立文化历史发展理论(包括心理活动发展观、高级心理机能论、心理工具论、个性化),深刻阐明教学与发展、教学与智力、"最近发展区"、智力形成与内化学说以及思维与言语发展的理论;构建了一套心理发展的研究方法,如双重刺激法等。这一切均为苏俄心理学在世界上独树一帜的发展做出了贡献。

(4)影响深远 维果茨基38岁英年早逝,由于苏联长期把巴甫洛夫学说奉为经典,苏俄心理学生物学化尤为明显,使维果茨基的学说、理论,多年被忽视甚至遗忘。虽然维列鲁学派的继承者们在维果茨基去世后做了大量的研究、论证和发展工作,但维果茨基本人在20世纪30年代仍受到了批判。直至20世纪90年代纪念他诞辰100周年时,才召开了有美、英、法、日、意等20多个国家学者参加的国际会议,1992年才在俄罗斯召开了"维果茨基学说的过去和未来"国际会议。维果茨基的心理学思想具有划时代的意义,是打开传统心理学桎梏并由其过渡到现代心理学的钥匙。苏俄心理学的影响远远超越苏俄一国的版图,更遍及整个世界,出现了"维果茨基热",又称"维果茨基现象"。著名美国认知心理学家布鲁纳指出:"在过去四分之一世纪中,研究认识过程的心理学家,都承认维果茨基的影响。"

  我深信,在祝贺龚浩然教授学术团队《全集》出版之际,我们本着"以我为主,博采众长,为我所用"的方针,有分析与创造性地学习与研究维果茨基的思想,必将有助于我们消除传统心理学的弊端,为建构中国本土特色的心理学做出贡献。

车文博

  (车文博,中国心理学会会士,全国维果茨基研究会顾问,中国现代著名心理学家,吉林大学教授,博士生导师,曾任中国心理学会副理事长)

序 二

《全集》即将出版,这是中国心理学界,乃至整个学术界、理论界值得庆贺的一件大事。

维果茨基是国际上备受推崇的心理学泰斗,是20世纪世界范围内最具影响力的100位心理学家之一。他大学毕业于十月革命之初,正值苏联政治、经济和意识形态尖锐冲突与斗争的时期。在1924年4月于列宁格勒召开的全俄第二届精神神经病学代表大会上,他做了题为《反射学与心理学研究的方法论》的报告,对作为俄国式行为主义的反射学提出了批评,崭露其学术锋芒。会后即受新任莫斯科心理学研究所所长的科尔尼洛夫之邀,到该所任职,成了一名专职的心理学研究人员。在日后10年的短促人生历程中,他孜孜不倦地工作,为新心理学的诞生燃烧着青春和智慧,展现出他的生命的壮丽和辉煌。高度的求知欲望,坚实的哲学基础,良好的学术教养,对马克思主义的信念,执着的科学探索精神,使他顽强拼搏,积极地投身于批判旧的传统心理学与建立新型的以辩证唯物主义为指导的新的心理学的斗争中,并卓有建树。研究所里的一批年轻有为的心理学同仁很快就团结在他的周围,成了后来创立新心理学的中坚力量。

维果茨基对于心理学的贡献是具有划时代意义的。他的理论和研究工作涵盖了心理学科体系中的理论心理学、社会心理学、儿童心理学、教育心理学、艺术心理学、思维心理学、个性心理学、缺陷心理学、神经心理学、病理心理学、心理语言学、心理技术学和心理学史等广泛领域。他对于当时享誉世界的心理学家，如冯特、铁钦纳、闵斯特伯格、桑代克、詹姆斯、魏特海默、考夫卡、苛勒、斯腾、弗洛伊德、荣格、阿德勒、屈尔佩、华生，当时在苏联占据显赫地位的心理学家的大量著作，以及他们所创立的众多学派的观点体系，都一一做了认真的研究、实事求是的分析和严格的检验，因而被公认为是改造古典心理学的巨匠。在20世纪二三十年代，面对欧洲心理学派别林立的状况，维果茨基以非凡的学术勇气，撰写了《心理学危机的历史内涵》一文，指出传统心理学正在面临着深刻的危机，危机表现如下：各个流派囿于门户之见，互相攻击；方法论上极其混乱，唯心论、唯物论、机械论和二元论互相对立而又互相缠绕，以致分裂成两种独立的、完全互不依赖的理论学科的心理学——因果关系的心理学和目的论的心理学；心理学家在学院堡垒中坐而论道，严重脱离社会实践，对应用心理学抱着轻蔑的态度，使实践成了"理论的殖民地"，成了理论的"附庸""附加物"。维果茨基以高度的学术自觉，意识到危机标志着心理学发展的历史转折，他批判了传统心理学的内省观、二元论及自然主义，着手为构筑新心理学的大厦夯实方法论的基地。维果茨基清醒地认识到，辩证原则不能从外部强加给心理学，而应"从心理学内部找到它"，这正如辩证法的普遍原理要有效地运用到历史学、社会学领域，必须要创立历史唯物主义这样一门中间学科；要有效地用到经济学领域，必须要像建立《资本论》（副标题是"政治经济学批判"）这样一门方法论性质的中间学科一样，辩证法的普遍原理要有效地运用到心理学上，也需要一门类似的、方法论性质的中间学科。在这一意义上，维果茨基提出"心理学需要有自己的《资本论》"。

针对传统心理学中生物学化的自然主义倾向，维果茨基创立了人的心理发生与发展的文化—历史发展理论。他区分了两种心理机能：高级心理机能和低级心理机能。低级心理机能指不随意注意、机械记忆、低级情绪、冲动性的意志等，其发展遵循着生物进化的规律，每一种新的低级心理机能的产生都必然伴随着机体结构的改变。高级心理机能指随意注意、逻辑记忆、概念思维、高级情感和预见性的意志，这些高级心理机能的发展过程是心理的"人化"过程，受社会的文化—历史发展规律的制约。

具体来说，人的心理是在人的活动过程中发展起来的，心理的"人化"过程是通过人与人之间的交往活动实现的。人的各种高级的心理机能就是这些交往与活动形式内化的产物。维果茨基指出："任何一种高级心理机能在儿童的发展中都是两次登台的，第一次是作为集体的活动、社会的活动，亦即作为心理间的机能而登台的；第二次才是作为个人活动、作为儿童思维的内部方式、作为内部心理机能而登台的。"

如同人的实践活动是以劳动工具为中介一样，人的高级心理机能之所以高级，是因为它是以语言或符号这些"心理工具"为中介手段的。而这些心理工具本身也是在人类的物质生产活动和人与人交往活动中产生的，也是社会文化—历史发展的产物，它携带了人类在共同活动中积累起来的历史文化经验。随着人类个体对这些心理工具或符号系统的掌握和改造，他也就在原有心理机能的基础上形成了具有新质的高级心理机能。可见高级心理机能是一种随意的、抽象的、中介性的心理机能。如果说动物是以机体的自然器官的改变适应自然的话，人则是以人造器官、工具的改进来适应和改造周围环境的。

维果茨基的高级心理机能的文化—历史发展观以及与其紧密联系的活动观、内化观、中介性原理等，构成了他的关于人的心理的社会起源学说的理论基石。围绕这些观点，在他的助手和学生的共同努力下，后来形成了与传统心理学完全不同的新的心理学体系,形成了在全世界产生重要影响的社会文化历史学派,或以其创始人维果茨基和成就最高、贡献突出的核心成员列昂节夫、鲁利亚的名字命名的维列鲁学派。

也许我们可以说,维果茨基创立的关于人的心理发生与发展的文化—历史发展理论,就是心理学的"《资本论》"。维果茨基将其作为心理学研究的方法论原则普遍运用于心理学的各个领域的研究中,将历史主义的原则引入到心理学研究中,纠正了传统心理学中的人兽不分的自然主义倾向,给心理学科的发展带来全新的面貌。

在教育心理学领域,维果茨基的一个重大贡献是对教学与发展的动态关系认识的根本性突破。维果茨基根据社会文化—历史观点,提出了"教学就是人为的发展"这一独到见解,又指出"作为交往和它的最系统化的形式的便是教学",肯定了教学的交往本质,肯定了文化、活动、交往在个体心理发展中的作用。维果茨基创造性地提出了"最近发展区"的概念,用来指称儿童"在有指导的情况下接受成人的帮助所达到的解决问题的水平与在其独立活动中所达到的解决问题水平之间的差距"。他认为,教学不但要以儿童一定的成熟水平为基础,而且还应该在发展的前面引导儿童的发展。教学之所以能促进儿童发展,是因为教学的真正作用是帮助儿童形成新的心理结构、新的心理机能,为儿童创造学习的准备,创造最近发展区。就是说,这些新的心理结构的形成,给儿童在学习和发展中提供了更大的可能性。动物虽然也可能通过模仿和训练学习一些东西,但是动物在训练中不能掌握任何原则上更新的东西、更新的心理机能,因此在这个意义上可以说,动物是不可教的。

维果茨基把文化—历史观点运用到缺陷学领域,对有关缺陷儿童及其教育问题提出了一系列真知灼见。首先,他赞成阿德勒的观点,认为任何机体上的缺陷对儿童直接的消极影响总是有限的,缺陷带来的真正困境在于儿童社会关系的改变、社会地位的降低以及在此基础上儿童产生的价值缺失感。缺陷,本质上是一种社会错位。其次,维果茨基指出,对缺陷的补偿,主要不是像感官替代那样的生物性的补偿。实际研究也指出,盲童并没有因为视觉的丧失而自动地发生触觉和听觉水平的提高。不是视觉本身被替代,而是因视觉缺失而产生的困难,从而形成心理上的新结构,在一定条件下提高了盲童的记忆、注意功能,是借助言语帮助其掌握了视力正常的人的社会经验,等等。因此,补偿,是一种社会性的补偿。这样说来,在缺陷的社会性表达(价值缺失感或自卑感)、缺陷补偿的社会指向性(适应正常人生活的社会条件)两个方面,都表现出了缺陷儿童发展的社会制约性。最后,缺陷儿童的教育应该是真正意义上的社会化的教育,不应该把缺陷儿童禁锢在一个隔绝的、封闭的世界中。引导缺陷儿童走出为照顾缺陷而安排的狭窄的、封闭的环境,使他们尽可能多地接触正常的社会生活,获得充分的社会价值感,这才是可以开发缺陷儿童巨大生命潜力的社会教育的有力杠杆。

《思维与言语》是维果茨基生命后期着力完成的一部力作。它通过实验研究和批判研究,对思维与言语的关系、思维与言语的种系发生和个体发生等一系列问题展开深入分析。我们知道,对儿童自我中心言语做出详细的临床分析、跟踪观察和细致的刻画,无疑是皮亚杰的功劳。但皮亚杰认为这种自我中心言语是儿童自我中心思维的直接证据,而自我中心思维是从自我思维向社会化的现实思维过渡的一种中间形态,是一种尚未社会化的、处于发展初级形态的思维形式。维果茨基则认为,情况恰好相反,自我中心言语是从外部言语向内部言语过渡的。外部言语在向内部转化的过程中,先是在心理上成为内部的(自我中心言语),然后才是在生理上成为内部的(真正的内部言语)。自我中心言语也不是思维的自我中心性质的指标,二者不存在任何联系。在思维与言语的关系上,维果茨基认为,至少在人类个体发展的一定时间点之后,思维发展依赖于思维方式和社会文化经验的掌握,依赖于言语。而黑猩猩使用工具、采用迂回路线以解决问题的智力行为萌芽则完全不依赖于言语,可见从整个种系发展看,思维的发展经过了从生物型发展到社会—历史型发展的转变过程。这些论述后来促使皮亚杰对自己关于"自我中心言语"的观点做了反思和局部修改。这部著作于1962年被译成英文在美国出版时,布鲁纳为英译本作序,而皮亚杰为之写了后记(龚浩然:《龚浩然与俄罗斯心理学研究》,浙江大学出版社,2006年,第204页)。

此外,维果茨基在心理学的其他各个领域,都做过大量的改造和创新工作。例如,在心理学研究方法领域,维果茨基除了提供了运用辩证唯物主义方法论原则解决心理学问题的大量范例外,还改造和创建了一些新的研究方法。他从传统的、界定含混的自我观察法中区分出五种类型,肯定了理解被试的口头报告对于科学研究可能具有的客观意义。他提倡以心理的"单元分析法"代替"要素分析法",因为心理的"单元"不同于"要素"的是,它保持了心理机能系统的性质和特点,例如,在研究言语与思维的关系时,词义就是研究的"单元",它既是言语的单元,也是思维的单元。维果茨基还提出了专门用于研究高级心理机能的"双重刺激法",即在研究中给被试提供两类外部刺激,一类刺激执行着被试活动指向的客体的功能,另一类刺激作为辅助手段,执行着被试借以组织自身活动的符号的功能。

维果茨基不但重视人的心理发展的社会文化历史条件,而且对于人的心理的神经生理基础也给予了关注。这突出地表现在他所提出的高级心理机能的系统动力定位的思想中。1934年夏,他撰写了题为《心理学与心理机能的定位学说》的详细报告提纲,准备参加6月的乌克兰第一届神经病与精神病学家代表大会,孰料由于积劳成疾,竟未来得及参会就与世长辞了。他所提出的系统动力定位的思想,后来由其学生鲁利亚发展成为大脑三个机能联合区划分的思想,并经过长期临床和实验研究创立了"神经心理学"这门新兴学科。

使人惋惜的是,维果茨基才华横溢却英年早逝。他在不到20年的短暂的学术生涯中,给心理学留下了宝贵的鸿篇巨制,计有论著等多达186种,共计300多万字①。维果茨基的理论和丰硕的研究成果是苏俄现代心理学思想的重要源流,也是足以对世界心理科学产生久远影响的人类精神财富。

维果茨基理论的学术地位的确立也不是一帆风顺的。他的文化—历史发展论曾因被当时苏联坚持极"左"路线的人视为斯普兰格的德国文化心理学的翻版而一度受到批判。20世纪30年代,根据联共中央的精神,苏联心理学界开展对流行的儿童学、心理技术学、心理测量学的尖锐批判,维果茨基也受到波及,因为他曾指出"新的心理学的种子应根植于心理技术学之中"。由于苏联20世纪30年代到50年代盛行的个人迷信以及学术界对巴甫洛夫学说的教条主义态度,重视人的发展的文化—历史条件的维果茨基思想在苏联心理学发展中的地位一直未能得到充分确认。60年代苏联社会开始批判个人迷信,1962年5月,在莫斯科由"三院一部"(苏联科学院、苏联医学科学院、苏联教育科学院和苏联教育部)召开的"高级神经活动生理学与心理学的哲学问题"的全苏会议,总结了1950年两院(苏联科学院、苏联医学科学院)联席会议以来在心理学中曾一度

---

① 这里是取自俄文著述的统计字数。

出现的套用、滥用巴甫洛夫学说,导致苏联心理学研究出现生物学化倾向的严重结果。这次里程碑式的会议以后,维果茨基作为新型心理学的奠基人的学术地位开始得到确认,维果茨基思想开始重放光芒,其后继者在心理学不同领域中相继做出了令人瞩目的卓越贡献。列昂节夫活动理论、加里培林的智力活动按阶段形成的理论、达维多夫关于"发展性教学"的思想等,都是对维果茨基心理学思想的继承和发展,赞科夫依据维果茨基的"教学与发展关系"的思想所开展的改革传统小学教学体制的教学实验,为20世纪后期世界范围内的基础教育改革提供了诸多有益的借鉴。

在这一时期,苏联出版或重版了维果茨基的大部分著作,1956年、1960年、1965年分别出版了他的《思维与言语》《高级心理机能的发展》和《艺术心理学》,1982—1984年6卷本的《维果茨基文集》在莫斯科出版。此后,他的许多著作被翻译成英语、德语、日语、西班牙语、汉语等十多种文字,美国、英国、日本等国成立了以维果茨基命名的研究机构,出版了定期或不定期的刊物,呈现出持续升温的"维果茨基现象"。20世纪80年代后期,维果茨基的文化—历史发展理论孕育了当代的社会建构主义,促成了心理学的文化转向,为当代心理学家理解人类行为提供了新的视角。维果茨基的理论观点与研究成果以其主题的重要性、领域的多样性、研究的开创性、观点的超前性引起了世界各国学者的普遍关注。

美国学者托尔明曾称维果茨基为"心理学界的莫扎特",认为不了解维果茨基,就不是一位现代的心理学家。([美]托尔明:《心理学界的莫扎特》,《纽约评论》,1978年9月)

教育心理学家布鲁纳在他的《认知心理学》一书中写道:"在过去四分之一世纪中从事认识过程及其发展研究的每一位心理学家都应该承认维果茨基著作对自己的影响。"([美]布鲁纳:《认知心理学》,1977年)

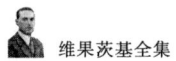

1996年维果茨基诞辰100周年之际,俄罗斯联邦在莫斯科和戈梅利等地召开了国际学术会议。会上许多学者一致指出,维果茨基的科学思想具有"划时代的意义",是一把打开从古典心理学向现代心理学过渡的理论钥匙,指导着现代心理学的发展。(龚浩然:《维果茨基及其对现代心理学的贡献——从纪念维果茨基诞辰100周年国际会议说起》,《心理发展与教育》,1997年第4期)

维果茨基心理学思想在中国的传播状况,是与维果茨基思想在苏俄心理学界的处境和地位、中国心理科学发展的走向、中国心理学工作者的国外教育背景以及中苏(俄)两国关系的演变几个因素密切相关的。

1936年,陈汉标的《苏联心理学研究》一文在《中华教育界》第23卷第10期上发表,该文重点介绍了维果茨基和鲁利亚关于儿童语言和思维的实验研究所取得的研究成果和所持有的基本观点。这是中国学界对维果茨基研究成果的最早的介绍,离维果茨基去世仅隔两年。

新中国成立后,我国出版的多种心理学教材和译著对维果茨基的思想都有所介绍。但是,在维果茨基思想对于现代心理学发展的意义的问题上,由于当时苏联学界认识尚不充分,我国心理学界对维果茨基思想的了解也就只能局限于其个别观点,无法把握其理论的全貌。及至20世纪60年代,苏联心理学界对维果茨基思想开始重新评价,维果茨基研究日益受到重视,此时恰逢中苏两党之间发生意识形态论战,有关情况未能及时介绍到中国来。这种状况一直持续到1966年我国"文革"开始,此后我国心理学事业出现十年停顿。

20世纪80年代初期,改革开放为我们充分吸收各国心理学最新研究成果提供了有利条件。许多心理学工作者,在对维果茨基思想,以及对文化—历史学派麾下的各种理论和实践的介绍与开展有关教育教学实验方面，表现出了极大的学术热情，做了大量富有成效的工作。在理论方面，研究的问题涉及维果茨基的主体教育思想、维果茨基心理技术学思想、维果茨基与社会建构主义教育观、维果茨基与西方现代心理学、西方"维果茨基现象"的理论分析等。在教育应用方面，北京师范大学冯忠良教授在对我国教育实践多年探索和能力的经验类化说的基础上，吸收了包括维果茨基及其追随者的内化说、建构观（教学的作用是促进儿童新的心理结构形成的观点）、学习的活动观、教学控制论在内的国外多种有益思想，提出了结构—定向教学的思想，并带领其研究生在中小学开展了持续十余年的教改实验，取得了良好的效果；浙江大学龚浩然教授根据维果茨基的"三主体的教育思想"及彼得罗夫斯基关于集体的心理学理论，从1983年起先后在无锡、杭州、温州等地开展"班集体建设与学生个性发展"的教改实验，产生了广泛的影响。在积极传播、实践维果茨基思想和组织、推进维果茨基思想研究方面，龚浩然教授贡献突出。龚先生的工作主要表现在以下几个方面：一是20世纪80年代初期先后在《中国社会科学》《心理学报》《心理科学通讯》《心理学探新》以及《外国心理学》等刊物上发表系列文章，比较系统地介绍与评价维果茨基思想，受到心理学界的重视。二是积极参加有关维果茨基思想的国际学术交流，如1992年12月应邀出席了俄罗斯教育科学院主持召开的题为"维果茨基的文化—历史理论：过去、现在和未来"的国际学术会议。三是根据维果茨基的"三主体的教育思想"开展教改实验。四是发起并组织全国维果茨基研究会，该研究会于1998年10月17日在浙江舟山召开了成立大会暨第一届学术年会。大会选举龚浩然教授为会长，时年96岁高龄的著名心理学家陈立教授写信表示祝贺，并被推举为名誉会长。以后又先后在上虞（1999）、武汉（2000）、哈尔滨（2002）、连云港（2004）、杭州（2006）、广州（2008）、上海（2008）、黄山（2011）

召开了八次学术年会。五是主编和出版了一批维果茨基研究丛书和译著，其中《龚浩然与俄罗斯心理学研究》(2006)是龚先生几十年研究俄罗斯心理学与维果茨基思想成果汇集而成的一部著作。六是主持编辑翻译《全集》。

龚浩然教授负责组织并任主编、由安徽教育出版社出版的《全集》的翻译工作于2008年启动。出版《全集》的初衷是要为我国心理学界、教育界、文化界以及其他领域的学者和工作人员全面认识、准确理解、深入研究维果茨基思想做好基础工作。龚浩然教授以81岁高龄，带着重病之躯，忘我地投入工程浩大的学术劳动之中，直至2010年去世。其为科学献身的精神令人感佩。安徽教育出版社决定出版这样一部卷帙浩繁的学术著作，亦充分显现该社在文化传承与创新的社会责任上的远见卓识。

龚浩然先生对苏联六卷本《维果茨基文集》、维果茨基文选以及其他一些著作中的篇章，按照他对维果茨基学术思想脉络的理解进行了精心的编排，编成《全集》：第1卷"对传统心理学的反思"，收入了《心理学危机的历史内涵》以及其他评论传统心理学的著作；第2卷"高级心理机能的社会起源理论"，是维果茨基理论的重要部分，内容涉及社会文化历史学派的理论根据；第3卷和第4卷涉及"新心理学的基本理论"，收集了维果茨基对于心理学的理论与方法、思维与言语等重要问题的著述；第5卷、第6卷分别是"年龄心理学问题"和"教育心理学问题"，介绍了维果茨基的许多实验研究，以及对"最近发展区""学习最佳年龄"等重要观念所做的深入分析；第7卷主题是缺陷学问题，介绍了维果茨基对于缺陷儿童的研究成果；第8卷、第9卷是维果茨基关于文艺心理学的论述。全书各篇章皆由俄文出版物译出。

参加《全集》翻译工作的，都是对维果茨基思想有一定研究且外文水平较高的学者,他们分别是(以姓氏拼音为序):白素容(山西大学教授)、陈会昌(北京师范大学教授)、龚浩然(浙江大学教授)、管翠苹(北京师范大学)、黄浩枢(中国石油大学教授)、黄秀兰(浙江大学教授)、贾旭杰(黑龙江大学教授)、李德祥(广东外语外贸大学教授)、李红(吉林大学教授)、梁秀娟(浙江大学)、刘聪颖(黑龙江大学教授)、刘华山(华中师范大学教授)、潘绍典(浙江教育学院教授)、王光荣(兰州大学教授)、王永(浙江大学教授)、吴长福(山西大学教授)、乌云特娜(内蒙古师范大学教授)、许高瑜(浙江大学教授)、杨成寅(中国美术学院教授)、张树芸(中国石油大学教授)、张豫鄂(华中师范大学教授)、郑发祥(江西师范大学教授)。《全集》由龚浩然任主编,刘华山、黄秀兰、王光荣、吴长福任副主编。

吉林大学车文博教授对《维果茨基全集》的翻译出版工作给予了许多支持、鼓励和指导,又欣然应承为本译著写序,对此我们由衷地表示感谢。

安徽教育出版社的杨多文编审和徐宝妹编辑为出版《全集》做了大量的工作,在此我们深表谢意。

八年来,尽管全体翻译人员宵衣旰食,认真尽责,但由于维果茨基著述内容涉猎广泛,行文旁征博引,且间或夹用法文、德文、拉丁文及其他文字,翻译起来难度较大,或由于译者外文水平不高、思虑不周,或由于译者学力不足、笔力不逮,因此,译文中错误、疏漏之处在所难免。恳请读者不吝指正,再版时必当认真更正,以作补救。

我们真诚希望《全集》的出版能帮助国内学者及其他读者比较全面和准确地了解维果茨基的学术思想,把握维果茨基理论和方法的精髓,激发学界同仁对研究维果茨基思想的热忱,通过分析和比较、实践和鉴别,从维果茨基学术宝库中获得适合于现代心理学发展需要、适合我国社会生活实际的智慧启迪,尽快使我国维果茨基思想的研究水平跻身世界前列,

使本领域的研究成果能在促进我国心理科学繁荣、教育事业革新和社会文明进步诸方面发挥积极作用。

刘华山　黄秀兰

（刘华山，中国心理学会会士，全国维果茨基研究会会长，华中师范大学心理学院教授、博士生导师，曾任中国心理学会副理事长）

（黄秀兰，全国维果茨基研究会名誉秘书长，浙江大学心理学院资深教授）

维果茨基全集

总 目 录

第1卷 对传统心理学的反思

心理学危机的历史内涵

评考夫卡的《自我观察与心理学的方法》

结构心理学中的发展问题研究

反射学与心理学研究的方法论

桑代克《基于心理学的教学原则》俄译本序言

彪勒《儿童心理发展概论》俄译本序言

拉祖尔斯基《普通心理学与实验心理学》序言

苛勒《类人猿的智慧研究》俄译本序言

列昂节夫《记忆的发展》前言

第2卷　高级心理机能的社会起源理论

第一章　高级心理机能的发展问题

第二章　研究方法

第三章　对高级心理机能的分析

第四章　高级心理机能的结构

第五章　高级心理机能的发生

第六章　口头言语的发展

第七章　书面言语发展的前史

第八章　算术运算的发展

第九章　注意的掌握

第十章　记忆与记忆术机能的发展

第十一章　言语与思维的发展

第十二章　对自身行为的掌握

第十三章　高级行为方式的培养

第十四章　文化年龄问题

第十五章　结论，进一步研究的途径

第3卷　新心理学的基本理论（上）

第一章　心理学与心理机能的定位学说

第二章　论心理系统

第三章　心理学的工具法

第四章 意识问题

第五章 心理，意识，无意识

第六章 意识是行为心理学问题

第七章 儿童发展中的工具与符号

第八章 关于情绪的学说

第4卷 新心理学的基本理论(下)

第一部分 思维与言语

第一章 问题与研究方法

第二章 皮亚杰理论中儿童的言语与思维问题

第三章 斯腾理论中的言语与思维问题

第四章 思维与言语的发生根源

第五章 概念发展的实验研究

第六章 童年期科学概念发展的研究

第七章 思维与词

第二部分 心理语言学问题

第八章 关于童年期的多语现象问题

第九章 关于儿童实践智力的实验

第十章 工具掌握中的言语功能，实践智力与言语智力问题

第十一章 言语与儿童行为中的实际操作

第十二章 儿童实际活动的高级形式的发展

第十三章 从事实的角度看发展的途径

第十四章 社会化言语的功能与自我中心言语的功能

第十五章　实践活动中言语功能的变化

第5卷　年龄心理学问题

第一部分　儿童心理学问题

第一章　年龄问题

第二章　婴儿年龄期

第三章　1岁危机

第四章　童年早期

第五章　3岁危机

第六章　7岁危机

第二部分　儿童心理的发展

第七章　知觉及其在童年期的发展

第八章　记忆及其在童年期的发展

第九章　思维及其在童年期的发展

第十章　情绪及其在童年期的发展

第十一章　想象及其在童年期的发展

第十二章　意志及其在童年期的发展

第十三章　儿童期高级注意形式的发展

第十四章　儿童个性与世界观的发展

第三部分　少年儿童学

第十五章　过渡年龄期兴趣的发展

第十六章　少年思维发展与概念形成

第十七章　过渡年龄高级心理机能的发展

第十八章　少年的想象与创造

第十九章　少年个性化与结构

第6卷　教育心理学

第一部分　教育心理学

第一章　教育学与心理学

第二章　关于行为和反应的概念

第三章　人的高级神经活动（行为）的最重要的规律

第四章　教育的生物因素与社会因素

第五章　本能是教育的对象、机制和手段

第六章　情绪行为教育

第七章　注意的心理学和教育学

第八章　反应的巩固和再现

第九章　思维是特别复杂的行为方式

第十章　劳动教育的心理学解释

第十一章　与儿童年龄发展相关的社会行为

第十二章　道德行为

第十三章　美育

第十四章　练习和疲劳

第十五章　不正常行为

第十六章　气质与性格

第十七章　天赋问题和教育的个人目的

第十八章　儿童个性研究的基本方式

第十九章　心理学和教师

第二部分　教学与发展

学龄前期的教学与发展

学龄期的教学与智力发展问题

教学与学生智力动态发展的联系

教学过程的儿童学分析

学龄期日常概念与科学概念的发展

第7卷　缺陷儿童心理学研究

第一部分　缺陷学的一般问题

引　言　现代缺陷学的基本问题

第一章　缺陷与补偿

第二章　生理缺陷儿童的教育原则

第三章　关于儿童缺陷的心理学与教育学问题

第二部分　缺陷学的专业问题

第四章　盲童

第五章　聋哑儿童社会教育的原则

第六章　关于智力落后儿童发展的补偿过程问题

第七章　困难的童年期

第八章　道德缺陷

第九章　儿童性格的动力学问题

第十章　缺陷学与异常儿童的发育及教育学说

第三部分　缺陷学的临界问题

　　第十一章　困难儿童的发展及其研究

　　第十二章　智力落后和生理缺陷儿童教育的工作基础

　　第十三章　困难儿童领域中儿童学研究工作计划的基本状况

　　第十四章　集体是缺陷儿童发展的因素

　　第十五章　为茨维弗里的著作所作的序言

　　第十六章　为格拉切娃的著作所作的序言

　　第十七章　智力落后问题

　　第十八章　困难童年的发展诊断学与儿童学的临床治疗

　　第十九章　演讲、报告等的摘要

第 8 卷　文艺心理学

第一部分　关于方法论问题

　　第一章　文艺的心理学问题

第二部分　批判

　　第二章　文艺作为意识

　　第三章　文艺作为手法

　　第四章　文艺和心理分析

第三部分　对审美反应的分析

　　第五章　对寓言的分析

　　第六章　"慢性毒药"和寓言的综合

　　第七章　"轻轻的呼吸"

第八章　关于丹麦王子哈姆雷特的悲剧

第四部分　文艺心理学

第九章　文艺作为净化

第十章　文艺心理学

第十一章　文艺与生活

第十二章　关于演员的创造心理学问题

第9卷　对《哈姆雷特》的心理分析

导　言

第一章

第二章

第三章

第四章

第五章

第六章

第七章

第八章

第九章

第十章

附　录

编后记

维果茨基全集

目　录

1　　心理学危机的历史内涵
199　评考夫卡的《自我观察与心理学的方法》
204　结构心理学中的发展问题研究
265　反射学与心理学研究的方法论
289　桑代克《基于心理学的教学原则》俄译本序言
312　彪勒《儿童心理发展概论》俄译本序言
328　拉祖尔斯基《普通心理学与实验心理学》序言
344　苛勒《类人猿的智慧研究》俄译本序言
376　列昂节夫《记忆的发展》前言

心理学危机的历史内涵*

> 建筑匠们曾鄙视过的石头已变成了主要的东西。
>
> （摘自中文版《圣经·马太福音》第 21 章第 42 节）

一

最近有越来越多的人认为，普通心理学问题是当前要解决的头等重要的问题。值得特别注意的是，发表这类看法的往往不是把概括作为职业习惯的哲学家，甚至也不是理论心理学家，而是在专门的应用心理学部门从事实际研究工作的心理学家、精神病学家、心理技术家，或者是在我们科学部门下属的分工更细、更具体的部门工作的代表人物。显然，某些心理学科在开展对事实材料的研究和积累方面，在使获得的知识系统化方面，在对基本原理和规律的形成方面，已经到了某种转折点。因此，要使研究进一步向前推进，若仍然简单地继续原先的对事实材料的研究和积累将是无益的，或者说，是不可能取得成效的。为了使研究有所进展，必须指明前进的方向。

由于这种方法论上的危机，由于意识到某些学科研究指导上的需要，由于在学科知识的某发展阶段上有必要有批判地理顺所积累的各种资

---

* 吴长福、白素容、刘聪颖译。

料，使零散的规律条理化，以便更好地领会和检验所取得的成果、清理各种方法的基本概念、制定各种基本原则，总之是要使科学知识的源头与终点衔接起来，因此产生了一门新的科学——普通心理学。

普通心理学的概念绝对不能与那些对一系列个别、专门学科来说是主要的和中心的理论心理学的概念混为一谈。其实，应当把后者即正常成年人的心理学看作是一门分支学科，把它放在动物心理学和心理病理学一起来研究。这门学科以前曾起过而且至今还部分地起着某种概括化因素的作用，这种因素某种程度上在分支学科的结构和体系的形成中给这些学科提供基本概念，使之与固有结构相适应，这种情况可以通过科学发展史得到解释，但逻辑的必然性并不能解释这一点。过去，这种情况曾经有过，现在仍部分地存在着，但决不能说它必然存在，或者说今后还将存在，因为这种情况不是出于学科本身的原因，而是由外界环境的变化引起的。外界的环境一发生变化，正常成年人心理学就会马上失去其指导作用。我们可以看到，这点已开始部分地得到应验。在培育无意识概念的心理学体系中，病理心理学起到了这种主导学科的作用，其基本概念成为一些亲缘学科研究的出发点，比如弗洛伊德体系、阿德勒体系、克雷奇默尔体系就属于这种具有主导作用的学科。

病理心理学的主导作用，在克雷奇默尔那里，已经不像在弗洛伊德和阿德勒那里那样，与无意识的基本概念存在着联系，即已经与该学科在基本观念研究方面的实际优先权没有联系，而是与根本的方法论观点有关。按照这种观点，心理学所研究的种种现象的实质，通过其各种极端的病态反映，被十分清楚地揭示出来。因此，应该从研究病理学转为研究正常人，通过研究病理学解释和理解正常的人，而不是相反，像现在我们所做的那样。解决心理学问题的关键存在于病理学之中，这不仅是因为病理学比其他学科更早涉及和研究心理的根源,还因为事物的内在本质和以此为条件的关于这些事物的科学知识的本质就是这样的。如果对传统心理学来说,应该在某种程度上把心理疾病患者看作是研究对象,而正常人也应在不同程度上确定其对心理疾病患者之间的关系的话,那么对于新体系来说,每个正常人也在某种程度上是精神失常者,他们在心理上也应该被看作是某种病理类型的变种。简而言之,在一种分类法中,正常人被看作是基本类型,而心理疾病患者则被看作是基本类型的变体或变种;而在另一种分类法中则恰好相反,病理现象被看作是基本类型,而正常现象则被看作是它的变种。谁能预见,未来的普通心理学该如何来对待这些分歧呢?

这种部分是具体的、部分是原则的双重动因,在第三种分类法中赋予动物心理学以最重要的意义。比如,多数美国行为心理学派和俄国反射心理学派的情况就是如此。俄国反射心理学派在条件反射概念基础上发展成整个反射学体系,并围绕着条件反射概念把所有用作研究的材料做了分类。除了在行为基本概念形成过程中有事实上的优先权外,许多作者原则上把动物心理学看作是与其他学科相互关联的一门普通学科。动物心理学是行为科学的逻辑起因,这一点是任何遗传研究和心理解释的出发点;动物心理学是纯粹的生物学科,正是这一点要求它制定出许多重要的科学概念,并把这些概念提供给毗邻学科使用。

比如,巴甫洛夫的观点就是如此。按照他的说法,心理学家做的事情不能影响到动物心理学家,而动物心理学家做的事情则能百分之百地影响到心理学家的工作。那些人在上层建筑,而这里却在为它打基础(1950年)。事实上,动物心理学现在是我们用来取得研究和描述行为的各种基本范畴的源泉,是我们依此用来验证我们研究成果的例证,同时也是我们依此修正我们研究方法的准绳。

若与传统心理学相比,得出的结论恰好与此相反。在传统心理学中,人是被研究的出发点。我们以人为研究的出发点,以便了解动物的心理;我们通过与自身类比的方法,来解释动物内心的表现。在这种情况下,问题并非总是归结于简单的拟人论。严肃的方法论原理常常记录下研究的这一进程:主观心理学不可能成为其他心理学。主观心理学在人的心理学中看到打开动物心理学的钥匙,即通过高级形式理解低级形式的钥匙。要知道研究者应该不总是沿着自然引导的路一直走下去,有时走反向的路反而更好些。

因此,马克思在肯定"人体解剖对于猴体解剖"是一把钥匙时,指出这一"走反向路"方法的方法论原理,他说:"低等动物身上表露的高等动物的征兆,只有在高等动物本身已被认识之后才能理解。因此,资产阶级经济为古代经济等提供了钥匙。但是,绝不是像那些抹杀一切历史差别、把一切社会形式都看成资产阶级社会形式的经济学家所理解的那样。人们认识了地租,就能理解代役租、什一税等。但是不应当把它们等同起来。"①

根据地租来认识代役租,根据资产阶级形式来认识封建形式,这就是同样的方法学方式,通过这种方式,我们可以根据人的发达的思维和言语来了解和确定动物的思维及其言语的初始状态。只有了解发展过程的末尾、结果以及该形式发展的方向,才能彻底认识发展过程中的某一阶段和发展过程本身。当然,我们这里所谈的只是基本范畴和概念从高级向低级的方法论上的转移,而决非实际观察和概括上的转移。比如,在对资本主义结构做分析时,阶级的社会范畴和阶级斗争的概念以最纯粹的方式被揭示出来,但尽管我们在那里总是与其他阶级、与其他斗争形式、与这

---

① 《马克思恩格斯全集》中文版第46卷上册,第43页。

一范畴的特殊发展阶段相遇,这些概念依然是研究整个资本主义以前社会结构的钥匙。然而,我们不应抹杀所有这些因各个时代的历史独特性而区别于资本主义形式的特点,而是与此相反,应该首先去接近并进行研究,只有这样,我们才能对从其他的高级结构分析中得来的范畴和概念有所了解。

"资产阶级社会",马克思解释说,"是历史上最发达的和最复杂的生产组织。因此,那些表现它的各种关系的范畴以及对于它的结构的理解,同时也能使我们透视一切已经覆灭的社会形式的结构和生产关系。资产阶级社会借这些社会形式的残片和因素建立起来,其中一部分是尚未被克服的这些残片和因素的遗留,仍继续在这里存留着,一部分原来只是征兆的东西,后来发展到具有充分意义的东西,等等。"①弄清楚发展道路的终点后,再弄清楚整个发展道路及其发展的各个阶段就是轻而易举的事了。

这就是许多学科中采取的能够证实自己正确的可能的方法之一。然而这种方法未必适用于心理学。巴甫洛夫正是从方法论角度否定从人到动物的这一方法的。不是各种现象中事实上的差别,而是心理学范畴和概念的认识上的无效性和不适用性成为他反对这种方法的原因,他反对走"反向"的方法,而坚持自然所引导的直截了当的、重复的研究方法。巴甫洛夫认为:"不应该把实际上非空间关系的心理学概念引入动物行为机制以及这些关系的批判中去。"

由此可见,问题不在于事实,而在于概念,即在于思考这些事实的方法。巴甫洛夫认为:"我们的事实应该通过空间和时间的形式来思考;我们这里有的是纯自然科学的事实;而心理学的事实则只能通过时间形式来思考。"这里所谈的正是各种概念的区分,而不是各种现象的区分。巴甫洛

---

① 《马克思恩格斯全集》中文版第46卷上册,第43页。

夫想争取到的不仅仅是自己研究领域的独立地位，而且还想借此扩大其对心理学各领域的影响力和指导作用。这一点是显而易见的，他曾直截了当地指出，争论的不仅是摆脱各种心理学概念控制的问题，而且还有借助新的空间概念来研究心理学的问题。

巴甫洛夫认为，科学迟早会"根据外部表现相似物或同一物的原则"把客观资料移到人的心理分析中去，并用来解释意识的自然属性和机制。① 这就是从简单到复杂、从研究动物到研究人的方法。他说："简单的、初级的东西是不用通过复杂的东西就可理解的，然而复杂的东西不通过简单的、初级的东西是不可能解释清楚的。"这些资料构成了"心理学知识的基础"。② 巴甫洛夫在《动物高级神经活动（行为）客观研究20年经验：条件反射》一书的前言中声称，他"彻底地、坚定不移地、一往无前地确信自己主要是采用了这种方法"，并成功地"认知了人的本性的机制和发展规律"。③

这就是在动物研究和人的心理学研究之间出现的一个新的分歧。这个分歧按其实质，非常类似于病理心理学与正常人心理学之间的分歧。应该由什么样的学科来领导、统一和制定基本的概念、原则和方法，并对所有其他领域的资料进行验证和分类呢？如果说以前传统心理学在某种程度上把动物看作是人类的远祖的话，那么现在，反射学倾向于把人看作是"没有羽毛的两条腿的动物"（柏拉图语）。原先，动物的心理是以研究人类中获得的概念和术语来界定和描述的；如今，动物的行为则提供了"对人类行为理解的钥匙"。而我们称之为"人的行为"的东西，只能被理解为由于直立行走并因而产生说话能力和拥有发达的粗大手指的双手的动物

---

①②③ 巴甫洛夫：《动物高级神经活动（行为）客观研究20年经验：条件反射》，1923年，第23页，第105页，第17页。

的心理。

我们不禁还要发问:除了未来的普通心理学,还有什么学科能消除心理学中对动物和人的研究中的这种分歧呢?普通心理学这门学科的整个未来的命运怎样,是否恰好就是妥善消除这种分歧的关键所在呢?

二

从以上三种类型的心理学体系的分析中可以看出,对普通心理学的需求已经达到一种什么样的程度,而且已经在某种程度上勾勒出这一概念的界限和大致的内容。我们的研究方法始终将以分析事实材料作为出发点,哪怕用来分析的都是些极其概括和抽象性质的材料,比如各种心理学体系及其类型,各种理论的发展趋势及其前途,各种认识方法、科学分类及图表等等。同时,我们不是从抽象逻辑的方面,即不是从纯哲学的方面来考察这些材料的,而是把科学史中的既定事实和具体、生动的历史事件放在它们的发展趋势、对立斗争和现实环境中去考察的;当然也是放在这些材料的认识的和理论的实质中去考察的,也就是说,是从这些材料事先规定必须适应现实的角度去考察的。我们想用的不是抽象推论的方法,而是对科学现实进行分析的方法,并通过这方法对作为一门学科的两个方面的个体心理学和社会心理学的实质及其历史命运得出一个明确的概念。为了得出概括性的、经过检验的和适合于指导的原则,就得像政治家分析事件那样,由此推定出行动准则和组织科研工作的准则,推定出对学科的具体形式进行历史的考察和对这些形式进行理论分析的方法论研究——按我们的观点,这就是普通心理学的萌芽。关于这门学科的概念,我们将在本章中详加说明。

我们能从分析中得知的第一点是,普通心理学和正常人理论心理学之间存在着一条分界线。我们认为正常人心理学并非一定是一门普通心理学,在整个学科体系中,它本身也变成一门受另一学科领域所支配的分支学科。我们还认为心理病理学,还有关于动物行为的学说,也同样并非一定是一门普通心理学,尽管它们在过去和现在也曾起到过一些这方面的作用。维金斯基认为,如果把普通心理学"称之为基础心理学也许更合适些,因为这门学科奠定了整个心理学的基础"(1917年)。霍夫定则认为,心理学"可以通过很多方式方法来研究"。他还认为,"心理学不只有一种,而是有很多种"(1908年)。可是他并不认为心理学必须统一成为一门学科,他依然倾向于把主观心理学看作是一门基础学科,其他学科都要像围绕一个中心那样围绕着这门基础学科,把所有其他认识来源的丰富材料都汇入这门基础学科。的确,在这种情况下谈论基础心理学或中心心理学倒比谈论普通心理学更合适些,尽管这样做需要有更多的学校的条条框框和天真的自信。但我们也得面对这样的事实:各种体系是和各种完全不同的基础和中心一起产生的,教授们按事物的本质所认为是基础的东西在这些体系中是不断向其边缘漂移的。所以说,我们得弄清楚,主观心理学成为整个体系中的基础或中心的心理学是有原因的,同样得弄清楚,主观心理学现在失去这种作用也是有原因的。在这种情况下,我们再来谈谈有别于应用心理学的理论心理学。这种称呼在术语上说显得更确切些,闵斯特伯格(1922年)就是这样做的。正常成年人心理学与儿童心理学、动物心理学和病理心理学一样,都是理论心理学的一个分支。

宾斯万格(1922年)提出,理论心理学既不是普通心理学,也不是普通心理学的一部分,但它是普通心理学研究的客体或对象。普通心理学会提出一些通常理论心理学也会提出的问题,如它的结构及其概念的适应性一类的问题。但不能把理论心理学和普通心理学混为一谈,心理学中的理论建设问题恰好是普通心理学要研究的基本问题。

我们能从分析中得知的第二点是,当时的条件决定了理论心理学和后来其他一些学科能起到普通心理学的作用。当时的条件是:一方面普通心理学还没有产生;另一方面为了有可能进行科研,很需要尽快建立普通心理学,很需要在普通心理学产生之前有一门学科来代行它的职能。于是,在心理学内部就孕育着一门普通学科——普通心理学,但它至今还没有降生。

我们能从我们的分析中得知的第三点是,正如科学史和方法论所表明的那样,任何一门普通学科以及它的发展都可以分为两个阶段。在发展的第一阶段,普通学科和分支学科的区别是以纯粹的数量为标志的。这种区别,正像宾斯万格所正确指出的那样,是大部分学科所特有的。比如,我们可以采用这个办法区别普通学科以及分支学科,如植物学、动物学、生物学、生理学、病理学、精神病学等等。普通学科把该学科所有客体所具有的共同的东西作为自己研究的对象,分支学科则把同一客体中单独一组或单独一份所特有的东西作为自己研究的对象。就这个意义来说,我们授予现在称之为差异心理学的学科以分支学科的名称;在同样的意义上来说,我们把这个领域称之为个体心理学。植物学或动物学的共同部分研究的是所有植物或动物中共同的东西;心理学研究的是所有人所固有的东西。为此,从该现象现实的多样性中抽象出某种它们所固有或它们中大多数所固有的共同点的概念,在脱离了具体特点的现实多样性的抽象形式中,它们成为普通学科的研究对象。因此,普通学科的特征和任务是:科学地认识该领域中大量个别现象所共有的事实。(宾斯万格,1922年)

这是一个探索和尝试运用所有心理学学科共有的抽象概念的阶段。

这种概念是所有这些学科的研究对象,它从纷繁多样的个别现象中被区别出来并被赋予了特定的意义。对于心理学来说,这种概念具有对现象的认知价值。通过分析,我们清楚地看到这个阶段。我们能够判断,这些和对心理学对象的未知概念、对心理学研究问题的未知答案,在当前科学发展的历史时刻,对我们学科来说将具有什么样的意义。

任何具体的现象都有其不同的特征,因而具体现象是取之不尽、用之不竭的。我们应该从各种具体现象中不断发现能够使其成为科学事实的东西。这正是天文学家观察日食和纯粹出于好奇的观察者观察日食的不同之处。前者在现象中区分出能把现象变成天文事实的东西,后者只看到落入他视野中的一些纯属偶然的现象。

在心理学研究的所有现象中,在从狗的唾液到悲剧的欣赏中,哪些是它们中的共同的东西、是能够使这些最纷繁多样的现象成为心理学事实的东西呢?在疯人的呓语中和数学家精确的计算结果中有共同的东西吗?传统心理学回答说:共同的东西是指所有非空间的、只是体验主体本身所知觉的心理学现象。反射学回答说:共同的东西是指所有这些现象是行为的、相互关联活动的事实,是机体回答动作的反射。心理分析学家则回答说:共同的东西存在于所有这些事实之中,是统一这些事实的最原始的东西,是作为事实基础的无意识的东西。这三个回答相应地指出,普通心理学是研究心理现象和心理特点的科学,是研究行为的科学,是研究无意识的科学。

由此可见,这种共同的概念对整个未来科学的命运有着多么重要的意义。在这三个体系的每个体系的概念中所依次表现的任何一个事实都采取了三种根本不同的形式。确切些说,这是一个事实的三个不同的方面。更确切些说,这是三个不同的事实。随着科学的发展,随着事实材料的积累，我们会陆续获得三种不同的概括、三种不同的规律、三种不同的分类、三种不同的体系，也就是三门单独的学科。这三门学科离共同的、统一它们事实材料的东西越远，彼此之间的差异就越大，这些学科的发展就越有成效。这些学科产生后很快就不得不面临对各种各样的事实材料的选择，而这选择材料本身就已经决定了学科今后的命运。考夫卡（1926年）是第一个说出这种想法的人，他认为，如果事情这样进一步发展的话，内省心理学和行为心理学就会发展成为两门学科；这两门学科的研究方法上的差异如此之大，以至"决不能有把握地说，它们真的会通向同一个目标"。

其实，巴甫洛夫和别赫捷列夫都持有同样的看法。对从不同角度研究同一对象的两门学科（心理学和反射学）平行存在的想法，他们两个都是接受的。"我不否定心理学是认识人的内部世界的科学"，巴甫洛夫在谈到这一点时这样说。别赫捷列夫的看法是，反射学与主观心理学并不对立，可以说一点也不排斥；反射学为自己划定了一个特殊的研究领域，也即建立了一门崭新的平行的学科。他还谈到这两门科学学科之间的紧密联系，甚至还认为，将来必然会产生这样一门学科——主观反射学（1923年）。不过，应该指出，巴甫洛夫和别赫捷列夫实际上对心理学采取的是否定的态度，他们满心希望用客观的方法研究关于人的知识的整个领域，即虽然口头上承认有两门学科，实际上在他们眼中只看到一门学科。这样，共同的概念就预先规定了学科的内容。

现在，精神分析理论、行为主义理论和主观心理学已经不仅采用各种概念，而且还采用各种事实材料。像精神分析学家们的俄狄浦斯情结（恋母情结）那样毫无疑义的、最现实的和最为大家所熟知的实例，对其他心理学家来说是根本不存在的，对许多人来说这简直是一种想入非非。斯腾对精神分析理论怀有好感,对他来说,弗洛伊德学派中的那些关于精神分析的论述是如此寻常和可信,正如医院里测量体温得出的结果那样,精神分析学家们断定确实存在的例证,不禁令人想起16世纪的手相术和星相术。对于巴甫洛夫来说,他的论断(狗听到铃声想起食物)不是幻想。对于内省主义者来说,思维动作中不存在肌肉运动的事实,行为主义者也做出了这样的论断。

但是基本的概念,比如说,以学科为基础的初级抽象,规定的不仅仅是内容,而且还预先规定统一各门学科的性质,而只有通过这基本的概念才能得出解释事实的方法,得出对各学科的主要解释原则。

我们认为,普通学科,正如个别学科变成普通学科和扩大对毗邻知识部门影响的倾向那样,是应融合不同各类知识部门的需要而产生的。当相似的学科积累了原先互相隔离的部门相当多的资料的时候,就出现了把所有这些各种各样资料加以归纳、统一,并由此确定各个部门之间以及每个部门和科学知识整个部门之间的关系的需要。那么,怎样才能把病理学、动物心理学和社会心理学的材料整合在一起呢?我们认为,统一的主体首先是初级抽象。但是整合材料产生的不是数量上的总和,不是用连接词"和"字一连接就成的。正如格式塔心理学所说的那样,不是通过简单合并或各部门相加的办法,而是要每个部门都保持平衡和独立,使其构成一个新的整体。要通过调整主从关系的方式,通过使个别学科拒绝脱离优先权以利用建立某一普通学科的方式以求得最后的统一。在新整体的内部出现的不是各个别学科的共存,而是它们的等级制度,其中有主要的中心,也有次要的中心,像太阳系那样。因此,这种统一决定了每个单独领域的作用、内涵和意义,也就是说,不只是决定了内容,而且还有解释的方法,最主要的是概括,这种概括在学科发展中将逐步成为解释的原则。

把心理、无意识、行为当作是初级概念，这就是说，不仅收集三种不同类型的事实材料，而且提供了解释这些实例的三种不同方法。

我们认为，对知识的概括和整合的倾向正在转变并发展成为对知识的解释的倾向。概念性概括的统一正在发展成为解释原则的统一，因为解释就是确定一种或一批事实材料与另一种或另一批事实材料之间的联系，是对另外一系列现象的引用，解释就是对学科做出有因果关系的解释。当整合在某一学科内部发生的时候，这种解释就通过某个领域内部存在的各种现象的因果关系的方法来确定。但是我们一向各单独学科的概括、向各领域的实例的统一合并、向第二序列的概括转变时，马上就得寻找更高一级序列的解释，即寻找这种实例知识以及这种知识之外的各个领域之间的联系。对解释原则的探索就这样使我们超越这门学科的界限，并使我们在更为广阔的现象范围内寻找该领域内各种现象的位置。

在争取各单独学科主导地位的竞争中，我们已发现以划分普通学科为基础的第二种倾向，这就是向解释原则的统一转变的倾向，在存在的总的体系中寻找该类存在的位置和在知识的总的体系中寻找该学科的位置的这种超越该学科的界限的转变。任何概念性概念都已经包含在解释原则的倾向之中，而由于各学科之间的斗争是为概念性概念进行的斗争，因此这里不可避免地应该出现第二种倾向。的确，反射学不仅提出行为的概念，而且还提出条件反射的原则——根据动物的外部经验来解释行为的原则。很难确定，这两种学科中哪种学说对当前动向来说更重要些。抛开原则，你就会得到行为，也就是说，得到基于意识的外部动作和行为的体系，得到早就存在于主观心理学内部的学科。抛开概念和维护原则，你就会得到感觉论者的联想心理学。关于这两种心理学，我们将留到下文中来谈。在这里，我们将着重谈的是，概念的概念和解释原则只是在相互整合中、只是在这两者一起时才能规定普通学科的作用。病理心理学的情况与此完全相反,它不仅提出无意识这一概念性概念,而且还用性欲原则来解释这一概念。概括各门心理学学科并在无意识这一概念基础上整合它们,也就是说为精神分析而解释心理学所研究的、源于性欲的整个世界。

然而这里还有两种倾向——整合和概括,这两种倾向得相互融合,很难截然分开。第二种倾向表现得不够明显,它只能是有时存在,或者是根本不存在。它与第一种倾向重合,这是由于历史上的需要,而不是逻辑上的需要。在各种个别学科争取支配权的斗争中,这种倾向通常会表现出来,我们可以在分析中找到这种倾向。但这种倾向有时也可能不表现出来,而主要的是,在另外许多实例中,这种倾向能够通过纯粹的、不混杂的、与第一种倾向分离的形式表现出来。在这两种情况下,我们都可以通过纯粹的形式看到每一种倾向。

比如,在传统心理学中,心理的概念可以与许多解释(尽管不是任何的解释)——联想主义、现实论概念、能力论等——统一起来。因此,概括和统一之间的关系是密切的,但这两者之间不是同义的。一个概念可以容许有许多解释,许多解释也可统一为一个概念。随之,在无意识心理学体系中,这个基本概念不一定要把它解释成是性欲。另一些原则奠定了阿德勒和荣格的解释的基础。这样一来,在各学科的斗争中,知识的第一种倾向——走向统一的倾向——在逻辑上是必定要表现出来的,而知识的第二种倾向在逻辑上是不表现出来的,只是根据所处的历史条件在不同程度上表现出来。因此,在同一门学科内部的原则和学派的斗争中,通过纯粹的方式观察第二种倾向是最容易、最方便的。

三

可以说,超越某个局部领域的任何重大发现都具有成为所有心理现象的解释原则的倾向,都有使心理学超越原有领域、走向更广阔的领域的倾向。近几十年来,这种倾向在各个不同领域里都有所表现,而且这些表现都具有惊人的规律性、恒定性、定型性,以至于完全可以由此做出大胆的预言,推测出某个概念或发现某种理论的整个发展过程。同时,在这形形色色的理论的发展过程中发生的、这种科学史专家和方法论专家也不得不予以确认的有规律性的重复,已清楚地说明以科学发展作为依据的客观的必然性,同时也已清楚地说明,如果从科学角度来观察科学事实的话,这种必然性是可以发现的。这就意味着,建立以历史为依据的科学方法论是可能的。

各种理论的交替和发展的规律,概念的产生和消灭,乃至分类的交替等,所有这一切都可能科学地做出解释,做出这种解释的依据是:(1)该学科与时代一般社会文化内在原因的联系;(2)该学科与科学认识一般条件和规律的联系;(3)该学科与在对各现象研究的该阶段上对被研究现象本质的科学认真提出的客观要求之间的联系,归根结底也即与该学科所研究的客观现实要求之间的联系。要知道科学认识必须适应被研究事实的特点,必须符合按所研究的事实提出来的要求。因此,在科学事实发生改变时经常可发现这门学科所研究的科学事实的参加。上述三点依据在研究中应该引起我们足够的重视。

这些作为解释原则的理论的共同命运和发展路线可简略地通过以下几个阶段来说明。

在第一阶段,摆在我们面前的是有比较重大的意义的事实发现,这种发现改变着它所属现象整个领域的通常的观念,甚至超越它被观察和被定型的那些现象局部组合的界限。

随后开始第二阶段——把那些理论的影响扩展至毗邻领域的阶段,

比如说，把那些理论延伸到其所能包括的更多的材料上去。与此同时，理论本身（或者它的应用本身）也会发生变化，出现了对理论的较为抽象的表达方法，与产生这种理论的材料之间的联系也越来越弱，这种联系只是继续给新理论的可靠性提供力量，因为旧理论已把自己取得的决定性进展看作是科学上经得起检验的可靠的发现。这一点很重要。

在发展的第三阶段，理论已在一定程度上控制了最先产生该理论的整个学科。这种情况部分地改变了理论本身，也部分地改变了学科的结构和规模。理论从产生它的事实中分离出来，存在于较为抽象定型的原则的形式之中，陷入夺取控制权的学科斗争的环境之中，也即走上了倾向于统一的行动轨道。这种情况之所以产生，通常是因为作为解释原则的理论已成功地控制了整个学科，也就是说，理论使自己完全适应了，同时也部分地让奠定学科基础的概念来适应自己。现在，理论和概念这两者已趋于一致。

当两种倾向互相促进的时候，我们是通过自己的分析才找到了理论存在的这一混杂阶段的。随着统一倾向的加强，理论所控制的范围越来越广，它也就越容易向毗邻学科转移、渗透。理论本身不停地发生变异。材料越积累越多，篇幅越扩越大，这样的结果使受理论渗透的那些领域也同样发生了变异。在这一阶段里，理论的命运同代表它的为夺取控制权而斗争的学科的命运是紧密相连的。

在第四阶段，理论再一次从基本概念中分离出来，因为这一事实（尽管只是某学派所维护的一个草案）本身是整个心理学界以及各门学科的成果，正是这一事实推动了理论的进一步发展。直到现在，理论在超越基本概念的情况下依然是一种解释原则。要知道，解释就是在探索外部原因时超越自己的界限。当理论与基本概念取得完全一致时，它就用不着解释什么了。然而,从逻辑上说,基本概念是不能获得什么发展的,如果获得发展,就等于否定了自己。要知道,基本概念的意义就是要明确规定心理学知识领域的范围。实质上,基本概念是不可能超越自己的界限的。因此,必须使概念和解释这两者分离。况且,正如上述,从逻辑上说统一可以被认为是确定与更广阔领域之间的关系,是对自己范围的一种超越。理论从概念分离后就实现了这一点。现在,理论使心理学与心理学之外的广阔领域——生物学、物理学、化学、力学——发生了联系,与此同时,作为基本概念的理论使它从这些领域中分离出来。这些临时工作在一起的成员的功能又一次发生了变异。理论现在公然与某种哲学体系接上了关系,并通过改变自身和改变别的什么而把影响扩展到存在的最远的范围,扩展到全世界,把它定型为是一种万能原则,或者甚至是整个世界观。

这一被说成是世界观的发现,正如被说成是牛蛙的癞蛤蟆、被说成是贵族的市侩一样,陷入了非常危险的境地,这就是发展的第五阶段。因为它像肥皂泡一样,很容易就破了。不管怎样,它都得进入对抗和否定的阶段,现在却得去面对来自各个方面的对抗和否定。诚然,反对某种理论的斗争在过去、在原先的阶段也曾有过。但那是对理论扩张的正常反应,是对它的征服性倾向的每个单独领域所做的反抗。理论发现产生的原始动力呵护着理论,像母亲呵护着自己的孩子一样,使其免受为生存而进行的当前斗争的伤害。只是现在,当理论完全脱离产生它的事实,发展到逻辑极限,得出最后结论并尽可能地进行概括之后,它最终发现那事实上属于自己的东西,暴露出自己的真面目。这种情况虽然令人感到非常奇怪,但正是在达到哲学形式之后,仿佛是被层层迷雾掩盖了似的,远离直接根源和产生它的社会原因,事实上只有在这之后,理论才发现自己想要什么,自己拥有什么,自己的产生源于什么样的社会倾向,自己又是在为什么样的阶级服务。只有发展成世界观或确立与世界观的联系,来源于科学事实的部分理论才又成为社会生活的事实,也就是说,重新回到了它母亲的怀抱。只有重新成为社会生活的一部分,它才发现自己的社会本性,当然,这本性是始终存在于它本身的,但它只是在已认知的事实掩盖的情况下才存在的,只是作为这种事实的体现而存在的。

因此,在反对某种理论而斗争的这一阶段,理论的命运大概就是这样决定的。人们给作为新贵族的新理论指出它的市侩的,也就是真正的起源。人们把理论限制在原先出现的领域内,迫使其倒退;只承认它是局部的发现,不承认它是世界观;现在又提出了新的方法,将其作为局部的发现及与其相关联的事实来理解。换句话说就是,代表其他社会倾向和势力的其他世界观,甚至从某种理论那里夺回它原有的领域,并发展了自己的理论观点之后,即使在这时,理论或者自行消亡,或者继续存在,都与许多其他世界观中某种世界观发生密切的关系,分担这些世界观的命运,执行这些世界观的职能。但是,这时作为使科学革命化的理论已不复存在;那就是已"退休"了的、曾在自己领域占据主导地位的理论。

那么,为什么理论本身会不复存在呢?恩格斯发现世界观领域里有一条规律,即理论聚集于唯心主义和唯物主义两极周围的规律,这两极是与社会生活的两极、与两个相互斗争的主要阶级相适应的。作为哲学事实的理论比作为科学事实的理论更容易发现自己的社会本性;理论作为隐蔽的、给意识形态代表换上科学事实外衣的作用就终结于此,它露出了自己本来的面目,作为一个成员参加到各种思想的共同的公开的阶级斗争中去。但正是在这里,作为庞大机构里小小成员的它消失了,正如一滴雨珠消失在浩瀚的大海里一样,它本身已不复存在。

四

心理学中,有变成解释原则倾向的任何一项发现都走着这样一条道路。这些理论本身的产生是由于有最终植根于所研究现象本质中的客观科学的需要,换句话说,正如对理论的需要被科学的本质也即最终被这门学科所研究的心理学现实的本质在该认识阶段上揭示出来一样。但科学史能解释的仅仅是,为什么在理论发展的该阶段上会产生对各种理论的需要,为什么不是在百年之前甚至不是在更多年之前使这种情况成为可能。究竟是什么样的发现发展为世界观,什么样的发现却没有;什么样的理论被提出来,这些理论被提出来后又经历过什么样的道路,遭遇过什么样的命运——所有这一切都有赖于科学史以外的因素和对科学史本身起决定作用的因素。

这一点可以与普列汉诺夫(1922年)关于文艺的学说进行比较。大自然使人有一种美学的需要,使人们的美学思想、趣味和感受成为可能。但在该历史时期的该社会人会有怎样的趣味、思想和感受,这一点是不能离开人的本质来研究的,能回答这个问题的只有唯物主义的历史观。实际上,这种论断甚至不是比较。它不是采取隐喻的方式,而是直接地属于同一个普通的规律,普列汉诺夫只是把其中的一部分用于解决文艺问题。实际上,科学的认知是一系列其他活动之间的社会人的活动形式之一。由此可见,科学的认知是从认识自然界方面来考察的,而不是作为意识形态。科学的认知是一种劳动形式,它像任何一种劳动一样,首先是人和自然之间的一个过程,在其中,人本身与作为自然力的自然界是对立的。这个过程首先是以被研究的自然为特征的和被研究的自然力为特征的这两个方面,也就是说,在这种情况下,这一进程具有人的心理现象和认识条件的性质。(普列汉诺夫,1922年)可是,这些自然界的也即固定不变的特征却不能用来解释科学史的发展、运动和变化。这是公认的事实。然而,在科学发展的任何阶段上,我们都能在现象认识的该阶段上——自然不是被现象的本质所规定而是被人的历史所规定的阶段上——对各种被研究的现象的本质所提出来的各种要求加以划分、分类和抽象。正因为如此,心理现象在该认识阶段的自然特征是纯历史的范畴,因为这些特征在认识过程中是会不断变化的,某些特征之和是纯历史的数量,可以把它们视为科学历史发展的一个原因或许多原因之一。

我们把近几十年来颇有影响的四种理论的命运作为刚刚叙述过的心理学中的一般理论发展模式的例子来考察。此外,使我们感兴趣的是使这些理论的产生成为可能的事实,而不是这些理论本身;也就是说,使我们感兴趣的是植根于科学史中的事实,而不是排除在科学史之外的事实。我们不准备探讨,为什么正是这些理论,正是这些理论的历史作为症状、作为科学史所感受的那种状态的见证是重要的。我们感兴趣的不是历史的而是方法论的问题:现在,在什么样的程度上心理事实被揭露和被认识?这些事实要求在科学结构中发生什么样的变化,以便有可能在已认识的基础上继续认识?四种理论的命运应该证实当时科学的需要以及这种需要的内容和范围。科学史对我们来说之所以重要,是因为它对心理事实认识的深度起着决定性的作用。

这四种理论指的是精神分析理论、反射学理论、格式塔心理学和人格主义理论。

精神分析理论是在神经官能症领域的部分发现中产生的。对一系列心理现象的潜意识规定的事实和许多至今仍未归属于色情范围的一系列活动和形式的潜在的性欲的事实已经被查明,这是毫无疑义的。这一局部发现已被治疗作用的成绩所证实,并得到实践的肯定。它逐渐被推广到一系列毗邻学科(日常生活病理心理学、儿童心理学)中去,并控制了关于神经官能症的整个领域。通过各学科之间的斗争,这一理论使许多与其相距很远的心理学分支归属于自己。这种情况表明,只要掌握了这一理论,就可以进行文艺心理学和民族心理学的研究。但与此同时,精神分析理论却越出了心理学的界限:它把性欲变成了与其他许多形而上学思想并行不悖的形而上学原则。于是,精神分析理论变成了一种世界观,心理学变成了形而上学心理学。精神分析理论有自己的认识论和形而上学,也有自己的社会学和数学。共产主义和图腾,教会和陀思妥耶夫斯基的创作,玄秘主义和广告宣传,神话和列奥纳多·达·芬奇——所有这些都是关于换了装或化了妆的两性和色情的议论,除此之外,再也没有别的什么了。

条件反射的理论也是走过一条同样的道路。大家知道,这种理论是在对狗的心理性唾液分泌的研究中产生的。然而,正是这种理论影响到一系列其他现象,正是这种理论征服了动物心理学,正是这种理论在别赫捷列夫体系中被用于心理学的所有领域,并使这些领域都从属于自己。所有这一切——梦、思想、工作、创作——都是反射。于是,最终这一理论使所有心理学学科——集体文艺心理学、心理技术学、儿童心理学、心理病理学甚至主观心理学——都从属于自己。现在,反射学已经只同万能原则、世界规律、力学基本原理打交道。既有精神分析理论通过生物学发展成为心理玄学,也有反射学理论通过生物学发展成为唯能论世界观。反射学课程的目录是一份包罗万象的世界规律的目录。正如研究精神分析理论碰到的那样,我们又在这里发现,世界中的一切就是反射。安娜·卡列尼娜和盗窃狂、阶级斗争和风景、语言和梦境,也是反射。(别赫捷列

夫,1921年,1923年)

格式塔心理学理论最初也是产生于对形状知觉过程的具体心理学研究。在这里,它得到了实际的洗礼,还经受住了真理的检验。然而,由于它与精神分析理论和反射学理论产生于同一个时代,因此它们所经历的道路有惊人的相似之处。它包括了动物心理学,发现猴子的思维过程也是格式塔过程;它还包括了文艺心理学和民族心理学,发现原始时代的世界观念和文艺创作也适合于格式塔主张;它还包括儿童心理学和心理病理学,认为儿童的发展和精神病的研究也适合于格式塔主张。最后,格式塔变成世界观后,还开创了物理学、化学、生理学、生物学中的格式塔。格式塔在浓缩成逻辑公式以后,就成了世界的基础。上帝在创造世界时说:要有格式塔,于是到处就有了格式塔。(魏特海默,1925年;苛勒,1917年;考夫卡,1925年)

最后说说人格主义理论,它最初是由差异心理学的研究产生的。这是心理测量、适应性等学说中非常有价值的一个原则,它起初应用于整个心理学领域,后来则完全越出了它的界限。处于临界状态的人格主义,其个体的概念不仅包括人,还包括动物和植物。按照精神分析理论和反射学的发展过程,我们就知道世界的一切都是个体的了。从个体和事物的对立,从事物的控制下夺取个体的哲学开始,最终以承认一切事物就是个体而走向结局,结果是根本没有了事物。事物——这只是个体的一部分,是人的腿还是桌子的腿反正都一样。因为一部分又是由许多更小的部分组成的,这样没完没了,永无止境,所以,这部分——大的腿或小的腿,对原先部分的关系来说又成为个体,只是对整体来说,它又是部分。太阳系和蚂蚁,普通的电力机车司机和德国的总统兴登堡,桌子和豹子,都一样是个体。(斯腾,1924年)

这四种理论像四滴形状相似的雨珠,它们都具有相似的命运,这命运吸引着它们走着同一条道路。概念的数量在增长,而且迅速达到无限。根据某种逻辑规律,概念所包含的内容的数量却如此迅速地降到了零。这四种理论中的每一种在自己的位置上是内容极其丰富的,有极重要的意义,价值很高,而且硕果累累。但若是提高到世界规律的级别,它们就是半斤八两,正像圆圆的空洞似的零一样。斯腾的个体,按别赫捷列夫的说法是反射复合体,按魏特海默的说法是格式塔,按弗洛伊德的说法是性欲。

在发展的第五阶段,这四种理论遇到的是完全同样的情景,可以把这一情景归纳为一个公式。有人在读到精神分析理论时说,对解释癔症性神经病来说,潜意识性欲的原则是不可代替的,但对解释世界的构造或历史进行来说,这个原则是无能为力的。有人在谈到反射学时说,反射——这只是心理学中的一个章节,它不是整个心理学,当然,更不会是整个世界(瓦格纳,1923年;维果茨基,1925年)。有人在谈到格式塔心理学时说,你们在自己领域里找到了很有价值的原则,但是如果除了统一和完整的因素即格式塔公式之外,思维再也没有包括任何其他的什么,而如果正是这个公式表达出任何机体甚至物理过程的实质的话,那么,到那时,世界的景象当然是以完整性和单纯而令人惊奇——电力、引力和人类思维都归属一个公分母。我们不能把思维、比率关系都抛进结构的一个瓦盆里,以此让人们开始给我们证实它在起结构功能的同一个瓦盆里所处的地位。新的因素控制着广阔的却依然受局限的领域。然而,作为万能原则的这一因素却经受不起批评。让通过解释的尝试力求达到或不达到什么的规律给敢想敢为的理论家们打开思路吧,谨慎的研究者作为智慧的平衡锤,必须把注意力放在坚实的事实基础上。要知道,力求解释一切,也就是什么也不解释。

这种使心理学中任何的新理论变成世界规律的倾向是否表明,心理学真的应该依靠世界规律,所有这些理论期待着万能理论的出现。这种理论必将出现,提到一定的位置上,并指出每种个别的、局部理论的意义。当然,正是各种理论所始终不渝地开辟出来的那条道路的规律性证实了这条道路是由解释原则的客观需要预先决定的,正是因为如此,这个原则是需要的,如果没有这个原则,个别的局部的原则就会占领它的位置。心理学意识到,对它来说,找到共同的解释原则是个生死问题,心理学要紧抓任何一个理论不放,尽管这种理论不可靠。

斯宾诺莎在《知性改进论》(1914年)中叙述了这种认识的状态。他说:"有一个身患致命疾病的病人,他已预见到,如果不服药必将死亡,因而他竭尽全力找药,尽管这药并不能救他的命,他仍然对它抱有希望。"

五

在将部分发现作为共同原则的发展过程中,我们清楚地观察到了一种解释的倾向,这种倾向已经在各学科争取主导权的斗争中呈现出来。但与此同时,我们已经在上文中顺便提到普通学科发展的第二阶段。在决定概括倾向的第一阶段,普通学科与分支学科实质上只是在数量特征上有所区别。在第二阶段即解释倾向占统治地位的阶段——普通学科按其内部结构在质量上与分支学科区别开来。正如我们看到的那样,并不是所有学科都经历两个发展阶段,大部分学科只是在第一阶段分出普通学科。对我们来说,这种情况出现的原因是十分清楚的,因为我们刚刚对第二阶段质量上的区别下了准确的定义。

我们看到,解释原则使我们超越该学科的界限,我们应该把整个统一的知识领域作为一个特殊的范畴或其他范畴之间的一个存在阶段,也就是说,涉及最后的、最概括的、实质上是哲学的原则。就这个意义来说,普通学科是各分支学科的哲学。

宾斯万格(1922年)在谈到这个问题时说,普通学科深入研究了整个存在领域的基本理论和问题,比如普通生物学。令人感到有趣的是,奠定普通生物学基础的第一本书的书名是《动物学的哲学》(拉马克)。宾斯万格继续说,概括性研究越往下进行,它涉及的范围就越广,内容就越抽象,离这一研究对象所直接感受到的现实就越远。正如物理学中代替物体及其变化的是力和物质一样,代替有生命的植物、人和其他动物的是生命表现形式,最终是生命本身。这种生命表现形式和生命本身成为我们科研的对象。对任何学科来说,当它意识到自己是一个整体的时候,那个时刻迟早就会来到,到那时它会领会自己的方法,会把注意力从事实和现象转移到它所利用的概念上。但从那一刻起,普通学科与分支学科的区别已经不在于它的涵盖面多么广,而在于它在质量上是按另一种方式组织起来的。它已经不再研究分支学科所研究的那些客体,而只研究这门学科的概念,这正像康德所使用的说法一样,它已变成了一种批判性研究。批判性研究的方向根本不是生物学或生理学本身,而只是这些学科的概念。因而,按宾斯万格(1922年)所下的定义,把普通心理学看作是对心理学基本概念的批判性领会,简言之,看作是"对心理学的评析"。普通心理学是总的方法论的一个分支,也即逻辑学学科的一个分支。逻辑学这个学科的任务是在各个学科中根据它们的对象、它们的步骤、它们的问题的形式和物质现实的本质,对逻辑形式和规范的各种应用方法进行研究。

这种在形式逻辑基础上得出的论断只有一半是对的。正确的说法是,普通学科是关于知识领域最新原理和普遍原则及其各种问题的学说,与分支学科相比,它的对象、研究方法、准则和任务都是不相同的。不正确的说法是,仿佛它只是逻辑学的一部分,只是一门逻辑学科。因为普通生物学已经不是一门生物学学科，而是一门逻辑学学科；普通心理学也不再是一门心理学学科，而是一门逻辑学学科。在康德的论述里，普通心理学只是一种评论，它研究的只是一种概念。这首先从历史上来说是不对的，而且实际上根据科学知识的内在本质来说也是不对的。

"这从历史上来说是不对的"，也就是说这一点也不符合事实在某门学科中的实际原则。宾斯万格所描述的那种形式上的普通学科是根本不存在的。甚至实际上已存在有普通生物学——以拉马克和达尔文的著作奠定基础的那种生物学，汇总迄今为止的各种实际生物知识的生物学。当然，这种生物学不是逻辑学，而是一种高度发展阶段的自然科学。当然，这种生物学也不是与有生命的、具体的客体——植物、动物——打交道的，而是与抽象概念（比如机体、物种的进化、自然选择、生命这些概念）打交道的。然而，生物学借助这些抽象概念最终研究的仍然是动物学、植物学这样一些实实在在的东西。认为普通生物学研究概念，而不是在研究这些概念中所反映的实实在在的东西，这种看法是错误的。这种看法就好比说一个工程师研究机器图纸，就说他是在研究图纸，而不是在研究机器，说一个解剖学家在研究解剖图，就说他是在研究图纸，而不是研究人的骨骼一样。要知道，概念实际上就是图纸、相片、真实东西的图解，研究它们，等于研究现实东西的模式，正如我们根据计划或地图研究外国和外国城市一样。

至于涉及诸如物理、化学这样一些发达学科的发展，就连宾斯万格（1922年）也不得不承认，在批判和实证两极之间形成了一个从事各种研究的广阔地带，通常人们把这一地带称为理论的或普通的物理学、化学等等。他还说，欲和自然科学中的物理学平起平坐的理论心理学也是这样做的。不管理论物理学如何用抽象的概念表达自己的研究对象，如"自然界各种现象之间的因果依赖学说",它研究的依然是实实在在的事实;普通物理学研究的是物理现象、物理因果关系概念的本身,而不是研究单独的规律和理论;在这些规律和理论的基础上,真实的现象能够作为物理上的因果关系得到解释,最合适的物理学解释恰恰就是普通物理学研究的对象。

正如我们大家看到的,宾斯万格自己也承认,他的普通学科的概念同现实的概念是不一致的,这是因为这一概念在一系列学科中恰恰是在同一原点上实现的。划分这两种概念的,不是取决于概念抽象性程度的大小以及作为整个学科对象因果依赖的关系更加远离现实、实证的事物的情况怎样,而是取决于它们追求的最终的目标——普通物理学归根到底是指向它想借助抽象概念解释的实在的事实,而涉及世界观基本原则方面的普通学科则不是指向实在的事实,而是概念的本身,它和实在的事实毫无关系。

诚然,每当理论与历史发生争论,思想与事实发生分歧时,争论和分歧的解决总是有利于历史或事实的一边。有时,在原则性研究著作方面,来自事实的论据本身也有不妥之处。在这时,当我们面对思想和事实不一致的指责时,我们有充分权利和理由回答:这对事实来说简直太糟糕了。在这种情况下,如果处在各种学科没有达到普通学科的那个发展阶段,那么对各种学科来说就更糟糕了。如果在这个意义上的普通学科现在还没有,那么也不应该由此得出结论说它们以后也不会有,以后也不需要有,以后也不可以、不必要为这些学科的产生准备条件。因此必须在实质上、在它的逻辑基础上仔细研究问题,只有这样才能弄清楚普通学科历史上偏离它的抽象思想的意义。

实质上,重要的是确立如下两个论题:

1. 在任何自然科学的概念中,不管这些概念从经验事实中抽象出来的程度有多高,它们总是包含具体实在的凝聚物和沉淀物;它们是在对现实的认识过程中产生的,哪怕是在非常稀薄的溶液中。也就是说,任何最新出现的概念,即使是最抽象的,也是与现实的某一特点相适应的。现实的这一特点通过抽象的、隔绝的形式在概念中表现出来,甚至纯粹虚构的、不是一般意义自然科学的而是数学的概念,最终也包含事物和现实过程之间各种现实关系的回声和反映,尽管这些概念不是从实验的、现实的认知中产生的,而是通过纯粹先验的、演绎的、逻辑思辨的操作方法产生的。正如恩格斯指出的那样,即使像数列那样抽象的概念,即使像零那样显然是虚构的、完全失去任何数值意义的数字,都充满质的属性,即最终是通过非常遥远的和超越的方式使之与现实的、真实的关系相符的属性。甚至数字虚数的抽象内部也存在这种现实性。"16 不仅仅是 16 个 1 的和,而且也是 4 的二次方和 2 的四次方。不仅如此,质数给予由它和其他数相乘而得的数以新的一定的质:只有偶数才能被 2 整除,对于 4 和 8,也有类似的法则。在用 3 做除数的情况下,有被除数各位数字和能被 3 整除的判定法则……在除数是 7 的情况下,也有特殊的规律"。[1] "零乘任何一个数,都得零。用零去除任何一个其他的数,得到的是无穷大;任何一个其他的数去除零,得到的是无穷小……"[2]关于数学的两个概念,我们还可以用恩格斯在谈到零时引用的黑格尔的话来印证,他说,"任何某物的无,是某个特定的无",[3]也就是说,最终是实在的无。但是,这些品质、属性以及各种概念本身的规定性与现实就没有任何关系吗?

恩格斯曾明确指出这种意见是错误的。这种意见认为,在数学中,人

---

[1] 《马克思恩格斯全集》中文版,第20卷,第602页。本书对马列经典著作引文出处做了规范处理,按惯例,均采用由人民出版社出版的中央编译局的译文。——译者注

[2][3] 《马克思恩格斯全集》中文版,第20卷,第605页。

们仿佛是在同人类精神的纯自然的创造和想象打交道的,对此在客观世界中没有任何与其相适应的东西。实际上,与这种意见相反的意见恰恰是正确的。我们在自然界中能遇到所有这些虚数的雏形。在对相应数组关系上,分子完全具有数学微分对自己变数关系上的那些属性。"自然界在利用分子、差动装置时所使用的方式和所依据的规律,完全和数学运用其抽象的微分时的方式和规律相同。"① 在数学中,我们忘记所有这些类比,因而它的抽象变成了神秘莫测的无。我们总是能够找到"数学的无限关系所随之而来的现实关系,甚至可以看到这种关系起作用的数学方法在自然界中的类似物"。② 数学的无限和其他概念的雏形存在于现实世界之中。"数学的无限是从现实中借来的,尽管是不自觉地借来的,所以它不能从它自身、从数学的抽象来说明,而只能从现实来说明。"③

如果在对于数学抽象的关系上,即对于最大可能抽象的关系上,这一点是正确的话,那么在对于实用自然科学抽象的关系上,这一点则要更明显些。当然,这只能从现实中借来加以说明,而不能从它自身、从数学的抽象来加以说明。

2. 必须确定第二个论题,以便对与第一个论题相反的有关普通学科的各种问题做一原则性的分析。如果第一个论题断言,在最高级的科学抽象中有现实的因素,那么作为相反定理的第二个论题则认为:在任何直接的、最具经验的、最不成熟的、单个的自然科学的事实中已经具有最初级的抽象。实在的事实和科学的事实就是通过这最初级的抽象才互相区别开的,科学的事实是在某种知识体系中被辨认出的实在事实,即对来自取之不尽的自然界事实特征中的某些特点的抽象。科学的材料是成熟的,而且是经过逻辑加工的、按某种特征加以划分的自然界的材料。物体、

---

①②③ 《马克思恩格斯全集》中文版,第20卷,第612页。

运动、物质，所有这一切都是抽象。事实这个名称的意义就是：给事实加上概念，在事实中分出它的某一方面，是借助于与凭经验能首先识别的各种现象相结合的事实的理解行动。正如语言学家早就看到的那样，也正如波勃捷尼亚精辟地指出过的那样，任何语言就是一整套理论。

所有作为事实描写的东西已经就是理论，闵斯特伯格在谈到创建方法论的必要性时提起了歌德的这句话。说完这句话，他就碰到了我们称之为母牛的东西，说"这是母牛"——这样我们就把思维活动，把知觉归属共同概念的思维活动，与知觉活动结合起来；儿童在第一次说出物件名称时就实现了真正的发现。我没有看见这是母牛，而且这是无法看见的。我看见一种大大的、黑色的、活动着的、会哞哞叫的东西。我明白，这就是母牛。而这活动是一种分类活动，把个别现象归入各种相似现象之中，使经验系统化。这样，语言本身就存在着科学认识事实的基础和可能。语言是科学的萌芽，就这个意义来说，语言也就是科学的起源。

谁看到过和感受到过隐藏在蒸汽中的热？在任何一个现实过程中都无法直接感受它，但我们在必要时可以进行关于这一事实的推理，而推理就得运用概念。

我们在恩格斯著作中可以找到很好的例子，说明在任何科学事实中都有抽象和思维的参加。蚂蚁有与我们不同的眼睛，它们能看到我们看不到的化学光线。这就是事实。这是怎么确定的？我们怎么知道"蚂蚁能看到我们看不到的东西"？当然，我们是把这点建立在对我们的眼睛的知觉的基础上的，然而与这点相连接的不仅仅是其他的感觉，还有我们的思维活动。这样一来，确定科学事实已经是思维的事情，也就是概念的事情。"当然我们永远不会知道，化学光线在蚂蚁眼里究竟是什么样子的。谁要为这件事情苦恼,我们可一点也不能帮助他。"①*

这就是现实事实和科学事实不相符合的一个很好的例子。在这里,这种相符合以特别清楚的形式呈现出来,但是这种不相符合在某种程度上存在于任何事实之中。我们任何时候都无法看见化学光线,无法了解蚂蚁的感觉,也就是说,作为直接经验的实在事实——被蚂蚁看到的化学光线——对我们来说就是不存在的。但对人类集体经验来说,作为科学事实,它是存在的。然而,在谈到地球围绕太阳转的事实时又该怎么看呢?要知道,这里实在事实要成为科学事实,它就得在人的思维中变成自己的对立面,尽管地球围绕太阳转是通过太阳围绕地球转来确定的。

现在我们拥有解决问题的一切需要的手段,并且能够借此直接走向我们预定的目标。如果任何科学概念是以事实作为依据的,或者相反,每个科学事实是以概念作为依据的,那么,由此必然得出结论:普通学科和实证学科之间的区别,就研究的客体方面来说,只是数量上的区别,而不是根本上的区别,这是程度上的区别,而不是现象本质的区别。普通学科不是与现实对象打交道的,而是与抽象概念打交道的。它们研究的对象不是植物、动物和生命,而是科学的概念。然而生命是现实的一部分,而这些概念在现实中有它们的原型。分支学科研究的对象是现实中的实在事实,它们不是一般地研究生命,而是研究动物和植物的分组和分类。但即使是植物、动物,甚至是桦树和老虎,甚至是这株桦树和这只老虎,都已经

---

① 《马克思恩格斯全集》中文版,第20卷,第583页。

* 顺便提一下:从这一个心理学例子上,我们可以看到,心理学中的科学事实和直接经验的事实是多么不一致。原来,可以研究蚂蚁如何看见,甚至它们如何看见我们看不见的东西,并且也可以不知道,对蚂蚁来说,这些东西是什么样的,也就是说,可以确定心理事实,确定时决不根据内心经验,换句话说,决不凭主观因素。看来,甚至恩格斯也认为这后面一点对科学事实来说是不重要的,因为"谁要为这件事情苦恼,我们可一点也不能帮助他"。

是概念，而科学的事实，即使是最初级的科学事实，也已经是概念了。事实与概念，只是在这些或那些学科客体的形成中程度上有所不同、所占比例有所不同而已。因此，普通物理学不再是物理学科，它已成为逻辑学的一部分，因为它是同最抽象的物理学概念打交道的，甚至现实的某个切口也是在这些概念中才最终被认识清楚的。

但是，也许普通学科和分支学科所研究的客体的本质实际上是一样的，而它们之所以被划分成两类学科，只是因为概念和事实之间比例关系不同罢了。它们两者中的一种被归入逻辑学，另一种被归入物理学，其根本区别就在于两种学科研究的方向、目标和观点的不同，比如说，在于同一点因素在两种情况下所起的作用的不同，难道不是这样吗？我们是否不能这样说：概念和事实参与某门学科客体的形成，但是在一种情况（实证科学）下，我们为认识事实而利用概念，而在另一种情况（普通学科）下，我们为认识概念本身而利用事实？在第一种情况下，概念不是认识的对象、目的和任务，它们是认识的工具、手段和辅助方法，但认识的目的和对象是事实；由于认识使我们知道的事实数量增加了，而概念的数量则没有增加；概念恰好相反，像任何劳动工具一样，因使用而磨损了，陈旧了，需要做出修改，往往是被更换了。与此相反，在第二种情况下，我们研究的正是概念本身，使它们与事实相适应的仅仅是手段、方法、方式，是对其适用性的检查。由于这一点，我们不会知道新的事实，但我们拥有的或者是新的概念，或者是关于概念的新知识。把一滴水放在显微镜下观察两次，可能是两个完全不同的过程：第一次，我们借助显微镜研究水滴的成分；第二次，我们借助对水滴的仔细观察，检查显微镜本身的适用性。难道不是这样吗？

然而，问题的全部困难正是在于，情况并不是这样。在分支学科中我们使用作为事实认识的工具的概念是正确的,但是对工具的使用过程同时也是对工具的检查、学习和掌握的过程;对不适用的,或者弃之不用,或者加以修理,或者另外制造新的。已经是在对实证材料进行科学加工的第一阶段,使用概念就是用事实批判概念,把各种概念进行对比,使其变形。我们可以举出上文中提到的两个科学事实,即地球围绕太阳转、蚂蚁能看见化学光线。毫无疑问,不能把这两个事实归入普通学科。为确定这些事实,需要对我们的知觉,也就是说,对与我们有关知觉的概念做批判工作,要对有形的、无形的仿佛是运动的各种概念进行直接研究,要创造许多新的概念,要确立各种概念之间的新的联系,要对视觉、亮光、运动等各种概念本身的变形进行研究,等等。总之,为确定这些事实,我们需要去做多少工作啊!最后,在挑选对认识这些事实所需要的概念本身时,难道不要求除了分析事实之外还要分析概念?要是作为工具的概念事实就被规定用作实验的特定事实的话,那么,整个科学就没有必要存在了,因为这时只要派上一两千个专管登记或统计的官员把整个宇宙分门别类登记入册就行了。来自登记事实的科学认识是一种对需要的概念的选择行动,是以分析事实和分析概念为其特点的。

任何语言都是理论。物体名称是附加于物体的概念的。诚然,我们想借助语言来了解物体。但是每个名称对语言以及对科学的萌芽的每次运用都是对语言的评判、对语言的形象的洗涤及对语言含义的扩充。语言学家相当清楚地指出,词汇是如何由于使用而不断发生变化的。如果不是这样的话——词汇不出生、不衰老、不死亡,那么语言就永远不会得到更新。

最后,科学中的任何一项发现,经验学科中向前跨出的任何一步,同时总是一种概念的批判行动。巴甫洛夫发现条件反射的事实,可与此同时，他难道没有创造新的概念，难道不是首先把经过驯化的运动叫作反射吗？是的，绝不可能是另外一种情况——如果科学仅仅是发现事实，而不因此扩大概念的范围的话，那么，它也就可能发现不了任何新的东西，只能在寻找那些相同概念的日新月异的版本时踏步不前。事实的任何一点点新的成分都已是对概念的扩充。任何在两种事实中重新发现的关系都会马上要求对两种相应的概念的批判，并确立它们之间的新的关系。条件反射是借助旧概念发现新的事实。我们已经知道，心理性唾液分泌直接由反射产生，更确切些说，它是同一种反射在另一些条件下起作用的反射。不过，与此同时，这是借助旧事物的新概念的发现——借助大家熟知的"吃东西会流口水"的事实，让我们得出崭新的反射的概念，我们对这一概念的认识完全改变了。原先，反射是前心理的、无意识的、不变的事实的同义词；如今，把整个心理都归属于反射，反射成了最灵活的机制，等等。如果巴甫洛夫只研究唾液分泌这一事实，而不研究反射的概念，那么怎么有可能做到这一点呢？实际上这完全是一回事，只是通过两种不同的方式表现出来。因为在任何科学发现中，认识事实也就是在同样程度上认识概念。对事实的科学研究与对事实的登记是有区别的：对事实的科学研究是概念的积累，是概念和随着概念增长的事实的循环。

最后，要知道，那些普通学科研究的所有概念都是在分支学科中创造出来的。自然科学不是发源于逻辑学的，自然科学的那些概念并不是逻辑学早就准备好了的。难道就可以允许创造越来越抽象的概念的工作完全无意识地发生吗？理论、规律、想到对立的假设，如果没有概念的批判，那怎么能够存在呢？一般说来，没有对概念的研究工作，就不能够创造理论或提出假设，也就是说，就不能够提出某种超越事实的东西。

那么，也许有人认为，在分支学科中的概念的研究是在研究事实同时顺便地、捎带地进行的,而普通学科则只研究概念。这种认识是不正确的。我们看到,普通学科所采用的抽象概念,其本身就包含有现实的内核。有人不禁会问:科学该怎么对待这现实的内核呢?——是脱离内核,忘掉它,像纯数学那样躲进难以攻克的抽象堡垒中去呢,还是在研究过程中甚至在取得最终成果后都不去注意这个内核,仿佛它就根本不存在呢?只要看一看普通学科中的研究方法以及它的最终成果,我们就会明白,情况不是这样的。难道研究概念要采用纯粹的演绎方法,采用在概念之间寻找逻辑关系的方法,而不采用新的归纳方法、新的分析方法,确定新的关系的方法?总而言之,难道研究概念就不采用对这些概念现实内容进行研究的方法吗?要知道,我们没有像在数学中那样,从部分前提中发展我们的思想,但是我们对大批事实进行归纳和概括,将它们进行对比和分析,并创造出新的抽象。普通生物学和普通物理学就是这样做的。既然"A 等于 B"这个逻辑公式在普通学科中被定义即现实的定义所代替,即被质量、运动、物体、机体等所代替,那么就不可能产生任何一门普通学科。在普通学科研究的成果中,我们得到的不是各种概念相互关系的新的形式(像逻辑学中那样),而是新的事实,我们从中知道的是进化、遗传性和惯性。我们怎么能知道,得出进化这个概念该采用什么样的方法呢?我们对比一些事实,如比较解剖学、比较生理学、比较植物学、比较动物学、比较胚胎学、摄影技术、畜牧学的资料等等。也就是说,我们要像在分支学科中那样对个别事实进行比较研究,并且在对各种各样学科所提供的事实进行新的研究的基础上确定新的事实,也就是说,在研究过程中和在研究得出的结果中始终要引用事实材料。

因此,在研究目的、方向以及普通学科和分支学科在概念与事实研究上的差异只是数量上的,是同一种现象的程度上的差异,而不是一门学科和另一门学科在本质上的差异，不是绝对的、根本性的差异。

最后，我们把话题转向以下对普通学科的肯定上。显而易见，如果普通学科和分支学科在研究对象、方法和目的上的差异仅仅是相对的，而不是绝对的，仅仅是数量上的，而不是根本上的，那么我们就失掉了任何在理论上划分学科的依据。显而易见，普通学科与分支学科之间也就不存在任何区别了。当然，情况并非如此。数量在这里转化为质量，这为建立优质学科打下良好的基础。但这门学科并没有从该学科的家族中分离出来，也没有转化成为逻辑学。即使每个学科概念都以事实作为基础，那也不等于说，事实在每个学科概念中的表现都采取同样的方式。在无穷尽的数学概念中的现实性与条件反射中的现实性相比，所采取的方式可以说完全不一样。与普通学科打交道的更高一个层次的概念中的现实性与实验学科的现实性相比，采取的也完全是另一种方式。在各个不同学科中对现实性所采取的这种方式、性质和形式往往能决定每一个学科的结构。

然而，这种认识现实方法，也即概念结构中的差异，也不应该作为绝对的东西来理解。在实验学科与普通学科之间有很多的过渡阶段，无论哪一门普通学科，凡配得上使用这一名称的，宾斯万格（1922年）都认为，不能"停留在单纯的积累概念上，而应该尽快系统地把所有概念改造成规则，把规则改造成规律，并把规律改造成理论"。在科学认识的整个期间，在学科内部一分钟也不停地始终进行着对概念、方法和理论的研究。也就是说，一直在完成着从这一极向另一极即从事实向概念的过渡，从而填平了横亘在普通学科和分支学科之间的鸿沟，并创立了实际上独立的和适应需要的普通学科。正如分支学科本身在其内部进行着把事实通过规则变成规律，又把规律通过理论变成假设的整个过滤工作那样，普通学科用同样的方法,带着同样的目的为许多独立的分支学科做着同样的工作。

这与斯宾诺莎关于方法的论断是非常相似的。如果拿来自工业部门的材料相比,那么关于方法的学说当然是生产资料的生产。但在工业部门中,生产资料的生产不是某种特殊的、自古以来就有的生产,而是总的生产过程的一部分,它本身取决于同样的生产方式和工具,就像所有其他生产一样。

斯宾诺莎关于方法的论断是:"首先必须考虑的,就在于不要使这一项研究陷入无穷的追溯,这就是说,为了寻求发现真理的最好办法,可以无须另外去寻求别的方法来发现这种最好的方法,更无须寻求第三种方法来发现第二种方法,如此递推,以至无穷。因为这种办法决不能使我们得到对真理的知识,甚至决不能求得任何知识。因为制造知识的工具与制造物质的工具相同,关于后者,也可用同样的方法来推论:因为要想炼铁,就必须有铁锤,而铁锤也必须经过制造才有。但是制造铁锤又必须用别的铁锤或别的工具,而制造这种工具又必须用别的工具,如此递推,以至无穷。因此假如有人想要根据这种方式以证明人没有力量可以炼铁,这当然只能是徒劳的。"①

实际上,即使以宾斯万格(1922年)为代表的那个方法论学派也不得不承认,在科学研究中,工具的生产和制成品的生产不是两个独立的过程,而是协同进行的同一个过程的两个方面。继里凯尔特之后,他把任何科学研究都看作是对材料的加工,因此,对他来说,在每门学科上就会产生两个问题——材料问题和对材料的加工问题;然而,这两方面的问题是很难严格加以区别的,这是因为实验学科对象的概念中包含有一大半可

---

① 见商务印书馆2002年中文版的《汉译世界学术名著丛书》——《知性改进论》中的三《论知性》。——译者注

以加工的成分。他在原材料、实际对象和学科对象中寻找它们之间的差别；后者通过由现实对象中来的概念创造了学科。如果再提出第三个问题——关于材料与加工之间也即科学研究对象和研究方法之间的问题，那么发生的分歧只可能是由什么来决定什么的问题，是由科学研究方法来决定研究对象呢，还是与此相反？有些人（如斯图姆夫）认为，科学研究方法上的差异起源于研究对象之间的差异；其他人，如里凯尔特，则持有这样的意见：各种研究对象，无论是物理学研究对象还是心理学研究对象，都要采取同样的研究方法。但是，我们可以看到，在这里找不到划分普通学科和分支学科之间界线的根据。

所有这一切只能说明，要给普通学科下一个绝对的定义是不可能的，能给它下的只是与分支学科相对的定义。任何研究的对象、方法、目的、结果都不能使普通学科与分支学科这两者分开。然而，普通学科正是用同样的方式，带有同样的目的为从某一观点来研究邻近领域的现实的系列分支学科做每个分支学科本身对自己材料所做的同样的工作。我们看到，任何学科都不局限于对材料的简单的积累，都要使材料得到各种各样的不同程度的加工，都要把材料加以分类、归纳，使其形成理论和假设，使之能在更广的范围内认识现实。任何学科都得依靠大量具体的、零散的事实来说明。普通学科继续着分支学科的工作。当分支学科的材料达到该学科可能概括的最高程度时，进一步概括只有超越该学科的范围并与一系列其他毗邻学科的材料进行对比的情况下才是有可能的。能做到这一点的正是普通学科。普通学科与分支学科的唯一区别是它所做的工作是面对一系列的学科；如果它所做的工作只是面对一门学科，那它就永远也不可能分立出来成为一门独立学科，而只能是那面对学科内部的一部分。因此，只有从一系列分支学科获取材料并对那些每门个别学科内部不可能有的材料进行进一步加工和概括的学科才能称之为普通学科。

因此,普通学科同样是一门分支学科,正如这门分支学科的理论根据被研究现象的概括程度的不同而归属于它的一整套特定规律一样。普通学科是由于在分支学科终结的地方继续分支学科工作的需要而产生的。普通学科归属于分支学科的理论、规律、假设、方法,正如分支学科归属于其研究的现实的事实材料一样。生物学研究学科的材料,将这些材料进行加工,正如每个分支学科加工自己的材料一样。整个区别在于,生物学(即普通生物学)开始于胚胎学、动物学、解剖学等学科终结的地方,它把所属各学科的材料统一起来,正如一门分支学科把本身内部各种材料统一起来一样。

这一观点足以用来解释普通学科的逻辑结构和普通学科的实际的、历史的作用。若是采纳普通学科是逻辑学这样相反的意见,那么这种情况就成为完全不可理解的了。第一,为什么那些来得及把自己的方法、基本概念、理论详尽地进行创建和加工的高度发达的学科能使普通学科分立出来?看来,新的、年轻的、刚刚建立起来的学科更多地需要借用来自其他学科的概念和方法。第二,为什么只是一批毗邻学科使普通学科分立出来,而不是每门学科——植物学、动物学、人类学——单独地使生物学分立出来?难道不能像代数逻辑学那样单独地形成动物逻辑学或植物逻辑学?这样的单独学科的确能够存在而且存在着,但它们不能因此成为普通学科,正如植物学方法论不能成为生物学一样。

宾斯万格同整个学派一样,他是从科学认识的唯心主义观点出发的,也即从认识论性质的唯心主义前提、从学科体系的形式逻辑结构出发的。对宾斯万格来说,不可逾越的鸿沟把概念和现实客体分立开来,认识有自己的规律、自己的本质和自己的由认识带给已认识现实的先天的论断。因此,对宾斯万格来说,研究这些先天的论断、规律,研究这些与其中已认识的东西相脱离和隔绝的知识是可能的;对他来说,在生物学、心理学、物理学中进行科学理性的批判是可能的,正像对康德来说,进行纯理性的批判是可能的一样。各学科之间的关系对他来说不是由学科的发展所决定的,甚至也不是由科学实验的要求所决定的,也就是说,归根到底不是由已被认识的学科中的现实要求本身所决定的,而是由概念的形式逻辑结构所决定的。

如果持另一种哲学观点,这样的概念是不可思议的。也就是说,如果拒绝认识论和形式逻辑的前提,那么普通学科的这种概念马上就不可能再存在了。一旦在认识论中采取客观现实的也即唯物主义的观点,在逻辑学中、在科学认识的理论上采取辩证法的观点,上述这种理论立刻就成为不可能的了。在承认新观点的同时也得及时承认现实对我们的经验、科研对象、科研方法起着决定性作用。对某种学科概念的研究,如果不管其中所反映的现实,那是完全不可能的。

恩格斯曾多次指出,对辩证逻辑来说,学科的方法论是现实的方法论的反映。他说:"科学的分类。每一门科学都是分析某一个别的运动形式或一系列互相关联和互相转化的运动形式的,因此,科学分类就是这些运动形式本身依据其内部所固有的次序的分类和排列,而它的重要性也正是在这里。"[①]是否可以说得更明白些? 在对科学进行分类的同时,我们还确定现实本身的等级。"所谓客观辩证法,是支配着整个自然界的,而所谓主观辩证法,即辩证的思维,不过是自然界中到处盛行的对立中的运动的反映而已……"[②]这里已经明确地提出在研究主观辩证法时,也即在某门学科中研究主观思维时,对自然界的客观辩证法的计数要求。当然,这也并不等

---

① 《马克思恩格斯全集》中文版,第20卷,第564—565页。
② 《马克思恩格斯全集》中文版,第20卷,第553页,第603页,第611页。

于说,我们对这种思维的主观条件视而不见。在确定数学中的存在和思维的一致关系后,恩格斯又说:"一切数的定律都取决于所采用的记数法,而且被这个记数法所确定。在 2 进位记数法和 3 进位记数法中,2×2 不等于 4,而等于 100 或等于 11。"①把这种情况再扩展一下,就可以说,认识所做出的主观假设,总是对自然规律的表达方式和某些概念之间的相互关系产生影响,应该对此做出估计,永远把它看作是客观辩证法的反映。

因此,辩证法与作为普通心理学基础的认识论批判和形式逻辑批判应当是对立的。"辩证法被看作是关于一切运动最普遍规律的科学。这就是说,辩证法的规律无论对自然界和人类历史的运动,还是对思维的运动,都一定是同样适用的。"②这就是说,心理学的辩证法——现在我们简单地称之为与宾斯万格"心理学批判"的定义相反的普通心理学——关于运动的最普遍形式(以这种运动的行为和认知为形式)的科学,也即心理学的辩证法,是以人作为心理学研究对象的辩证法,正如自然科学的辩证法是以自然界作为对象的辩证法一样。

恩格斯甚至把黑格尔论断的纯逻辑分类看作是不仅在思维上而且在自然界的规律上都可找到根据的分类。在这里,他看到了辩证逻辑的一个特点。他说:"因此,表现在黑格尔那里原是判断这一思维形式本身的发展,而在我们这里就成了对运动性质的立足于经验基础的理论认识的发展。由此可见,思维规律和自然规律,只要它们被正确地认识,必然是互相一致的。"③在这些话里有通向作为辩证法一部分的普通心理学的钥匙:在科学中,思维和存在的这种一致,同时既是对象,又是最高标准,甚至是方法,也就是普通心理学的总的原则。

---

①② 《马克思恩格斯全集》中文版,第 20 卷,第 553 页,第 603 页,第 611 页。
③ 《马克思恩格斯全集》中文版,第 20 卷,第 568 页。

六

　　普通心理学同样是一门分支学科，正如代数学是一门算术一样。算术是通过确定的、具体的数字来运算的，而代数学则研究各种性质之间的各种可能的一般关系程式。这样，就可以把算术的每一次运算看作是代数式的一个特例。显然，由此可得出结论，对每个分支学科以及其中的每条规律来说，它们与普通学科之间绝不是互不相干的，它们是某个一般程式的特例。普通学科起着决定性的、仿佛是统率一切的作用，可这作用不是来自它高踞于各学科之上的地位，不是来自上方、逻辑学科学认识的最终的原理，而是来自下方，来自允许把自己的真实材料提供给普通学科的那些学科本身。因此，普通学科的产生是由于它在对分支学科的关系上所占据的特殊地位，是由于它握有支配分支学科的权力，是由于它是各分支学科的代表。如果把自己想象成一个由所有心理学学科所环绕的形成圆周形的知识体系，那么，普通心理学就是这个圆周形体系的中心。

　　现在我们可以设想，我们有几个不同的中心，正如某些希望成为中心的学科在争辩时那样，或者各种不同理论谋求中心解释权时那样。显而易见，它们都会有适合于自己的圆周形体系。在这种情况下，每个新的中心同时又是原先圆周形体系的外围的点，因此，我们得到几个互相交叉的圆周形体系。正是这每个圆周形体系的新的布局，将形成涵盖整个心理学的、以普通心理学为中心的特殊的知识领域。

　　谁将采取普通学科的观点，也就是说，谁要是不以平等的态度对待分支学科的事实材料，而是像这些学科本身的实在事实材料那样对待科研材料，那他就会马上把批判的观点改换成研究的观点。批判与被批判的事物是同属一个方面的问题。批判完全渗入该学科内部，它的目的只是批判，而不是肯定是否属实；它只想知道，某种理论在多大程度上是正确的还是不正确的，然后做出判断，而不需要研究。A 批判 B，但两者在对事实的关系上却采取同一个立场。当 A 像 B 本身对待事实那样来对待 B，情况就发生了变化，也就是说不是批判而是研究 B。研究已经属于普通学科，它的任务不是批判，而是肯定；研究不是想评价某个学说，而是要知道这学说中反映的事实本身所包含的某种新的东西。如果科学把批判作为手段来使用，那么研究及其成果与批判性讨论依然有着根本的区别。批判归根到底会形成关于意见的意见，甚至是非常有价值的有充足理由的意见。一般的研究最终目的是确定客观的规律和客观的事实。

只有把自己的分析通过普通学科的一切可能从某个观点体系的批判讨论的层面提高到原则性研究的人，只有弄清产生心理学危机的客观内涵的人，才能发现产生各种理论观点冲突的规律性；这种规律性是以科学发展本身和对它认识的某个阶段的被研究的现实的本质为前提的。只有那样的研究者才能避开各种不同观点的混战，避开形形色色的主观见解之间的争辩，而去发现科学发展的原则意见的清晰蓝图，去发现客观倾向的体系，这些倾向必然包括在历史任务之中，是在科学发展进程中被提出来的，而且在某些研究者和理论家背后起着像钢丝弹簧那样强有力的作用。只有那样的研究者才能避开对某一作者的批判讨论和评价，才能避开某一作者的前后不一致的行为和矛盾，而去进行要求有科学客观倾向的实证研究；只有那样的研究者才能避开关于意见的意见，并由于有了清晰的蓝图而得到作为确定规律、原则和事实体系的普通学科的基本架构；只有那样的研究者才能掌握产生危机的真正的、确定的内涵，才能明确了解每种独立的理论或学派的作用、地位和意义；只有那样的研究者才会避开任何批判中的不可避免的印象主义和主观主义做法而坚决奉行科学的可靠性和真实性原则。为此个体差异将会消失（而这将是新观点的第一个成果）——那样的研究者懂得个人在历史中的作用，同时也懂得不可以用反射学创始人个人的错误、见解、特点和无知来解释反射学对普救论提出的要求，正如用国王和王室的腐败来解释法国革命那样。那样的研究者看到在科学发展中，什么和多大程度上取决于科学研究工作者意愿的好坏，看到根据这种意愿能够解释什么；与此相反，正是在这种意愿里，必须根据这些研究者在背后起作用的客观倾向做出解释。当然，个人的创造性和科学实验的整个价值的特殊性决定了反射论理论在别赫捷列夫那里得到的是那种普遍主义的特殊形式。但是在巴甫洛夫（1950年）那里，他的个人贡献和科学实验是非常出色的，他认为反射学是"最新的科学"，是能"给人类带来真正的、充分的、持久的幸福"的"万能的自然科学"。行为主义和格式塔理论以不同的方式走完了这条道路。显然，该研究不是研究者意愿善恶的拼图，而是心理学中科学组织再生过程的统一，就是这种统一决定了所有研究者的意愿。

七

每一种心理学的运作对一般公式的依存关系究竟说明了什么？这可以举出任何一个问题作为例子加以说明，这个问题已超出提出问题的分支学科的范围。

当立普斯谈到无意识时——与其说这是心理问题，不如说是心理学本身的问题——他指的是，无意识是普通心理学的问题（1914年）。当然，他是想以此表明，这个问题的解决不是某些局部研究的结果，而是通过普通学科的手段进行根本性研究的结果。所谓普通学科的手段，就是指采用将各科学领域大量资料进行对比的办法，也就是一方面把该问题与科研的一些基本前提进行对比,而另一方面又与所有学科的一些最概括的结果进行对比的办法,即在心理学基本概念体系中找到这个概念地位的办法,也即从根本上对这个概念的本质进行辩证分析,使概念与本质相适应,并使在概念中抽象出的本质具有存在特点的办法。这种研究理所当然地发生在对无意识生活的个别问题进行任何具体研究之前,并在这些研究中确定问题本身的提法。

闵斯特伯格(1922年)在捍卫对另一些问题做这种研究的必要性时恰当地指出:"归根到底,宁愿对被正确地提出的问题做出大致准确的初步回答,也不愿对被错误地提出的问题做出精确度达到小数点几位数程度的回答。"正确地提出问题,其意义不亚于科学创造和科学研究,这比正确地回答问题更重要,它是件责任重大的事情。在大批现代心理学研究著作中,在回答问题时都非常关切并准确地写出答案,引用的数据其精确度竟达到小数点几位数程度,但这些问题的提法却根本是错误的。

我们是否同意闵斯特伯格的意见,认为无意识纯粹是哲学的东西,而不是心理学的东西,或者赞同另一些人的意见,认为无意识在意识中是暂时不存在的,认为无意识是潜在意识的记忆、认知和习惯?我们是否要把那些没有达到意识门槛或处于最低意识状态的,处于在意识范围最外围的、自动的和意识不到的现象都称作无意识?我们是否和弗洛伊德一起,根据无意识找到了对性的内驱力的压抑或我们的第二个自我、一种特定的人格?最后,我们是否把这些现象称作是无意识、潜意识或超意识,或者像斯腾那样将上述三个名称都接受,并且由于这一点而改变了我们所研究的材料的性质、范围、成分、本质和特性?这些问题中的部分问题已预先有了答案。

所有这些按科学起源和构成纯属异质的两种或更多种体系相结合的

实质上是折中主义的尝试,使包括在各个体系中的每个局部论断失去了体系感、风格感及其与中心思想之间的联系。对于这类尝试,我们可以举出很多例子,如:美国学术著作中的行为主义和弗洛伊德主义的结合,阿德勒和宾格体系中的没有弗洛伊德的弗洛伊德主义,别赫捷列夫和扎尔金德的反射心理学的弗洛伊德主义,最后还有弗洛伊德主义和马克思主义相结合的尝试。(鲁利亚,1925年;弗里德曼,1925年)仅仅是从无意识问题领域中竟然可以举出这么多的例子!在所有这些尝试中都有如下做法:从一个系统中截下一段尾巴,将其与另一系统中砍下的脑袋相连接,再在这两者连接的间隔处填进从第三个系统中取下来的躯体。这些尝试是不正确的。之所以说它们不正确,倒不是因为这些荒谬绝伦的组合即这些尝试本身有什么不正确之处,而是因为这些尝试所要回答的问题的提法就是不正确的。我们可以拿巴拉圭的居民数与从地球到太阳的俄里数相乘,把得出的乘积再除以大象寿命的平均数。这样做,整个运算过程当然是无可指责的,因为没有一个数字出差错,可运算最后得出的数字依然会使那些想知道这个国家国民收入的人感到十分不解。折中主义者所做的就是对马克思哲学提出的问题做出弗洛伊德主义的心理玄学的回答。

为了指出类似尝试在方法论上的不合理性,我们只准备就别人的问题和别人的答案形成的三种形式的材料来谈一谈,而根本不打算通过这三种形式的材料来解决以上这类尝试中的所有问题。

第一种形式是同化,即某一学派对另一领域科研成果进行同化,其表现为规律、事实、理论、思想等之间的直接置换,对其他研究者占有的广阔领域进行某种程度上的夺取,对别人占领的领地实行兼并。通常情况下,任何一个试图对毗邻学科施加影响和觊觎普通学科领导作用的新兴科学体系,都是通过这种直接夺取的手段获得生存的。自己的材料太少,这样的体系就会吸纳别人的材料,使其归于自己,把别人的材料稍加批判加工后用来填补自己迅猛扩展领域里的大块空白。通常来说,得到的是一大堆各种不同观点的理论、事实材料,这些材料都被任意地塞入统一思想的框框里。

别赫捷列夫的反射学体系就是这样。什么材料对他都是适用的,其中甚至有维金斯基关于外在自我不可认识的理论,也即在心理学中的唯我论和唯心主义的极端表现,仅仅为了直接证实他的关于客观方法必要性的部分观点。这个理论在整个体系的一般意义上打开了一个巨大的口子,使对待个体的现实主义方法的基础遭到彻底的破坏,这是作者自己也未曾想到的(我们顺便发现,维金斯基甚至引用巴甫洛夫等人的著作中的话来支撑自己和自己的理论,他不懂得,他向客观心理学求助就等于向自己的掘墓人伸手)。对方法学家具有极其重要意义的是,互相对立的双方,像维金斯基—巴甫洛夫、别赫捷列夫—维金斯基那样,持相反观点的人不仅互相否定,而且必须让各自的对方生存,并在自己结论的一致中看到"这些结论可靠性"的证据。对于这第三者(即方法学家)来说,在各种不同职业的代表人物如哲学家维金斯基和生物学家巴甫洛夫得到的各自独立的结论中,可以很明显地看到,这是不一致的;而在二元论唯心主义哲学的前提中,在起始点、出发点中是一致的。这种"一致"从一开始就已做出了规定:别赫捷列夫和维金斯基两个人中,如果有一个人是对的,另一个人也一定是对的。

爱因斯坦的相对论和牛顿的力学定律这两者本来是不能共存的,却在折中主义体系中和谐相处。别赫捷列夫的《集体反射学》(1923年)汇集了许多材料,简直是世界规律的目录。在这种情况下,对各种体系的方法学来说,最具特点的是那种思想的加速和起动。那种通过直接联络的思想的基本惯性,在绕过所有中间机构的同时,引导我们从力学中已规定的运动速度和动力的比例关系的规律走向吸引北美合众国参加全欧大战的事实,或者与此相反,引导我们从一个叫什瓦尔茨曼的博士关于造成综合反射的皮肤电刺激频率极限问题的实验走向"爱因斯坦在其光辉的研究著作中所阐明的普遍的相对论规律。这一规律处处有所表现,爱因斯坦在自己的著作中最终完成了有关天体和行星的研究"。

不用说,心理学各门类之间的兼并同样是断然决然的和需要勇气的。符茨堡学派对高级思维过程的研究成果和其他主观心理学代表的研究成果一样,"能够与大脑反射或联想反射的方案取得一致"。这不算什么,用一句话就可以把本体系的所有原则性前提都一笔勾销。如果一切都可以与反射方案取得一致,如果一切都可以与反射学"完全一致"——甚至主观心理学所发现的一切都能这样,那么又为什么要对主观心理学发起攻击呢?符茨堡学派所提供的发现,是按符茨堡学派的方法做到的,这些发现不会引向真理,但是它们却与客观真理完全一致。怎么会是这样的呢?

精神分析领域的被兼并同样无须介意。为此,只要宣布"荣格的情结学说中,我们找到与该反射学完全一致的关系"这一点就够了。然而,正如上文所说,这一学说是以别赫捷列夫所做的主观分析作为根据的。这算不了什么,因为我们是处在预先规定的和谐世界里,处在神奇的相适应的世界里,处在各种以错误分析为根据的学说和该精细学科的异常一致的世界里。更确切地说,我们按布隆斯基(1925年)的话,是处在"术语革命"的世界里。

在我们整个折中主义时代都充满着这样的一致。比如,那些精神分析理论和关于情绪学说的理论被扎尔金德以优势的名义兼并。看来,精神分析学派只有"在我们的表现中和通过其他方法"才能发展那些完全独立于反射学派的关于优势的概念。精神分析学派的"情结方向",阿德勒学派的"战略方针",这同样是优势,但不是在普通物理学表达方式中的那种优势,而是在临床学、普通内科学表达方式中的那种优势。兼并——使别的体系进入自己体系的一块块的机械转移——在这种情况下,和往常一样,它仿佛是有些神奇的,它证实了真实的情况。这两种学说对极不相同的材料和完全不同的方法做了研究,这两种学说的类似的有些神奇的理论和实际上的一致是当代反射学①所走的那种根本道路的正确性的有力证明。我们记得,维金斯基通过自己与巴甫洛夫学说的一致看到自己原理的见证。还有,正如别赫捷列夫不止一次表明的那样,这种一致还可以采用非常不同的方法达到真理的一致。实际上,这种一致只证实了方法论上的毫无原则和体系上的折中主义。这种一致是在体系内部建立起来的。东方有句谚语说得好:谁拿了别人的手绢,谁就沾上了别人的气味。同样,谁在精神分析学派那里拿了荣格的关于情结的学说、弗洛伊德的净化、阿德勒的策略定势,谁就沾上了这些体系的气味,也就是说,沾上了他们的哲学精神。

假如把来自某一学派的外来理论变换成另一学派理论的第一种形式使我们想到对别人领地的兼并,那么把各种外来理论加以比较的第二种形式就像是两国之间在不失去独立性但又根据共同利益商妥共同行动的情况下订立的同盟条约。这种方法通常是在为了把马克思主义和弗洛伊

---

① 很有趣的是,别赫捷列夫完全是在另一领域里看到与优势的主观上的适应;在描述荣格和弗洛伊德学派的情结和策略方针时他当然也找到了与反射学的完全一致,但不是优势上的一致。而优势是与符茨堡学派所描述的现象是一致的,也就是说,他毫无疑问"参加了逻辑的全过程",并同决定性倾向的概念发生相关性关系(别赫捷列耶夫,1923年,第386页)。某些一致中出现的不一致的幅度(优势有时等于情结,有时等于决定性倾向,有时又等于注意——参见乌赫托姆斯基著作)是对这些所谓一致的空洞无益、徒劳无功和随心所欲的最好证明。

德主义这两者合为一体时采用。这里作者采用的是类似于几何学的方法,我们可以把这种方法称为概念逻辑叠加法。马克思主义体系被确定为一元论的、唯物主义的、辩证法的理论。弗洛伊德主义体系的一元论、唯物主义等概念是后来叠加的;概念在叠加时重合,这些体系也被宣称是孪生的。最不能容忍的、最尖锐的、最引人注目的矛盾是用最简单的方法消除的,它们被排除在体系之外,排除的原因是夸大其词等等。比如,弗洛伊德主义被非性欲化,因为泛性论与马克思哲学是格格不入的。那么好吧,有人对我说,就接受没有性欲学说的弗洛伊德主义吧。但是要知道,正是这个学说是整个体系的神经、灵魂的中心。是否有可以没有中心的体系呢?要知道,没有关于无意识性本性的学说,就如同没有基督的基督教和没有释迦牟尼的佛教。

如果在西方、在完全外来的哲学根基上、在完全外来的文化环境中,产生和形成了现有的马克思心理学体系,那当然是一种历史奇迹。这就是说,哲学根本不能决定科学的发展。瞧吧,他们出自叔本华的哲学,却创立了马克思的心理学。但是,这就意味着弗洛伊德和马克思主义相结合的尝试本身完全无效,正如别赫捷列夫的相一致理论取得成就意味着客观失败一样,既然主观分析的资料与客观分析的资料完全一致,那么不禁要问,凭什么说主观分析不如客观分析?如果弗洛伊德在思索其他哲学体系并有意识地与其发生紧密联系时,终究还是不知不觉地创立了马克思主义的心理学说,那么不禁要问:破坏这种有益的误解是为了什么?要知道,按照这些作者的意见,弗洛伊德本来不必要改变任何什么。精神分析与马克思主义相结合又是为了什么?与此同时,还产生了这么一个令人好奇的问题:这样一个完全与马克思主义一致的体系,在其按逻辑发展的同时,怎么能把与马克思主义格格不入的性欲思想作为其研究的重点?难道方法一点也不对借助它而得出的结论负责吗？正确的方法建立了正确的体系,这个体系以正确的前提作为依据；那么,这方法是怎样引导它的作者们走向错误的理论、走向错误的中心思想的？为了看到每次机械试验情况下任何科学体系中心的移动所出现的这些问题,必须对这种在方法论上漠不关心的态度下一剂猛药。在这种情况下,中心的转移主要是指从叔本华的关于意志即世界的基础的学说转移到马克思的物质辩证发展的学说。

然而,还有更糟糕的情况在前面等着我们。在这些尝试中,只得完全闭上眼睛,不看存在于事实中的矛盾,不去注意极其广阔的领域和基本的原则,把荒谬绝伦的曲解引入结合在一起的两个体系之中。这时,在两个体系中进行着代数学所采取的那种方式的改造,以便证明两种表达方法是一致的。但是,对结合在一起的两个体系的形式的改造所采用的数值与代数学的数值绝不相同,实际上总是导向对这两个体系的实质上的歪曲。

比如,在鲁利亚(1925年)的论文中,是把精神分析法作为"一元论的心理学体系"来揭示的,这个体系的方法论与马克思主义的"方法论是一致的"。为了证明这一点,作者对这两个体系做了一系列最朴素的改造,正是这些改造使这两者"取得了一致"。现在让我们简要地分析一下这些改造。马克思首先为当代基本方法论做出了贡献,做出这样贡献的还有达尔文、康德、巴甫洛夫、爱因斯坦,他们一起奠定当代基本方法论的基础。这些作者中的每一个人的作用和意义,当然是根本不同的。辩证唯物主义的作用按其本质与其他学说的作用根本不同,看不到这点就意味着完全机械地使方法论从"巨大科研成就"的总和中分离出来。把所有这些人的学说与马克思主义相提并论,把它们归为一类,这就不难使任何"巨大的科研成就"与马克思主义结合为一体了,因为前提就是这样的。正是在这前提中而不是结论中包含有要寻找的"一致"。说什么"当代基本方法论"是由巴甫洛夫、爱因斯坦等人发现的总和组成的,马克思主义只是包括在"所有这批毗邻学科必需的原则"之中的这样的发现之一。所有这样的议论都可以就此结束,也即在第一页上结束;因为只要一提到爱因斯坦,同时也得提到弗洛伊德,他们都是"巨大科研成就"的创造者,也就是说,他们都是"当代基本方法论"的奠基者。但是,要从大批如此响亮的人名中得出有关当代方法论的结论,那是一件多么不容易的事情啊!

当代的统一的基本方法论是没有的,实际上有的只是不断斗争的、极端敌对的、相互排斥的方法论原则体系。在每种理论(巴甫洛夫、爱因斯坦的理论)中有的是自己的方法论价值,即把当代的基本方法论排除在外,而将马克思主义"溶解"在这方法论之中,也就是说,不仅改造马克思主义的形式,还改造其实质。

然而,弗洛伊德主义不可避免地也要受到同样的改造。如果弗洛伊德得知,精神分析理论竟然会是一元论心理学体系和"方法论上继续……是历史唯物主义"的话,他必然会感到非常惊讶。当然,任何一本杂志都不会刊登鲁利亚和弗里德曼(1925年)的这类文章,这一点很重要。要知道,出现了很奇怪的情况:弗洛伊德和他的学派在任何地方都没有表现出自己曾经是一元论者、唯物论者、辩证论者、历史唯物主义的继承者,而人们却对他们说:你们是这个,你们是那个,你们又是另一个;甚至说:你们自己也不知道你们是谁。当然,这种情况是可以想象得出来的,其中没有任何不可能的东西。但这种情况要求确切地解释这一学说的方法论原则,正如这些原则呈现在作者面前并被他们所发挥的那样;还要求对这些原则进行使人信服的反驳并指出,精神分析理论是用什么样的奇迹、根据什么样的原则发展与它的作者的思想格格不入的方法论体系的。不是对弗洛伊德的基本概念做统一的分析,不是对这种理论的前提条件和出发点做批判性的估计和透视，不是对这种理论形成过程做批判性的阐述，甚至连这种理论是怎样把自己体系的哲学原理介绍给大家的也没有查问一下，而只是通过简单特征的形式逻辑的叠加就使两个体系的同一性得以确认。

也许可以说，对两个体系的这种形式逻辑的评述是可信的。我们已经看到，他的当代基本方法论中的一部分被从马克思主义中抽取出来，并天真地、示范性地把其中的一切归纳成一条共同的标准：既然爱因斯坦、巴甫洛夫、马克思的学说都是科学，那么，在他们的学说中总能找到共同基础的。但是与此同时，弗洛伊德理论还得蒙受更多的曲解。这里，姑且不去谈论像扎尔金德(1924年)所做的那样，用机械论方法使这种理论失去中心思想，而且还在他的文章里以沉默的方式来回避中心思想，这也是十分明显的。说什么精神分析学说是一元论，这种说法弗洛伊德也是不会同意的。他在哪些场合、哪些话里、哪些文章里出于什么原因谈论过哲学的一元论？难道把某些事实归结于经验主义统一的那些做法就是一元论？实际上，恰恰与此相反，弗洛伊德处处站在承认心理的东西（无意识的东西）的角度，把无意识看作是不会变成任何其他东西的特殊力量。接下来我们还要问：为什么这种一元论在哲学意义上来说是唯物的？要知道，医学上的唯物主义虽承认各种机体等对心理结构的影响，但它离哲学唯物主义依然很远。在马克思主义哲学中，弗洛伊德主义这一概念有其确定的、首先是认识论上的意义。恰恰是在认识论意义上来说，弗洛伊德是站在唯心主义哲学方面的。要知道这是事实，不仅是推翻不了的事实，而且也是那些鼓吹所谓"一致"的作者们从未做过考察的事实。弗洛伊德关于在意识中盲目内驱力的、以歪曲形式反映在意识中的无意识的初始作用的学说，直接发源于叔本华意志和观念的唯心主义形而上学。弗洛伊德本人在其最终的结论中指出，他是躲在叔本华的避风港中避风。然而在基本的前提中，正如在体系的确定的路线中一样，他与尽可能展示最简单分析的伟大的悲观论的哲学是相联系的。

精神分析理论在其"实事求是"的研究中发现了自己不是动态的，而是非常静态的、保守的、反辩证法的和反历史主义的。精神分析理论把最高级的心理过程——个体的和集体的心理过程——直接导向原始的、未开化的、实质上是史前的、有人类以前的源头，没有给历史留下位置。陀思妥耶夫斯基的创作通过这样一把钥匙，把部落的图腾和禁忌揭示出来；基督教堂、共产主义、原始游牧群——在精神分析理论中的所有这一切都来自同一个源头。精神分析理论所具有的这些倾向是这一学派论述文化问题、社会学问题、历史学问题的所有工作的见证。我们看到，精神分析理论在这里不是继承而是否定马克思主义的方法论。但关于这一点在这里已无话可说。

最后来谈谈第三种形式。弗洛伊德的基本概念的整个心理学体系发源于立普斯的学说，其中包括无意识概念、与某些观念相联系的心理能量的概念、作为心理原则的内驱力的概念、内驱力和压抑之间的斗争的概念以及意识的情感本质的概念等等。换句话说，弗洛伊德的心理学根源已经跑到立普斯心理学的唯灵论的层次中去了。在谈到弗洛伊德方法论的时候，怎么能一点也不考虑这一点呢？

于是，弗洛伊德心理学从哪里来和他的心理学体系向哪里去的问题，我们已经可以看得非常清楚了：是从叔本华和立普斯走向科尔耐和群众心理学。但为了避免在运用精神分析体系时涉及形而上学心理学、社会心理学①和弗洛伊德性欲理论问题，仍需要做出异乎寻常的努力。结果

---

① 令人感到有趣的是，不仅对弗洛伊德的批判为他建立了新的社会心理学，而且反射学家们（如扎尔金德）也放弃反射学的"深入社会现象、用社会现象本身来解释社会现象"的尝试，正如放弃反射学的某些泛哲学的追求一样，正如放弃"有些地方"的研究方法一样（扎尔金德，1924年）。

是,那些不了解弗洛伊德的人从对体系的这种叙述中得到的是关于他的错误的印象。如果弗洛伊德本人要提出抗议的话,首先就得反对他的体系的名称。按照他的意见,精神分析理论及其作者的一个最大优点就是故意避开与体系发生关系(1925年)。弗洛伊德本人回避精神分析理论的"一元论"问题,因为他不坚持承认在他所发现的各种因素之外还有什么独特性的甚至第一位的东西,他根本不追求"提供人的心理生活的全面的理论",而只是要求运用他的观点来对我们用其他方法获得的知识做些补充和修正(1925年)。他还在另一场合说,精神分析理论的特点是它的技术,而不是对象。他又在其他场合提到心理学理论的暂时性,说它将被机体理论所取代。

所有这一切都很容易使人迷惑不解,仿佛是精神分析理论真的没有体系,其资料可以放入用任何方法获得的任何知识体系中进行修正和补充,但这种看法是根本错误的。精神分析理论没有先天的、自觉的理论体系。弗洛伊德同巴甫洛夫一样,为建立抽象的体系,发现了实在太多的东西。然而,正如莫里哀的主人公自己都没有料到一辈子说的是散文式的语言那样。弗洛伊德作为一个科研工作者,也创立了一个体系:他采用新词,使术语之间协调一致,叙述新的事实,做出新的结论——他处处在顺便做着这些事,一步步地,终于创立了一套体系。这只是说明,他的体系的结构是非常独特的、模糊不清和错综复杂的,是很难弄清楚的。如果在经过有意识的、清晰的和摆脱种种矛盾的方法论体系中,在承认引向统一和逻辑结构的他们的老师的方法论体系中,判定方向,理清头绪,那就容易得多。但如果是要正确评价和揭示在各种不同影响下自发地、矛盾地形成的无意识的方法论的真正本质的话,那就要困难得多。精神分析理论正是属于这种方法论。因此精神分析理论要求对它做特别细致的和批判性的方法论分析,而不是两个不同体系的简单特征的叠加。

伊万诺夫斯基(1923年)说:"对科学方法论问题上没有经验的人来说,他们所想象的各门学科的方法都是一样的。"心理学由于对问题的这种误解而蒙受最大的损失。经常有人把心理学时而归入生物学,时而归入社会学,但很少有人用心理学方法论的标准对心理学的规律、理论等做出评价,也就是在做出评价时要把注意力放在心理学科学思维本身(它的理论、它的方法论、它的文献资料、它的各种形态和论据)上。因此,我们在对外来各种体系的批判中,在对这些体系的真实性做出评价中,往往忽略了最主要的东西——要知道,对这些体系的真实性做出正确的评价,只有依靠对方法论标准的充分了解才能做到。因此,怀疑一切、对什么都不信以为真,向任何有关这些学科的论据和文献资料请教,这是从事科研的首要规则和科学的方法论。这一规则还能保证我们不犯这一类更大的错误——即不仅认为所有学科的研究方法都一样,而且还认为每门学科的组成成分也一样。

伊万诺夫斯基(1923年)还说:"在科学方法论问题上,一些没有经验的人所想象的各门独立学科的研究方法都是一样的。他们认为:既然科学提供的是可靠的、确凿无疑的知识,那么,科学中的一切都应该是可靠的,科学中所包含的一切内容都应该通过同样方式获得,并通过同样方式得到验证。然而,实际情况并非完全如此。在任何包含各种确凿无疑的事实(以及各种类似的事实)的科学里,都包含一些确凿无疑的共同论断和规律,也必然包含一些具有暂时性质的推测和假设,有时确实也有一些指明我们知识最终极限的推测和假设(至少在当代是这样的);还包含从确凿无疑的论断中得出多少可靠的结论;还包含那些时而扩大我们知识领域、时而又有意识地采用'虚构'形式的理论;还包含类比、近似的概括,等等。赞赏具有各种不同的成分,理解这一事实对人类科学文明来说是具有极其重大的意义的。每一个科学论题都有其本身固有的以方法论为根据的可信度等级。而在方法论的阐述中,科学并不是一个完整的单一的平面,而是一幅包含有各种不同可信度等级的论断的拼图"。(伊万诺夫斯基,1923年)

其原因在于:(1)各种学科的方法的混合(爱因斯坦、巴甫洛夫、孔德、马克思);(2)把科学体系的多种成分引向单一方面,即引向"一个完整的单一的平面",这就造成了两种体系混合的第二种方式的主要错误。把个性引向金钱、洁癖、执拗以及把千万件世代交替的事情都引向性欲(鲁利亚,1925年)依然不是一元论。按其本性和可信度,把这一论题和唯物主义原则相混淆则犯了极大的错误。由这个论题而产生的原则和随其后产生的基本理论,以及它的方法论意义所规定的研究方法,都是极其保守的。精神分析理论中的性格被钉在儿童的性欲上,正如苦役犯被钉在手推车上一样,人的生命实际上已被儿童时期的冲突所预先决定,整个生命都是俄狄浦斯情结(恋母情结)等的逐渐消除,人的文明和生命再一次与原始的生命紧密关联。就是这种把事实的最近的可看得见的意义同真实意义加以区别的能力是分析的第一必需的条件。我绝不是想说,精神分析理论中的所有观点都是与马克思主义相违背的。我想说的是,我在这里不准备完全展开对这一问题的讨论,我只想指出,应该在方法论上进行讨论,而不应该未经批判就把两种体系合在一起。

在持不批判观点时,每个人都能看到他想看到的东西,然而不是客观存在的东西。于是,马克思主义者也能在精神分析理论中找到其中本来没有的一元论、唯物主义、辩证法。生理学家伦兹(1922年)认为:"精神分析理论是一种体系,按照名称它只是一种心理学体系,而实际上它是客观的、是属于生理学性质的。"看来,方法论学者宾斯万格是精神分析学派唯一的方法论学者,他专门从事关于弗洛伊德学说的研究。他指出,他所理解的心理学的东西也就是反生理学的东西,这正是弗洛伊德在精神病学中取得的成就。他还补充说:"然而,这种理论并没有认识自己,也就是说,并没有对自己的基本概念、自己的'逻各斯'(普遍规律)有充分的了解。"

因此,在对自己和自己的"逻各斯"都没有充分了解的这种理论进行研究时,就会遇到很多困难。当然,这绝不是说,由于弗洛伊德的基本概念是违反辩证唯物主义的,马克思主义者就不应该去研究无意识。恰恰相反,正是因为精神分析理论领域内采取了不合适的手段进行研究。为了纠正这种情况,马克思主义必须占领这个领域,改用正确的方法论手段进行研究。如果任凭这种情况发展下去,那么,由于精神分析理论已经完全与马克思主义一致,用不着有任何改变,精神分析学家单凭自己的身份就可以把心理学引上正确的发展道路了,而根本用不着马克思主义者参加。为开展这个领域的研究,首先必须认清每种思想、每种观点的方法论本质。在这种情况下,有一种心理玄学的理论,如弗洛伊德的关于死的本能的学说,是值得特别关注的,对其做一些分析也是有意义的。

在为弗洛伊德有关这一题目的论文集的译本所写的前言中,我试图说明死的本能这一论题的整个思辨本质和它缺乏说服力、缺乏事实根据的本质(如创伤性神经症和在儿童游戏中重复不愉快的体验),还要试图说明这一论题的整个反常的以及与公认的生物学观点相矛盾的本质,其结论与佛教的涅槃哲学显然是一致的,尽管虚拟的死亡动机的构成符合当代生理学在控制死亡观念中的要求,正如数学家有时需要负数的概念一样。我们提出这个论题是要说明,"生"这个概念在生物学中有非常清楚的阐述,科学控制着它,知道如何与它打交道,知道如何研究和理解活的东西;但对于"死"的概念,科学却对付不了,在这个概念的位置上现出一个窟窿，留出一块空白。科学只知道死是生的对立面，是不生，简而言之是不能生存。但死亡是事实，它具有自己正面的意义，它是存在的一种特殊形式，它不仅仅是不存在。它是具体存在的东西，也可能根本不是。生物学不知道的正是这个正面的意义。实际上，死亡是具有生物的规律的。如果这种现象在机体中也就是在生命的过程没有任何表现，那是不可想象的。说死亡没有意义或者只有负面的意义，那是令人难以置信的。

恩格斯也曾有过类似的见解。他援引黑格尔的看法说，不把死亡看作生命的重要因素，不了解生命的否定实质上包含在生命自身之中的生理学，已经不被认为是科学的了。因此，生命总是和它的必然结果即始终作为种子存在于生命中的死亡联系起来考虑的。辩证的生命观无非就是这样。"生就意味着死。"①

我在上述的弗洛伊德著作译本出版的前言中捍卫的正是这种思想：需要从根本观点上掌握生物学中的死的概念并标出那在有机体过程中出现死亡倾向的尚不知道却又存在的实体（暂且用代数中的"x"或反常的"死的本能"作为标志）。然而，弗洛伊德找到的这个方程式的解法，我并不认为是科学中的一条捷径或者所有人都能走的阳光大道，而对避免头晕目眩的人来说是一条濒临深谷的阿尔卑斯山的小道。我以为，科学需要这样一些书：这些书不去揭示真实，而是教人们寻找真实，即使这种真实根本不存在。我同样坚持认为，这本书的意义并不取决于对它的可靠性的实际检验，因为这本书提的问题从根本上说是正确的。而提出这些问题，我认为，是比任何科学中按部就班地照既定方式进行观察需要更多的创造力。（鲁利亚，1925年）

有位草率从事的评论者关于此书的结论是，既然说的是叔本华，那就

---

① 《马克思恩格斯全集》中文版，第20卷，第639页。

意味着悲观主义。这结论表明这位评论者完全不懂得包含在这一评价中的方法论问题，完全不信任各种思想的表面特征，在悲观主义的生理学面前具有一种幼稚的、无批判能力的恐惧心理。他不懂得，有飞着做不到的事情，但也有跛着脚必须做到的事情，正如弗洛伊德开诚布公地说的那样，在这种情况下，跛脚也算不得什么。但那个在那里只看到跛着脚走路的人，也正是方法论上盲目的无视现实的人。要知道，指出黑格尔是个唯心主义者是不困难的，因为这是众所周知的事。为了在这个体系中看到处于唯物主义前头的唯心主义，需要有一些天赋，也就是说，要把方法论上的真理（辩证法）从事实上的谬误中分离出来，从而看到黑格尔是在跛着脚走向真理。

且让我们举个例子来说明掌握科学理论的道路是怎样的：必须摆脱各种理论的实际内容的影响并测试它们的基本特性。但是，为这一点，需要寻找这些理论之外的支点。双脚站在这些理论的土壤上，运用借助这些理论而获得的概念，就不可能使自己置身于这些理论之外。为了批判地对待别的体系，首先，必须有自己的心理学的原则体系。为了在弗洛伊德已得到的原则的观点上来批判弗洛伊德，就得先证实他是正确的。正是这种掌握别的理论的方法构成了我们准备谈的理论组合的第三种类型。

再举一个能更容易揭示和说明新方法论观点性质的例子。在巴甫洛夫实验室中，实验者们试图通过实验来解决痕迹条件刺激和痕迹条件抵制向现存条件刺激转化的问题。为此必须"赶走"在痕迹反射条件下所产生的"抑制"。这该怎么办？为达到此目的，弗罗洛夫采取与弗洛伊德学说某些方法类似的办法。在打破稳定的抑制情绪时，他重塑了早先产生这些情结的环境。他们的实验取得了成功。以这次实验为根据的方法学的教学方式，我认为是正确对待弗洛伊德论题的典范，一般来说，也是正确对待所有其他论题的典范。现在让我们谈谈这种教学方式。问题是在巴甫洛夫本人对内抑制本性所做的研究过程中提出来的。他根据自己的原则提出了任务,并对任务做了系统的阐述和详尽的解释。在这里,实验工作的理论课题及其意义在巴甫洛夫学派的概念中得到了表达。什么是痕迹反射,我们已经知道;什么是现存反射,我们也已经知道。由这一种转换成另一种,就意味着消除抑制,等等。也就是说,我们是通过完全确定的和同类的范畴才弄清楚过程的机制的。与宣泄进行类比具有纯粹的启发式意义,它缩短了巴甫洛夫探索的道路,他通过最短的捷径使自己走向目标。但这种类比只是被看作能够立即用实验证实的假设。作者在完成自己的任务之后,得出了第三个也是最后一个结论:弗洛伊德所叙述的现象容许在动物身上进行验证,并有待于通过条件唾液反射的方法来做进一步的详细说明。

用巴甫洛夫的理论来验证弗洛伊德理论完全不能证实两者同属一种理论,这种可能性只有通过实验的方法而不是通过分析的方法来确定。最主要的一点是,当作者在自己的研究过程中碰上弗洛伊德学派所描述的类似现象时,他一分钟也没有越界进入别人的研究范围,也完全没有依赖别人的研究材料,而只是利用这些材料把自己的研究进一步向前推进。巴甫洛夫的发现很重要,这一发现在他的学说体系中——而不是在弗洛伊德学说体系中——有自己的价值、自己的地位和自己的意义。在两个体系的交叉点上,在两个体系的会合点上,两个环形相遇了,这个相遇点立刻同时属于两个体系。然而,这个点的地位、意义和价值依然是由这个点在第一个体系中的状况来决定的。新的发现是通过这种研究完成的。找到新的事实、研究新的特点,这一切则都是通过条件反射的学说而不是通过精神分析学说完成的。这两者之间的任何"几乎是神奇的"一致竟就这样消失得无影无踪！

只要比较一下，别赫捷列夫（1923年）是如何通过发现言语上一致的方法为反射学体系的宣泄理论做出同样的评价，我们就可看到在这两种方法之间存在着极大的差别。

在这里，两个体系之间的相互关系首先是建立在宣泄基础之上的，也即建立在受刺激的情绪或受压抑的面肌和躯体冲动获得释放的基础上的。当一个人的心情受压抑、感到累赘而得不到释放时，他就会成为"受约束者"，成为病人；然而，当他的心情以宣泄反射的形式获得释放之后，就会出现病态的自然的缓解。难道这种受抑制的反射就不是释放？"难道以哭泣发泄出来的痛苦不是受抑制的反射的释放？"

这里没有一句多余的话，可以说是字字珠玑。难道不能把面肌和躯体的冲动说得更清楚、更精确些吗？为了避免使用主观心理学的语言，别赫捷列夫不嫌弃使用日常用语，因此弗洛伊德用术语未必比他说得更清楚。受抑制的反射怎么会使个人的"心情受压抑"，使他成为"受约束者"？为什么以哭泣发泄出来的痛苦就是受抑制的反射的释放？如果一个人恰恰在痛苦的时候哭泣，那该怎么办？最后，要知道在确定思想是受抑制的反射、集中是与神经流的抑制相关的同时，还伴随有意识的现象。"抑制"这个术语真不愧是一服能救人命的灵丹妙药！它在前一章里被用来解释有意识现象，竟然在后一章里又被用来解释无意识现象！

所有这一切都清楚地表明，在无意识问题中，我们必须把方法论问题和经验问题区别开，也就是说，我们必须一开始就把心理学的问题和心理学本身的问题区别开。对这两个问题的无批判的结合必然会造成对整个问题的极大的歪曲。关于无意识问题的专题研讨会（1912年）表明，对这个问题的原则性决议超越了经验心理学的界限，必然会使人们把这一问题同总的哲学信念联系起来。我们是否与布伦塔诺一起接受无意识是不存在的见解,或者与闵斯特伯格一起接受无意识只是一种生理现象,或者与舒伯特—佐尔登一起接受无意识是认识论上的必需的范畴,或者与弗洛伊德一起接受无意识是性欲的东西?在所有这些情况下,我们都在论据和结论中超越了实证研究的界限。

有一位叫达里的俄罗斯作者,他特别强调认识论动机,就是这种动机导致无意识概念的形成。按照他的主张,正是这种反对生理学方法和原则独霸的现象,捍卫作为解释学科的心理学的独立性的意向,为这个概念奠定了基础。要求从心理角度解释心理现象,而不是从生理角度解释心理现象;要求分析和描写事实的心理学依然保持其原来的样子,不超越自己的范围,尽管为做到这一点不得不走上广泛假设的道路。这也就是产生无意识概念的起因。达里进一步指出,心理结构,或者说假设,只是一种通过同一个现实存在的独立体系对同类现象进行描述所做的思维活动的继续。心理学和理论认识的任务规定它必须借助无意识展开反对生理学独霸企图的斗争。心理生活时断时续,留下了不少空白。梦境中出现的意识是怎么回事?我们现在不能回想起来的记忆恢复是怎么回事?我们现在不能意识到的观念又是怎么回事?为了从心理角度解释心理现象,为了不进入现象的另一领域,不进入生理学领域,以便填补心理生活中的短缺、空白、遗漏,我们应该假设,假设它们以另一种特殊形式——无意识心理的形式——继续存在着。斯腾(1924年)发展了这种无意识观点,把它看作是填补心理经验的必需的假设和假设的继续。

达里把问题分为两个方面:事实的方面和假设的或方法论的方面,即确定心理学无意识范畴的认识论或方法论价值的方面。其任务是阐明这一概念的意义、各种现象的概念所覆盖的范围以及这个概念对作为解释科学的心理学的作用。但对作者来说，紧随耶路撒冷这块福地之后的就是无意识范畴，或者说是思想方法，没有这种方法就无法解释生活。此外，就是各种现象的特定领域。他说得很对，无意识是一种概念，这种概念是根据该确定无疑的心理经验及其必要的假设填补才形成的。由此可见，用于这一概念的每个论点都有其非常复杂的性质，在每个论点中必须明确：其中什么是来自确定无疑的心理经验的，什么是来自假设填补的，这两者的可信度如何？在对上述两者的批判研究中，问题的两个方面是互相混淆的：假设和事实、原则和经验观测值、虚构和规律、结构和泛化——所有这一切都搅成了一锅粥。

最重要的一个事实是对这样一个基本问题未予以足够的重视。伦兹和鲁利亚都对弗洛伊德深信不疑，认为精神分析法属于生理学体系，而弗洛伊德本人却属于无意识的生理学概念的反对者。达里是完全对的，这个关于无意识的心理学或生理学性质的问题是整个问题中的第一个的、最重要的阶段。在为心理学任务而对无意识的各种现象进行描述和分类时，我们应该知道，我们是否在这时采用某种生理学或心理学方法。必须证实，一般来说，无意识是一种心理现实。换句话说，首先把无意识问题作为心理学问题来解决，必须把它作为心理学本身的问题来解决。

八

普通学科是各分支学科的代数学。对普通学科的概念开展深入的研究是十分必要的，尤其是当我们从其他学科借用概念的时候，普通学科对各分支学科来说，这种研究的作用就更加明显了。这里，一方面我们似乎有更好的条件把某一学科的成果转移到另一学科体系，因为被借用的论题或规律的可信度、清晰度和深入研究的程度通常都比我们所描述的论题或规律的可信度、清晰度和深入研究的程度要高得多。比如,我们把生物学、胚胎学中确定的规律,把生物学原理、解剖学假设、人种学实例和历史学分类等,引入心理学解释体系的情况就是这样。这些高度发展的、有充足论据证实的学科,其观点和结构比起借助重新创造概念进行研究的心理学派的观点,从方法论上来讲当然要精确得多。这些重新创造的概念未被引入全新的领域,比如引入连弗洛伊德自己也还未曾意识到的领域。在这种情况下,我们借用的是比较成熟的产品,采用的是比较固定的、准确的、明晰的数值。在这种情况下,犯错误的危险大大减少了,而成功的概率则大大增加了。

另一方面,由于这些材料是从其他学科借用的,因而会显得比较陌生,研究方法上也大不相同,掌握起来也比较困难。以上我们对两种条件进行了比较,分清了二者孰易孰难,从而通过理论分析得出一种本质的变异方法以取代通过实验得出的真实的变异方法。

让我们来研究一个事实——这一事实乍一看极其反常,但也因此很适合用来分析研究。反射学在各个方面都确立了他们自己的资料与主观分析的资料之间如此神奇的一致关系,还试图在精确的自然科学的基础上建立起自己的体系,同时还不得不用惊人的方式反对将自然科学规律引入心理学。

谢洛瓦诺夫在研究反射的同时,以无可置辩的和对他的学派来说是非常意外的论据,批驳了基本方法移入主观心理学的形式对自然科学的模仿。在自然科学中采用这些方法已收到很好的效果,但在主观心理学问题的研究上却收效甚微。赫尔巴特和费希特机械地把数学分析移入心理学,而冯特则把生理学实验移入心理学。普莱尔提出了与生物学同样的心理发生的问题。后来,霍尔和其他一些人还借用生物学中的缪勒—

赫克尔原理，并不受监督地将其作为方法论原理而且也作为儿童"心理发展"的原理使用。霍尔说，看来，采用行之有效的方法也得反对？当然不是，但这些方法只有在问题提得正确、方法符合研究客体性质的情况下才能采用。否则，就会产生科学性错觉（这种错觉的典型例子是俄国的反射学）。按彼得楚尔特的说法，即使在最落后的形而上学领地上急忙盖上一块自然科学的罩布，也拯救不了赫尔巴特和冯特，即使是数学公式、精密仪器，也扭转不了因问题提得不准确而遭受挫折的事实。

于是，我们不禁想起闵斯特伯格和有关他对错误问题回答中提出的最后一个小数点的意见。他解释说，生物发生律在生物学中是对大量事实的理论概括；而将其用于心理学中，则只是基于各方面事实进行粗略的类比推测的结果。（没有亲自做调查研究，只是通过类比推测的方法从活人到死人即从爱因斯坦和弗洛伊德那里为自己的理论体系获得现成模式的反射学，难道不正是这样吗？）因此，原则的运用不是作为工作上的假设，而是作为既定的理论，即作为该事实领域科学地确立解释原则的既定的理论，仿佛有了这种理论，堆积如山的错误马上就会随之烟消云散，一切问题就会因此得到圆满解决。

我们不准备像闵斯特伯格那样，对这个问题的实质做深入详尽的研究。他研究时可以引用他拥有的大量文献资料，其中也包括俄国的文献资料，我们只准备把这个问题作为一个例证来观察。由于从自然科学借用概念，心理学错误地提出的许多问题都具有科学性的假象。谢洛瓦诺夫经方法论分析得出结论说，发生法根本不可能在经验心理学中存在，出于这个原因，心理学和生物学之间的关系发生了改变。但为什么在儿童心理学中却错误地提出了发展问题，以致为此而浪费了大量的精力？根据谢洛瓦诺夫的意见，儿童心理学除了能提供普通心理学中已经包含的内容外,不可能再有什么内容。但是普通心理学至今还没有一个统一的体系,这些理论上的矛盾使创立儿童心理学成为不可能。理论前提在伪装得很好的外衣的掩盖下,在研究者本人也完全不知情的情况下,对实证资料的加工方法做了预先规定,并对在观察中获得的与受到某作者支持的理论一致的事实材料做出了解释。这就是对伪装的自然科学经验论的最好的批驳。因此,把事实从这一种理论迁移至另一种理论是不可以的,因为事实永远是事实。研究同一个客体——儿童,应该用同一种方法,即客观观察的方法。只有在各种不同的最终目标和各种不同的最初出发点的条件下,才允许把事实从心理学迁入反射学。闵斯特伯格正是在两个论点上犯了错误。

闵斯特伯格的第一个错误是,他认为儿童心理学只有在运用普通生理学原则,而不是像格罗斯发展的游戏理论那样运用心理学原则,才能取得良好的结果。实际上,这不是借用,而是纯粹心理学的、比较(客观研究)的一个范例。在方法论上,它是无可挑剔的、明白无误的、合乎内部逻辑联系的——从最初的收集和描述事实到最后的理论概括。格罗斯赋予生物学以游戏理论,该理论是用心理学方法创立的,而不是从生物学中得来的。他不是通过生物学的观点解决自己的问题,也就是说,他给自己提出了普通心理学的任务。的确,情况恰恰相反:儿童心理学在理论方面取得有价值的成果恰恰不是依靠从其他学科借用概念的办法,而是依靠走自己的路的办法。要知道,格罗斯一直在谈论反对借用。借用赫克尔理论的霍尔让心理学闹了许多笑话,向心理提出了许多牵强附会的、毫无意义的类比。而走自己的路的格罗斯则给同一个生物学提供了许多规律,一点也不比赫克尔提供的少。我们在这里还要提及斯腾的语言理论、彪勒和考夫卡的儿童思维理论、彪勒的发展阶段理论、桑代克的关于学习律的理论，因为所有这些都是最纯风格的心理学，由此会得出一个不正确的结论：儿童心理学的作用当然不能归结为积累事实资料和对这些资料做预先的分类，即做好准备工作。谢洛瓦诺夫和别赫捷列夫一起发展的逻辑原则能够和应该起到的正是这样的作用。要知道，一门新学科如果没有儿童的思想，没有发展的观念，没有研究的目的，也就是说没有儿童的行为和个性的问题，而只剩下客观观察的原则，只剩下好的技术规则，那么，谁也无法用这一武器来打开伟大的真理之门。

与此相关的还有闵斯特伯格的第二个错误：对心理学的积极意义缺乏理解及对其作用的估计，不是都源于极其重要的方法论上的幼稚想法，仿佛我们只能研究直接经验提供给我们的东西。他的整套"方法论"理论都是建立在同一个三段论法的基础之上的，即：(1)心理学研究意识；(2)在直接经验中向我们提供的是成人的意识，"意识的种族发展和个体发展是不可能的"；(3)因此，创立儿童心理学也是不可能的。

然而，这是一种极其错误的认识，似乎各门学科只能研究来自直接经验的东西。如果按照这个道理，那么，心理学家该怎样研究无意识、历史学家和地质学家该怎样研究过去、光学物理学家该怎样研究不可见光线、语言学家该怎样研究古代语言呢？根据痕迹、影响研究，用诠释和复原的方法研究，用鉴别和发现价值的方法实际上并不比直接"经验"观察的方法少。伊万诺夫斯基在科学的方法论中正是通过一个心理学的实例来阐释这一点的，甚至在实验学科中直接经验的作用也越来越小。普朗克(1911年)说："由于摆脱了拟人化因素，尤其是摆脱了特定的知觉感官，整个理论物理体系得到了统一。"普朗克还指出，在光学理论和物理辐射理论的研究中一般都采用这样的方法："在这种情况下人的眼睛是完全关闭的，它能起到的只是随机的、确实也是非常灵敏的仪器的作用，因为它接受的是光谱宽度刚达到八度这样一个不大范围内的光线,对余下的光谱则由其他能代替人眼的感光和测光仪器来接受,这样的仪器有检波器、热电偶、气压计、感光板、电离室等。这样一来,基本的物理概念与特定的知觉感官就产生了分离,这种分离同时在光学和力学中发生。在这里,力的概念已经早就失去自己原先与肌肉感觉的联系。"

因此,物理学研究的正是人眼看不到的东西。要知道,如果随着作者(这里指谢洛瓦诺夫)赞同斯腾的意见,似乎童年对我们成年人来说是永远失去的天堂,似乎我们成年人要想彻底地深入了儿童心灵的特点和结构已经成为不可能,因为他们的心灵不可能给我们提供直接的感受,那么必须承认,不能直接被我们人眼所接受的光线也是永远失去的天堂,西班牙的宗教裁判所则是永远失去的地狱,这样的实例多得很,不胜枚举。然而问题就在于,科学知识和直接知觉这两者根本不是一码事儿。我们不可能像看到法国大革命那样体验童年时的感受,但毕竟儿童曾直接感受过自己的天堂,革命的同时代人曾亲眼看见过重大的革命事件,尽管这些事实的科学知识离我们生存的年代已经很久远。不仅是人文学科而且是自然学科,在创立概念时基本上不依靠直接经验,这不禁使我们想起恩格斯关于蚂蚁和我们眼睛限度的话。

在对我们没有直接经历的事物进行研究时,各门学科应该怎么做呢?一般来说,各门学科会通过解释或诠释这些事物的痕迹或影响的方法,即间接的方法,来重建或再现所研究的对象。为此,历史学家叙述痕迹——文献、回忆录、报章杂志等等。历史学终究是一门关于过去的、根据其留下的痕迹重建的学科,而不是关于过去痕迹的学科;是一门关于革命的学科,而不是关于革命文献的学科。在儿童心理学中也是同样情况。难道我们不能直接感觉到的童年、儿童心灵没有留下什么痕迹,其本身没有任何表现和显示？问题在于如何解释这些痕迹——是否可以根据与成年人痕迹类比的方法来解释这些痕迹？这就是说，问题在于要找到正确的解释方法，而不在于要完全拒绝解释。要知道，历史学家都知道，没有一个错误的构想是基于正确可靠的文献的，错误的构想是基于错误的解释的。由此可以得出什么样的结论呢？莫非历史也是"永远失去的天堂"？但是要知道，同一个逻辑把儿童心理学称为失去的天堂，同一个逻辑也使我们在涉及历史时不得不讲到这一点。如果历史学家或者地质学家、物理学家也像反射学家那样谈论问题的话，他们一定会说，因为人类和地球的过去是我们不能直接体验的（儿童意识），我们能直接体验的只能是现在的事物（成人意识），所以许多人只能根据与现在的事物进行类比或者小大人（儿童就是小大人）眼中所看到的现在的事物来错误地讲述过去。那么历史学和地质学都是主观的体验，要进行客观研究是不可能的，可能研究的只是现在的历史（成人的心理）。而过去的历史，我们只能把它作为一门关于过去的痕迹、关于文献等的学科来研究，而不是关于过去的学科来研究（而反射学的研究方法没有对此做出任何解释）。

实际上，主观和客观方法的所有理论与这一教条——关于把直接经验作为科学知识唯一来源和天然分界线的教条是共存亡的。维金斯基和别赫捷列夫是一根藤上结出的两个瓜，他们俩都认为，科学研究只能靠自我观察即心理学中所指的直接知觉所提供的东西。一些人相信心灵的眼睛，创立了适合其特点和行为界限的整个科学；另一些人不相信心灵的眼睛，他们研究的只能是亲眼所能感觉到的东西。因此，我认为，从方法论上讲，反射学是完全按这样的原则建立起来的，即把历史学看作是研究过去文献的学科。由于反射学拥有许多富有成效的自然科学的原则，它成为心理学中非常先进的学派。但作为方法学理论，它却是非常反动的，因为它使我们又重新回到朴素感觉论的偏见,仿佛研究只能在我们知觉的范围内才能进行一样。

正如物理学摆脱了拟人化因素,也就是说,摆脱了特定的知觉感官,而在人的眼睛完全关闭的情况下工作一样,心理学也应该通过心智的概念进行工作,以便使直接的自我观察能够关闭,正像力学中的肌觉和光学中的视觉那样。当主观论者指出,从发生学角度讲,在行为概念中包含有自我观察的种子时,他们已经推翻了科学研究的客观方法——参见切尔班诺夫(1925年)、克拉夫科夫(1922年)和波尔图加洛夫(1925年)的著作。但概念的发生起源一点也说明不了它的逻辑本质,因为力学中力的概念从发生学角度来说是起源于肌觉的。

自我观察问题是一个技术问题,而不是原则问题,因为自我观察是许多手段之一,正如物理学家的眼睛那样。对它的使用应该在有利于它的范围内,但不可以对它做出任何原则性的判决——不管是关于它所决定的认识极限,或是可靠性,或是知识的本质,都不可以做出判决。恩格斯曾指出,眼睛的天然结构很小,这决定了它对光现象的认识极限;普朗克以当代物理学的名义也这样说。把基本的心理学概念与感性的特定感受分隔开来是心理学的首要任务。在这时,感觉本身的问题和自我观察本身的问题都应得到来自心理学的公设、方法和总的原则方面的解释(正如人的眼睛得到解释那样),心理学应当研究这些问题。

如果是这样,那就出现了解释性质的问题,即间接方法的问题。通常人们都说,历史学是解释过去的痕迹,而物理学是借助像人的眼睛直接观察那样的工具观察看不见的事物。工具实质上是学者器官的延伸。显微镜、望远镜、电话等最终成为直接经验的对象,使看不见的事物成为看得见的。物理学不是解释,而是观看。

然而，这种见解是错误的。科学仪器的方法论早就弄清了工具的崭新的作用，这一作用并不是到处能被看到的。恰恰是温度计可以成为把对工具的运用引入科学方法的这一新事物的范例。在温度计上，我们读到温度的标志，这个温度计不全像显微镜那样是人眼的延伸，它并没有加强或加长我们对温度的感觉，而是把我们完全从研究温度时的感觉中解脱出来。所以，失掉这种感觉的人能利用温度计，而盲人则不能利用温度计。利用温度计是一个纯粹的间接方法的范例，因为我们研究的已经不是我们看到的东西（像用显微镜看东西那样）——不是水银柱升高，不是酒精柱展宽。我们研究的是用水银或酒精标志的温度及其变化——我们解释温度计的读数，根据其扩及物体的痕迹和影响来复原被研究的现象。普朗克所说的"作为研究看不见事物手段的所有工具"，就是这样被制造出来的。因此，解释就意味着根据原先确定的规律（在这种情况下，是指物体加热膨胀的规律），按照现象的痕迹和影响复原现象。在对温度计的使用和对历史学、心理学等的解释之间，没有任何原则性的区别。这种情况运用于任何学科，都是脱离感官知觉而独立存在的。

对于盲人数学家桑德森，斯图姆夫谈到他曾写出几何学教科书，谢尔宾娜(1908年)曾提到他的双目失明并不妨碍他对那些双目不失明、视力完全正常的人讲解光学。也许普朗克曾提到的所有的光学仪器都能像已有的钟表、温度计和盲人读物那样为盲人所用，因此，盲人也可以从事光学研究。这是个技术问题，而不是原则问题。

科尔尼洛夫(1922年)说得很对，他指出：(1)对实验安排方法方面所持观点上的不同而产生的分歧在很大程度上促使冲突的产生，就是这些冲突导致心理学中各学派的形成。这正如计时器问题上的不同观点——实验时应把这种仪器放在哪个房间的问题而引起的不同观点——使心理学的整个方法和整个体系成了问题,使冯特派从屈尔佩派中分离出来。(2)实验的方法没有给心理学带来任何新的东西。对冯特来说,这种方法只是对自我观察的一种矫正;对阿赫来说,自我观察的资料只能通过其他自我观察的资料来检查,正如热觉只能通过其他感觉来检查那样;对戴希勒来说,在数量上的评价中要有一个内省法的矫正尺度。总之,实验并不扩大知识,而只能用来检查知识。心理学还没有自己仪器设备的方法论,还没有提出可能使我们像温度计那样摆脱内省法而不是检查和加强内省法的仪器问题。计时器问题上的不同观点是一个比它的技术问题更困难的问题。然而,关于心理学中的间接方法的问题,我们在下文中将不止一次地谈到。

泽列内说得很对,他指出,"方法"这个词在我们这里有两种不同的理解:一是理解为研究方法、实验技术;二是理解为认识论的方法,即方法论,这种方法对研究的目的、学科的地位及本质起着决定性作用。在心理学中,认识论的方法是主观的,尽管科学研究方法中有部分可能是客观的;在生理学中,认识论的方法是客观的,尽管科学研究方法中有部分可能是主观的,例如在感觉器官的生理学中就是这样。还得补充一点,那就是实验能改革研究方法,但不能改变方法论。由此可见,泽列内只承认自然科学中的心理学方法具有诊断仪器的作用。

这个问题已成为解决心理学中所有方法论问题和本身问题的症结。必须从根本上超越直接经验的界限,这是一个关系到心理学这一学科的生死存亡的问题。把科学概念从特殊知觉中区别和分离出来只能依靠间接方法。有一种反对意见认为,似乎采用间接方法不如采用直接方法来得好。就科学意义上来说,这种看法是完全错误的。这正是因为用间接方法说明的体验不是全部体验,而只是一个方面,即用间接方法所做的科学实验是把各个特征加以隔离、分析、区分并抽象出来。要知道,在直接经验中,我们区别出的是属于能观察到的部分。恩格斯说:当然我们无法与蚂蚁一起分享对化学光线的直接体验,谁要是为这件事情苦恼,我们可一点也帮不了他的忙;但是,我们却比蚂蚁更清楚地知道这些光线的本质。然而,把每个事物引向体验并不是科学的任务,要不然,就用不着科学了,只要把我们的知觉予以一一登记就足够了。心理学本身的问题也包括在我们直接经验的有限范围内,因为整个心理状况的测试是根据工具类型的不同也即挑选和分离各种现象个别特征的工具类型而有所不同的。可以说眼睛什么都能看到,也可以说它什么也看不到;可以说意识什么都能意识到,也可以说它什么也意识不到;可以说自我意识什么都能意识到,也可以说它什么也意识不到。我们的经验是处在两个门槛之间的,我们所看到的只是世界的一个小小的片断。我们的感觉向我们提供的世界只是重点摘取的、挂一漏万的世界。在两个门槛之间,我们的感觉注意到的已不是各种变化,而是新的门槛。意识好像蹦蹦跳跳地紧随着大自然,在蹦蹦跳跳之间留下许多空白和遗漏。心理在普通的运动中间选择几个现实的固定点,心理是赫拉克利特(古希腊哲学家,他认为万物本原是火,这火像一股激流一样不断变化——译者注)激流中的安全岛,是选择器官,是过滤世界、改变世界并使其能活动起来的筛子。心理的良好作用在这里不表现在反映中(非心理的东西也能反映,温度计比感觉更准确),而是表现在不总是正确的反映之中,也就是说,有时往往主观地歪曲现象,使其利于机体。

如果我们看到所有一切(也即无绝对门槛)和所有一刻也不停顿的变化(也即无相对门槛),那么在我们面前就会出现一片混乱。我们记得,仅仅是在一滴水中,显微镜就能让我们发现很多物体,更何况这是在一杯水中、在一条河中。池塘里的水可以使一切得到反映。其实石头也会对一切起反应,但石头的反应等于受刺激:causa alquat effectum(拉丁语,意为"原因就等于结果")。机体的反应则"代价更高"——它不等于效应,它失去了位能,而选择了刺激。心理是高级的选择形式。红的、蓝的、高声的、酸的——这是被分割成一块一块的世界。心理学的任务有利于弄清肉眼看不见而光学仪器能看得见的许多东西。反应从低级形式走向高级形式,仿佛漏斗的孔眼越来越缩小一样。

如果认为我们没有看到生物学对我们有什么好处,那就大错特错了。难道让我们看到微生物是无益的吗?感觉器官毫无疑问会带来事实的痕迹,因为它们实质上首先是选择器官。味觉毫无疑问是消化过程中的选择器官。嗅觉是呼吸过程的一部分,是检查外来刺激的边防检查站。每个器官都拥有一块所谓 cum grano salis(拉丁语,意为"打了折扣的")世界,这块世界有自己的误差系数。正像黑格尔说的那样,一个物体的质量决定着另一物体数量定量影响的强度和特征的时候,都有自己的比值指标。因此,肉眼选择和进一步的工具选择之间是完全类似的,因为两者实质上都是选择器官(我们是通过实验做这一切的)。因此,超越知觉界限的科学认识的出路就存在于所认识的心理学的实质之中。

由此可见,直接证据和作为鉴别科学真理方法的类比之间具有完全的根本上的同一性,因为两者都要经受批判性检验,两者都可以说谎话,也都可以说真话。太阳围绕地球旋转这一直接证据欺骗了我们,而建立在色谱分析基础上的类比的方法却告诉了我们事实。有些人就是根据这一点正当地捍卫了类比法作为研究动物心理学基本方法的合法性。这一说法是完全可以接受的,但这样说是有条件的,类比法只有遵守这些条件才可以说是正确的。从前,类比法曾在动物心理学中闹过很多笑话,怪事连连，因为人们是在类比法根本不存在的地方去观察它。不过，类比法却适用于光谱分析。因此，在物理学中和心理学中的情况基本上是一样的，方法论上它们之间没有多大差别。

我们所体验的心理序列是断断续续的，像碎片一样。心理生活的要素从哪里来，到哪里去？我们就不得不断续把我们已知的某种序列作为假设。正是在这意义上，霍夫定采用了本来只适合于物理学中使用的"位能"这样一个概念，莱布尼兹也因此采用了"无限意识小元素"这样一个概念。"为了不干出荒唐事，我们不得不继续把意识生活引进到无意识中去"。但是对霍夫定（1908年）来说，"无意识是科学的极限概念"，在这一极限中我们能够通过假设的方法来"权衡各种可能性"，但"真正扩大我们的实际知识是不可能的……若同人的躯体相比，我们的精神世界好像是碎片，唯有通过假设才有可能把它填补起来"。

但在学科分界面前的这种尊重好像是其他作者所无法理解的。至于无意识，只可肯定地说它是存在的。按其本义，它不是实验证实的对象。要用观察的事实来证实它，像霍夫定所试图的那样，那是不合理的。无意识这个词有两层意义，也就是有两种无意识，这是绝对不应该混淆的。争论正是围绕着双重对象（即关于假设和可以观察的事实）展开的。

在这个方向上再迈出一步，我们就又回到了事情开始时的情况，又回到了无意识迫使我们不得不设想的那种困境。

看来，心理学在这里被置于悲喜剧的状态之中：我想做但是我又不能做。心理学不得不接受无意识，以免闹出荒唐事。但在接受无意识的同时，却又闹出更大的荒唐事，只得惊慌地往回跑。这是否正像一个刚出狼窝又落虎穴的人在反正免不了一死的情况下急忙回头向着危险相对小一些的小兽跑去？冯特在这一理论中看到了19世纪初神秘的自然哲学的回声。朗格(1914年)紧随其后,接受了无意识心理是内部固有矛盾的概念。无意识必须从物理上、化学上得到解释,而不是从心理学上得到解释。否则,我们就会为"神秘的侦探"、为"任何时候都无法检验的随意的解释"开辟通向科学的道路。

那么,让我们再回到霍夫定。有一种物理化学系列,在一些突然ex nihilo(拉丁语,意为"来自虚无、无中生有")的"断片"中,它被心理序列所伴随。请允许我充分理解和科学地解析这些"断片"。这场争论对方法学家来说意味着什么呢?必须从心理学上超越直接领悟意识的极限并使概念延续下去,但在安排这一概念的延续时,必须把概念和感觉这两者加以区别。在原则上不可能把心理学看作是一门意识学科,更不可能把它看作是一门无意识学科。看来,这是一个化圆为方的算题,是找不到出路找不到解决办法的。但正是在这种窘境中,我们找到了物理学。诚然,物理序列比心理序列延伸得更远些,但也不是无限的和没有疏漏的。不过,它毕竟基本上使这门学科成为不断延伸的、无限的学科,而不是直接经验。这门学科继续这一实验,但不包括人眼。这就是心理学的任务。

那么,解释对心理学说来,不仅十分有必要,而且也是一种摆脱束缚的根本有效的方法,salto vitale(拉丁语,意为"生的跳舞")在不善跳的舞者面前,这种认识又回到了 salto mortale(拉丁语,意为"死的跳舞")。心理学需要编写自己的仪器哲学,正如物理学需要编写自己的温度计哲学一样。实际上,心理学中有两方面需要求助于解释:主观论者毕竟有"被试"这样的用语,也就是说被试的行为和心理是要由行为来解释的。客观论者也同样需要解释。客观论者常用的"反应"的概念中就包括有对意义、联结、关系等这些词做解释的必要性。实际上 actio(拉丁语,意为"作用")和reactio(拉丁语,意为"反作用")这两个词都是力学最初的概念,必须对这两个概念进行考察并从中得出规律。但在心理学和生理学中,反应不等于刺激。反应有自己的意义和目的,它完完全全地履行着自己的某种职性。在定性上,它与刺激物之间存在着联系。反应的这种作为整个职能含义、相互关系的性质不是在实验中提供的,而是由推理方法得出的。简要地说,在把行为作为反应体系来研究时,我们不是通过自身(器官本身)的行为动作而是通过这些行为动作与其他行为动作——刺激物——之间的关系。但是反应和反应的性质及其意义从来不是直接知觉的对象,何况刺激和反应各属于两个不同的序列。这一点显得特别重要,因为反应是答案。研究答案只有根据答案和问题之间相互关系的性质。答案的含义即在此,不是在知觉中而是在解释中找到它。

这就是大家的做法。

别赫捷列夫在反射中划分出一种创造力反射。问题——是刺激物,创造力——是对刺激物反应的反应或象征性的反射。可要知道,创造力和象征概念实质上是语义概念,不是实验的概念:如果在对待刺激的关系上是创造了某种新事物,那就是创造力反射;如果取代了其他反射而无法看到反射的象征或创造的性质,那就是象征性反射。

巴甫洛夫把反射划分为自由反射、目的反射、食物反射和防御反射。然而,要知道,自由和目的是无法用肉眼看到的,它们没有食物器官那样的器官,也没有什么实际功能。它们是由其他运动一样的一些运动构成的。防御、自由、目的实质上都是指这些反射所包含的内容。

科尔尼洛夫把反应划分为情绪反应、选择性反应、联想反应、再认反应等等。这里再次根据它们所包含的内容进行分类,也就是说,根据在刺激和反应之间关系的解释基础上所做的分类。

华生(1926年)也容许这种按语义分类的做法,他直言不讳地说,当代的行为心理学家仅仅用逻辑方法就得出存在思维隐蔽过程的结论。他用此结论来认识自己的方法,并成功地驳倒铁钦纳的理论。铁钦纳在其提出的提纲中说:行为心理学家正是因为他们是行为心理学家,所以不能允许存在思维过程。由此,他们不能直接观察思维过程,而只能走上内省法的道路,用内省法来揭示思维过程。华生指出,他使思维概念从根本上脱离他在内省中的知觉,就像温度计在热的概念形成时使我们摆脱感觉的束缚一样。因此,他强调说:"如果我们有一天能科学地研究思维的隐秘性质的话……那么,我们将因此把这一成果归功于科学仪器"。但是现在,心理学家"也并没有落入这样悲惨的境地,这是因为生理学家常常满足于对最终结果的观察和对逻辑学的利用","行为心理学的追随者觉得,在思维方面,他应当完全坚持这样的立场"。实验问题对华生来说也同样是有意义的。这种意义,我们能够从思维向我们提供的那些东西中找到。

桑代克(1925年)把反应区分为性感反应、结论反应、心境反应和敏捷反应等。这里又得再次涉及解释问题。

问题很简单,只是涉及如何解释的问题,即按照与自己内省、与生物学功能等类比的方法进行解释的问题。因此考夫卡(1926年)说得对,他肯定地说:如果意识没有客观标准,我们就很难弄清楚行动中有没有意识存在,但这一点也不会使我们苦恼。如果存在行为的话,它就应该与归属于它的意识一样,有这样那样的结构。行为应该像意识一样是能够解释清楚的。或者用另一种有悖于常理的说法:如果每个人只有大家能观察到的那些反应,那么,谁也不能观察到任何什么东西。也就是说,超越可见物界限的出路和寻找不可见事物的意义是科学观察的基础。他是对的。他肯定地说:如果行为主义者研究的仅仅是看得见的东西,如果他们的理想仅仅是弄清每一次刺激引起的每一部分肢体、每一条分泌腺分泌的方向和运动速度,那么他们是注定不会取得什么成效的。他们的研究范围只有局限在有关肌肉和分泌腺的生理学内容之内。描写"这个动物从某种危险逃脱",不管这种描写如何不足,但比起给我们提供动物四肢运动及其速度变化的公式和表示呼吸、脉搏等的曲线图来,它在描述动物行为特征上依然要强上一百倍。

苛勒(1917年)通过实践向我们展示,我们能够证实猴子在未经任何内省的情况下仍有思维存在,甚至可以通过客观反映解释法来研究这一过程的进展和结构。科尔尼洛夫(1922年)则向我们展示,如何用间接法对各种思维活动的能量预算进行测定,因为正如采用温度计那样,他还采用了测定肌肉活动的动力测定器。冯特的错误在于他在力学中采用仪器和数学方法不是为了推广,而是为了检验和矫正,不是为了摆脱内省,而是为了束缚自己。其实,冯特大部分研究著作中的内省是不必要的,只有在划分出不成功的实验时,它才是必要的。在科尔尼洛夫的学说中,内省是完全不必要的。然而心理学依然需要制造自己的温度计,科尔尼洛夫的研究为我们开辟了道路。

在这里,我们要再一次引用恩格斯关于眼睛活动的话,恩格斯曾说,眼睛和思维是相连接的,这使得我们看到蚂蚁能看见而我们看不见的东西。我们可以用恩格斯的这些话来概括我们从研究狭隘感觉论教条中得出的结论。

很长时间以来,心理学不是追求知识,而是追求体验的。在这个实例中,心理学宁愿与蚂蚁一起分享它们对化学光线感觉的视力体验,而不去科学地认识它们的视力。

有两种科学体系支撑着它们的方法论,就像脊柱支撑着身体一样。方法论始终像动物机体中支撑着身体的脊柱和骨骼。最原始的动物,如蜗牛和乌龟,都把自己的骨骼长在躯体外边;有些动物还可以把它们的肉体与骨架分离,去掉骨架,剩下的全是很少有区别的肉,如牡蛎。最高级的动物,骨骼都长在躯体里头,使其成为躯体活动时的支撑。在心理学中,也必须把方法论进行分类,即分为初级的方法论结构和高级的方法论结构。

这就是对虚假的自然科学经验论的最好的批驳。看来,从一种理论往另一种理论照搬任何什么都是不行的。事实终究是事实,同样是客体——儿童,同样是方法——客观观察,只有在不同的最终目的和出发前提的条件下才能把事实从心理学引入到反射学中去。托勒密和哥白尼归根到底也同样依靠的是一些事实。看来,借助各种不同认识原则获得的事实,实质上是不同的事实。

因此,心理学中关于运用生物发生原则的争论不是关于事实的争论。事实是毫无疑义的,它们可分为两组:一种是机体结构发展中被自然科学建立起来的过去各阶段的重演,另一种是种系发生和个体发生的心理之间的无可争辩的相似点。特别值得指出的是,关于相似点,没有发生过争论。对这种理论提出异议并对其进行方法论分析,考夫卡(1925年)曾非常坚决地声称,这种错误理论起源于各种类比。毫无疑问,这些类比是存在于现实中的。看来,如果没有对儿童心理学原则做出分析,如果没有儿童期的一般理论,没有儿童期的含义和生物含义的概念,没有一定可靠的儿童发展理论,那么,有关这些类比意义的争论是无法解决的。类比到处存在,要找到很容易,问题是如何找到它们。相似的类比可以在成人的行为中找到。

这里可能有两种常见的错误,霍尔犯的是其中一种,桑代克和格罗斯在其批判分析中彻底揭露了他的这种错误。格罗斯(1906年)还公正地看到任何比较的目的和比较科学的任务,认为不仅要分出相似点,而且更重要的是要在相似点中找出区别点。由此可见,比较心理学应该不仅了解作为动物的人,还应更多地了解作为非动物的人。

原理的直接运用导致研究者到处寻找相似性,因为正确的方法和准确地查清的事实被在丝毫不做批判的情况下采用,也会导致过分牵强附会的解释和错误的事实。在传统的儿童游戏中的确保存了许多远古时代的回声(射箭、轮舞),对霍尔来说,这是通过无害的形式对动物和史前发展阶段的一种重复和表现。格罗斯在这里发现了对嗅觉辨别能力的极度缺失;猫和狗的胆怯是这些动物在野生时留下的遗迹;水之所以吸引儿童,是因为我们都曾是水生动物;婴儿双手划水的机械动作是漂流在水中的祖先的动作的残留……

由此可见,错误在于在没有任何对类比进行检验和对应当予以解释或不应当予以解释的事实进行挑选的原则时,就把整个儿童的行为解释成是重演。动物的游戏恰好不适合于用来做这样的解释。格罗斯(1906年)问道:"霍尔的理论能对老虎和它的受害者之间的游戏做出解释吗?"显然,把老虎看作过去种系发生发展的重演是无法理解的。游戏是老虎未来活动的预演,而不是它的过去发展的重演。游戏应当由于老虎未来的关系而得到解释和理解,游戏应当由于老虎这一物种的未来而不是它这一物种的过去而获得意义。这一物种的过去在这里表现出来的是另一种含义,个体的未来是由过去预先决定的,而不是直接地表现出来的,表现出来的不是重演的含义。

事实是怎样的呢?事实恰恰是,这种伪生物学理论无论从生物学角度来看,还是从进化其他阶段一系列同类现象来看,还是从对最接近的同质现象的对比来看,都是站不住脚的。如果我们把儿童的游戏同老虎的游戏(即同高级哺乳动物的游戏)相比较,那么我们注意到的不仅是两者的相似之处,还有两者的区别。我们发现两者的共同的生物学含义,这种含义还包括在两者的区别之中(老虎做追逐老虎的游戏,儿童则模仿成人的动作,两者都通过游戏学习未来生活所需要的本事——格罗斯的理论)。尽管在同各种不同现象的比较(在水中做游戏——作为两栖动物的人的水中生活)中存在着所有表面上的相似处,但这种理论在生物学上是毫无意义的。

桑代克(1925年)对这个令人震惊的论证做了补充,他认为个体发生和种群发生有适合于同样一些生物学原则的不同的序列。因此,意识在个体发生中出现得非常早,而在种系发生中出现得非常迟。而性欲则刚好相反,是在种群发生中来得非常早,而在个体发生中来得非常迟。斯腾利用类似的见解来批判同样的应用于游戏的理论。

布隆斯基(1921年)则犯下了另一种错误。他非常自信地为这个从生物力学观点出发的胚胎发育规律辩护,并指出,如果这一规律不存在的话,那将是不可思议的。他还指出这些见解("并不非常有说服力的见解")的假设性质,并得出论断("可能是这样"),也就是说,他为运作假设的方法论可能提供了论据。然而,他不是转而去研究和验证假设,而是走上了霍尔的道路,在非常可以理解的类比基础上对儿童的行为进行解释:他认为儿童爬树不是猴子生活的重演,而是生活在山岩和冰川间的原始人类生活的重演,认为撕糊在墙上的壁纸是撕树皮行为的一种返祖现象,等等。最引人注目的是,布隆斯基犯了与霍尔同样的错误:否定游戏。格罗斯和斯腾都指出,越是强调个体发生和种群发生之间类比的地方,越是这种理论最站不住脚的地方。布隆斯基似乎在说明科学知识方法论规律的不可抗拒的力量时,甚至都找不到新的术语。他认为儿童的活动是有必要用"新的术语"(游戏)来称呼的。这就是说,在方法论道路上,他先是失去了游戏的语义，然后他又感到荣耀的是，他彻底地拒绝了使用表示游戏这一意思的术语。实际上，如果儿童的活动、行为是过去时代的返祖现象，是过去时代的重演的话，那么，"游戏"这个术语就是不妥的。正如格罗斯所指出的那样，这种活动与老虎的游戏没有任何共同之处。布隆斯基宣称："我不喜欢这种术语。"从方法论上来讲，应把这句话翻译为："我失去了对这种概念的理解和意义。"

只有仔细研究每个原则并做出最后结论，只有最精确地掌握每一个概念的含义，只有彻底查清有时是为作者考虑的每一个思想进程，才能够确定所研究对象的方法论性质。因此，在概念已经形成、出现、发展并获得充分表达的学科里，它的使用是自觉的，而不是盲目的。但概念被引入其他学科时则是盲目的，什么结果也不会有。自然科学的生物发生原则、实验原则和数学方法原则的这种盲目借用造成了心理学中的科学性假象，这些假象实际上掩盖着在所研究现象面前的完全的无能为力。

但是，为了最终划定一个被科学中这个借用原则的含义所描述的范围，我们还得仔细考察这个原则今后的命运。问题没完没了，它不会因为觉察到这借用原则的无能为力、因为对原则的批判、因为小学生的指指点点而结束。换句话说，关于原则的故事，不会因为简单地把它赶出它的领域、简单地把它排斥在外就结束。我们一定记得，外来的生物发生原则是沿着实际存在着的各种类比的事实之桥向科学渗透的。这一点谁也无法否定。

随着这一生物发生原则的加强和占支配地位，事实的数量大大增加了。在这些事实中有部分是虚假的，有部分是真实的。那些错误的东西就是以虚假的事实作为依据的。对这些事实的批判也就是对生物发生原则本身的批判，这种批判把新的事实吸引到科学视野中来。问题并不只局限于事实,因为批判必须为互相抵触的事实做出解释。两种理论在批判中相互同化了,并在此基础上使生物发生原则获得再生。

在事实和外来理论的压力下,外来者改变了自己的面孔。这种情况也同样发生在生物发生原则上面。生物发生原则获得了再生,并在心理学中以两种形式出现(这是再生过程还未完成的表现):(1)新达尔文主义和桑代克派所维护的效用论。这种理论认为,个体和物种在自己的发展中都服从同样的规律,在这些规律中有许多相互的一致,也有许多相互的不一致,不是所有在早期阶段有利于特种的东西都有利于个体。(2)由心理学中的考夫卡、杜威学派和历史学哲学中的施本格勒维护的同步作用理论。这种理论认为任何发展进程必然有一些共同阶段和连续形式(从低级走向高级的阶段和从简单走向复杂)。

我们远离把某种来自这些结论的东西看作是事实的观点,一般来说,我们也远离对问题做根本性的审查。对我们来说,重要的是研究科学物体对引进的异质物体的自发性和盲目性反应的动态;对我们来说,重要的是研究与一种感染相关的科学炎症的形式,以便彻底弄清科学器官各个组成部分之间正常的机能和作用,使其从病态恢复到正常。我们分析的目的和意义就在于,这种分析似乎会把我们引入歧途,但我们总是像斯宾诺莎向我们提示的那样,不会忘记始终坚持把我们时代的心理学看作是一位危重的病人。如果从这一观点出发来详细解释最后题外说明的意义,来详细解释我们得出的肯定的结论,来详细解释我们所做分析的总结,那么只能做这样的规定:第一点是,通过对无意识的分析,来研究感染扩散的性质、影响和方式,外来理论紧跟事实之后的渗透深度及其在机体内的主宰作用和对机体功能的破坏作用;第二点是,通过对生物发生的分析,我们还可以研究机体的反作用及与感染所做的斗争,研究使外来物体被分解、被排除,使之消毒、同化和再生,以动员对抗感染的力量的动力趋向,按医学中的说法,就是制造出抗体并培养免疫力;第三点即最后一点是,把疾病和反应现象、生病和健康现象区别开来,也即把感染过程和复原过程区别开来。我们将在最后的题外说明中对科学术语的分析做到这一点,以便以后直接给我们的病人开出诊断和预后的处方——指出心理学危机的性质、历史内涵以及克服危机的办法。

九

如果谁想客观地、清晰地了解目前心理学所经受危机的状况以及这场危机的规模,那么只要研究一下心理学语言,也即心理学家的命名系统和术语系统、词汇和句法就足够了。语言,尤其是科学的语言,是思维的武器,是分析工具。为了理解一门学科所从事的业务性质,只要看一看这门学科所使用的工具就足够了。当代物理学、化学、生理所使用的都是高度发达的、准确的语言,更不用说在其中起着极其重要的作用的数学所使用的语言了。所有这些学科的语言随着各门学科的发展而日益发达和日臻完善,它们的发展完全不是自发的,而是在学术界、学术会议的传统、评论和直接的术语创造力的影响下自觉地进行的。当前的心理学语言中首先就是不够术语化,这就是说,心理学还没有自己的语言。在心理学词汇中,你可以见到三种词的混合:(1)常用语,即含混的、多义的、适用于日常生活中使用的语言(拉祖尔斯基指责这表现出心理学的无能。这里我不得不指出,这种指责倒更适用于经验心理学的语言,尤其适用于拉祖尔斯基本人[①])。我们只需想起所有译者的绊脚石——视觉(这里指的是感觉),以便看清日常生活语言中全部暗含的寓意和模糊不清的含义。(2)哲学词

---

① 括号中的话是作者维果茨基本人加的注,1925年。——译者注

汇。由于各哲学学派之间的斗争,一些多义词失去了原先的词义,变成了极其抽象的词,这些词也搅乱了心理学家的语言。拉朗德(1929年)在其中看到了心理学中语义混乱不堪和含混不清的主要根源。语言的各种转义现象更加深了语义的模糊性。这些隐喻作为说明是有价值的,但作为公式是有危险的。把心理事实、功能、体系或理论通过加俄语名词后缀"-изм"(含有"主义"的意思)的办法使其拟人化,其中的一出出微型神话剧就是这样虚构出来的。(3)从自然科学中借用的和用于转义的词汇和言语形式被直接用来作为欺骗的工具。当心理学家们讨论能量、力甚至强度,或者谈论兴奋等问题的时候,他们总是用科学的词汇来掩盖非科学的概念,或者用科学的词汇实施欺骗,或者再次强调用外来的准确的术语所表示的这个概念的不确定性。

拉朗德说得对,语言的费解既取决于句法,也取决于词汇。在心理学的语法中碰到神话剧的情况也不比词汇中少。我这里还要补充的是,科学表达的风格和手法起着不小的作用。一句话,语言的各种成分和功能都带有被科学利用时给科学留下了年龄的痕迹并决定着科学研究工作的性质。

如果以为心理学家没有发现自己语言的混杂、模糊和神话性质,那就大错特错了。几乎所有作者都从不同角度谈到过术语的问题。实际上,几乎所有心理学家都希望描述、分析和研究特别细小的充满细节的事物,力求表达无可比拟的独特的心灵感受,即 sui generis(拉丁语,意为"独一无二的")事实。当科学想传达本身感受的时候,也就给自己的语言提出了文艺语言才能解决的任务。所以,有些心理学家主张向小说家学习,有些心理学家自己就用印象派美文小说的语言写心理学著作,甚至一些最优秀的、杰出的讲究修辞的心理学家都没有能力用准确的科学语言写作。他们能形象地、充满想象力地、极具说服力地用细节描写的手法写作,却没有能力把事实照实录写下来。詹姆士、利普斯、比纳就是这样的心理学家。

在日内瓦召开的第六届国际代表大会(1909年)上,心理科学用语这一问题就被提上了议程,在会上就这个问题发表了两个报告——鲍德温的报告和克拉帕雷德的报告。然而,会上并没有对心理科学用语的使用问题做出什么规定。只有克拉帕雷德曾提出过要为40个实验室用语下定义的想法。英国出版的鲍德温的词典、法国出版的哲学术语批判词典做了许多这方面的工作。尽管这样,情况仍变得一年比一年更糟糕,凭借上述词典来读新书是根本不行的。我常从百科全书中借用这方面的资料。百科全书的任务之一就是使术语固化和稳定。然而,新的符号系统的采用又常常为术语的新的不稳定找到了借口。(杜马,1924年)

语言仿佛发现科学所经历的分子变化,它反映了内部的、未定形的过程,即发展、改革、成长趋势的过程。因此,语言在心理学中的模糊状态正是科学的模糊状态的反映。我不会深入探讨这一问题,只打算把这一探讨作为分析心理学中当代分子术语学变化的一个出发点。也许我们将会在其中谈到当前和将来的科学的命运。首先,让我们开始从通常倾向于否定科学语言的基本意义和在类似争论中看到经院式的玩弄辞藻的那些人谈起。比如,切尔班诺夫(1925年)就曾指出,力图用客观的术语代替主观的术语,这是一种十分荒唐的主张,是毫无意义的事;动物心理学家(比如比尔、贝特、伊克斯库尔等)谈到用"光感受器"代替"眼睛"、用"气味感受器"代替"鼻子"、用"感受器"代替"感觉器官",等等。

切尔班诺夫倾向于把行为主义所实施的全部改革引向术语游戏,他认为在华生著作中的"感觉"或"观念"这样的词应该用"反应"这个词来代替。为向读者说明通常的心理学和行为主义者的心理学之间的区别,切尔班诺夫(1926年)举了一些新的表达方式的例子:"在通常的心理学中说,'如果某人的视神经受到光波互补性混合物的刺激,那么,在他身上就会出现白色的感觉。'在这种情况下,按照华生的说法必须改成这样:'他像对白色产生反应那样对白色做出了反应。'"切尔班诺夫由此得出了怡然自得的结论:事情并没有因用什么词而改变,可是所有区别却都包含在词里。事情果真是这样的吗?对切尔班诺夫这种心理学家来说,事情无疑会是这样的。谁若不去研究和发现新事物,那他当然不能理解为什么新现象的研究者要采用新的术语;谁若没有自己独特的看待事物的观点,而是用同样的态度对待斯宾诺莎、胡塞尔、马克思和柏拉图,那么他要从根本上改变词汇则只能是一种空洞的奢望;谁要是折中主义地、按出现的先后顺序向各种学派、流派、派别学习,那他就需要一种含糊的、不明确的、不强求一律的日常生活的语言,即"像在通常心理学中所用的语言一样";谁要是只用教科书的方式来构想心理学,那么保存日常生活语言对他来说就成了生死存亡的问题,因为大批实证主义心理学家就属于这种类型的人,他们使用含混不清的、形形色色的行话和黑话,为此,用不着做进一步的批判,白色的感觉就是事实。

　　对切尔班诺夫来说,任性是他的怪癖。但为什么这种怪癖能如此合乎规律?其中是否存在着某种必然性?华生和巴甫洛夫、别赫捷列夫和科尔尼洛夫、贝特和伊克斯库尔(切尔班诺夫的名单可以随意地把来自各科学领域的人物都包括进来),还有苛勒和考夫卡,都表现出有这种怪癖。这就是说,引入新术语是某种客观的必然性。

　　我们事先就可以说,一个词在称呼事实的同时还提供事实的哲理、事实的理论和事实的体系。当我说到"色感"时,我的脑海里就会产生一些科学的联想,事实被引入一系列的现象中,我将赋予事实一个含义;当我说出"对白的东西做出反应"时,每件东西则又完全是另一回事。然而,切尔班诺夫却装模作样，仿佛问题都出在词汇上。要知道，他的论题正是"不需要进行术语改革"，可是又从另一个论题得出结论说："不需要进行心理学改革。"什么不需要！这只是切尔班诺夫矛盾缠身、难以摆脱的一种表现：一方面，华生仅仅是改变词汇；另一方面，行为主义歪曲心理学。这样一来，就处于两难之中，两者必占其一：或者华生在拿词汇做游戏，那么行为主义就是无辜的一方，正像切尔班诺夫安慰自己时所喜欢描写的那样，是一个令人开心的小小的笑话；或者在改变词汇的背后掩盖着改变的事实，如果是这样，那么改变词汇就已经不是什么可笑的事情了。革命总是要使一些旧的事物名称失去作用——其中既有政治方面的，也有科学方面的。

现在让我们谈谈另一些懂得新词含义的心理学家。他们都非常清楚，新的事实和对新事实的新观点要求有新的词汇来解释它们。这样的心理学家可以分为两部分。一部分是纯粹的折中主义者，他们非常乐意混淆新旧词汇，并把这种做法看作是永恒的规律；另一部分由于与争论中的任何一方都不一致，由于力求使语言走向统一，形成自己特有的语言，出于这种需要，他们使用一种混杂的语言。

我们看到，像桑代克这样的直言不讳的折中主义者，也同样把"反应"这个术语用于表示情绪、灵活、行动以及表示客观的和主观的等含义。由于无力解决所研究现象的性质问题以及对这些现象进行调查研究的原则问题，他在语言使用中完全失去了词的含义，既失去了主观术语的含义，也失去了客观术语的含义。"刺激——反应"对他来说只不过是描述现象的一种方便的形式而已。另一些人，如皮尔斯伯里（1917年），把折中主义奉为准则——具有技术思想的心理学家可能对一般方法和观点的争论感兴趣。他使用构造主义者的术语来讲述感觉和知觉，使用行为主义者的术语来讲述各种各样的行为，可他自己却倾向于机能主义。术语间的差异导致种种混乱的不协调,但他却认为同时使用许多学派的术语比只使用某一学派的术语要好。与此完全一致的是,他用日常生活的实例和含混不清的词汇来解释主观事实,以代替心理学中的正式定义。他为心理学下过三个定义:心理学是研究心理的科学,是研究意识的科学,是研究行为的科学。但他又下结论说,这些区别在描述精神时可以不予以注意。当然,对我们这位作者来说,使用术语问题完全是一件无关紧要的事情啰!

考夫卡(1925年)及另一些心理学家试图把新旧术语实现根本性的综合。他们非常清楚,词汇是用来说明事实的理论。因此,大家在两个体系的术语后面可以看到两个体系的概念:行为有两个概念,一种是通过自然科学的研究获得的,另一种是通过体验获得的,与之相适应的是功能概念和描述概念。功能—客观的概念和术语属于自然科学的范畴,现象—描述的概念与它(行为)绝对是格格不入的。这一事实常常被那些概念模棱两可的语言所掩盖和弄得模糊不清,因为日常生活语言不等于科学语言。

美国人的功绩在于,他们为反对动物心理学中主观片面的笑话而斗争,但是我们不会害怕在描述动物行为时使用描述性概念。美国人走得太远了,他们过于客观了。又一次特别引人注目的是,格式塔理论的内部具有双重性,它反映并拼合了两种互相对立的倾向。正如下文将谈到的,这两种矛盾的倾向将决定着心理学整个危机及命运。格式塔理论想从根本上永远保存双重语言,因为这种理论就是发源于行为的双重性质。然而各学科所研究的不是大自然中相近的东西,而是概念中相似和相近的东西。怎么能够让一门学科去研究显然是要求用两种不同方法、两种不同解释原则等来研究的两类完全不同的现象呢?要知道,只有学科的统一才能保证所研究对象的观点的统一。怎么能够从两种观点出发来建立一门学科呢?术语中的矛盾得再次与原则中的矛盾取得一致。

另外一些人，主要是指一些俄罗斯心理学家，他们的情况就稍为不同。他们同时使用两种术语，却把这看作是过渡期的一种属性。有一位心理学家把这种情况比作是一件适合于冬夏两季穿的夹大衣，既暖和，又凉爽。比如布隆斯基就认为，问题不在于怎么称呼被研究的现象，而是在于怎么理解这些现象。他认为，我们可以在自己的说话中使用日常用语，同时又在日常用语中放进适合于20世纪的科学的内容。问题不在于避开"狗正在发脾气"这类用语，而在于这类用语不是解释，而是问题。严格地说，这话里蕴含着对旧术语的全面谴责，因为在那里这类用语正是可以解释的。但主要的是，这类用语应该得到相应方式的表达，而不应该用日常用语来表达。这是使这类用语成为科学问题的需要。那些被布隆斯基称为对术语过分苛求的人们，越来越感到这个用语背后包含着科学进程加入其中的内容。然而，布隆斯基的追随者却同时使用两种语言，而且他们并不认为这是原则问题。既然科尔尼洛夫紧随巴甫洛夫这样做，我当然也就可以这样做，因为怎么称呼它们到底是称呼心理过程还是高级神经过程，并没有什么关系。

仅仅上面的例子已足以说明这种双重语言现象之间是有界限的。这些界限的本身也最清楚不过地展示了对折中主义的整个分析——双重语言现象是双重思维的外部标志。当要说出两件事物或对一件事物做两种解释时，我们可以用两种语言来称呼它们，这时的确可以说，怎么称呼它们都是无关紧要的。

于是就形成了这样的表述：对实证主义者来说，需要的是日常生活的、不确定的、前后不连贯的、有多种语义的、混杂的语言，也就是说，这种语言可以适用于任何场合，今天可以用来与神父说，明天也可以用来与马克思说。他们需要的语言是不给现象的实质从哲学角度做出任何明确的限制,也不做出任何明确的描述。因此,实证主义者看不清也看不准自己的研究对象。对折中主义者来说,他们需要两种语言。但折中主义者刚一离开这块土壤和试图表示并描述重新发现的事实或叙述自己对研究对象的观点时,他们就对语言或词汇动心起来。

科尔尼洛夫(1922年)发现了新现象后,准备使这一现象所属的整个领域从心理学的一部分变成一门独立的学科——反射学。在另一场合,他把反射与反应进行对比,看到两种术语间的根本差别。两者的哲学和方法论基础也有很大的不同。反应对他来说是生物学概念,反射则是狭窄的生理学概念;反射只是客观的,反应则既是客观的又是主观的。现在我们弄清楚了,为什么同一种现象,当我们叫它是反射时是一种含义,而叫它是反应时则是另一种含义。

显然,怎么称呼现象是各不相同的,在有科研或哲学作为后盾的场合,过分苛求也是有自己的理由的。无怪乎布隆斯基在自己的著作和詹姆森(1925年)的心理学概念——这一庸俗习气和折中主义在科学中的范例中发现了相互之间一致的东西。正如谢洛瓦诺夫(1929年)正确指出的那样,在"狗正在发脾气"这一用语中无法看到问题,这是因为找到术语是科研的终点,而不是起点。当我们刚一用某个心理学术语来称呼任何一种反应复合体的时候,任何进一步的分析的企图也就结束了。如果布隆斯基像科尔尼洛夫那样离开折中主义立场,承认研究和原则的价值,那么他是会弄清楚这一点的。没有任何一个心理学家不曾遇到过这种情况。像切尔班诺夫那样的"术语革命"的冷嘲热讽的旁观者,突然出人意外地成为一位迂夫子,竟然反对使用"反应学"这一名称。他用契诃夫小说中描写的一位中学教师(指"套中人"别里科夫)的迂腐口吻教导人们说,"反射"这个词会引起误解,这种误解首先是词源学方面的,其次是理论方面的。

他侃侃而谈,告诫大家:"反射"这个词从词源形成上看就是错误的,应该把它说成是"反应学"。这种说法当然反映了他对语言学的极度无知,而且彻底破坏了第四届国际代表大会上所确定的在国际词汇基础上的术语原则。科尔尼洛夫不是从诺夫哥罗德的"反应"这个词的基础上,而是从拉丁语 reactio(反作用)这个词的基础上,形成自己的术语,这是完全正确的。有意思的是,"反应学"这个术语却是由切尔班诺夫翻译成法语、德语等外语的。但问题不在于此。问题在于切尔班诺夫认为,他在科尔尼洛夫心理学观点体系中仿佛是不合时宜的。不过,让我们从问题的实质方面做一些探讨。承认术语在观点体系中的意义是重要的。看来,甚至反射学在一定的条件下也有它存在的理由。

别以为这些细枝末节没有什么意义,因为它们实在太容易互相混淆、互相矛盾、太容易出错了。在这里,科学的观点和实践的观点之间是有区别的。闵斯特伯格(1922年)解释说,花匠喜欢自己的郁金香而讨厌丛生的杂草,植物学家由于他的任务是描述和讲解,无所谓喜欢或讨厌什么东西,从自己的观点的角度,他也不可能喜欢和讨厌任何什么东西。他说,对研究人的科学来说,对人的愚蠢的关注并不少于对人的聪明的关注。所有这些都是无关紧要的材料,感到不满足的是这些材料只作为一系列现象中的一环而存在。术语学对折中主义心理学家来说,本是个无关紧要的问题,但当这个问题涉及他们立场问题的时候,就突然成了战斗的问题。这一事实是一系列有因果关系的现象中的一环,在方法论上是有其重要价值的。其他一些折中主义者也用这种方法得出与科尔尼洛夫同样的结论,这结论也同样是有价值的。这是因为任何条件反射或任何联结反射在他们看来都是相当清楚和容易理解的。反应为新心理学奠定了基础。被巴甫洛夫、别赫捷列夫、华生发展的整个心理学不称为反射学,不称为行为主义,而称为反应心理学,即反应学。就让折中主义者对同一件事得出完全相反的结论吧,因为他们得出自己结论所采用的方法和过程通常都使他们之间如此的相似。

我们能从所有的反射学家——从事实际研究和理论研究的反射学家——那里找到这样的规律性。华生(1926年)很自信地说,我们能编出心理学教程,而且可以避开使用"意识""内容""内省验证""想象"等词汇。对他来说,这不是术语学问题,而是原则性问题,因为化学家不能用占星术的语言说话,天文学家也不能用占星图的语言说话。他在一个非正式的场合很恰当地说明了这一点:他认为视觉反应和视觉形象之间的区别在理论上来说是非常重要的,因为其中隐藏着彻底的一元论和彻底的二元论之间的区别。(闵斯特伯格,1922年)对他来说,词汇只不过是哲学用来理解事实的触须。无论有多少写意识术语的书,无论这些书本身具有什么样的价值,这种价值只有被转换成客观语言后才能被确定和表达出来。因为按华生的想法,意识之类只不过是一些词义不确定的用语。新的教程与流行理论,与术语同样是脱节的。华生谴责"半心半意的行为主义心理学"(这种心理学给整个学派造成危害)。他断言,如果新心理学的观点不保持自己的明确性,那么它的框架将被歪曲,将会变得模糊,将失去自己的意义。功能心理学由于这种半心半意而陷于绝境。如果行为主义有它的未来,那么它必须与意识的概念断绝关系。但是,它是已经成为心理学的主导体系还是仅仅作为一种方法论观点,至今还没有定论。因此华生过多地把合理思想的方法论作为科学研究的基础。由于试图使自己摆脱哲学的束缚,他滑向"普通人"的观点,把这种观点理解为不是人类实践的基本特征,而是一般美国实业家的合理思想。按照他的意见,普通人应该欢迎行为主义。日常生活教会了他这样行动。因此,在与行为科学打交道的时候，他并没有感到方法上有什么变化，或者研究对象上有什么变化。(闵斯特伯格，1922年)这一观点是对整个行为主义的判决。科学研究必然要求研究对象发生变化(即对其进行概念加工)和研究方法发生变化。然而，这种行为的本身是通过对日常生活的感受、对来自市井的许多现象的议论而被这些心理学家所理解的。因此，他们在作为原则和方法的风格和语言中，无论如何也找不到既走极端又半信半疑的行为主义，他们无论如何也找不到"普通"和"日常"这两个概念之间的区别。从语言的"炼金术"中摆脱出来后，行为主义者又用日常的、非术语的词语污染了自己的理论。切尔班诺夫在这一点上与他们十分相似。这应该归功于美国和俄国平民的生活方式的不同。所以把新心理学斥为平庸心理学是有部分道理的。

巴甫洛夫(1950年)把这种语言的模糊性(布隆斯基却认为还不够迂腐的做法)归咎于美国人的失败。他把这看作是"阻碍工作进展的明显的疏漏，毫无疑义，这种疏漏迟早是要被清除的。其实，在对动物行为进行客观研究时，我就曾谈到过心理学概念及其分类的应用问题。由此可见，原因往往在于他们研究方法的偶然和复杂性质，在于他们的材料的不完整、无系统，尚未建立有条不紊的基础"。语言在科学研究中的作用在这里是表达得最清楚不过的了。巴甫洛夫的所有成就要归功于他在方法论上首先是语言上所做的巨大努力。他做研究，之所以能够从写作关于狗的唾液腺著作中的一章发展到完成高级神经活动和动物行为的学说，主要是因为他把唾液分泌的研究提到极高的理论高度，并在科学研究的基础上建立了结构清楚的概念体系。巴甫洛夫在方法论问题上的原则立场令我们惊奇，他的著作把我们领进了他的做研究工作的实验室并教会我们如何创造语言。一开始碰到的最重要的一件事就是怎么称呼所研究的各种现象。然而渐渐地，研究工作的每一步进展都要求用新术语将其固定下来，每一条新的规律都要求有新术语来命名。他解释所使用新术语的语义和意义。术语和概念的选择事先就决定了研究的结果。他这样说："我不能理解，如何才能使当代心理学的非空间的概念体系与大脑的物质结构相适应。"

当桑代克谈论心境反应并对它进行研究的时候，他创立了使我们摆脱大脑的概念和规律。巴甫洛夫称求助于这种方法是一种怯懦的表现，并说明他求助于心理学的解释——部分是由于习惯，部分是由于某种"精神上的压抑"。桑代克（1950年）在谈论这种方法时说："但不久我就明白，我的工作没有做好的原因出在哪里。我遇到困难都是在我看不清各种现象之间的自然关系的时候。这时，我只得通过'动物回想起''动物想起''动物想到'这些词语，以求得对心理学的帮助，也就是说，这只是一种否定因果关系的非决定论的思考方法"。巴甫洛夫为心理学家的这种说法感到遗憾，认为这种表达方式是有悖于严肃思维的。

当巴甫洛夫在他主持的各实验室内为采用心理学术语而实行罚款制度的时候，这一事实对于科学理论史来说与有关宗教信仰的争论对于宗教史来说具有同样的标志性意义。对于这一点，只有切尔班诺夫曾用讥笑的口吻说：一个学者居然不在教课和讲述研究对象时被罚款，而是在实验室中、在研究过程中为使用一个不适当的术语被罚款。显然，罚款制度是由于一种无缘无故的、没有空间的、意义不确定的、虚无缥缈的思维强加于人的。这种思维与罚款制度这个词一起闯入研究的过程，并扬言要像美国人那样毁掉整个事业——加进片断性、无系统性而抽掉了基础。

总的说来，切尔班诺夫（1925年）并不怀疑新词在实验室里可能是需要的，并不怀疑在研究过程中研究的内容和含义是由所使用的词来确定的。他批评巴甫洛夫：说什么"抑制"是一种模糊的、假设的表达方式，同一个意思应该用相对应的另一个术语"抑制解除"来表达。的确，我们不知道，处在抑制情况下的大脑里会发生什么，但这个词表达的毕竟还是一个恰当的、结构清楚的概念。首先，这个词是一个术语，也就是说，它精确地确定自己的含义和界限；其次，这个词是诚实的，也就是说，它说的是自己知道的事情，现在我们对大脑中的抑制过程不完全清楚，但对"抑制"这个词和概念还是十分清楚的；再次，这个词是符合原则性和科学性要求的，也就是说，把事实引入体系，为它奠定基础，以假设的方式却又是以因果的方式对其做出解释。当然，眼睛是什么样的，我们比分析器还要清楚。正因为如此，"眼睛"这个词在科学中没有什么可以做出解释的。术语"视觉分析器"说得比较少，但比说"眼睛"这个词要多。巴甫洛夫发现了眼睛的新功能，把它的功能和其他器官的功能进行对比，并通过个这功能把从眼睛到大脑皮质的整个感觉通路联系起来，并指出这一功能在行为体系中的地位。所有这一切都是用新术语解释的。当我们谈到这些词的时候，也应当想到视觉——这是对的。但是，词汇的发生起源和它的术语学意义是完全不同的两码事。词汇不包括任何源自感觉的东西，词汇完全可以被盲人使用。那些追随切尔班诺夫的人，抓住巴甫洛夫心理学语言中的只言片语，揭发他有自相矛盾的错误，说实在不明白他这样做是什么意思。如果巴甫洛夫谈到高兴、注意、白痴（狗），那么这只是说是高兴、注意和其他什么的机制尚未被研究，只是说，这依然是体系的盲点，而不是原则性让步或是存在什么矛盾。

但是，这一论断也有可能是错误的，因而有必要从反面做些补充。当然，术语的一致性也可能成为拘泥形式、"咬文嚼字"、陈词滥调（别赫捷列夫学派）。什么时候会出现这种情况？当词作为商标贴在商品上而不是在研究过程中产生的时候,就会出现这种情况。在这个时候,词没有成为术语,没有确定的词义,而是把模糊性、不确定性带入概念体系。

这样做工作无异于是在贴没有任何解释的新标签,因为这是不会有什么困难的。当然,得想出一套收入各种名称的目录,如目的的反射、上帝反射、翻正反射、自由反射等,从所有东西上面都能找到自己的反射。只是不幸的是,除了做一些无谓的琐事之外,我们什么也得不到。这就是说,不仅没有推翻还用相反的方法肯定了普通的规则:新词与新的研究是齐头并进的。

于是我们得出结论,我们到处可以看到一个词能够反映整个科学发展的进程和趋势,正如一小滴露珠能映出整个太阳一样。整个科学体系——从最高原则到每个术语的选择——达到了某种根本上的统一,这是人人皆知的事实。那么,怎么才能保证整个科学体系的这种根本统一呢?只有依靠基本方法论的框架。由于从事研究的不是技术员、注册员、具体执行者,而总是哲学家,总是在研究和描述时思考现象问题的哲学家,他们的思维方式是通过他们使用的词汇表现出来的。最严格的思想训练是以巴甫洛夫的罚款制度为基础的。正如修道院制度是宗教的基础一样,精神的训练是以科学理解世界为基础的。凡是带着自己的词汇来到实验室的人都将不得不重复巴甫洛夫的例子。词汇是事实的哲学,因为词汇可能成为事实的神话和它的科学理论。当利希滕贝格说"Es denkt sollte man sagen, so wie man sagt: es blitzt"(德语,意为"应当像他们说的那样说:它闪烁")的时候,那就是他在为反对语言中的神话而战斗。他说了太多的 cogito(译为"我想")。难道生理学家会赞同说"我陪同我的刺激参观我的神经"?"我想"和"我不由得想"意味着提供两种互相对立的思维理论:比纳的整套智力测验理论要求第一种说法,弗洛伊德理论要求第二种说法，而屈尔佩则有时候要求第一种说法，有时又要求第二种说法。霍夫定（1908年）赞许地引用了生理学家福斯特的话，他说，失去大脑两半球的动物印象，我们必须"或者把这些动物印象称为感觉……或者创造一种全新的词汇来称呼它们"，因为我们意外发现了一种新的事实范畴，我们应该选择一种关于这种范畴的思维方式，要么使其与旧的范畴相关联，要么按新的方式。

在俄罗斯作者中，朗格（1914年）是了解术语的意义的。在指出心理学中没有建立共同的体系和心理学危机使整个心理学界发生动摇的时候，他说："可以毫不夸张地说，任何心理过程的描述都会变成另一种样子。我们是否将说明它的特征都会变成另一种样子，我们是否将说明它的特征并通过艾宾浩斯或冯特、斯图姆夫或阿芬那留斯、麦农或比纳、詹姆士或缪勒的心理学体系的范畴来对它进行研究。当然，在这种情况下，纯粹的事实方面依旧是原来的样子。然而，在科学中，至少在心理学中，应该把所描述的事实与理论也即与进行这种描述所借助的那些科学范畴划清界限。要划清这种界限是很困难的，甚至是不可能的。因为在心理学中（按迪昂的意见，最好是在物理学中）的任何描述都总是一种理论……而事实的研究，特别是对实验性质的事实的研究，对那些走马观花的观察来说，似乎是独立于原则分歧之外的。所谓原则分歧，是指用来划分各种不同心理学学派的基本科学范畴的分歧"。然而，在提出的问题中，在心理学术语的任何一种使用中，总是包含有与某种理论相适应的对术语的某种理解。因此，整个事实的研究结果或者会与心理学体系的正确性或虚假性一起被保留下来，或者会一起消失。看来，最准确的研究、观察和测量可能会在基本心理学理论改变意义的情况下成为虚假的东西，或者至少成为失去自己意义的东西。这种使一系列事实受到破坏或者失去价值的危机是科学中从未有过的。朗格(1914年)把这些危机与由于地球内部的深层变形而发生的地震相比较。炼金术的衰落就是如此。目前科学研究中只求涉猎、不求深入的风气极盛,这种风气使研究技术的主要执行功能是,将按常规对仪器设备的使用与科学思维相脱离,这一点首先在科学语言的衰落中表现出来。其实,许多有创见的心理学家都清楚地知道这一点,在方法论研究中,要求以复杂分析代替简单证明的术语问题占据了最大的一部分。(宾斯万格,1922年)里凯尔特创造单义的术语是心理学过去所做任何研究的最主要的任务,因为在进行极简单的描述时应该选择出一些能够"概括、简化"种种心理现象中纷繁多样的词义。其实,恩格斯就曾举化学的例子表达过同样的思想,他说:"在有机化学中,一个物体的意义以及它的名称,不再仅仅由它的构成来决定,而更多地是由它在它所隶属的系列中的位置来决定。"因此,如果我们发现了某个物体属于某个这样的系列,那么它的旧名称就变成了理解的障碍,而必须代之以表明这个系列的新名称(烷、烃等)。① 这里所达到的化学规则的严谨性,存在于整个科学语言领域的一般原则之中。

朗格(1914年)说:"心身平行论乍一看来是个无害的词,可实际上它掩盖着非常可怕的思想——技术在物理现象世界中的附属性和偶然性的思想。"这个无害的词曾有过一个很有教育意义的故事。莱布尼兹采用这个词是为了解决心身相互关系的问题。斯宾诺莎就曾试图解决这个问题,这个问题的名称也被改过好几次。霍夫定(1908年)把这个词称作同一性假设,认为它是"唯一确切而又恰当的名称"。他认为,经常使用的"一元论"这一术语在词源上是正确的,但用起来很不方便,因为它常被模糊的、不彻底的观点所利用。"平行论"和"二元论"的名称也不合适,因为这

---

① 《马克思恩格斯全集》中文版,第20卷,第638页。

两个名称"夸大了概念,仿佛精神和肉体必须作为完全独立的两个发展序列来思考(几乎把它们看作是铁路上的两股轨道),而这个假设则恰恰不被承认是假设"。不应该称斯宾诺莎的假设是二元论,而应该称沃尔夫的假设是二元论。

因此,同一个假设忽而被称为一元论,忽而被称为二元论,忽而被称为平行论,又忽而被称为同一性。我们再补充一点,恢复这一假设是一批马克思主义者(正如下文指出的那样),如普列汉诺夫,紧随其后的是萨拉皮扬诺夫,还有法兰克福等人。他们在这一假设中看到的是心身统一的理论,而不是心身同一的理论。这究竟是怎么回事呢?显然,这个假设本身可能在这些或那些更普遍的观点的基础上获得发展,并且能接受取决于他们的这种或那种思想——他们中的一些人强调假设中的二元论,另一些人则又强调其中的一元论。霍夫定(1908年)发现,这个假设不包括更深层次的形而上学假设,尤其不包括唯心主义。为了成为哲学世界观的组成问题,这些假设要求进行新的加工,而这种新的加工就包括时而强调这一因素、时而强调那一因素。朗格(1914年)的佐证很重要,他说:"心身平行论,我们能在各种哲学学派的代表人物身上找到,其中有二元论者(笛卡儿的追随者)、一元论者(斯宾诺莎)、莱布尼兹(形而上学唯心主义)、实证主义不可知论者(贝因、斯宾塞)、冯特和保尔森(唯意志论形而上学)。"

霍夫定(1908年)谈到无意识时,把它看作是关于同一性假设问题的结论。他说:"在这种情况下,我们像语言学家一样行动,凭推测考证的手段把古代作家的断片加以增补。与肉体相比,精神对我们来说是断片,只有通过假设的方法才能把它修补起来……"这就是对心身平行论的必然的结论。

因此,当切尔班诺夫在1922年前称这种理论是心身平行论,而在1922

年后又称这种理论是唯物主义时,他是不完全正确的。如果他的哲学不是被安排成机械地去适应某个特定时间,那么他说的就完全正确了。"功能"(这里我指的是数学意义上的功能)的情况是这样的:"意识是大脑的功能"这个公式指的是心身平行论,而"生理感官"指的是唯物主义。因此,当科尔尼洛夫(1925年)采用精神和肉体之间功能关系的概念和术语时,他把心身平行论看作是二元论的假设,可是他自己却不知不觉地采用这一理论,因为他已拒绝了生理感官中的功能概念,剩下的只是第二种概念。

这样一来,我们看到这个词以广泛的假设开始,又以经验描述中的细枝末节结束,它反映了科学的通病。我们从对词的分析中获得特指的新的结果——这个结果就是科学中各个过程的分子性质的概念。我们发现,科学机体中的每一个细胞都有感染和斗争的过程。由此,我们得出有关科学知识性质的更高一级的概念,这一概念是作为一个统一过程从极深处被发现的。最后,我们还得到科学过程中关于健康和疾病的概念,即什么样的词是正确的和什么样的理论是正确的概念。在此之前,词始终在推动着科学向前发展,直到它占领被科研攻克的领地即适合事实的客观状况的时候,直到它与正确的基本原则这一客观世界的最普遍的原则发生内在联系的时候。

这样一来,我们看到,科学研究既是对事实的研究,同时又是对认识事实的方法的研究。用另一种说法就是,科学为自己做了方法论工作,这是由于科学既推动自己前进,又为自己做出结论。词汇的选择就已经是一个方法论的过程。特别是在巴甫洛夫那里不难看到,方法论的研究和实验是同时进行的。所以说,科学要深入探讨各种方法,直到基本元素、每个词。可以说,科学是被方法论所渗透的。这同马克思主义把哲学称为"科学的科学"、看作是渗透到科学中的综合的观点是一致的。在这个意义

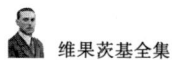

上,恩格斯说:"不管自然科学家采取什么样的态度,他们还得受哲学的支配……只有当自然科学和历史科学接受辩证法的时候,一切哲学垃圾……才会成为多余的东西,在实证科学中消失。"[1]

有些自然科学家想象中的哲学是由一大堆七零八碎的、毫无条理的观点组成的,这些科学家轻视哲学,可是他们却偏偏成为这讨厌哲学的俘虏。这是因为,科研工作者不进行思考是寸步难行的,而要思考,就得有合乎逻辑的定义。问题在于怎么解释方法论问题——是"独立于科学本身之外"来解释呢,还是把方法论研究引入科学本身呢(即是通过讲课呢还是通过研究呢)?这是一个教学上的合理性问题。弗兰克(1917年)说得对,他说,所有关于心理学的书籍都要在前言或结束章节里谈论哲学心理学的问题。但讲解方法论即"理解方法论",是问题之一,这是一个教学技术问题。另一个问题是开展方法论研究,这是一个需要予以特别关注的问题。

最后,科技词汇渴望成为数学符号,即纯粹的术语。要知道,数学公式也是一系列用语,但这些用语是被彻底术语化了的用语,因而也是高度程式化的用语。因此,在采取数学方法范围内的任何语言都是与数学语言完全相反的。正如洛克、莱布尼兹和所有语言学家所指出的那样,心理学所有词汇实质上都是可从空间世界中找到的一种隐喻。

十

现在让我们来谈谈心理学危机及其内涵本身的问题。根据对科学的个别元素的不完全分析,我们学会从中看到一个动态的、有规律发展着的复杂的整体。我们科学现在所经历的是一个什么样的发展阶段?它所经历的危机具有什么样的意义和性质?摆脱危机的出路何在?现在让我们

---

[1] 《马克思恩格斯全集》中文版,第20卷,第552页。

来回答这些问题。当我们对科学的方法学（和历史）已经稍有了解时，我们开始觉得科学不是那种没有生气的、停滞不前的、固定不变的由现成论点组成的整体，而是充满生气的、不断发展和向前推进的由已经得到证明的事实、定律、假设、结构、结论组成的体系，这些体系是不断得到充实、评价和检验的，其中有部分被否定就重新对其进行解释和组织。科学开始被辩证地通过它的运动——它的动态、它的成长、它的发展和进化——方面来理解。从这个角度看，我们应该对每个发展阶段都加以评价和说明。因此，我们这里第一件要做的事情就是：承认危机。可是对危机的内涵，各人的理解很不相同。下面就是对这样的危机的内涵所做的几种最重要的解释。

有一些心理学家，他们完全否认有危机存在。这样的心理学家有切尔班诺夫以及大部分旧学派的俄罗斯心理学家（朗格和弗兰克除外，他们看到了心理学中正发生着什么）。按照这些心理学家的意见，心理学中的一切都进行得很顺利，像在矿物学中那样。有人认为，心理学危机来自外部，是由于一些人冒险搞心理学改革，以及官方的意识形态要求对心理学做重新审理。的确，在争论过程中不得不承认，即使在美国也正在酝酿心理学的改革。但是，这件事瞒不过细心的也许是真诚的读者的眼睛，因为任何一个在心理学中留下痕迹的心理学家都逃不过这次危机。这完全是因为这些心理学家，这些折中主义者和外来理论的推广者，实际上不仅任何时候都没有对自己的学科做过认真研究和思考，而且没有对任何新的学派做出过批判性的评价。他们对什么都接受——符茨堡学派和胡塞尔的现象学学派，冯特—铁钦纳的实验主义，还有马克思主义以及斯宾塞和柏拉图的学说——他们都一概接受。当我们谈到正在心理学中发生的伟大的革命时，这些人不仅理论上把自己置身于科学大门之外，而且在实践上，他们也不起任何作用。实证主义者在捍卫经验心理学的同时又背叛了它；折中主义者把来自他们所敌视的一切思想都同化了，只要他们来得及；外来理论的推广者没有为自己树立什么敌人，他们只是把获胜一方的心理学进行推广。现在，切尔班诺夫非常关心马克思主义，很快他又要研究反射学，他或者他的一个学生将编出第一本获胜了的行为主义的教科书。从总体上讲，他们都是教授、主考人、组织者和"文化传播者"，然而，他们学派中没有出版过一部有重大价值的学术研究著作。

另一些人虽看到了危机，但对他们来说，一切评价都是非常主观的。危机把心理学分成两个阵营。两个阵营的界线是按已经表明观点的作者以及其他所有与其观点不同的人之间划定的。然而，根据洛采的说法，即使被压得半死的蠕虫也要向全世界做一次垂死的挣扎。这是好战的行为主义者的正式的观点。华生(1926年)认为有两种心理学，一种是正确的，另一种是不正确的，旧的心理学由于它的模棱两可的性质正在趋向衰亡。他看到的最大的一个问题就是有模棱两可的心理学家的存在。正是冯特所不愿意破坏的中世纪传统扼杀了心理学，使其魂不附体，濒临死亡。显而易见，一切都简化到了极点：对华生来说，把心理学转化成自然科学不会有特别的困难，这是与正常人的观点即正常想法的方法论观点是一致的。同样，别赫捷列夫从整体上对心理学分期做了这样的评价：在他之前一切是错误的，而在他之后一切都是真理。而现在，许多心理学家是这样评价心理学的危机的，他们认为：危机这种说法只是一种主观的、极其肤浅的、最最幼稚的观点。我们在关于无意识的那一章里分析的那些精神分析心理学家也做出了同样的判断，认为经验心理学充满形而上学唯心主义思想，是一种陈旧观念的余毒。此外，还有一种属于马克思主义的符合时代要求的真正的方法论。所以说，什么情况都有可能出现：既然有第一种错误,也就会有第二种情况,难道不会再有第三种情况?

精神分析理论在很大程度上是与经验心理学对立的。仅仅从承认这种理论属于马克思主义体系这一点就足以说明问题!对这些心理学家来说,心理学危机与他们所进行的斗争是一致的,有同盟者也有敌对者,除此之外,再没有其他的区别。

对危机做客观经验的调查分析,如统计出学派的数量、给危机评级等,并不见得是什么好办法。奥尔波特就通过对美国心理学学派计数的办法,为计量学派——詹姆士学派和铁钦纳学派(行为主义和精神分析理论)——辩护。在这种情况下,参加科研的单位一个换一个计数,却丝毫没有试图为弄清每个学派所捍卫的客观内涵、为弄清各学派之间的动态关系做点什么。

错误越来越严重了,因为在这种情况下,开始看到危机中的根本特征。这时,这一危机与其他危机之间、心理学危机和其他各学科的危机之间、各种局部的分歧和整个危机之间的界线模糊了,总之,允许采用通常会导致奇谈怪论的反历史的和反方法论的处理方法。

波尔图加洛夫(1925年)为了证实反射学的不完善和相对性,不仅使自己滚进了不可知论和相对性的泥潭,而且也使自己陷入了荒谬绝伦的境地。他说:"在大脑的化学、力学、电物理学和电生理学方面,正在发生急剧的变化,可还没有清楚而明确的东西可以证实这一点。"轻信的人们容易相信自然科学,但是"当我们依旧处于治疗环境中的时候,我们是否还真的会真心诚意地相信自然科学的力量是稳定可靠的,自然科学自己是否还会相信自己的稳定性、可靠性和真实性"?

下面我们打算谈谈自然科学在理论上的变化,并且准备将这些理论上的变化混杂在一起来谈。我们可以在某些理论和整个自然科学的稳定性和可靠性之间画上等号,而作为构成自然科学真实性的基础——理论和观点的变化的情况,却缺乏有力的根据。

至于不可知论,那是不言而喻的,但下面两个方面值得我们特别注意:(1)在自然科学所描述的各种混杂观点的情况下,没有一种可靠稳定的观点,只有……以内省法为根据的主观儿童心理学;(2)在能证实自然科学不可靠的各学科中,介于光学和细菌学这两者之间的是几何学。碰巧的是,"欧几里得说过,三角形的内角之和等于两个直角;洛巴切夫斯基推翻了欧几里得的说法,并论证了'三角形的内角之和小于两个直角';接着,里曼又推翻了洛巴切夫斯基的说法,并论证了'三角形内角之和大于两个直角'"。(波尔图加洛夫,1925年)

我们还将碰到几何学和心理学之间进行类比的情况,因此有必要记住下面这种不合方法论的思维模式:(1)几何学—自然科学;(2)林耐—居维时—达尔文,也是像欧几里得—洛巴切夫斯基—里曼那样,互相推翻;(3)最后,洛巴切夫斯基推翻了欧几里得并论证了……但是即使是文化水平最低的人也知道,这里所说的不是现实中的三角形,而是数学演绎系统中的只存在于观念中的三角形。那系统里的三原则是由三个前提产生的,它们互不矛盾,正如算术计算系统与十进位不矛盾一样。它们是共存的,它们的整个意义与方法论本质就在于此。然而,如果用归纳法对心理学危机进行诊断,把依次获得的任何两种名称看作是危机,把提出任何新的见解看作是推翻真理,那么对这种观点将会有什么样的评价呢?

科尔尼洛夫(1925年)对心理学危机做出的诊断比较接近真理,他看到反射学和经验心理学这两派之间的斗争以及它们之间的综合——马克思主义心理学。

法兰克福(1926年)曾提出过意见:不应把反射学撇在一边不管,因为其中有对立的倾向。在对待经验心理学方面,这一点更为正确。统一的经验心理学是根本不存在的。一般来说,这被简化了的图式,与其说它是作为对危机的分析,不如说它是作为判定方向和划定范围的作战行动的纲领。这个图式没有为危机的分析指出危机的原因、趋势、动态和预测,它只是对我国现有各种观点所做的逻辑分类。

因此,在所有我们至今看到过的材料中没有关于心理学危机的理论,而只有"作战司令部的战情通报"。这里重要的只是战胜敌人,没有人花时间再去研究敌人。

朗格(1914年)对心理学危机所做的诊断则更接近真理,早在心理学危机的萌芽期,他就提出了危机理论问题。但他更多的是感觉危机,而不是理解危机,甚至在历史资料中,他也无法找到可靠的证据。对他来说,心理学危机是从联想主义衰落时期开始的,也就是说,他把意外得到的证据看作是危机的原因。在确认心理学中"现在正发生某种总危机"以后,他继续说:"危机就在于用新的心理学理论代替原先的联想主义。"这种看法是不正确的,原因不仅在于联想主义从来也没有成为构成科学核心的公认的心理学体系,而且在于它至今依然是众多斗争派别之一,是最近在反射学和行为主义中获得巩固和再生的斗争派别之一。穆勒、贝恩、斯宾塞的心理学绝对没有可能超过现在的心理学。过去这些人的心理学反对官能心理学,正如现在的心理学与这些人的心理学做斗争一样。把联想主义看作是危机的根源,这是一种非常主观的评价,因为朗格自己也曾认为对感觉论的根本的否定是危机的根源。可是现在,格式塔理论也把联想主义看作是所有心理学(其中也包括最新的心理学)的主要缺点。

事实上,这一原则的支持者和反对者不能根据基本特征加以区别,而是形成更多的基本派别。另外,把基本特征归结为是一些心理学家不同观点的斗争,这种看法也不完全正确,因为重要的是揭露那些隐藏在某些人意见背后的共同的和互相对立的东西。朗格对危机的错误理解损害了他自己的工作,在为讲求实际的生物心理学原则辩护的同时,他发动了对里博的斗争,并获得胡塞尔及其他否定心理学作为自然科学可能的极端唯心主义者的支持。但有些想法,也可说是相当重要的想法,他提得还是对的。下面就是他提出的一些正确的论题:

1. 没有公认的科学体系。著名学者对心理学的每种叙述都是建立在完全不同体系的基础之上的,对所有基本概念和范畴的解释各不相同。危机关系到科学基础本身。

2. 危机是有害的,但也是有益的,因为其中孕育着科学的成长、丰富和壮大,而没有软弱无力和彻底失败。危机的严重性造成社会学和生物学这两个学科领域之间的过渡,康德曾设想在两个学科之间分离出心理学来。

3. 要做好心理学工作,必须先确定这门学科的基本原则,如同要造好房子必须先打好地基。

4. 最后,共同的任务是制定一套新的理论,也就是制定一套"新的科学体系"。但他对这一任务的理解是很不正确的。对朗格(1914年)来说,任务就是"对所有当代的心理学派进行批判评价,并试图使它们互相妥协"。他试图使分歧的双方(如胡塞尔和生物心理学)达成妥协,他和詹姆斯一起攻击斯宾塞,和狄尔泰一起放弃生物学。关于可能妥协的想法,对朗格(1914年)来说,是从"发生了反对联想主义和生理心理学变革"和所有新学派都被共同的出发点和目标联成一个整体的想法得出来的结论。因此,他脑子里有一个朦朦胧胧的危机的特征:地震、沼泽等。对他来说,"混乱时期来到了",这一时期的任务是对由于一个共同原因引起的各种见解进行批判和逻辑加工。这就是19世纪70年代斗争参加者所看到的危机的景象。朗格本人的经验是对危机起影响和决定作用的现实力量斗争的最好证明,因为他认为主观心理学和客观心理学的联合是心理学必需的公理,而不是在其中看到争论的对象和问题。接着,朗格又把这二元论的说法引入他的整个体系。正如我们在下文中将看到的那样,在对纳托尔卜唯心主义概念和对心理的切合实际的或生物学的理解(1909年)之间的对比,他实际上接受了两种心理学可以共存的说法。

然而,最有趣的是,艾宾浩斯,这个被朗格认为是联想主义者,也即面临危机状态前的心理学家,对关于心理学危机的论断却更正确些。按照他的意见,心理学是比较不完美的,其表现就是,有关心理学的几乎所有最普遍问题的争论从未停止过。在其他学科中,所有最新原则或基本观点都应在研究的基础上达成一致。即使有什么变化,其变化也不具有危机的性质,因为这种一致会很快得到恢复。按照艾宾浩斯(1912年)的意见,心理学中发生的情况就完全不同。在这里,这些基本观点经常受到针锋相对的质疑,经常会引起激烈的争论。

在不一致中,艾宾浩斯看到了积习难改的现象——在心理学中缺乏明确而可靠的基本原则。朗格在论述危机时提过的布伦塔诺,在1874年曾提出建立一门心理学以代替多门心理学的要求。显然,这之前在同一个体系里并存的已不是多种学派,而是多种心理学。即使在现在,这也是对危机的最有效的诊断。方法论专家现在仍断言说:"我们仍坚持布伦塔诺提到的那些观点。"这就是说,在心理学中发生的已经不是各种观点(这些观点可以达成妥协,也可以为共同的敌人和共同的目标而达成一致)之间的斗争,甚至不是一门学科内的不同学派之间的斗争,而是各门学科之间的斗争。有很多种心理学在和各种不同的、相互排斥的、真正现存的学科斗争着。精神分析理论、意向心理学、反射学有可能变成普通心理学的几种学科,也就是控制和排斥其他科目的学科。我们看到这种可能变成普通心理学的倾向的意义和客观特征。把这种斗争当作观点之间的斗争,这是犯了一个重大的错误,没有比这更大的错误了。宾斯万格(1922年)一开始就提到布伦塔诺的要求和文德尔班的评论,并且说,每个代表人物的心理学都是从头开始的。他认为原因不在于缺乏事实材料(可收集的材料有的是),也不在于缺乏哲学方法论原则(这样的原则也完全足够),原因完全在于哲学家与心理学实际研究者之间缺乏有效的合作。他说:"没有任何一门学科,其理论和实践走的是如此不同的道路。"心理学缺乏的是方法论——这是这位作者的结论;而主要的是,现在还不可以存在有方法论。不能说,普通心理学已经在完成看自己作为方法论分支的任务。恰好相反,你只要向周围看一看,就会发现,到处都充斥着不完美、不稳定、怀疑和矛盾的现象。这里,我们能谈的仅仅是普通心理学问题,甚至不是普通心理学问题,而是它的引论。宾斯万格(1922年)在心理学家身上看到"一种(建立新的)心理学的勇气和意志"。为此,他们必须打破千百年来形成的偏见,这仅仅是表明:就是今天,普通心理学依然没有建立。我们不应该问柏格森会怎么做,正像我们不应该问,如果开普勒、伽利略、牛顿是心理学家的话,他们会怎么做一样,尽管他们实际上都是数学家。

因此,可以想象,心理学中的混乱状况完全是自发的,心理学所认清的危机的内涵是这样的:存在着很多种心理学,这些心理学都有通过脱离普通心理学的方法发展成为单一心理学的倾向。为了达到此目的,光靠一个伽利略这样为科学奠定基础的天才是不够的。这是19世纪末形成的欧洲方法论的共同看法。有些学者——主要是法国的学者——至今仍坚持这种看法。在俄罗斯,瓦格纳(1923年)几乎是唯一的从事方法论问题研究的心理学家,他总是为这种看法辩护。他在分析心理学中的安娜也即分析世界文学梗概时,说出上述同样的看法。这就是他的结论:因此,我们有一大批心理学学派,却没有一门作为心理学独立领域的统一的心理学。现在没有,不等于将来也不会有。

它在哪里,怎样才能找到它,这一问题的答案只有在科学史中才能找到。

这里得谈谈生物学的发展情况。在17世纪,有两个自然科学家为动物学的两个领域打下基础,这两个科学家是:布丰——对动物及其生活方式进行了描述,林耐——对动物进行了分类。随着这两个门类的发展,解决的问题也就越来越多,逐渐形成了两门学科——形态学和解剖学。这些研究都是各自独立进行的,它们都分属各个不同学科,除了都是研究动物外,互相之间没有任何关联。各门学科互相对立,都力图占据优势地位,因为随着它们之间关联增多,它们已不可能再作为独立学科存在。才华横溢的拉马克把各种分散的知识整合成一体,写成一本书,他把这本书称为《动物学哲学》。

他把自己个人的研究与其他人(其中包括布丰和林耐等人)的研究相结合,对他们研究的内容进行总结并彼此协调,在此基础上建立了一门被特列维朗努斯称为普通生物学的学科。达尔文在把分散的学科加以整合的基础上建立了统一的、抽象的学科,这一学科在达尔文的努力下终于站稳了脚跟。19世纪初,在生物学整合成普通生物学或抽象动物学之前在生物学各学科中发生的情况,按瓦格纳(1923年)的看法,也可能在现在、在20世纪初的心理学中发生。姗姗来迟的以普通心理学为形式的综合必定是重复拉马克的那种综合,也就是说,这种综合是建立在类比原则基础之上。瓦格纳认为这不是简单的类比。对他来说,心理学应该走的是既有不同又有相同的一条道路。生物心理学是生物学的一个分支,是各具体学派的抽象化或者是它们的综合,它以所有这些学派的成就作为自己的内容。生物心理学与普通生物学一样,不可能有自己专门的研究方法,它所采用的总是加入其中的那门学科的方法。它介绍这些成就,用进化论的观点检验这些成就,并为它们确定在总体系中的位置。这种说法在某种程度上表达的是共同的看法。

瓦格纳叙述中的有些细节是值得商榷的:(1)按照他的理解,普通心理学是生物学的一个分支,是以进化论作为自己的基础的,等等,因此也就不需要拉马克和达尔文以及他们的发现,只要在现存的原则的基础上就可以实现自己的综合。(2)普通心理学产生的方法应该与普通生物学一样。普通生物学不是作为生物学的分支,它与生物学是并列关系。只有这样类比才是可以理解的:类比可能发生在两个类似的独立的目的之间,但不可能发生在整体的(生物学)和部分的(心理学)命运之间。

瓦格纳(1923年)还有一个令人十分费解的论断,那就是,他认为生物心理学提供的"恰好是马克思对心理学所要求的东西"。总的说来,瓦格纳所做的形式上的分析,看来无疑是正确的。可是他试图解决实质问题和概括普通心理学内容所采取的方法都是站不住脚的,简直就是发育不全的(马克思,生物学部分)。但下文我们不谈这个问题,我们将着重谈谈形式分析问题。那么,当代心理学经历的是拉马克之前的生物学一样的危机,这两者走的是同一条道路,这种分析是正确的吗?

这样说就等于对危机中的最重要的和决定性的因素避而不谈,就等于把整个情况看错了。是心理学走向协调或分离呢,还是普通心理学由心理学从各心理学科趋向统一而产生的呢?这都应取决于这些学科本身将做什么——是将成为整体的一部分(比如分类学、形态学、解剖学)呢,还是成为相互排斥的认识原则呢？这还应取决于各学科之间的对立的性质——分裂心理学的矛盾是否能得到化解。对心理学向普通学科发展过程中的特定条件，连瓦格纳、朗格等人也没有做过详细的分析。同时，欧洲的方法论已经意识到心理学危机达到非常严重的程度，并且指出，有什么样的心理学（不管它们有多少），就会有什么样的解决办法。但是，为了达到此目的，就必须完全摆脱这样的误解，即：仿佛觉得心理学只要沿着生物学早已为它开辟的道路走下去，走到终点时就可纳入生物学，成为其中的一部分。如果这样考虑，那就是没有看到，在人和动物的生物学中搀入了社会学。这样的社会学把心理学分割为两半，因此康德将它们分别归入两个领域。必须建立一种给这个问题也能提供答案的危机理论。

十一

有一个事实模糊了大家的眼睛，使所有研究人员都不敢正视心理学中的真实情况。这个事实就是心理学结构中的实验性质，它像一层薄膜、像一层果皮一样覆盖在心理学结构上。必须把这层表皮从心理学结构上剥去，这样我们才能看清这些结构本身实际上是什么样子。通常人们未做进一步的分析就对经验主义信以为真，把多种心理学并存局面说成是已在共同基础的某种原则上实现了科学上的统一，而把所有这些分歧看成是次要的，是产生自这一统一内部的。但这是一种错误的想法，是一种幻想。经验心理学应该是一门拥有普遍原则的学科，哪怕只拥有一项普遍原则也好。可是实际上，这样的经验心理学是根本不存在的。而建立这样的心理学的尝试却只能导致建立经验心理学的思想本身的失败和破灭。有些人把各种各样本来互相对立的心理学，如精神分析学说、反射学和行为主义（不管是意识或无意识，主观主义或客观主义，唯灵论或唯物论),都按其某一共同特征汇集到一起。他们没有看到经验心理学内部正在发生着的一些过程。这些过程由经验心理学内部发生,继而又从其内部分离出独立的分支学科。他们没有看到,这些分支学科本身的发展取决于比较普遍的趋势,这些趋势正在发挥着作用。因而,它们可能只有在整个科学的总的范围内才能得到正确的理解,这是因为汇集在一起的是整个心理学。什么是当代的经验心理学?首先,这是一个纯粹否定的概念,无论就历史起源还是就方法论意识来说都是这样,这个概念不可能把什么都逐个地统一起来。经验心理学,首先是指"没有心灵的心理学"(朗格),是没有任何形而上学的心理学(维金斯基)、以经验为基础的心理学(霍夫定)。若是非要给这个概念下个定义的话,那也同样是个否定的定义。这个概念没有说明心理学是干什么的,它的肯定意义是什么。

然而,这个否定定义的客观意义不管是过去还是现在都是不同的。过去,它不掩盖任何什么——摆脱某种东西的束缚成为科学的任务,术语只是为此目的而提出的口号。现在它掩盖肯定的意义(每个作者给自己学科提供的定义)和学科中发生的真实的过程。实际上,除了作为临时性口号,它不可能成为其他任何什么东西。现在,作为心理学的同位语的"经验的",这一术语意味着拒绝对某种哲学原则的选择,拒绝弄清楚自己最终的假设,拒绝认清科学本身的实质。就这方面而论,这种拒绝具有历史意义和原因,我们将在下文中谈论它。但实际上,关于科学的实质,它什么也没有说,而是掩盖了这一实质。把这一点说得最清楚的是康德派哲学家维金斯基,而表示赞同他的说法的是所有经验论者,尤其是霍夫定也采取同样的说法。大家都或多或少倾向于一个方面,而维金斯基(1917年)给予了理想的平衡,他说:"心理学应该这样得出所有自己的结论,以使这些结论对唯物主义,或者对唯灵论和心身一元论,都同样是可以接受的、必须履行的。"

从这一说法中已经可以看到,经验主义所规定的任务是不可能完成的。实际上,在经验主义的也即完全拒绝基本假设的基础上,就不可能再有任何科学知识了,无论从逻辑角度还是历史角度提供的知识都不可能再有了。心理学按自己的本性,按自己未被歪曲的永远是自发的唯物主义的实质,通过这一定义,把自己比作自然科学。所有心理学家都认同,自然科学作为全人类的实践,当然不会解决物质和精神的实质问题。但这一实践却是某种问题得以解决的依据,也正是客观地进行假设的依据,这些依据就是我们自身之外有规律地存在并被我们认识的现实。而这正是列宁不止一次地指出过的唯物主义的本质。① 作为一门科学的自然科学的存在,必然使我们通过自己的经验学会区别什么是客观和独立的存在,什么是主观的存在,这一点与各种不同的哲学解释或所有唯心地思考的自然科学学派并不发生矛盾。作为一门科学的自然科学,其本身是不以它的体现者为转移的,是唯物主义的。同样,当前的心理学是自发地(不管它的体现者的各种不同思想)依然以唯心主义概念作为自己的出发点。

实际上,单独的经验心理学体系是不存在的。所有的体系都远远超出经验主义界限,这一点已很清楚:由于纯粹否定的特征,什么也不可能得到,正如维金斯基说的那样,由于"禁欲",什么也生不出来。事实上,经验主义者所有的体系都深深陷入形而上学的泥沼之中,他们所得出的结论都是些不着边际的夸夸其谈。维金斯基本人就是唯我论(一种唯心主义极端表现)的第一人。

如果说精神分析理论公开谈论心理玄学,那么任何一种没有心灵的心理学都不敢公开承认有自己的心灵,任何一种没有形而上学的心理学

---

① 《列宁全集》第18卷,第149页及其他各页。

也都不敢公开承认有自己的形而上学。以经验作为根据的心理学都不是建立在经验基础之上的。简而言之,任何经验心理学都有自己的心理玄学。尽管这些心理学没有意识到这一点,但事情并没有因此而改变。在当前的争论中,切尔班诺夫(1924年)比谁都藏得更深,他躲在"经验心理学"这个词的后面,想把自己的学科与哲学领域加以切割。然后,他又发现心理学必须有哲学的"上层建筑"和"基础"。看来,他是把对心理学进行研究之前需要先做考察的哲学概念和建立心理学之前的研究称为基础,只有在这个基础之上才能建成经验心理学。但是,这并不妨碍他在后来的论述中坚决主张心理学应该摆脱任何哲学的束缚,而在论述的结尾时,又不得不再次承认,方法论问题恰恰是当前心理学的首要问题。

如果认为,除了否定的特征之外,从经验心理学的概念中我们可能什么也得不到,那是错误的。然而这一概念也指出了这一学科中发生的却被这一名称所掩盖的肯定的过程。心理学想通过加上"经验的"这个词使自己成为自然科学的一个成员。这一点大家都会同意。可是这是一个非常确定的概念,不过还得看一看把"经验的"这一概念加到心理学前面作为同位语时,它表示的将是什么意义。里博(1923年)在他的百科全书(此书大胆地试图实现朗格和瓦格纳所说的协调和一致,因此证实了这样做是完全不可能的)的前言中说,心理学是生物学的一部分,它既不是唯物的,也不是唯灵的,否则它就无权称之为科学。那么,它和生物学的其他部分有什么区别呢?区别只有一点,即它是与心灵打交道的,而不是与肉体打交道的。

这算得了什么!心理学想成为自然科学,它就应与另一些东西打交道,相比与自然科学打交道,性质是完全不同的。但是,难道所研究的现象的本质不是由科学的性质决定的?难道历史学、逻辑学、几何学、戏剧史等都有可能成为自然科学吗？而切尔班诺夫则坚决认为心理学与物理学、矿物学等一样是一门实证学科。当然，此时他也并没有做与巴甫洛夫同样的工作。但是，当他试图把心理学当成真正的自然科学的一门学科的时候，他马上就开始嚷嚷。在这一对比中他想隐瞒什么呢？他是想使心理学成为这样的一门自然科学，它所研究的是：(1)与物理现象根本不同的另一种性质的现象；(2)与自然科学认识方法根本不同的另外一种认识方法。如果这样，人们不禁要问：在与自然科学的研究客体与认识方法都不同的情况下，自然科学和心理学之间还有什么共同的东西呢？维金斯基（1917年）在阐述心理学实证性质时说："所以，当代心理学往往把自己说成是关于心理现象的自然科学或心理现象的自然科学史。"这其实就是在说：心理学要成为研究非自然现象的自然科学。与自然科学相关的是拒绝形而上学这样的纯粹否定的特点，而不仅仅是肯定的特点。

究竟是怎么回事？詹姆斯对此做了精辟的阐述。他的主要论题是，应该把心理学看作是自然科学。可是，谁也没有像詹姆斯那样为证实心理现象的"非自然科学"性质做了那么多工作。他解释说：所有自然科学的学科都对某些前提信以为真，它们都把唯物主义前提作为自己的出发点，尽管更深入的分析会导致唯心主义。心理学采取同样的做法——只是它接受的是另一些前提，因此，它与自然科学相似之处，只是毫无批判地对某些前提信以为真，而它本身所接受的前提却是与自然科学相对立的。

里博的话证实了这一点，他认为这种倾向是 19 世纪心理学的主要特点。除了这一特点，他还提出想给心理学提供自己特定的原则和方法（孔德拒绝接受）——把心理学与生物学之间的关系比作生物学与物理学的关系。实际上里博得承认：被称为心理学的那门学科包括目标和方法各不相同的好几种类型的研究。尽管这样，当有 25 位心理学家试图

прижить（私生）心理学体系，并把巴甫洛夫和柏格森也纳入这一体系时，却得到证实：这个任务是不可能完成的。最后，杜马（1924年）得出结论：25位心理学家的一致存在于拒绝本体论的思辨之中。

这种观点会导致什么后果，这是不难猜测的：如果经验主义是始终一贯的，那么在它拒绝本体论思辨时，就会拒绝体系构成中的方法论结构原则而走向折中主义；如果经验主义不是始终一贯的，那么它就会走向潜在的、不加批判的、混乱的方法论。法国的心理学家对这两种可能曾有过如下精辟的见解：巴甫洛夫的反应心理学是可以接受的，正如内省心理学是可以接受的那样。他们在自己的书中用各种手法描述事实和提出问题，甚至通过辞典说明联想主义、唯理主义、柏格森主义和综合主义的倾向等等。需要进一步做出解释的是，柏格森主义在某些章节中被采用，联想主义和原子论的语言在另一些章节中被采用，而行为主义则在又一些章节中被采用等；Traité（法语，译为"专著"）要成为无偏见的、客观的和全面的著作。杜马（1924年）在结论中说，如果专著不一定能在这一点上取得成功，那么，意见不必为智力活动做证并使这种活动成为自己时代和国家的象征，这是毫无疑义的。

这种意见不一——我们看它能走多远——只能使我们确信无偏见的心理学今天是不可能有的，更不用说心理学专著了。为了这部专著，心理学现在成为生物学的一部分，心理学与生物学的关系正如生物学与物理学的关系一样。

因此，在经验心理学的概念中存在着不能解决的方法论的矛盾，因为这是一门研究非自然现象的自然科学，是一种通过自然科学方法发展与其完全对立的知识体系的倾向。也就是说，这种知识体系是源自完全对立的前提。这一点给经验心理学的方法论结构造成致命伤，等于打断了它的脊梁骨。

存在着两种心理学,一种是自然科学的即唯物论的心理学,另一种是唯灵论的心理学。这一论题比存在着多种心理学的论题更能表达出危机的内涵。心理学分成两种,也就是说,这两种心理学是两门各不相同的、互相不可调和的学科,它们分属两种根本不同结构的知识体系。此外,两者在观点、学派、假设方面也各不相同,其中各个部分都是非常复杂的、紊乱不堪的、混杂不清的、无法辨认的、乱七八糟的组合,有时是很难弄清楚的。但两种倾向之间的斗争的确在不断进行着,只是这两种倾向都隐藏在斗争两派的背后并起着作用。

实际情况是,危机的内涵通过两种心理学而不是多种心理学表达出来;剩下的是这两种心理学中的一种心理学内部的斗争,这种斗争具有根本不同的意义和作用范围。因而建立普通心理学不是协调而是分裂的事情——这是方法论早已认清的,谁也不会反对。科尔尼洛夫在整个危机内涵的范围内把这个论题区分为以下三个方面:(1)唯物主义心理学与反射学概念的不一致;(2)经验心理学与唯心主义心理学概念的不一致;(3)对马克思主义心理学作用的评价不一致。最后,这里还要谈一谈表现在许多具体派别之间和它们内部的两种倾向问题。谁也不会怀疑,普通心理学并不是两种倾向的斗争中出现的第三种心理学,而是原先两种心理学中的一种。

闵斯特伯格(1922年)确信这样一种思想:经验主义概念本身就包括两种方法论的冲突,内省心理学理论应当解决这种冲突,以便使研究成为可能。在基本方法论这一著作中,他宣称,他不隐瞒他的这本书是本好战的书,他主张唯心主义,反对自然主义。他想使唯心主义在心理学中拥有无限的权威。它奠定了经验心理学的认识论基础,并宣称,这是当今心理学需要我们做的最重要的一件事情。经验心理学的基本概念是随意收集的,它获得知识的逻辑方法是出于本能的。闵斯特伯格的题目是"费希特的伦理唯心主义和当代生理心理学的综合",因为唯心主义的胜利不是在于与经验主义研究划清界限,而是在于在自己的领域内为唯心主义找到位置。闵斯特伯格指出,自然主义和唯心主义是不可调和的,这就是他谈论好战的唯心主义的书,谈论普通心理学的大胆和冒险,而不去谈论协调和联合的原因。闵斯特伯格还直接提出两种学科共存的主张,**断言说,心理学正处在非常奇怪的状态中**,我们知道有关心理学的事实有很多,可是对心理学本身却知道得很少。

外在方法的一致不可能使我们受骗,因为各种派别的心理学家都在谈论各种各样的心理学。这种内在的混乱只有采取以下的方法才能理解和克服。"当代心理学正在同偏见做斗争,这种偏见认为仿佛只存在一种形式的心理学……心理学的概念包括两项根本不同的任务。这两项任务应该从根本原则上加以区分,并最好采用不同的名称。实际上就存在两种类型的心理学"。(闵斯特伯格,1922年)在当代科学中,表面上统一的两类学科具有各种各样的混杂的形式。这两类学科的共同点是它们有共同的研究对象,但有共同的研究对象也决定不了学科本身的性质,比如地质学、地理学、农学同样是研究土地,但在这几门学科间的科学知识的结构和原则是不同的。我们可以通过描述的方法把心理现象变成一连串的动机和行动,也可把心理现象想象成各种元素(客观的和主观的)的组合。如果把这两种观点贯彻到底,我们就可得出"根本不同的理论学科","一门是因果心理学,另一门是目的论和意向心理学"(闵斯特伯格,1922年)。

两种心理学共存是如此明显,已成为大家都公认的现实。只是**在对每门学科的精确定义上表现出不同的意见**。一些人强调某些**细微差别**,

另一些人则强调另一些细微差别。如果跟踪所有这些变动,则是件十分有趣的事,因为其中的每一个变动都证实某种努力冲向一极或另一极的倾向,而言词冲突的范围和幅度表明,两种学科正如共存在一个茧内的两只蝴蝶那样,依然共存在未分化倾向的形式之中。

然而,现在令我们感兴趣的不是言词冲突,而是隐藏在我们后面的共同因素。

摆在我们面前的有两个问题:一是两种学科有什么样的共同性质,二是什么原因导致经验主义分裂为自然科学的和唯心的这样两个支系。

大家一致认为,正是这两大要素奠定了两种学科的基础。因而,不管心理学家如何给自己的学科命名,这些学科最终都归入两大支系,一类是自然科学心理学,另一类是唯心主义心理学。继闵斯特伯格之后,大家看到各门学科之间的区别根本不是研究材料或研究对象的不同造成的,而是认识方法和原则上的不同造成的。所谓认识方法和原则,或者是指根据因果关系来认识现象(这些现象正如所有其他现象那样存在着一种因果关系的联系),或者是指根据意向性认识现象(这些现象都是具有目的性的和断绝与一切物质联系的精神活动)。按这种认识方法和原则,把心理学分成两种,狄尔泰将其称为解释心理学和描述心理学。这种两分法源头可以追溯到把心理学分成理性心理学和经验心理学的沃尔夫,即追溯到经验心理学产生的本身。狄尔泰(1924年)指出,这两种分法在整个科学发展过程中始终存在着,而且在赫尔巴特(1849年)的学派中和瓦茨的著作中重新得到了充分的认识。解释心理学的方法和自然科学的方法是完全一样的。解释心理学的假设是:若没有生物现象,就不会有任何一种心理现象。这导致它作为一门独立科学的破产,并将其转入生理学的手里。描述心理学和解释心理学拥有自然科学中具有的同样的内涵(分类和解释),按宾斯万格的说法,这是两个基本的部分。

当代心理学是一种无心灵的心灵学说,它被分成两个部分,两部分中存在内在的矛盾。描述心理学追求的不是解释,而是描述和理解。这种描述和理解是诗人(尤其是莎士比亚)通过形象赋予的,它们成为通过概念分析的对象。解释的、自然科学的心理学不能为心灵学说奠定基础,这种心理学制定了决定论刑法,不给自由留下一点余地,它无法与文化问题调和。与此相反,描述心理学"将成为心灵科学的基础,正如数学是自然科学的基础一样"(狄尔泰,1924年)。

斯托特(1923年)断然拒绝把分析心理学称为自然科学。分析心理学属于实证学科,就这个意义上来说,这门学科研究的范围是事实,是实在的东西,它是一种客观存在,而不是一种准则,不是一种必须履行的义务。分析心理学应该与数学、自然科学、认识论相提并论,但它不是物理科学。在心理和物理之间有一道鸿沟,它们之间不可能有什么关系。任何关于物质的学科与心理学之间都没有建立像化学、物理学与生物学之间的那种关系,即较一般和较局部的但基本上同类原则的关系。

宾斯万格把所有方法论问题基本上划分为自然科学的和非自然科学的这两类心理概念。他直截了当地和明确地指出有两种根本不同的心理学。他引用齐格瓦尔特的话,把反对自然科学心理学的斗争称为分裂的根源。这导致我们陷入体验的现象心理学,陷入胡塞尔的纯粹逻辑原则,陷入经验主义的却又是非自然科学的心理学。

布活伊勒则持相反的立场,他不接受冯特认为的"心理学不是自然科学"的观点。继里凯尔特之后,他把心理学称为概念心理学,尽管他说的与狄尔泰的解释心理学或结构心理学是一个意思。

我们现在不准备详细地讨论诸如心理学怎样才有可能成为自然科

学、借助什么样的概念才有助于心理学的建立等纯属心理学内部的问题，这些问题将是本书接下来需要正面叙述的问题。不但如此，我们还要把另外一个问题留作悬念。这个问题就是：心理学是否真的属于准确意义上的自然科学？我们继西欧心理学家之后使用这个术语，是为了更明确地表示这类知识的唯物主义性质。由于西欧心理学不知道或者几乎不知道社会心理学问题，所以这类知识对西欧心理学来说是与自然科学一致的。但这仍然是个特殊的和非常深刻的问题——表明心理学有可能是唯物主义学科。可是它从整体上说，并不包括在心理学危机的内涵的问题之内。

几乎所有在心理学方面认真写过点东西的俄罗斯心理学家都接受这种划分，当然，这只是传闻。不过，这也说明西欧心理学中这种理论已普及到什么程度。朗格在谈到以文德尔班、里凯尔特为一方（他们认为心理学属于自然科学）和以冯特、狄尔泰为另一方的这两者的分歧时，赞同后者把心理学与自然科学加以区别的主张。值得注意的是，他批评纳托尔卜，认为他是心理学唯心主义观点的鼓吹者，反对他的现实性的或生物学的解释。然而，经闵斯特伯格证实，纳托尔卜同他一样，一开始就要求同样有两种学科，既有从主观态度考察的心灵学科，也有从客观态度考察的心灵学科。

朗格（1914年）把两种观点融入同一个假设之中，并在自己的书中解释两种不可调和的倾向，认为危机的内涵就在于同联想主义做斗争。他讲述时，对狄尔泰和闵斯特伯格深表同情，并概括说"有两种不同的心理学"。心理学像伊阿诺斯（希腊罗马神话中守护门户的两面神）那样有前后两张面孔：一张面孔朝着生理学和自然科学，另一张面孔朝着心灵学科、历史学和社会学；一种是因果关系的学科，另一种是价值观的学科。似乎是两者之中只能择其一,而朗格则把两者结合在一起。

这样做的还有切尔班诺夫。在目前的论战中他恳求人们相信他的观点,认为心理学是唯物主义学科,并援引詹姆斯的话为证。可是他一句话也没有提到俄罗斯文献中那两种心理学的观点就是他提出的。对他的这种观点,我们有必要谈一谈。

继狄尔泰、斯托特、麦农、胡塞尔之后,他讲述了自己分析方法的观点。如果说,自然科学心理学的特点是采用综合法,那么,描述心理学的特点就是采用分析法,这种方法导致对先验思想的认识。分析心理学是一种基础心理学,它应该产生于儿童心理学、动物心理学、客观实验心理学建成之前,并为所有各种心理学的研究奠定基础。这似乎不像矿物学和物理学的关系,也不像是使心理学完全摆脱哲学和唯心主义的关系。

如果有谁想看一看1922年切尔班诺夫在心理观点上有了些什么进展,那就不应该停留在他的哲学公式和即兴谈话上,而是应该把注意力集中在他的分析法学说上。切尔班诺夫反对混淆解释心理学和描述心理学这两者的任务,他解释说,这两者之间是完全对立的。为了不对被赋予重大意义的心理学是怎么回事这一问题存有异议,他把他的这种心理学与胡塞尔的现象学以及理想实质的学说联系起来,并解释说,胡塞尔的理念或实质就是柏拉图观点的某些修正。对胡塞尔来说,现象学是属于描述心理学的范畴,正如数学属于物理学一样。首先,像几何学一样,现象学是一门关于实质的学科,是一门关于理想可能性的学科;其次,现象学还是一门关于事实的学科,它使解释心理学和描述心理学的存在有了可能。

与胡塞尔的意见相反,对切尔班诺夫来说,现象学的某些部分是由分析心理学来填补的,而现象学的方法则与分析心理学的方法完全相同。胡塞尔并不认为遗觉心理与现象学是同一的——切尔班诺夫这样解释。

他认为当代心理学指的只是经验心理学,即归纳心理学。可是这种心理学中已经有现象学,这是事实。因此,从心理学中分出现象学是不必要的。切尔班诺夫小心翼翼地反驳胡塞尔,认为现象学的方法应该以客观实验的方法作为基础。他最后说,过去是这样,今后也将是这样。

那么,应该怎样把心理学只能是经验主义的和按其本性是排斥唯心主义的并独立于哲学之外的论断与这一论断进行比较呢?

无论对被研究的两分法该怎么称呼,无论在每个术语中语义的差别该怎么强调,问题的实质依然无处不在。归纳起来有以下两种情况:

1. 心理学中的经验主义实际上同样自发地是以唯心主义前提作为根据的,正如自然科学是以唯物主义作为根据一样。也就是说,经验心理学是以唯心主义作为根据的。

2. 在危机时期,由于种种原因,经验主义分裂为唯心主义和唯物主义两大心理学分支(关于这方面的问题下文还将谈到)。闵斯特伯格(1922年)把这种术语使用上的差异说成是词的含义上的一致。我们在说因果心理学和意向心理学的同时,也可以把它们说成是精神心理学和意识心理学,或者说成是理解心理学和解释心理学。这种情况只有在我们承认心理学的双重性质时才具有重要的意义。在另一场合,闵斯特伯格对比了意识心理学和精神心理学,对比了内容心理学和意动心理学,还对比了感觉心理学和意向心理学。

实际上,我们可得出这样的看法:心理学中早就存在着双重性,这种双重性质现在已渗透到心理学整个发展的进程之中,因此,我们无疑已处于历史的关键时刻。但是本书并没有包括科学史的任务,因而我们只能把双重性的历史根源问题撇在一边,只限于指出一些事实,解释一些最近的原因,即双重性在危机中使矛盾加深和分裂的原因。其实,这就是心理学被引向两极的事实,也就是"心理目的论"和"心理生物学"的本质所在。德苏阿把这种情况称之为当代心理学的二重唱,按他的说法,在现代心理学中,这二重唱将永远不会停息。

十二

我们现在还得扼要地谈一谈危机的直接原因或动力问题。

是什么因素导致我们走向危机和分裂?是什么因素导致我们只能像经历一场不可避免的灾难那样命中注定要经历这场危机?当然,我们在这里要读的只能是存在于科学内部的动力问题,而把其他所有问题撇在一边。我们有权这样做,因为那些表面的(社会的和思想的)原因和现象不管怎样,最终都要通过存在于科学内部的动力才能体现出来。因此在这里,我们只打算对存在于科学内部的直接原因做出分析,而避开更深一层原因的分析。

让我们马上来谈一谈整个应用心理学的发展问题,即危机在其最后阶段的主要动力问题。

经验心理学对应用心理学至今依然采取有些轻蔑的态度,正如对待半精密科学那样。在心理学的这一领域,并不是一切都是顺利的——这是毋庸置疑的。然而现在,甚至对粗略的观察者(方法学家)来说也是毋庸置疑的是,应用心理学现在正在我们科学发展中起着主导作用,它是进步的、健康的,是心理学中孕育着的未来的胚芽。它给我们提供了最好的研究方法。只有开展对这一领域的研究,才能弄清楚真正心理学的产生和发展的意义。

科学史的中心已经发生了转移,原来处于外围的学科,现在成为中心学科。无论是不被经验主义接受的哲学,还是应用心理学,对它们都可以说:原先被建筑师所鄙视的石头现在已受到了重视。

对上述情况,需要做三点说明。

第一点是实践。在这里,心理学第一次(通过心理技术学、精神病学、儿童心理学、犯罪心理学)与有高度组织性的实践——工业的、教育的、政治的、军事的实践——发生冲突。这种冲突使心理学不得不对自己的原则进行改造,以便使这些原则能够经受实践的最高一级的检验。应用心理学把几千年来积累的大批的心理学实践经验和技能吸收并引入自己的学科,因为既然教会、军事、政治、工业都有意识地管理和组织各种心理的研究,那么它们就有科学上虽无条理的却是大量的心理学经验作为自己的基础(每一个心理学家都亲身感受到应用心理学改造的影响)。为使心理学得到发展,应用心理学起到用于解剖学和生理学的医学及用于物理学的技术的作用。不可以过分夸大新的实践心理学对整个学科的作用,但心理学家是应该为它大唱颂歌的。

心理学要求通过实践来证实自己思维的真实性。与原先的心理学不同,在整个学科结构中,现在的心理学赋予实践学科以完全不同的地位。原先,实践是理论的殖民地,是附庸,它完全受宗主国的控制,而理论则对实践没有一点依赖关系。实践是结论,是附加物,是越出科研界线的一种偏离,是在科研工作已经被认为是完成的地方开始的科研前和科研后的工作。实践的成败一点也不影响理论的命运。而现在,与上述情况恰好相反:实践已经成为科研工作的基础,使科研工作彻底得到改造,使之焕然一新。实践提出任务并成为理论的最高审判官和真理的唯一标准。实践是发号施令者,人们都得按照它的命令去规定概念和制定法律。

现在让我们直接转入第二点——方法学。乍一看来,这是多么令人奇怪,多么令人难以置信,可正是作为科学结构原则的实践要求得到哲学即方法学的帮助,这一点与心理技术学对自己原则的轻率敷衍的、"无忧无虑的"(闵斯特伯格语)态度丝毫也不发生矛盾。事实上,心理技术学的方法学往往非常无助、无力、浅薄,有时甚至滑稽可笑。心理技术学的诊断一点也不能说明和令人想起莫里哀戏剧作品中关于医生对医学的那些想法。有人说,心理技术学的方法学是千方百计地"ad hoc"(拉丁语,意为"特意,特别")胡编乱造。这种方法学简直不值得花力气去评论。而且这种心理技术学常被戏称为野餐心理学,也即轻松的、暂时的、半认真的心理学,所有情况都是如此。但这丝毫也不能改变这一问题的根本观点,正是这种心理学创立了铁一般的方法学。正如闵斯特伯格(1922年)所说的那样:不仅在共同部分,而且在对于一些专门问题进行研究时,我们也总是要返回到对心理技术学的研究上面。

因此,我断言:尽管这种心理学曾不止一次地受到攻击,说什么它的实践意义几乎等于零,它的理论往往是滑稽可笑的,但它在方法学方面的意义却是巨大的。实践和哲学的原则——再说一遍——就是曾被建筑鄙视的石头,正是这些石头现在成了奠基石,危机的整个内涵就在于此。

宾斯万格说,我们期待的不是通过逻辑学、认识论或形而上学的方法解决整个心理学中最普遍、最重要的问题,其中也包括心理学自身的最重要问题——主观心理学和客观心理学的问题,而是通过方法论即科学方法的学说来解决这些问题。如果我们说依靠心理技术学方法论,那就等于说依靠实践的哲学。无论比纳量表或其他心理技术学试验的实践和理论价值是多么微不足道,无论这些试验本身是多么糟糕,但作为一种观点,作为一种方法论原则,作为一项任务,作为一种发展前景,其意义还是巨大的。心理学方法论的错综复杂的矛盾被转移到实践的领域,这些矛盾只有在这里才能得到解决。在这里,争论是枉然的,因为争论已有了结果。所谓方法也就是途径,我们把它理解为认识的手段。但要走什么样的路线,是由追求的目标所决定的。因此,实践改造了科学的整个方法论。

从以上两点中我们可以了解到第三点,这就是心理技术学的改造作用。心理技术学是单向发展的心理学,它助长心理学的分裂倾向并形成了一种真实的心理学。像这样越出唯心主义心理学界线的还有精神病学。要想治好病,不能依靠内省法。恐怕没有比把内省法应用于治疗精神病更荒谬的事了。正如斯皮尔赖因指出的那样,心理技术学也同样意识到不能把心理学的功能同生理学功能分离开,要寻找一个完整的概念。我曾经谈到过教师,他们被心理学家誉为灵魂工程师,他们都是有感召力的人。可如果委托他们去管理一艘轮船,就未必有船长那样的感召力。如果委托他们去管理一个工厂,也未必有工程师那样的感召力。要知道,船长是从受过专业训练的水手中选拔出来的,工程师则是从富有经验的技师中选拔出来的。这都是对科学提出的最高要求。最认真的实践将使心理学得以复苏。工业、军队、教育和医疗将使科学复苏并得到改造。胡塞尔的遗觉心理学与这种理论的真实与否毫无关系,这种理论不适合于选拔列车员,对各种实体的深入内省也不适合于这个目的,甚至对其是否有价值毫无兴趣。然而,所有这一切一点也没有使这种理论免受灭顶之灾。正如狄尔泰概念中莎士比亚不是这种心理所追求的目标那样,而是用一个术语——心理技术学——来表达,这是一种理论,是一种会导致心理受到约束和控制、行为受到人为操纵的理论。

然而,正是闵斯特伯格——这个好战的唯心主义者——奠定了心理技术学的基础,也即最彻底的唯物主义的基础。然而,也正是如此热衷于唯心主义的斯特恩居然精心地制定了差异心理学的方法论,并对唯心主义心理学做了毫不留情的揭露,指出这种心理学是站不住脚的。

一个极端的唯心主义者竟然做了有利于唯物主义的事情,怎么会有这种事呢?这只能表明在心理学发展过程中,两种倾向的斗争是如此的深刻,这种斗争完全是一种客观的需要。这两种倾向的斗争与心理学家们自己所论述的见解,即与他们主观主义哲学的论断,很少有相符的地方。危机的情景是如此的复杂,简直难以言喻,两种倾向的斗争在心理学战线上激烈交锋,纵横交错,相互渗透,这是一条异乎寻常的、充满意外的、自相矛盾的曲曲折折的战线。往往在同一个体系中、同一个术语中就存在着两种心理学之间、各种观点和各种心理学派之间的斗争。然而,这些斗争是隐蔽的,是在背后起着决定作用的,正如危机的外部形式使人产生错觉那样,我们只有通过这些外部形式才能看到它们背后的真实的内涵。

现在让我们再回过头来谈谈闵斯特伯格。因果心理学的合法性问题对心理技术学说来具有决定性的意义。这种单向发展的因果心理学只是现在才开始行使自己的权利。这种因果心理学本身就是对"非自然地"、人为地提出的问题的回答。心理生活本身要求的不是解释,而是理解。然而,心理技术学能够仅仅依靠这种"非自然地"提出的问题从事正常研究并证明自己的必要性和合法性。"因此,仅仅在心理技术学中就显示出了解释心理学的真正意义,这样一来,心理学各学科的体系也就在其中完成了。"(闵斯特伯格,1922年)要清楚地显示这种倾向的客观力量与哲学家的信念以及他的工作的客观意义之间的不一致是困难的,因为唯心主义者说唯物主义心理学是非自然的,但我又不得不从事这样的心理学研究。

心理技术学的目的在于行动,在于实践。而这里,我们基本上是另一种做法,与纯理论的理解和解释采取的做法完全不一样。因此,心理技术学不能在对它需要的心理学的选择上采取摇摆不定的态度(甚至是彻底的唯心主义者所制定的那种心理学的选择也一样),它仅仅与因果心理学和客观心理学打交道,非因果心理学对心理技术学来说不起任何作用。

正是这一观点对所有心理技术学学科来说具有决定性的意义。心理技术学是故意地单向发展的,只有它是完全意义上的经验学科,它必然也是一门比较学科。与物理过程的联系,对这门学科来说是如此基本的东西,正像它是生理心理学那样。它是一门经验学科。通常的说法是:"我们的出发点是,心理技术学所需要的唯一的心理学应该是描写—解释的学科。此外,我们现在还要补充,这种心理学是一门经验学科、比较学科、利用生理学资料的学科,最后,它还是一门实验学科。"(闵斯特伯格,1922年)这也就是说,心理技术学对学科的发展做出了变革,并在它的发展中留下了时代的印记。从这个角度出发,闵斯特伯格说,经验心理学的产生大概不早于19世纪中叶。甚至在拒绝接受形而上学、从事事实研究的那些学派里,科学研究工作也是受其他利益影响的。当心理学还没有成为自然科学的时候,采取科学实验的方法是不可能的。但当它采取科学实验方法的时候,就出现了自然科学中难以想象的离奇的观点:有些设备,如蒸汽机或电报,都是实验室所熟悉的,但没有把它们应用于科研的实践。教育、法律、贸易、社会生活和医疗也丝毫没有受到这种变动的影响。把科研与实践相结合的做法至今还被认为是一种亵渎。有人主张要等待,直到心理学完成自己理论体系的时候。然而,自然科学的经验却说明了另一种情况:医学和技术学却不愿等待解剖学和物理学庆祝它们最后胜利时才向前发展。生活不仅需要心理学,还应通过各种方式处处实践心理学。不过,我们依然期待心理学中掀起一个与生活建立联系的高潮。

当然,如果闵斯特伯格(1922年)实事求是地接受这个观点而不为唯心主义的无限制的权利设置特区的话,他就不至于成为唯心主义者。他只是把争论转移到另一领域,承认唯心主义在以实践作为营养的因果心理学中是站不住脚的。他对"认识论的宽容"做出解释，并从对科学实质的唯心主义理解中推演出这种"宽容"的概念。科学探求的不是正确概念和错误概念之间的区别，而是要看是否适合于自己预想的目的。他确信各种心理学之间可以达到一些暂时性协议，只要一达成这样的协议，他们就可以告别心理学理论的战场。

闵斯特伯格(1922年)的论著是由科学决定的方法论和由世界观决定的哲学之间的内部冲突的一个突出例证，这正是因为他是彻头彻尾的方法学家和彻头彻尾的哲学家，也就是说，他是个彻头彻尾的自相矛盾的思想家。他懂得既要成为一个因果心理学的唯物主义者同时又要成为目的论心理学的唯心主义者的时候，他就堕落成为一个两面派，而且，必然会变得不诚实。因为，要两面派必然就得人前一套人后又一套，必然就会在这个场合是一种说法，在另一种场合又是另一种说法。而事实却归根到底只有一个。对他来说，事实不是生活本身，而是生活的逻辑加工。生活的逻辑加工则可以是各不相同的，加工成怎样，完全取决于参与加工的人持什么样的观点。他也懂得，经验心理学要求不接受认识论的观点，而是接受某种特定的理论，可与此同时，又在各种学科中采用各种认识论观点。为实践的利益，我们说明事实用一种语言，而为精神的利益，我们说明事实却又用了另一种语言。

如果自然科学家中出现意见分歧，那么他们是不会涉及科学的基本前提的。对一个植物学家来说，与其他研究者事先达成有关他们所从事的研究的材料性质的协议是不会有什么困难的。任何一个植物学家都不会去着重解决如植物存在于空间和时间中并受因果律支配这样的问题。然而，心理学材料的本质不允许使心理学命题从哲学理论中分离出来，以至于使这种分离达到其他经验学科已达到的那样的程度。有的心理学家自己欺骗自己,幻想着他的实验室工作能够使他的学科的根本问题获得解决。这都是些哲学问题。谁不希望参加关于根本问题的哲学讨论,只不过是应该默默地把某种认识论作为专业研究的基础。(闵斯特伯格,1922年)正是认识论的宽容——而不是拒绝接受认识论——导致闵斯特伯格产生两种心理学的思想,其中一种否定另一种,但两种都可能被哲学接受。不过宽容并不意味着就是无神论。在清真寺里他是穆斯林,在基督教堂里他是基督教徒。

可能会产生的只是一种根本性的误解,双重心理学的理论会导致对因果心理学权利的局部的承认,双重心理学也会使心理学本身发生改变,使心理学被分成两个阶段。闵斯特伯格(1922年)还宣称因果心理学内部存在着宽容,但实际情况却根本不是这样。请看看他是怎么说的:"问题关键是目的论的思辨心理学能否与因果心理学的理论并存,我们是否能够和应该在科学的心理学中解释目的论的统觉,解释任务意识,或者解释情感、意志和思维。或许心理技术学家对这些问题不感兴趣。因为他知道,在任何情况下我们都能在利用因果心理学的语言的同时掌握所有这些过程和心理功能;他也知道,只有在这种情况下,心理技术学家才能与这种因果关系的概念打交道。"

因此,两种心理学在任何地方都不会互相交叉,在任何地方都不会互相补充,它们各为其主,各为两种事实服务——一种是为了实践,另一种是为了精神。这种两面性手法在闵斯特伯格的世界观中已经司空见惯,而且不仅仅是表现在心理学中。唯物主义者完全接受闵斯特伯格的因果心理学概念,而拒绝接受心理学中的二元论;唯心主义者虽也接受心理学中的二元论,却完全接受目的论的心理学的概念。闵斯特伯格自己宣称要有认识论的宽容,并接受两种科学的概念,一种作为唯物主义的科学,另一种则作为唯心主义的科学。因此，这种争论和对二元论的讨论都已超越了因果心理学的范围，因果心理学不是任何学科的一部分，它自己也不归属于任何科学。

这是一个可资借鉴的例子。在科研中，唯心主义也不得不以唯物主义作为自己的立足点，这一点已为其他许多思想家的实践所证实。

斯腾走的是同样的一条道路。他通过微分研究的问题促使客观心理学的产生，这种研究也是新心理学产生的原因之一。然而，我们要探究的不是思想家本身，而是他们的命运，因为隐藏在后面并主导着客观进程的是他们的命运。要揭示这些客观进程不是靠归纳，而是靠分析。按恩格斯的说法，10万台蒸汽机并不比一台蒸汽机能更多地证明能源变化的规律。① 这里再顺便讲一则笑话：俄罗斯的唯心主义心理学家在闵斯特伯格著作翻译本出版的译者序言中列举他的成就时指出，他怀有行为主义心理学的走向，还说他有一套完整的接近人的方法，还说这套方法绝对不会破坏渗透到原子中的人的心身结构。这些赫赫有名的唯心主义心理学家导演的一场大喜剧，结果却变成了不厌其烦地重复的小闹剧。

现在可以对上文所述做个小结。我们把危机的原因看作是一种动力，这一观点不仅具有历史的意义，而且还具有主导的（方法论的）意义，因为危机的原因不仅导致危机的形成，而且还对危机的发展趋势和今后的命运起着决定性的作用。这个原因就存在于应用心理学的发展之中。由于应用心理学的发展导致建立在实践原则基础上的整个科学的方法论变革，也即使其变成自然科学。这一原则对心理学施压，推动它分裂为两门学科，并确保唯物主义心理学在未来获得正常的发展。这里，提到首位的是实践和哲学。

---

① 《马克思恩格斯全集》中文版，第20卷，第571页。

许多心理学家认为是实验使心理学发生根本的变革,甚至把实验心理学和科学心理学这两者混为一谈。他们预言,未来只属于实验心理学,并在这个形容语中看到最重要的方法学原则。然而,实验在心理学中依然停留在技术方法的层面上,并没有得到根本上的运用,它只能像阿赫那样,导致自我否定。现在许多心理学家都在方法学、原则的合理构成中看到了摆脱危机的出路。他们期待从另一端、从对方的失败中获得拯救,但他们所做的工作劳而无功。只有从根本上拒绝做直接内省经验的尾巴并从内部分裂为两部分的盲目的经验主义,只有彻底摆脱内省法,像剜掉自己的眼睛一样彻底切除掉内省法,只有从分裂为两种心理学中选择一种单一的心理学,才能找到消除危机的出路。方法学和实践的辩证统一对两端的心理学都适用——这就是单一心理学的命运。现在,这种分裂已经开始,而且将在很长的实践过程中继续进行并最终完成。

十三

经分析后,我们对关于两种心理学之间出现的日益严重分裂的历史的和方法论的准则,也即作为危机动力学公式的准则,已可看得十分清楚,可是这一准则依然引起了许多人的争论。虽然这一准则本身并不使我们感兴趣,但因为我们从中发现了危机的一些发展倾向。这些倾向仿佛在真真切切地告诉我们,它们是一种客观存在,它们并不受某些心理学家观点所左右。不但如此,它们本身反而决定着这些心理学家的观点,决定着他们的观点能否成为心理学的观点,能否被吸引到心理学科的发展进程中来。

因此,我们不应该对这一问题还存有各种不同的观点而感到惊讶。我们一开始就没有给自己提出研究各种不同观点的任务,而是关注这些观点所追求的目标。这就把批判地研究某些心理学家的各种观点与对问题本身进行方法论分析区别开来。但有一点依然应该使我们感兴趣，我们对这些观点不应该完全无动于衷。事实上，我们应该善于对它们做出解释，善于把它们客观的、内在的逻辑揭示出来，简而言之，就是把各种观点之间的种种斗争作为两种心理学之间斗争的复杂表现揭示出来。从整体上来说，这是一项建立在真正分析基础上的批判任务，它必须以心理学最重要的学派为例，来证实我们所找到的准则在对它们理解时能给我们提供什么。然而，指明其发展前景和确定分析的基本进程也就成为我们当前的任务。

要做到这点，最简单的办法就是对各种体系做出分析。这些体系中有的是公开站在某一倾向方面的，有的则在各种倾向之间持模棱两可的态度。然而，还有些体系，它们基本上置身于斗争和这两种倾向之外，它们在寻找第三条出路，对我们心理学只有两条出路的准则似乎持否定态度。分析这类体系对我们来说是更困难的任务，然而，也是更有吸引力的任务。这些体系的人们说，还有第三条道路，两种斗争的倾向可以互相融合，或者互相依附，或者完全消失，或者出现新的准则，或者两种倾向都去依附新出现的第三种倾向，等等。第三条道路会领着我们走向哪里，这对我们的准则来说是极其重要的，因为这一点是准则成败的关键。

根据我们采取的办法，我们来观察一下两种客观倾向是如何在第三条道路拥护者的观点体系中起作用的。这两种倾向是被戴上嚼子了呢，还是依然做形势的主人呢？简言之，是谁战胜了谁——是被人骑的马呢还是骑马的人？

首先要分清各种观点和倾向之间的界线。某种观点可能把自己与某种倾向混为一谈，但依然不能与那种倾向取得一致。比如，当行为主义断言科学的心理学只能是自然科学的时候,它是对的,但这并不意味着它使心理学成为名副其实的自然科学,因为它不能败坏这种理论的名声。对任何观点来说,倾向是一项必须完成的任务,而不是一种赠予,意识到是必须完成的任务并不意味着能妥善地完成这项任务。在一种倾向基础上可能存在多种观点,在一种观点中也可能在不同程度上出现两种倾向。

由于有了这种明确的划分,我们就能谈谈第三条道路的体系问题。走第三条道路的人有很多。然而,他们当中的大多数要么是稀里糊涂地混杂于两条道路之间的瞎子,要么是故意在两条道路之间来回奔跑的折中主义者。我们在他们的近旁走过,可使我们感兴趣的是原则,而不是对原则的曲解。这样极纯的体系有三个,即格式塔理论、人格主义和马克思主义心理学。现在,从我们需要的观点来探究一下这三种理论。这三个学派有一个共同的信念,那就是:心理学作为一门科学,它不可能以经验心理学作为基础,也不可能以行为主义作为基础,而必须有第三条道路。这第三条道路是凌驾于原有两条道路之上的,并且使科学的心理学有可能建立起来。它不排斥两种方法中的任何一种方法,而是把这些方法融合成为一体。每一个体系都用自己的方式解决问题,每一个体系都有自己的命运。然而,它们一起处理完第三条道路的所有合乎逻辑的可能情况,仿佛是专门为此目的设计好的方法学实验。

格式塔理论通过引入结构(完形)的基本概念解决这一问题,该概念把行为的功能方面和描述方面结合起来,也就是心理物理的概念。要把这两者在一种学科的客体内结合起来,只有在两者之间找到某种实质上的共同点,并使这一共同点成为研究的对象时才有可能。这是因为,如果我们错把心理和肉体看作两种性质上完全不同的、完全不一致的东西,那么把这两种完全不同的东西归入同一门学科当然也就成为不可能,这是新理论的整个方法论的症结所在。格式塔原则同样运用于整个大自然。这并不单单是心理的特点,这一原则同时具有心理和物理两方面的特点。格式塔原则同时适用于生理学和物理学,并且一般来说运用于所有实在的学科。心理只是行为的一部分,意识的过程是较大整体的局部的过程。(考夫卡,1925年)魏特海默(1925年)更清楚地阐明了这一点。整个格式塔理论可归纳为下面一句话:"在某个整体的部分中发生的一切是由这个整体内部的结构法则所决定的,这就是格式塔理论,不能多也不能少。"心理学家苛勒(1924年)指出,在物理学中基本上发生着同样的过程。这在方法论上是一个明显的事实,而对格式塔理论来说,也是具有决定意义的一个论据。研究原则对心理的、有机体的和非有机体的来说都是一样的,这就是说,心理学与自然科学发生了联系,心理学研究在物理的原则基础上才有可能。格式塔理论并不把心理现象和物理现象看作是绝对异质的东西,并将它们胡乱地结合在一起,而是确立它们之间的联系,使它们成为同一个整体的各个组成部分。只有近代文化的欧洲人像我们所做的那样,把身心两方面加以分离。看到一个人在跳舞,难道你看到一方面是肌肉的一系列动作,另一方面又是情绪上的愉悦和激动?这两方面在结构上是类同的。意识并没有带来其他研究方法所要求的任何全新的东西。那么,唯物主义和唯心主义的界线又在哪里?在有些心理学理论中甚至在许多教科书中,尽管谈的仅仅是比生长着的树木更无生气、更无感觉、更木然和更物质的意识元素。

所有这一切说明了什么?这只是说明,由于格式塔理论始终不渝地从原则上和方法论上创建自己的体系,使唯物主义心理学变成了事实。从表面上看,这一点是与格式塔理论关于现象反映的学说和与格式塔理论关于内省的学说是相矛盾的,但这种矛盾仅仅是表面上的,因为心理对这些心理学家来说是行为的现象部分,也就是说,基本上他们选择的是两条道路中的一条,而不是第三条道路。

另一个要弄清的问题是:这一理论是否始终不渝地将自己的观点付诸实施?是否在自己的观点中意外地发现了矛盾?走第三条道路的方法选择是否正确?但使我们感兴趣的不是这些问题,而是原则的方法论体系问题。我们可以再说一遍:所有格式塔理论观点中与这种倾向不一致的地方都是另一种倾向的表现。如果人们用描述物理学的概念来描述心理学,那就是走了自然科学心理学的道路。

证实这一点并不难,斯腾(1924年)在人格主义理论中走的就是一条相反的道路。他希望避开原先的两条道路,而开辟第三条道路。但实际上,他却仍然在原先的两条道路中选了一条——走上了唯心主义心理学的道路。他的根据是,我们没有一种心理学,但我们有很多种心理学。由于希望从两种倾向的角度保护心理学对象,他采用了心理上中性动作和功能的概念,并提出一个假设:心理和物理经历同样的发展阶段——这种分裂是第二事实,分裂的发生是由于个性可以出现在自己之前,也可以出现在其他人之前。基本的事实是,存在着一种心理物理上的中性个性和这种个性的心理物理上的中性动作。因此,通过采用心理物理上的中性动作的概念使其达到统一。

现在,让我们来看一看在这一公式后面实际上隐藏着什么。看来,斯腾走了一条相反的道路,实际上走的就是我们熟悉的格式塔理论的道路。对他来说,有机体甚至非有机体体系也是心理物理的中性个性;植物、太阳系和人在原则上应认为是同一的,只不过用的是把目的论原则推广到非精神世界。在我们面前的,是目的论心理学。第三条道路成为两条熟悉道路中的一条,再次涉及人格主义心理学、涉及按照这些原则创立的心理学将是什么样的问题。但实际上这种心理学是怎样的,则是另一个问题。实际上,斯特恩不得不像闵斯特伯格一样成为差异心理学中的因果心理学的支持者。其实他提供的是意识的唯物主义概念,也就是说,在他的体系的内部产生的依然是我们已熟悉的那种斗争,他想战胜斗争对立面走第三条道路的愿望依然落空。

试图走上第三条道路的第三套体系是当前正在形成的马克思心理学体系。对这套体系进行分析是比较困难的,因为它现在还没有自己的方法论,它试图在马克思主义奠基人关于心理学的随意言论中找到心理学体系的现成公式,更不必说试图在其他人的著作中找到心理学体系的现成公式——这就是说,要求找到一种"学科本向之前的学科"。需要指出的是,由于所引用的材料的多样性和片断性,以及因脱离上下文所引起的语句意义的变化和大部分言论的论战性质(尽管这些言论在反驳错误思想时是正确的,但在对任务进行下面的阐述时却是空洞的和笼统的),这一工作不可能取得什么好的效果,最多也只能援引一大堆随意的言论,并对其做出学究式的阐述。即使把引文按次序排列得井井有条,创立第三套体系的愿望依然无法实现。

此类工作的另一形式上的不足是,把这些研究中的两个目标混为一谈。要知道,从历史学—哲学观点研究马克思主义学说是一回事,而要对这些思想家提出的问题进行研究则完全是另一回事。如果把这两者混为一谈,就会出现两种不利的后果,如有位学者过去常常解决的问题是在某个特定范围的场合由学者自己顺便地或由某种什么理由提出来的。由于提出目标的不同,问题受到了歪曲,问题只涉及它的次要方面,而没有涉及它的关键方面,问题也没有像其实质所要求的那样得到充分的解释。

对言词冲突的担心造成了认识论和方法论观点的混乱。

然而，即使用这一方法，也没有使作者研究的第二个目标达到要求。这是因为作者赶时髦，不由自主地加入到目前的争论中来。而尤其重要的是，他还把从各处胡乱摘录的引文随心所欲地纳入心理学体系，并用这个办法对其进行粗暴的歪曲。我们可以这样说：他在寻找的，第一是地方不对——不是他该找的地方，第二是对象不对——不是他需要的对象，第三是方式不对——不是他应该采取的方式。

说地方不对，是因为在普列汉诺夫那里，或者其他马克思主义者那里，都找不到他要找的东西。在普列汉诺夫或者其他马克思主义者那里，不仅没有一套完整的心理学方法论，甚至连这种方法论的萌芽也没有，因为他们从来都没有专门论述过这类问题，他们涉及这类论题的主张首先都带有一种非心理学性质，甚至在他们那里，连有关心理学认知方法的认识论理论都没有，哪怕是提出有关心理物理的假设这样简单的事情也没有做！如果普列汉诺夫自己创立了某种心理学理论的话，那么他的名字就会与斯宾诺莎一起被载入哲学史册了。他未能做到这一点，因为他自己从来没有从事过心理生理学的研究，而且科学也还未能使他为建立这种假设提供一种理由。

在斯宾诺莎假设背后支撑着的是一套完整的伽利略的物理学。在他的假设中，用哲学语言把首次认识到的世界的统一和规律性、把自然科学的全部极其概括的经验表达出来。而在心理学中有什么能产生这种理论呢？普列汉诺夫等人感兴趣的始终是论战的、解释的、通常是特定场合的目标，而不是有独立见解的、高度概括的达到理论水平的思想。

说对象不对，不是他需要的对象，这是因为他需要的是方法论原则体系，借助这些原则体系有可能开始研究，并为经多年来集体研究仍未明确的最终科研观点找到一个实质性的答案。如果已经有了答案，那就无须再创立马克思主义心理学了。要寻找的公式的外在效标,应该是它的方法论的适用性。作为代替,这位学者寻找一种尽量谨言慎行的、能回避任何解决办法的最有影响的本体论公式。我们需要一种能在科研中为我们服务的公式,而他寻找的是我们必须为之效力的公式,是我们必须证明的公式。因此,他无意中找到了那些方法论上已无法对研究发挥作用的公式,如负性概念等就是这样。他也无法根据那些无意中找到的公式证明怎样才能达到创立新学科的目的。

至于说方式不对,不是他应该采取的方式,这是因为他的思想受到权威原则的束缚。他研究的不是方法,而是准则,他不是从两种公式的逻辑方法中解脱出来,他不接受对所研究的问题采取批判的和自由选择的方法。

不过,上述存在的三个缺陷都来自一个共同的原因:对心理学的历史任务和危机的历史内涵缺乏足够的了解。对于这一点,下一节中将会专门谈到。在这里,我要谈的是怎么划清观点和体系之间的界线,卸掉体系为观点错误所承担的责任。我们将读到被错误地理解的体系。我们完全有权做到这一点,因为这一理解本身并不意味着它会向哪个方向发展。

新体系把反应的概念作为心理学中第三条道路的基础。反应概念与心理现象的反射理论不同,它既包括整个反应动作中的主观因素,也包括整个反应动作中的客观因素。然而,与格式塔理论和斯腾理论不同的是,新理论拒绝方法论前提,而把反应的两个部分结合成一个概念,既不是在心理学中看到基本上像物理学中同样的结构,也不是在无机体本质中找到目的、隐德来希(古希腊哲学家亚里士多德用语,意即"达到了目的,以及将潜能变为现实的能动本原")和人格,比如,无论走格式塔理论的道路还是走斯腾的道路都无法达到目的。

继普列汉诺夫之后,新理论接受心身平行论学说和心身两方面完全不可通约的观点,同时却又认为这是粗糙的、庸俗马克思主义的做法。但是怎么能在一门学科里谈论两种性质根本不同和不能复原的存在范畴呢?怎么能在完整的反应动作中使心身这两者融合为一体呢?对这些问题,我们可以有两种回答。科尔尼洛夫看到心身之间存在着函数关系,但任何整体性并不因此而马上被消除,因为在函数关系中可能有两个不同的数值。通过反应的概念来研究心理学是不行的,因为反应的内部包括两种不能复原为整体的、函数上相互依存的元素。尽管心身问题不能因此得到解决,然而,却能向每个元素内部转移,使研究寸步难行,仿佛这个问题把整个心理学紧紧捆绑起来似的。那时整个心理学领域对生理学领域的关系是不明确的,而现在,在每一个单独的反应中又遇到了同样一些难以解决的问题。问题的解决方法能在方法论上提出什么?不是在研究开始时有疑问地(假设地)解决问题,而是在每一个单独的场合通过实验和凭经验解决问题。但要知道,这样做是不可能的。一门学科怎么能采用两种根本不同的认识方法(而不通过研究方法,因为科尔尼洛夫在内省法中看到的不是技术方法,而是认识心理的唯一合适的方法)呢?显而易见,在方法论上,反应的完整性依然是一种急需的东西,而实际上,这种概念会导致一门学科分裂为两类学科,导致人们采取研究两种不同存在的两种方法。

法兰克福(1926年)则提供了另一个答案。继普列汉诺夫之后,他陷入了绝望的、无法解决的矛盾之中。他希望证实非物质的心理的物质本性,希望把学科的两条不能连接的道路连接起来。他把自己的论断做了如下的概括:唯心主义者把物质看作是精神的另一种存在形式,机械唯物主义者把精神看作是物质的另一种存在形式。辩证唯物主义者则保存着二律背反的两种成分。对辩证唯物主义来说,心理是:(1)介于许多其他性质之中的不能归属于运动的特殊性质,(2)运动着的物质的状态,(3)物质过程的主观方面。这些公式的矛盾性质和不同分类将在心理学概念的系统叙述中被揭示出来。于是,我们希望能证实,将从各种不同的上下文中摘取的材料进行对比的这种做法会对这些话的原意造成多大的歪曲。这里我们只准备谈谈方法论方面的问题,即:同一学科怎么可能探讨两种根本不同的存在呢?两种存在之间没有任何共同之处,将它们归属于一个统一体是不可能的,但也许它们之间存在有某种同义的联系,这种联系使它们有可能结合为一体?不,普列汉诺夫说得很清楚:"马克思主义不承认有借助对解释或描述另一类现象'很发达的'观念(或概念)来解释或描述同一类现象的可能。"法兰克福(1926年)说:"心理是借助自己的特殊观念(或概念)描述或解释的一种特殊属性。"再说一遍,这里提的依然是用各种不同的概念来描述或解释。但这就是说:存在有两类学科,一类是作为人的运动的特殊形式的行为学科,另一类是作为非运动的心理学科。法兰克福还谈到狭义的和广义的生理学——其中也包括心理问题。但这还是生理学吗?是否只要我们根据我们的实际出现一类什么样的学科,那么这类学科就能出现呢?请问大家能否举出一个这样的例子,即借助各种不同概念解释和描述的关于两种不同类型存在的一类学科,或者举出这类学科出现的可能性的例子?

在这一论断中,有两点表明从范畴上讲这类学科的出现是不可能的。

1. 心理是一种特殊性质或一种特殊的物质属性,但性质不是事物的一部分,而是一种特殊能力。但物质中的性质有很多,心理只是很多性质中的一种。普列汉诺夫把心理和运动之间的关系拿来与植物的属性和树木的易燃性、冰块的硬度和亮度之间的关系进行了比较。但那时为什么只有二律背反的两个成分？应该是有多少性质就有多少成分，应该有很多很多，无限多。显然，这与车尔尼雪夫斯基所说的不同，他认为在所有的性质之间有一种共同的东西。有了这种共同的概念，就可以把所有的物质性质，如冰块的硬度和亮度、树木的易燃性和生长等归属于这一概念之中。换句话说，有多少种性质，也就有多少种学科。一种是关于冰块亮度的学科，另一种是关于冰块硬度的学科。把车尔尼雪夫斯基说的话当作方法论原则是极其荒谬的。要知道，在心理的内部有自己各种不同的性质：有时疼痛可以产生一种愉悦的感觉，正如亮度可以产生一种硬度的感觉那样——又是一种特殊的属性。

问题完全在于，普列汉诺夫既采用包括各种各样性质的心理的共同概念，又采用包括所有其他性质的将是运动的共同概念。比起性质之间的互相关系来，心理与运动之间则完全处于另一种关系，比如亮度、硬度，归根到底是运动关系，而疼痛、愉悦则归根到底是心理关系。心理不是许多属性之一，而是两种属性之一。但这也就是说，归根到底是两个原则，不是一个，也不是很多。从方法论上就是说，把学科的二元论完全保存下来。这在第二点中可以看得特别明显。

2. 根据普列汉诺夫（1922年）的说法，心理的东西不影响生理的东西。法兰克福（1926年）解释说，心理的东西通过生理的东西间接地影响自己，它有一种独特的方法。如果我们把两个等腰直角三角形（沿斜边——译者注）拼合，那就会构成一个新的图形——正方形。图形作为我们物质的三角形拼合的第二方面即"图形的"方面，不会对任何一方施加影响，这就是有名的"影子理论"的准确说法：两个人互相握手，他们的影子也同样握手。按法兰克福的说法，影子是通过身体互相"产生影响"。

但是，方法论的问题根本不在于此。作者（指法兰克福——译者注）是否明白，对唯物主义者来说，他让我们学科的本质得出了一个多么荒谬绝伦的说法。实际上，这是一个什么影子、图形的镜中折射的学科？作者是半明白半糊涂，他只知道他来到这里，但没有弄清楚这意味着什么。难道关于图形的自然科学本身可能成为利用归纳法和因果关系概念的学科吗？我们只有在几何中研究抽象图形。这后一句话说明，心理学可能成为一种几何学。但这一点正是胡塞尔遗觉心理学的最高表现。狄尔泰的作为精神数学的描述心理学是如此，切尔班诺夫的现象学是如此，斯托特、麦农、施密特—科瓦日克的分析心理学也是如此。把他们与法兰克福联系在一起的是整个基本结构，他们都采用了同样的类比法。以下是法兰克福所主张的心理学的两个特点。

1. 第一个特点是，必须把心理作为几何形来研究，但得把因果关系除外。两个三角形一般不能拼合成一个正方形，一个图形并不能说明锥体的任何什么。任何一种现实世界的关系都无法转变为图形和心理实质的理想世界，它们只能让大家来描述、分析、分类，但不能解释。狄尔泰（1924年）认为心理的基本特征是，心理的各种成分不是按因果关系的规律建立联系的。他说："在各种观念中，不包括把这些成分变成情感的充足证据。很难想象一个有思想的人处在激烈的战争中会对战争造成的破坏漠不关心、无动于衷。在情感中，也不包括把这些成分变成意志过程的充足证据。很难想象同样一个人会带着一种恐惧和惊慌的心情成为发生在他周围的战斗的旁观者，这是因为那时这种心情仍然没有通过防卫活动表现出来。"

正是因为这些概念是非决定论的、非因果的和非空间的，正是因为这些概念是按几何抽象的类型构成的，所以巴甫洛夫认为它们不适合于学科采用，因为它们不能与大脑的构造相结合。正是因为它们是几何形的，所以我们紧随在巴甫洛夫之后说，它们也不适合于实在的学科。

但是把几何的方法和归纳的科学方法相结合的学科是可能的吗？狄尔泰(1924年)非常明白,唯物主义和解释心理学是互为前提的。他说："从各个角度看,解释心理学是唯物主义的。任何以物理过程的联系作为基础并在这个过程中只包括心理事实的理论都是唯物主义的。"

正是捍卫心理和所有心理学科的独立性的愿望,正是对在自然界中起着主宰作用的这个规律性和必然性世界迁移的恐惧,导致对解释心理学的恐惧。所以,狄尔泰(1924年)认为,"任何一种……解释心理学都不能成为心理学科的基础"。这就是说,心理学科是无法通过唯物主义方法来研究的。哦,要是法兰克福明白他的作为几何学的心理学的要求实际上意味着什么,那就好了。他所承认的特殊联系——"功效"——并不是心理和生理的因果关系,他的拒绝解释心理学是不折不扣地在所有心理领域拒绝规律性的概念。这样就产生了争论。俄罗斯的唯心主义者清楚地知道这一点:狄尔泰的心理学提纲,对他们来说,是一个与历史过程机械论的观点相对立的提纲。

2.法兰克福所主张的心理学的第二个特点包括在他的方法和对这门学科的认识的本质之中。如果心理不和自然过程结合,如果心理是非因果关系的,那么在观察真实事实并对其进行概括时,就无法用归纳法进行研究,而必须用思辨的方法,用在这些柏拉图的观念或心理实质中直接观察真实的方法来进行研究。在几何学中没有归纳法的位置,三角形得到了证实就等于一切都得到了证实。心理学研究的不是现实的三角形,而是理想的抽象——达到极限的和在最纯粹的形式中选取的从事实中分离出来的各种特征。对胡塞尔来说,现象学属于心理学,正如几何学属于自然科学一样。但是按法兰克福的说法,要使几何学和心理学成为自然科学是无法实现的,这是因为它们各采取了不同的方法。归纳法依然是对

事实的反复多次的观察和对用实验方法取得的材料进行的概括，而分析法（现象学的方法）依据的则是对事实的直接的一次性注视的方法。这一点值得我们考虑，我们必须准确地知道，我们要完全与之断绝关系的是一门什么样的学科。这里，在归纳法和分析法的探讨中包括一个重要的误解，有必要在此加以说明。

分析法在因果心理学以及自然科学中全都得到有计划的运用。在那里，我们常常从单个的观察中得出普遍的规律。比如说，归纳法和数学处理的强势以及分析法的不发达，给冯特以及整个实验心理学的研究造成了很坏的后果。

把一种分析法和另一种分析法区别开，或者说，为了不犯错误，也可以说把分析方法与现象学方法区别开，这中间究竟有什么不同呢？要是我们知道这一点，我们就可以往我们的地图上加上划定两种心理学边界的最后一条线了。

自然科学和因果心理学中的分析法，其目的是开展对单一现象也即整个系列中的典型的具有代表性的现象的研究，并通过这种研究得出关于整个系列的现象的各种观点。切尔班诺夫就举出研究各种气体特征的例子来说明这种想法，比如，在对某种气体做了实验后，就可以确定所有气体的某些特征。通过实验，得出这种结论：所做实验的气体具有所有气体的特征。在这一结论中，按切尔班诺夫的说法，同时有两种方法在起作用，既有归纳法也有分析法。

情况是否真是这样，也就是说，是否真的有可能把几何方法同自然科学方法结合为一体或者仅仅是切尔班诺夫把这两个术语混为一谈，把分析法这个词用于两种完全不同的意义？这个问题实在是太重要了，绝不能置之不理。这是由于除此以外，我们不仅必须分清两种心理学的界限，还必须进一步分清研究这两种心理学的方法,因为研究这两种心理学不可能采取共同的方法。除了使我们感兴趣的那部分方法,即分清后属于描述心理学的那部分方法(因为我们想准确知道它)之外,我们不想在划分中对我们所属范围再做任何一点让步。分析法对建立整个社会心理的创建来说实在是太重要了,正如下面我们将看到的那样,可以毫不费力地就把这方法提供给大家。

当我们的马克思主义者在马克思的方法论中解释黑格尔原则的时候,他们都正确地断言,可以把每一个事物都作为微观世界、作为反映整个大世界的普遍适用的尺度来研究。在这基础上,他们说,把任何一个事物、一个对象、一个现象进行彻底的研究和处理,也就意味着对整个世界有了全面的了解。在这个意义上可以说,在某种程度上每个人都是他所属的社会,尤其是他所属的那个阶级的衡量尺度,因为每个人都是各种社会关系的集中反映。

我们从这里可以看到,从个别到一般的认识方法是研究整个社会心理学的关键。我们要为心理学争取到研究作为社会微观世界的个体、作为典型、作为社会表现形式和衡量尺度的单个事物的权利。但关于这一点,我们只得在单独面对因果心理学时才说,这里得先把公界问题做个彻底交代。

切尔班诺夫的例子中说到在物理学中分析法与归纳法并不是对立的,这种说法无疑是正确的。但正是由于归纳法,提供普遍结论的一次性观察才能成为可能。实际上,凭什么样的权利,我们能把我们单单从气体得来的结论推广到所有其他领域呢?显然,只是因为通过原先归纳观察的方法笼统地制定气体的概念,并确定这个概念的外延和内涵,随后又因为我们研究的不是单独的气体本身,而是从独特的角度出发,我们研究的是这个个体体现出来的气体的一般性质。正是由于这种可能性,也就是说,正是由于允许把气体的特性从一般性质中分离出来的观点,我们得感谢分析法。

因此,分析法与归纳法根本上不是对立的,分析法与归纳法是亲缘关系。分析法否定归纳法的实质(多次性)是一种高级形式。分析法依靠归纳法并给归纳法引路。分析法提出问题,因为它以每一次实验作为自己的基础。每一次实验是行动中的分析,正如每一次分析是思考中的实验一样。因此,若是把分析法称为实验法,那是完全正确的。实际上,当我实验、我研究各种对象也即一系列具体现象的时候,我就已经把结论分配到各个不同的组:分配到所有人、分配到学龄儿童、分配到各种活动等等。分析法提供了结论推广的规模,也就是说,把结论分配到具有该组共同特征的各种对象。但接下来我观察的总是现象的某一特征,而这种观察又是一种分析工作。

为了把分析法弄清楚,我们再来说说归纳法。现在让我们来看看如何运用这种方法。

巴甫洛夫通过实验研究了狗身上的唾液腺的活动。是什么赋予他权利把自己的实验称为对动物的高级神经活动的研究?也许,为了有权做出结论,他还应在马和乌鸦等所有其他动物或者至少在大部分动物身上检验自己的实验?也许,他应该把自己的实验称为狗的唾液分泌研究?但巴甫洛夫对狗的唾液本身并没有做过什么研究,他的实验一点也没有增加我们对狗的本身以及狗的唾液分泌本身的知识。他在狗身上不是研究狗,而是研究整个动物界,也不是研究唾液分泌,而是研究整个反射。也就是说,他研究的是从这种动物和这类现象中分离出来的所有与其同类现象所具有的共同的东西。因此,他所得出的结论不仅涉及所有动物,而且还涉及整个生物学。巴甫洛夫在狗分泌的唾液的实验上所提供的信号已是确定的事实,该事实直接变成了普通生物学的原则——把遗传实验变成个体实验的原则。这看来是可能的,巴甫洛夫从个别现象的特定条件中最大限度地把被研究的现象抽象出来,他有创见地从个别现象中看到它们的共性。

巴甫洛夫依靠什么来推广自己的结论？当然是依靠我们常用来推广自己的结论的那些因素。我们依靠的是早先已确定的相似性(所有动物的遗传反射的级、神经系统等等)。巴甫洛夫在研究狗之后,发现了普通生物学规律。他通过狗所研究的是构成动物界的基础的东西。

这就是任何解释原则所要求的方法论道路。实际上,巴甫洛夫并没有推广自己的结论,这些结论的推广程度是原先赋予的——它包括在实验本身的安排中。乌赫托姆斯基的做法也是正确的,因为他研究了一些青蛙的实验标本。如果他把自己的结论推广到所有青蛙,那么这就已经是归纳法。他谈论优势原则像谈论《战争与和平》中的主人公的心理原则一样,而这一点他还得感谢分析法。谢灵顿研究了许多猫和狗的后腿的瘙痒屈肌反射,确定了为奠定个性基础的运动通路的斗争原则。但无论是乌赫托姆斯基对青蛙的研究,还是谢灵顿对猫和狗的研究,都没有增添任何什么东西。

当然,这是一项非常特殊的任务——在实践中找到一条准确的、事实上的共同原则的分界线,并找到将这一原则应用于同属的各种形式的衡量标准。也许条件反射在人类婴儿的行为中有一条最高的分界线,在无脊椎动物中则有一条最低的分界线,这两条分界线都可在极其不同的形式中找到。在这些分界线内部,条件反射应用于狗的情况比应用于鸡的情况要多。可以确切地说,在一定程度上,条件反射可以应用于这些分界线中的任何一种情况。但所有这一切已经是归纳法了。这也是对与原则有关的特定个体的研究，即基于分析基础上的研究。这种研究过程可以无穷无尽地继续下去。我们可以研究，把原则应用于各种不同品种、不同年龄、不同性别的狗，接着应用于个体的狗，接着应用于狗的某一天、某一小时等等。这在关于优势和关于共同的运动通路上同样是正确的。

我曾试图把类似方法引入意识心理学，在分析某一个寓言、某一篇小说、某一部悲剧的基础上得出文艺心理学的规律。做这件事的时候，我是出于这样的考虑：文艺的发达形式提供通向非发达形式的钥匙，正如人体解剖提供通向猴体解剖的钥匙一样。莎士比亚给我们解开了原始艺术之谜，而不是相反的作用。后来，我谈论所有的艺术，而不用对音乐、绘画等的结论再进行检验。再后来，我也不用再对所有文学形式或者大部分文学形式的结论进行检验。我只拿某一篇短篇小说、某一部悲剧来分析就足够了。为什么我有权这样做？这是因为我研究的不是寓言，不是悲剧，更不用说是研究具体的一篇寓言、具体的一部悲剧了。我所研究的是整个艺术的基础——审美反应的性质和机制。我依靠的是任何艺术所固有的形式和材料的要素。我选取最难分析的寓言、短篇小说、悲剧（可以特别容易看出共同规律的那些作品）来分析，选取悲剧中的丑八怪角色等。分析的前提要求对来自寓言本身和某种体裁的具体特点进行抽象，要求将精力集中于审美反应的实质上。因此，关于寓言本身，我们什么也没有说。但是"对审美反应的分析"这个副标题本身就表明，研究的任务不是对文艺心理学理论做系统而全面的叙述（如涉及文艺各个门类、各个问题等），甚至不会对许多确定的事实进行归纳研究，而是通过事实的本质对过程进行恰如其分的分析。

因此，客观分析法与实验法是很相似的，它的意义比观察的范围要广。当然，艺术的原则也谈到反应，事实上这种反应从来没有以纯形态实现过，但它总是具有自己的"设定系数"。

找到原则实用性的实际分界线、程度和形式，这是实际研究的一项任务。让历史来说明，艺术中在什么样的年代、通过什么样的形式经历了一些什么样的情感。我的任务只是说明笼统的情况。这是当代文艺学总的方法论的观点——当代文艺学研究反应的实质。因此，认识到在纯态情况下反应是永远无法实现的。但这种形式、规格和分界线却永远包括在具体的反应中并决定着反应的特性，比如，一般来说，纯粹的审美反应永远不会在文艺中出现。实际上，审美反应是纷繁复杂的意识形态（道德、政治等）结合在一起的。许多人甚至认为，审美因素在文艺中的存在并不多于物种繁殖中的调情，因为这是一个幌子、一种诱惑，而行动的含义则保存在另外一些东西里面（弗洛伊德及其学派）。另有一些人认为，从历史学和心理学角度讲，文艺和审美是两个交叉的环形地带，有共同的场地，也有分开的场地（乌季茨）。所有这些说法都没有错。但原则的正确并不会由于这点而改变，因为原则是从所有这一切中抽象出来的。原则只说明审美反应是这样的。而要在文艺内部找到审美反应本身的分界线和意义，则又是另一回事。

所有这一切都是由抽象和分析来完成的。与实验的相似性是在于其中有各种现象的人工组合，在组合中某种规律应该以最纯粹的形式表现出来。这仿佛是为大自然设下的一个陷阱，是分析在发挥作用。这种只能和抽象思维的方法对现象进行的人工组合，我们是通过分析法来完成的。这一点在对人工构造的应用中表现得尤其明显。这些人都期望某种心理学或物理学规律发挥作用，但这不是为了科研，而是为了实践，比如机器、笑话、抒情诗、记忆术、军队口令等就是这样。这里摆在我们面前的是实际的实验，对这些个案的分析就是对现成现象所做的实验。按立意看,这种分析与病理学——这种被大自然安排的实验——很相近,与对大自然本身的分析很相近。区别只在于,疾病使多余的特征遭受损失或伤害,而这里却拥有需要的特征,却选择需要的特征,但后果都是一样的。

每篇抒情诗就是这种实验。分析的任务是揭示以自然界实验为基础的规律,但在分析不是与仪器即实际的实验打交道而是与各种现象打交道的时候,它基本上是与实验相似的。可以这样说,如果我们用于研究的仪器不断地复杂化、精密化,那么这种改进就会使我们变得越来越聪明、越来越强大、越来越敏锐。分析法做的也是同样的事。

仿佛是分析法像实验一样使事实变了形,这样就为观察创造了人为的条件,由此要求实验成为实在的和自然的。如果这种理论比技术要求走得更远,那它就会吓跑我们要找的东西,会走向荒谬。分析的力量在于抽象,正如实验的力量在于人为状态一样。巴甫洛夫的实验是最好的典范。对狗来说,这个实验是一种自然实验——喂狗等;对学者来说,实验是人为状态的顶峰。在挠某个部位时,唾液就会分泌出来——这是一种非自然的组合。同样,在对仪器的分析中我们需要损坏,需要想象中的或现实中的仪器的损坏,而在对审美形式的分析中我们需要变形。

如果记得上面谈到的间接方法,那么就很容易发现,分析和实验是间接研究的前提。我们从刺激物的分析中得出反应机制的结论,从军队口令中得出士兵行动的结论,从寓言的形式中得出对寓言反应的结论。

其实,马克思在把抽象作用同显微镜和自然科学中的化学反应进行比较的时候就曾说过同样的话。整部《资本论》就是用这个方法写成的。马克思分析了资本主义社会的"细胞"——商品价值的形式,并指出,研究充分发育的身体比研究细胞容易。他通过分析社会"细胞",弄清了整个社会制度和所有经济形态的结构。他说:"在浅薄的人看来,分析这种形式好像是斤斤计较于一些琐事。这的确是琐事,但这是显微镜下的解剖所要做的那种琐事。"①谁能解开心理学细胞之谜,谁就能找到整个心理学的关键。

因此,分析法在方法论中是一种强有力的武器。恩格斯对"归纳法学者"解释说:"我们用世界上的一切归纳法也永远不能把归纳过程弄清楚,只有对这个过程的分析才能做到这一点。"②接着他列举了一些我们随处可见的归纳法错误。接着又有一次他对比了两种方法,并在热力学中找到了一个例子,用来证实归纳法的要求成为科学发现的唯一形式或者最根本的形式,这是毫无根据的。"一台蒸汽机已经令人信服地证明,我们可以通过加热而获得机械运动。10万台蒸汽机更能证明这一点……"③"萨迪·卡诺是第一个认真研究这个问题的人。但是他没有用归纳法。他研究了蒸汽机,分析了它,发现蒸汽机中的基本过程并不是以纯粹的形式出现的,而是被各种各样的次要过程掩盖住了。于是他撇开了这些对主要过程无关紧要的次要情况而设计了一台蒸汽机……的确,这样一台机器就像几何学上的线或面一样是绝不可能被制造出来的,但是它按照自己的方式起了像这些数学抽象所起的同样的作用:它表现纯粹的、独立的、真正的过程。"④

在方法论的这一实用的分支的研究方法中,我们可以看到,我是怎样和在哪些地方运用这种分析法的。但我们能够笼统地说,分析法是运用方法论认识事实的,也就是对所采用的方法和所获得的现象做出评价

---

① 《马克思恩格斯全集》中文版,第23卷,第8页。
② 《马克思恩格斯全集》中文版,第20卷,第570—571页。
③ 《马克思恩格斯全集》中文版,第20卷,第572页。

的。在此意义上可以说,分析法始终是科研工作固有的特征。如果不做分析,归纳就只不过是登记入册而已。

这种分析与切尔班诺夫的分析有些什么区别呢?(1)分析法为的是认识现实,并力求达到归纳法所追求的目的。现象学方法根本不能设想它所研究的实体的存在,它的研究对象可能是纯粹想象出来的完全不存在的东西。(2)分析法研究事实,获取有关事实可靠性的知识。现象学方法获取的是必然的、绝对可靠的、人人都应遵守的真理。(3)分析法是经验知识的特殊个案,即休谟所说的事实性知识。现象学方法是先验地获得知识而不是一种经验或事实性知识。(4)分析法依靠原先已研究和概括(通过对新的单个事实的研究最终导致的相对的事实性概括,这种概括有分界线,也有可应用性以及限制甚至排除的程度)的事实。现象学方法却不是导致对普遍事物的认识,而是导致对理论、对本质的认识。人们通过归纳法认识普遍事物,而通过直觉认识本质。本质是存在于时间和现实之外的,它和任何时间和现实的事物不发生关系。

我们可以看到区别是如此之大,一般来说,这样大的区别只有两种方法之间才可能存在:一种方法——让我们称之为分析法——是真实的、自然科学的方法,另一种方法——让我们称之为现象学的、先验的方法——是数学和纯心理科学的方法。

为什么切尔班诺夫把这种方法称为分析法而同时又认为它与现象学方法是同样的呢?

首先,其中包括明显的方法论错误,他自己也曾有几次想弄清楚这些错误。因此,他曾指出,他所说的分析法与通常心理学中所说的分析法是不同的。与归纳法相比,这种分析法提供了另一种性质的认识。由此,我们想起了一些明显的区别,所有这些区别都是切尔班诺夫规定的。因此,存在着两种分析法,除术语外,它们之间没有任何共同之处。共同的术语反而造成了混乱,我们必须将其中的两种含义加以区别。

其次,切尔班诺夫认为以气体为个案的分析法是自然科学的分析法,而不是现象学分析法。他援引这种分析法作为反证,来驳斥作为"分析"方法基本特征唯一——次结合的理论。当他看到分析法和归纳法在这里相结合的时候,他是完全搞错了,因为这种分析法根本不是他所指的那种分析法。区别这两种分析法有四点,其中任何一点都是不容怀疑的,这是因为:(1)这些区别是指向真正的事实,而不是"理想的可能";(2)这些区别依据的是事实上的可靠性;(3)这些区别是根据经验的,而不是先验的;(4)这些区别得出的是具有界限和级别的概括,而不是对本质的直觉。一般来说,这些区别产生于实验,产生于归纳,而不是产生于直觉。

这里我们之所以犯错误,把两种术语混为一谈,是由于在一次实验中把现象学方法和归纳方法这两者相结合的荒谬做法,这是十分明显的。这就是切尔班诺夫在气体的个案中这样做的原因。要么我们部分地证实毕达哥拉斯定理(即勾股定理),要么我们用对真实三角形的研究来部分地充实这个定理,反正都一样。这都是荒谬的。然而,在错误的背后隐藏着某种维度,因为精神分析学家教会我们对错误要抱有一种警惕和怀疑的态度。切尔班诺夫是一位调和者。他看到了心理学中的双重性,但与胡塞尔不一样,他不接受心理学与现象学完全分离的观点。对他来说,心理学是现象学的一部分。在心理学中有现象学的事实,这些事实都是为科学的基本内核服务的。但与此同时,切尔班诺夫又对胡塞尔非常蔑视的实验心理学投怀送抱,同情有加。切尔班诺夫想把不可能整合的东西整合在一起,而且在他的关于气体的个案研究进程中,曾有唯一的一次出现过分析法(现象学方法)与物理学中研究真实气体时的归纳法相结合。这种结合在他那里是在被"分析法"这一共同术语掩盖的情况下进行的。

把两位一体的分析法分裂成现象学分析法和归纳分析法，这使我们走向两种心理学的分歧的终点，也即走向认识论的出发点。我赋予这种区别以巨大的意义，看到整个分析法的顶峰和中心。与此同时，这点对我来说是如此地一目了然，好像看简单的比例尺那样。现象学（描述心理学）是以物理性质与心理存在之间的根本区别为出发点的。在自然界中，我们区分了各种存在的现象。"换句话说，在心理领域内，现象和存在之间没有任何区别"。（胡塞尔，1911年）如果说自然界是通过现象表现出来的存在，那么，有关心理存在的这一点，是完全不能确定的。在这里，现象和存在是相互一致的。很难提供更精确的心理学唯心主义的说法。心理学唯物主义的认识论说法就是："心理学中的思维与存在之间的区别并没有被消除，甚至还可以把思维分为思维的思维和本身的思维。"（费尔巴哈，1955年）整个争论的实质就存在于这两种说法之中。

需要善于为心理现象提出认识问题，同时还应找到存在与思维之间的区别，像唯物主义教导我们的那样，在对客观世界的认知理论中做到这一点。在承认心理与物理本质的根本区别中，隐藏着把心理学内部的现象与存在、精神和物质认为同一的问题，通过心理学认知中一个成员——物质的消除——来解决二律背反的问题，即胡塞尔的唯心主义的纯净水的问题。费尔巴哈的整个唯物主义在心理学内部的现象和存在的区分中，在对作为研究的真正对象的存在的承认中得到了充分的体现。

我敢于在所有哲学家——无论是唯心主义哲学家还是唯物主义哲学家——面前证实，唯心主义和唯物主义之间在心理学中的分歧正在于此，而且只有胡塞尔和费尔巴哈的说法才能通过两种可能的含义使问题得到彻底解决。上述说法中的第一种是现象学，第二种是唯物主义心理学。我敢于根据这种对比把心理学的活体进行解剖,把它这异质的、错误地生长在一起的活体准确地分为两半。这是唯一符合客观事物状态的做法。所有争论、分歧和混乱的产生都是由于没有一个解决问题的明确而可靠的认识论前提。

由此可以得出结论,法兰克福在经验心理学那里接受对心理的仅仅形式上的承认的同时,还接受了整个经验心理学的认识论以及它的所有结论,因而他不得不转向现象学。研究心理就得有与所研究的心理性质相应的方法,即要求采取现象学的方法,尽管并不是出于自觉自愿。他的观念是霍夫定曾经正确地指出过的那种唯物主义。霍夫定(1908年)曾指出:"他观念中的唯物主义实质上就是微型的二元唯灵论。"正是这个"微型",也即这种缩小的尝试,使非物质心理的事实在数量上大大减少,这种事实只保留有0.001的影响。但是问题的根本解决一点也不依赖问题提出的数量。要解决问题就得回答:是有神还是无神,是有灵魂还是没有灵魂(对华生说来是有灵魂的),心理是非物质的还是物质的,两者必尽其一。答案不外乎是这样的:神是有的,但非常小;死人的灵魂是不会出现的,但它的很小很小的一部分会降临到巫师神婆的身上;心理是物质的,但心理与其他物质是根本不同的。这些答案都是荒诞不经、不值一驳的。列宁曾提到过造神派,说他们与寻神派几乎没有区别,重要的是他们是接受鬼神还是赶走鬼神,至于接受什么样的鬼神则无关紧要。

认识论问题和本体论问题的混合不是把整个争论都原封不动地直接引入心理学,而是把各种争论的现成的结论引入心理学,这样就导致对双方论点都有所歪曲。在俄罗斯,人们把主观的概念与心理的概念混为一谈,然后他们却又证实心理的概念不可能是客观的。他们把认识论意识看作主客观二律背反的一个成员,将其与经验的心理学意识相混淆;然后，他们又说意识不可能是物质的，并断言如果承认这一点，那就是马赫主义（经验批判主义）。这样做的结果导致陷入新柏拉图主义的泥坑，他们本着可靠的实质精神，认为存在和现象是同一的。为了一头扎进唯心主义，他们又不得不避开唯心主义。他们害怕存在与意识的同一，比害怕引火烧身更厉害，这就导致了心理学中存在与意识的最完整的胡塞尔式的同一。霍夫定（1908年）明确指出，主客观的关系不应该与心身的关系相混淆。精神（心灵）与物质之间的区别是我们认识内容的区别。然而，主客观之间的区别却与我们认知内容没有什么依赖关系。心身这两者对我们来说是客观存在的。但如果精神客体（心灵客体）按其本质与已认知的客体相似的话，那么身体对我们来说只能是客体。"主客观关系属认知问题，精神和物质的关系属存在问题"。

这里我们不准备对唯物主义心理学中的两大问题进行详细的划分和论证，我们要指出两种方法，划清唯心主义和唯物主义之间的界限，并指出唯物主义公式的存在，因为划清——彻底划清——唯心主义和唯物主义之间的界限，是今天心理学的任务。要知道，许多"马克思主义者"都还不善于指出自己的理论与唯心主义心理学认知理论之间的界限，因为这种界限至今还没确立。紧随斯宾诺莎之后，我们把我们的科学工作比作正在为得了绝症的病人寻找救命药。现在看来，我们只能依靠外科医生的手术刀来解救病人了，当前需要的是血淋淋地开膛破肚，是做手术。许多教科书不得不撕成两半，像教堂中的帷幕那样。许多理论不得不截头去尾，另一些理论得拦腰一刀。使我们感兴趣的是界线，即用手术刀准备下刀的那条线。

这样，我们可很快断定，手术刀下刀的那条线就在胡塞尔和费尔巴哈的公式之间。问题在于，在马克思主义的经典著作中根本没有提出过适合于心理学的认识论问题,也没有提出过霍夫定所说的划清两类问题界线的任务。而唯心主义者则对这种理论进行解释、大加发挥。我们可以断言:我们的"马克思主义者"的观点是心理学中的马赫主义,也即存在与意识同一的观点。面临两种观点的选择,一种是心理通过内省直接赋予我们的,这时我们就同意胡塞尔,另一种是通过内省必须分清主体和客体,存在和思维,这时我们就同意费尔马哈。两者必居其一。但这意味着什么?这就等于说,其中包括我的欢乐和我的内省领会的这种欢乐,这两者是根本不同的。

我们这里非常流行费尔巴哈(1955年)的这样一句话:对我来说是精神的、非物质的、超感觉的动作,就其本身来说是物质的、感觉的行动。通常这句话被用来肯定主观心理学,但同时这句话也可被用来反对主观心理学。试问,我们究竟该研究什么?是研究这个动作本身存在的样子呢,还是研究这个动作出现在我们面前的样子呢?唯物主义者碰到关于世界客观性的类似问题时会毫不犹豫地回答:研究客观动作本身。唯心主义者却说:研究我所感知的动作。然而这时,在我身上的同一个动作,在醉酒人身上还是在清醒人身上,在小孩身上还是在大人身上,发生在今天还是发生在昨天,发生在你身上还是发生在我身上,在自省中得出的结果是完全不一样的。况且在内省中,看来对思维是无法直接感知的。可以做一比较:这是无意识的动作,而我们对这些动作的内省领会还没有一种功能性概念,即从客观经验中得出的概念。什么是必须研究的,什么是可以研究的?是研究思维本身,还是研究思维的思维?对上述问题的答案是用不着有任何怀疑的。但有一个障碍妨碍着做出明确的回答。这个障碍是所有试图分割心理学的哲学家都曾碰到过的。曾从现象中分离出心理功能的斯图姆夫就提出过这样的问题:有谁和哪门学科将研究被物理学和心理学研究的现象？他设想将出现一门新的特殊学科——这门学科不是心理学，也不是物理学。另一个心理学家(普芬德尔)拒绝承认感觉是心理学的研究对象，其根据只是物理学也拒绝承认感觉是自己的研究对象。他们将何去何从？胡塞尔的现象学就是对这一问题的回答。

有人同样会问我们，如果你打算研究思维本身而不是研究思维的思维，打算研究动作本身而不是研究适合于我的动作，如果你打算研究客观的事物而不是主观的事物，那有谁来研究主观的事物，有谁来研究对客体的主观歪曲呢？在物理学中，我们力求从我们作为客体感知的事物中排除主观的东西；在心理学中，他们在研究感知时，又要求把感知本身作为它的存在与它呈现在我面前的样子加以区别。那么究竟谁会再来研究这被排除他两次的东西，再来研究这种假象呢？

然而，假象问题是个似是而非的问题。要知道，我们希望了解的是科学中的真实原因，而不是假象的似是而非的原因。这就是说，我们需要研究的是脱离我们独立存在的现象。假象本身是一种错觉（在铁钦纳的一个主要例子中是这样说的：物理学上的缪勒—莱依尔两条线段是等长的，而心理学上的这两条线段其中有一根要长一些），这就是物理学上和心理学上观点的区别，这种区别在现实中是不存在的，而只是两种现实中存在的过程的两种不相符中产生的区别。如果我知道两条线段的物理本质和视觉的客观规律，如同它们本身存在的样子，我就会从它们中得出作为结论的对假象、错觉的解释。通过对这种错觉的认知来研究主观的东西是逻辑和认知历史理论的事情。主观的东西作为一种存在是两种客观过程本身作用带来的结果。精神的东西不总是主观的，在内省中它被分裂成客观和主观两个方面。那么不禁要问，在内省中现象和存在是一致的吗？只要运用列宁所提供的马克思主义认识论公式（普列汉诺夫也提供了相似的公式),使之与心理学的主客体相适应,我们就知道到是怎么回事。列宁说:"……因为物质的唯一'特性'就是,它是客观实在,它存在于我们的意识之外。哲学唯物主义是与承认这个特性分不开的。"①"……物质这个概念,正如我们已经讲过的,在认识论上指的只是不依赖于人的意识而存在并且为人的意识所反映的客观实在,而不是任何别的东西。"②列宁还在另一处提到,实质上,这是现实主义原则。但是他避免使用这个词,因为这个词被那些不彻底的思想家用脏了。

因此,仿佛这个公式是反对我们的观点。意识是不可能独立于我们意识之外而存在的。然而,正如普列汉诺夫正确地解释的那样,自我意识是意识的意识。意识是能够独立于自我意识之外而存在的。使我们确信这一点的是无意识,或在某种程度上是无意识。我能看却不知道我看见什么。因此,巴甫洛夫说得对,可以生活在主观现象中,却无法对这些现象进行研究。

把直接经验从知识中分离出来,这是任何一门学科都可以做到的。可是令人惊奇的是,主张内省主义的心理学家却认为,经验和知识是同一的,是一回事。马克思说,如果事物的实质和它们的表现形式完全相同,那么,任何科学都将是多余的。③ 如果在心理学中现象和存在完全是一回事的话,那么每个人都可成为心理学家,科学就不需要了,只要把事物一一登记就可以了。然而,显而易见,正如巴甫洛夫所说,生活、体验是一回事,分析、研究则是另一回事。

我们在铁钦纳(1914年)那里找到了一个非常有趣的例子。这个彻底的内省主义者和心身平行论者得出结论,认为对心理现象只能描述,而不

---

①② 《列宁全集》中文版,第18卷,第273页,第274页。
③ 《马克思恩格斯全集》中文版,第25卷第二部分,第384页。

能解释。他肯定地说:"如果我们试图只局限于从事描述心理学的研究,那么我们可以有把握地说,在这种情况下就不可能有真正的心理科学。要是描述心理学可以算作是科学心理学的话,那么,幼儿园里儿童的世界观也可以算作是有经验的自然科学家的世界观了……在描述心理学中,没有任何的统一和任何的结合……为了使心理学成为科学的,我们应该不仅描述心理,还应解释心理,我们应该回答'为什么'的问题。但在这里我们遇到困难。我们不能把一个心理过程看作是另一个心理过程的原因。从另一方面说,我们也不能把神经过程看作是心理过程的原因……一方面不能成为另一方面的原因。"

这就是描述心理学目前所处的真实情况。铁钦纳用纯粹的语言上的狡辩找到出路,他说什么只有通过身体的关系才能对心理现象做解释。铁钦纳还说,神经系统不是先决条件,而是用解释心理现象的神经系统来解释心理现象,如同用一个国家的地图来解释我们途经某地时瞬间看到的山川城市景色那样,看到的是片断的现象。对身体的关系于事无补,一点也没有增加心理学的事实,它给我们的仅仅是解释心理学的事实。

如果想摆脱这种状况,克服精神生活中的片断性,那么只有两种方法可供选择:一种是纯粹描述的方法,即拒绝解释的方法,另一种是允许无意识存在的方法。这两种方法都可以试试。如果用第一种方法,我们就永远建立不了科学心理学;如果用第二种方法,我们就会自觉自愿地从事实的领域走向假象的领域。这是非此即彼的科学选择。这是最清楚不过的事。但是,科学采用铁钦纳所选择的原则是可能的吗?铁钦纳举例与心理学相比的关于山川城市断断续续景色的科学是可能的吗?此外,地图如何和为什么要解释这些景色?如何和为什么要借助国家地图来解释自己的各个部分?全国地图是对一个国家的摹写,它所做的解释的是一个国家在地图中的反映,也就是用相似物解释相似物。科学不能以这种原则作为根据。实际上,铁钦纳把一切都归纳为因果性的解释,因为对他来说,因果性的解释和心身平行论解释被确定为对被描述现象产生的即将出现的场合或条件的标志。但要知道,这种方法并不能导致科学的产生。地质学中好的"即将出现的条件"是冰河期,在物理学中是原子裂变,天文学中是行星的形成,而生物学中则是进化。要知道,在物理学的"即将出现的条件"后面接踵而至的还有其他"即将出现的条件",并且从原则上讲,这种因果链是无穷无尽的。但若是在心身平行论解释的情况下,事情只能无望地局限在即将出现的原因之中。无怪乎铁钦纳只局限于把自己的解释同物理学中露水的出现进行比较。物理如果不进一步对即将出现的条件和类似解释做出说明,那就是好的,只是物理学已不再能作为科学存在而已。

因此我们会看到:对作为知识领域的心理学来说,有两种方法。一种是科学的方法,这时,心理学必须学会解释;另一种是认识断断续续幻象的方法,这时,心理学就不能成为科学。要知道,使用几何类推法会使我们误入歧途。几何心理学是绝对不可能的,因为这种心理学已失去它的基本特征——理想的抽象,它依然是属于现实客体。此时,你首先就会想起斯宾诺莎用几何学方法研究人类恶习和愚蠢行为以及考察人类的行为和动机,正像所涉及的是线条、平面和躯体一样。这种方法除了描述心理学,对任何其他学科都是不合适的。这是因为通过这种方法只能从几何学中得到对不可辩驳的证据的狡辩和假象,而其余的——包括其本质的东西——也都是用非科学方法凭空想象出来的。

胡塞尔直截了当地说出了现象学和数学之间的区别。他说:数学是精密科学,而现象学则是描述科学。不多也不少,恰到好处。对现象学这样的必然真理来说,精密性这样的区区小事不值一提!不过只要你想象一下不精密的数学，你就会得到几何心理学。

综上所述，我们最终得把本体论和认识论这两方面的问题加以区分。在认识论中，假象是一种存在，可以肯定它是假的；在本体论中，则根本不承认有假象的存在。或者说存在有各种心理现象——这时它们是物质的和客观的，或者说它们不存在——这时它们就不存在，也无法对其进行研究。只研究主观的东西、研究假象、研究虚幻、研究什么也没有的科学是不可能存在的。什么也没有也就是根本没有，而不是一半没有、一半有。这一点心里必须十分清楚。不能说世界既存在真实的事物，又存在非真实的事物——非真实的事物是不存在的。非真实的事物应被解释成一种不一致的关系，通常应该是两种真实事物之间的关系，即主观事物是两种客观进程的后果。主观事物是似是而非的东西，因此它是不存在的。

费尔巴哈（1955年）为区别主客观事物提出了如下看法："同样，对我来说，我的身体属于无重量的一级，即没有重量，尽管我的身体本身或对别人来说，它是有重量的。"

由此可以看得很清楚，他所说的真实其实就是主观事物。他直截了当地指出："在心理学中飞进我们嘴里的是油炸鸽子，而进入我们意识和感情的则只能是结果、结论，而不是前提和机体的过程。"但是，难道科学可以有结果而没有前提？

继费尔巴哈说了这些话之后，斯腾的话也很精彩。他说，心理的东西和物理的东西是凸面的和凹面的，因为一条线既可表示这样的也可表示那样的。但这条线的本身却既不是凸面的也不是凹面的，而是圆形的，这正是我们想知道的样子，与它所显现出来的样子无关。

霍夫定把它与两种未能成功地变成共同的原始语的语言所表达的同样内容相比较，但我们想知道的是内容，而不是表达内容的语言。在物理学中,为研究内容,我们摆脱语言的束缚,在心理学中我们也应该这样做。

像我们经常做的那样,让我们将意识与镜像的关系做一比较。假设物体 A 在镜中的映象是 a,如果说映象 a 与物体 A 一样真实,这是不符合实际的,但映象本身是另一种真实。桌子和它在镜中的映象并不同样真实,它们是有区别的。映象只是映象,是桌子的映象,但这映象不是第二张桌子,它只是幻影。但当桌子的映象作为光束在镜面折射时,它就不能像桌子一样是物质的和真实的物体吗?世界之大,无奇不有,什么事情都可能发生。这时,我们也许会说,物体(桌子)和它们的幻影(映象)都是存在的。但真正存在的只可能是物体(桌子)和光束射到镜面上的反映,而幻影则只是事物之间的似是而非的关系。因此,任何关于镜面幻影的科学是不可能有的。但这并不等于说,我们任何时候都没有能力解释这些影像和幻影。当我们认识这些事物和光的反射规律的时候,我们就有能力解释、推测并按自己意愿传唤和改变幻影。这就是拥有镜子的人们可以做的事情。他们研究的不是镜子的映象,而是光束的运动,并对反映做出解释。关于镜中幻影的科学是不可能有的,但关于光和它投射与反映的物体的学说是完全能够对"幻影"做出解释的。

在心理学中也是这样。作为幻影的主观事物本身应该被理解成是两种客观进程的后果、结果和天赐之物。正如镜子之谜一样,心理之谜也将被解决:不是通过研究幻影的方法,而是通过研究两种客观进程的方法,即通过研究这两种客观进程的相互作用产生的作为似是而非的影像一样的幻影的方法。可是,似是而非的东西本身是不存在的。

再重新回到镜子的问题上来。如果把 A 和 a 即桌子和它的映象视为同一,那是唯心主义。因为 a 通常是非物质的,而 A 只可能是物质的,它的物质性是独立于 a 而存在的同义词。但如果把 a 和 x(镜子中发生的过程本身)视为同一,那正好也同样是唯心主义。有人说,在镜子外,在自然界中,存在和思维是不一致的,在那里,A 不是 a,A 是物件,a 是幻影;可是在镜子中,存在和思维是一致的,这里 A 是 x,a 是幻影,x 也是幻影。这种说法是错误的。不能说桌子的映象是桌子,但可以说,桌子的映象是光束的反射,a 则既不是 A,也不是 x。无论是 A 还是 x,都是真实的过程,而 a 是由这些过程产生的、似是而非的即不真实的结果。映象是不存在的,而桌子和光则同样是存在的。桌子的映象与光在镜子中的真实进程,正如桌子本身的进程一样,是不一致的。

更不必说,我们将按另一种方式承认事物和幻影这两者是共同存在的。这让我们想起镜子本身毕竟是自然界的一部分,与镜子以外的事物一样,一切都得服从自然规律。毕竟意识和大脑也是一种产品,也是自然界的一部分,其本身是对自然界其余部分的反映。这一命题是唯物主义的基石。这就是说,x 和 A 独立于 a 之外,是唯物主义心理学的基本原理。

在这里,我们就可以结束我们之间旷日持久的争论。现在我们可以看到格式塔心理学和人格主义所主张的第三种方法实质上是我们所熟知的两种方法的翻版。现在我们可以看到,第三种方法中的所谓"马克思主义心理学"的方法是想把原先两种方法进行结合的一种尝试。这种尝试导致这两种方法在同一科学体系内部的又一次分离。把两种方法结合在一起的,像闵斯特伯格这样的心理学家,走上了两条不同的道路。

这正像传说中有树冠相连的两棵树把古代大公的身体劈成两半那样,如果任何科学体系也把自己拴在两棵不同的树的树干上,那么它同样也会被劈成两半。马克思主义心理学可能只成为一门自然科学,可是法兰克福的方法则把它引向现象学。诚然,他自己也曾有过一次有意识地否认心理学能成为自然科学的说法(1926 年)。然而,第一,他把自然科学同生物学相混淆,这是不对的,心理学能成为自然科学,但不是生物学;第二,他取"自然"这个概念的直接和实际意义,把这一概念看作是对有关有机体和无机体本质的各种学科的解释,而不是取这个概念的根本性的方法论意义。

伊万诺夫斯基(1923年)把西方科学中早已在采用的这一术语的用法引入俄罗斯文献。他说:"必须把数学和应用数学与同各种事物、与'实在'客体及其过程、与'实在地'存在的东西打交道的学科严格区分开。因此,可以把这些学科称为实在的或自然的学科(从这个词的广义上说)。通常,我们把'自然科学'这一术语只用于狭义,仅仅指那些研究无机界和有机界的学科,而不包括研究社会界和意识界的学科。这类学科本身在使用这个词时其意义往往与'自然'这个词的意义是相区别的,它既不是'非自然的',也不是'超自然的',甚至更不是'反自然'的意思。"我深信,"自然的"这一术语会推广到完全合理地、实在地存在的所有事物。

心理学能否成为一门学科首先取决于方法论问题的解决。在任何一门学科中,都没有像在心理学中那样,在解决各种分歧和把各种对立意见统一的过程中会产生那么多困难。心理学的对象问题是世界上最难解决的同时又是最少做过研究的问题。因此,为达到预期的效果,研究心理学的方法既要有高技巧,又要持万分谨慎的态度。

我这里要强调的正是后者——关于实在的科学的原则问题。按马克思的话说,他正是在这个意义上研究作为自然历史过程的经济结构的发展过程的。

任何一门学科都没有像我们学科那样表现出方法论问题上的如此丰富多样,表现出对未解决矛盾上的如此紧抓不放。因此,在未做成千上万次预先盘算并采取有效的预防措施之前,决不能草率从事,决不能轻易迈出一步。

因此，大家都意识到危机正在推动方法论的建立，为建立普通心理学的斗争正在如火如荼地进行。如果有谁试图回避这个问题，回避方法论问题，以便马上建立某种分支心理学科，那么他必然会干那种骑上了马又跨过自己的马的蠢事。可是这种事竟然在格式塔理论中、在斯腾身上发生了。现在有人想从同样运用于物理学和心理学的普遍原则出发，把这些原则放在方法论中具体化后，直接进入心理学分支学科的研究，这样做当然是不行的。这就是为什么他们会受到指责，因为他们仅仅知道这个命题谓项，并把它作为放之四海皆准的真理而到处搬用。我们决不能像斯腾那样，通过涵盖整个太阳系、树木和人类的概念来研究人们心理上的差别。这种研究要求有一定的比例和尺度。整个普通学科和分支学科的问题，一方面是方法论和哲学的问题，另一方面是比例问题。不能用里程的长度去衡量人的身高，衡量人的身高需要用米尺。如果我们看到分支学科有越出自己的界限，为争取更大尺度而斗争的倾向，那么哲学则有相反的倾向，为向所研究的学科靠拢，它必须收缩、减少比例，使自己的观点具体化。

两种倾向——哲学和分支学科的倾向——同样会导致方法学和普通学科的产生。这就是这种比例的观念、普通学科的观念至今与"马克思主义心理学"格格不入的原因。这种观念的弱点正在于此。这种观念试图在普遍原则中寻找心理学元素——各种反应的直接尺度：数量向质量过渡的规律、勒曼所确定的"灰色调的遗忘"、从节俭向吝啬的过渡直到黑格尔的三段式理论和弗洛伊德的精神分析理论。在这里，尺度和比例的缺失以及两者之间的中间连接都表现得十分清楚。这就是辩证法不可避免地陷入一连串实验法、比较法、测验法和调查法的原因。用来区别研究技术方法和"历史与思维本质"认识方法的等级感是缺失的。瞧,这就是局部的实在真理与普通原则之间发生的直接冲突。瓦格纳和巴甫洛夫在关于本能的实事求是的争论中采用质与量引语,从辩证法向调查法迈出一步,对认识论观点扩散批评,在只要米尺测量的地方用俄里数来测量,要从黑格尔的高度对别赫捷列夫和巴甫洛夫做出定论等,这些用大炮打麻雀的做法导致第三种方法的错误观念。辩证方法根本不是研究生物学、历史学和心理学的唯一的方法。需要建立一套方法学,也即直接的、具体的、适合于该学科各种概念范围的体系。

宾斯万格想起布伦塔诺关于令人叫绝的逻辑艺术的谈话,他认为,只要这种逻辑向前迈一步,就有在科学中出现向前迈1000步的效果。在俄罗斯,有许多人并不承认逻辑的这种力量。有一种恰当的说法,认为方法论是杠杆,借助它,哲学就能驾驭科学。试图实现这种驾驭,如果没有方法论,如果没有把逻辑的力量加到其支点上的从黑格尔到梅伊曼的杠杆,就会导致科学不成为科学的结果。

我提出一个论题是:对心理学危机和结构的分析不容置疑地证实了,如果没有方法论的帮助,也即如果没有建立普通学科,那么任何哲学体系都不可能直接地像掌控一门学科那样掌控心理学。如果能建立普通心理学,那将是马克思主义在心理学中唯一合理的应用。普通心理学概念的形成直接取决于普通辩证法,因为普通心理学就是心理学中的辩证法。除此之外,马克思主义在心理学中的任何应用,不论采取其他什么办法,也不论在这领域之外的什么场合,都会导致烦琐的用法体系,导致辩证法在调查和测试中的退化,导致对事物按其外部的、偶然的、次要的特征的判断,导致任何客观标准的完全丢失,导致试图对心理学发展的所有历史倾向的否定,导致术语的革命——简而言之,导致对马克思主义以及心理学的粗暴的歪曲。这就是切尔班诺夫的方法。恩格斯的公式指出，不要把辩证原则强加给自然界，而要在自然界中找到它们，①这里却出现了相反的情况：辩证原则不是从心理学内部找到的，而是从外部强加于它的。马克思主义者的方法应该是另一个样子。把辩证唯物主义理论直接应用于解决自然科学问题尤其是直接应用于解决生物科学群或心理学的问题是不可能的，正如直接应用于解决历史学和社会学问题是不可能的一样。我们这里有人认为，所谓"心理学和马克思主义"问题，归根到底是要创立一种符合马克思主义要求的心理学，但实际上这个问题却要复杂得多。像历史学、社会学这类学科，就需要有一种中间的特殊的历史唯物主义理论来解释辩证唯物主义抽象规律，应用于解决该学科领域内各种现象的具体含义。还有一些虽未建立但必然要建立的中间学科（如生物学唯物主义理论、心理学唯物主义理论），同样也需要将辩证唯物主义抽象规律应用于解释该学科领域内各种现象的具体含义。

辩证法所涉及的内容包括自然界、思维和历史，它是一门普遍的包罗万象的学科。心理学唯物主义理论或心理学辩证法就属这一类学科，我将它称为普通心理学。

为创建这种中间型的理论——方法论、普通学科，我们必须揭示该领域各种现象及其变化规律的实质、它们在质量和数量上的特征及它们之间的因果关系、创建这种学科所特有的范畴和概念，一句话，就是创建自己的"资本论"。只要设想一下，如果马克思只用诸如质和量、三段式、普遍联系、矛盾焦点、飞跃等辩证法的普遍原则和范畴，而不用诸如价值、阶级、商品、资本、地租、生产力、经济基础、上层建筑等抽象的和历史的范畴，以便看到所预测的整个极其荒谬的不合理制度，我们似乎就可以超过《资本

---

① 《马克思恩格斯全集》中文版，第20卷，第401页。

论》而直接创建任何一门马克思主义学科了。心理学需要自己的"资本论"——要有自己的阶级、经济基础、价值等概念,这样,它就可以用这些概念来表达、描述和研究自己的对象,并且在勒曼的灰色调遗忘的统计数据中发现飞跃规律的一个证据——这说明无论是辩证法还是心理学,都没有任何一点改变。这种关于中间理论必要性的观念,这种没有中间理论就不可能从马克思主义观点考察任何个别局部事物的观念,是早已被意识到的。在这里,我得指出我们心理学所分析的结论与这一观念是一致的。

维什涅夫斯基(1925年)与斯切潘诺夫争论中所揭示的观念也是这样的。大家都清楚,历史唯物主义与辩证唯物主义是不同的,历史唯物主义是只应用于历史学的。因此,严格地讲,只有像历史学那样具有马克思主义普通学科的社会科学学科才能称得上是马克思主义学科,其他马克思主义学科暂时还没有。"正如历史唯物主义不等于辩证唯物主义那样,辩证唯物主义同样也不等于分门别类的自然科学理论——顺便提一下,这种理论刚刚才产生"。而斯切潘诺夫(1924年)把对自然界的辩证唯物主义观点与机械论的观点混同起来,他认为,辩证唯物主义观点已经包括在自然科学机械论观点之中。他还援引心理学中关于内省法问题的争论作为例子(1924年)。

辩证唯物主义是一门最抽象的学科,正如现在所做的那样,它直接应用于各种生物学学科和心理学学科,而且这样做并不超越形式逻辑、经院哲学和言辞上归属于特定现象的共同的、抽象的、普遍的范畴,这些范畴的内涵和外延是不为人们所知的。在最好的发问下,这样做能导致实例的积累,但是对这一点我们不准备再谈。水—蒸汽—冰和自给自足经济—封建主义—资本主义,从辩证唯物主义观点看来是一回事,是同一个过程。但对历史唯物主义来说,这样概括将会有多少优质财富因此而荡然无存!

马克思把《资本论》称作是对政治经济学的批判。现在有人想略过的正是对心理学的这种批判。《从辩证唯物主义观点出发讲述的心理学教科书》这本著作的称名本质上如同《从形式逻辑观点出发讲述的矿物学教科书》,要知道这是不言而喻的事——从逻辑上做出判断不是该教科书或整个矿物学的特点。要知道辩证法不是逻辑学,即便是广义的逻辑学。也许有人要用《从辩证唯物主义观点出发讲述的社会学》来代替《从历史唯物主义观点出发讲述的社会学》,都出于同样的目的。必须创建心理学唯物主义理论,但我们不该再编写辩证心理教科书了。

然而,在进行批判时,我们缺乏批判的基本标准。现在这种仿佛是人们在试金所中确定的方法,是否能使这种学说符合马克思主义,主要在于这种方法是否属于"逻辑重叠"法,即形式和逻辑特征都与之一致的方法(一元论等)。应该知道什么是马克思主义中能够和必须找到的。人不是为星期六存在的,而星期六则是为人而存在的。我们必须找到能够帮助我们认识心理的理论,但这种理论绝不是解决心理问题的万能药方,也不是汇总科学事实的刻板公式。在普列汉诺夫的引文中,我们无法找到专门论述心理学的理论。无论在马克思、恩格斯还是普列汉诺夫的著作中,我们都找不到。我们能找到的只是一些断章取义地从他们著作中随意摘取下来的引文,而且这些引文在具体含义上受到上下文的严格限制。这些引文通常不能在心理研究之前事先提供,而是应该出现在进行长期科研工作并取得结果之后。在马克思主义导师那里,能事先找到的不是对问题的解决方法,甚至也不是动作假设(因为假设是在该学科基础上才能提出来的),而是假设的构成方法。

因此,马克思主义不仅应用在不该应用的地方(在教科书中用来代替普通心理学),而且我们从中学到的也不是真正需要的东西。我们需要的不是一些断章取义地摘取下来的引文,而应该是学习他们的方法;我们需要的不是搬用辩证唯物主义理论,而是创建像历史唯物主义那样的中间学科。《资本论》教会我们很多东西,这有两方面的原因:一方面是因为真正的社会心理学开始于《资本论》发表之后,另一方面是因为当今的心理学是《资本论》发表之前的心理学。斯特鲁缅斯基(1926年)说得对,他认为应把经验论及其对立面反射学这两种论点综合的马克思主义心理学理论称为烦琐的理论体系。当我们找到实在道路之后,为便于看清楚,可在这条道路上做上记号。但借助这种实在道路的图式去寻找,就意味着走上了思辨结合的道路,走上了从事理论辩证法的研究,而不是从事事实的即存在的辩证法的研究。心理学不曾有自己的独特的发展道路,我们必须跟随其后寻找以这些道路为前提的实在的历史过程。他的错误只在于他根据当前潮流来选择心理学发展道路,因为按照马克思主义方式,这样做通常是不行的。

斯特鲁缅斯基的说法是对的,但这只涉及学科发展的历史分析,而不涉及方法论的分析。方法论专家对过去心理学发展过程中实际上将产生什么并不感兴趣,因为他们对心理学之外的因素并不关心。但是,他们却关心心理学得的是什么病、要想成为一门学科它还缺少什么等。要知道,即使外部因素将推动心理学沿着前进的道路发展,也不能抹杀心理学中的长期的工作,也不能跨越整整一个世纪。知识的逻辑结构的发展是有机地进行的。

当斯特鲁缅斯基指出新的心理学实际上已经走上公开承认旧的主观心理学的观点时,他是对的。但问题并不在于对作者试图查明的科学发展的外部的和现实的因素缺乏足够的估计,而在于对危机的方法论性质缺乏足够的估计。每种学科在发展的过程中都有自己严格的程序。外部因素能够加速或延缓这个过程,能够使其偏向一边,甚至最终还能确定每个阶段的性质,但无法改变这些阶段的顺序。我们可以用外部因素来解释一个阶段的唯心主义或唯物主义的性质、宗教的或实证的性质、个体的或社会的性质、悲观的或乐观的性质,但不是任何外部的因素都能够使原先原始材料收集阶段的学科马上从本身分离出各种技术性和实用性的科目,或者使具有发达理论和假设的学科以及具有发达技术和实验方法的学科马上来从事原始材料的收集和描述的工作。

心理学的危机通过创建方法论把分裂为两种心理学的问题提上了日程。这种分裂将是什么样的,这取决于外部因素。铁钦纳和华生按美国的方式和美国社会的实际情况采取了不同的方式来解决问题;考夫卡和斯腾按德国的方式和德国社会的实际情况采取了不同的方式来解决问题;别赫捷列夫和科尔尼洛夫按俄国的方式和俄国社会的实际情况采取了不同的方式来解决问题。他们解决的都是同一个问题。要创建的这种方法论将是怎样的,是否会马上产生,我们还不知道。但在方法论还没有产生之前,心理学就不可能有什么进展。心理学如果想向前发展,那么创建方法论将是心理学发展迈出的第一步,这是毫无疑问的。

实际上,创建这种方法论的基础已经奠定。几十年来所走的道路是正确的,目标是正确的,总体计划也是正确的,甚至在当前潮流中所确定的方针也是正确的(只是不够全面)。但最近提出的方法、步骤和实施计划仍存在各种缺陷,其中主要是对心理学危机没有做出正确的分析和对方法论的创建没有提出正确的方针。科尔尼洛夫的著作为创建这种方法论奠定了基础,任何想发展心理学和马克思主义的人都得重复他的主张和继续走他的道路。目前,他的这种主张在欧洲的方法论中是很独特的,是无与伦比的。如果他在批评和争论面前毫不退缩,他就不会陷入无谓的论战中去,而是积极地投入到创建方法论的工作中。如果他不寻找现成的答案,如果他意识到当代心理学的任务,那么他必定能够为创建心理学的唯物主义理论做出贡献。

十四

我们已经结束了自己的研究,那么这种研究是否已得到所有期望的结果了呢?可以认为,至少我们离所期望的结果已经很近。我们已为心理学领域中的探索创造了条件。而为了证实自己的判断,我们必须通过事实来验证自己的结论并拟定出一套创建普通心理学的构想。不过,在谈这一问题之前,还有一个问题得在这里再多咕噜几句——这个问题就是比论述基本原理更重要的论述修辞问题。这是因为在论述某种理论时,修辞上是否完善对这种理论在论述中能否得到充分的表达并不完全是无关紧要的。

我们把任务和方法、研究领域和学科原则都分成了两半,还得把学科名称也分成两半。这在危机中呈现出来的分为两半的过程同样也在我们学科名称的命运中体现出来。各种各样的体系有一半与旧名称中断关系,采用自己的名称来表示整个研究领域。人们有时这样谈论作为行为科学的行为主义,仿佛行为主义是整个心理学的同义词,而不是心理学中的一个流派。人们也以这种方式谈论精神分析理论和反应学。另有些体系由于看到旧名称中留有神话学起源的痕迹,因而就与旧名称彻底中断了关系。反射学就是一例。反射学强调它拒绝传统,要在全新的一无所有的空地上创建自己的学科。然而,当华生要求彻底中断与旧心理学的关系并指出星相学、炼金术和分裂为两半的模棱两可的心理学的危害时，他的部分观点是对的。

另外，还有些体系依然没有自己的名称。巴甫洛夫体系就是一例。有时，他称自己的研究领域为生理学，称自己的实验目的是研究行为和高级神经活动，而把名称问题毫不掩饰地放弃不管。别赫捷列夫则在早期著作中与生理学彻底划清界限。对别赫捷列夫来说，反射学就不是生理学。巴甫洛夫的学生们叙述他的学说时，把他的学说称为"行为学科"。的确，如此不同的两门学科应该有两个不同的名称。对这种理论，闵斯特伯格（1922年）早就说过："是否应该把这种精神生活的意向性观点称为心理学，这当然是个问题，而且依然是个可以争论的问题。事实上，许多事实都表明，为有利于描述学科和解释学科而保存心理学这一名称，却把有关心理经验和内部关系观点的学科排除在心理学科之外。"

然而，这种认识在心理学名义下存在着，它真的很少出现在纯粹的和可共存的形式之中。在大部分情况下，它出现在与因果心理学元素有关的某种客观影响之中。但由于我们知道把心理学中的整个混乱归因于这种混合的那位作者的意见，因此唯一的结论就是为意向性心理学选择另一个名称。在某种程度上，名称就是这样产生的。我们目睹现象学从本身分离出"为达到某种逻辑目的所需要的"心理学，于是不采用引起极大混乱的……借助于定语命名的办法，而代之以采用各种名词来划分两门学科的办法。切尔班诺夫注意到，"分析法"和"现象学"是用于同一方法的两个名称，现象学和分析心理学在某种程度上相互重叠。关于是否存在心理学的现象学问题的争论似乎只是个术语的问题。如果我们需要对这一问题做些补充——作者认为切尔班诺夫的这种方法和心理学的这一部分是主要的，那么也可以把分析心理学合逻辑地称为现象学。胡塞尔本人认为，为了维护自己学科的纯洁性，他宁可局限于使用定语。为此，他还谈到了"遗觉心理学"。可是宾斯万格（1922年）却直截了当地说，必须划清纯粹的现象学和经验的现象学（描述心理学）之间的界限，并在胡塞尔采用的"纯粹的"这一定语中看到了这种划分的依据，等号被用最数学化的方式写在了纸上。如果我们想起洛采把心理学说成是应用数学，想起柏格森在自己定义中几乎把经验形而上学与心理学等同看待，想起胡塞尔想在纯粹的现象学中看到关于实质的形而上学学说，那么我们就会懂得唯心主义心理学本身具有一种保留陈旧的、败坏了名声的名称的传统和倾向。连狄尔泰（1924年）也解释说：解释心理学起源于沃尔夫的理性心理学，而描述心理学则起源于经验心理学。

诚然，某些唯心主义者反对使用自然科学心理学这个名称。比如，弗兰克（1917年）就曾对两门不同学科使用同一名称的现象提出过非常尖锐的看法，他写道："问题完全不在于同一门学科两种不同方法的相对的科学性，而在于用完全不同的另一门学科排挤掉原有的学科，尽管仍保留一些微弱的亲缘关系的痕迹，但按其实质，已经变成完全不同的客体……"这就是说，当代的所谓的心理学一般说来不是什么心理——学，而是生理——学……"心理学这个美妙的称呼——关于心灵的理论——可以说是非法盗用来的，也就是说，把原来完全属于另外一个学科领域的名称用作自己理论的标题"。这种盗用行为是如此合理合法，以致当你现在想到关于心灵特性时……你就会去着手做那些命中注定结果不能保留名称或创造一个新名称的事情。但是，现在受到曲解的这一心理学名称甚至有四分之三是与心理学本质不相符的，如心理物理学和心理生理学就属于这种名实不符的学科。在上面提到过的盗用行为并无法将其直接排除之后，为了间接地恢复"心理学"这一名称，并将其归还给合法的拥有者，弗兰克(1917年)又试图把这门新的学科命名为哲学心理学。

我们发现一个引人注目的事实,即一方面是竭力与炼金术脱离关系的反射学,另一方面是想使心理学这个词在旧的、直接的和准确的含义方面得以恢复权利的哲学——这两者都在寻找新的名称,而结果是两者都没有保留住名称。还有个更引人注目的事实:这两者的动机是一样的,一些人担心在这一名称中留下它的唯物主义起源的痕迹,另一些人则担心这一名称会失去旧的、直接的和精确的含义。那么,能否为当代心理学的双重性在修辞上找到更好的表达方法呢?可是弗兰克却赞同这样的看法,认为自然科学心理学这一名称被盗用是无法改变的,是合理合法的。我们认为,正是唯物主义的分支学科应该被称为心理学。对反射学派的激进做法有两种重要意见,一种是赞成的,另一种是反对的。第一种意见认为,正是唯物主义分支学科将成为各种潮流、派别的真正的完成者,其作者将是我们科学历史中杰出的代表,这种分支学科按其实质讲就是心理学。第二种意见认为,如果接受这一名称,新心理学就根本不会"盗用"它,不会曲解它的含义,不会让那些保存在其中的神话痕迹来束缚自己,而恰恰与此相反,新心理学会使我们想起从出发点开始的整个发展过程中的鲜明的历史征兆。

现在让我们从第二点意见说起。

就弗兰克来说,就这个词的准确的和旧的含义来说,作为心灵学科的心理学是不存在的。当他惊讶地和几乎绝望地确信这种书籍几乎根本不存在的时候,也不得不确认这一点。此外,作为完整学科的经验心理学也是根本不存在的。其实,现在发生的不是根本转折,甚至也不是学科的改革,不是通过综合对外来改革的完善,而是使心理学实在化,解救那些学科中能够生长的东西,摆脱那些不能够生长的东西。经验心理学本身(它的出现至今恰好快满50周年了,可是这门学科的名称却根本没有被采用,因为这个学派在学科前面添加自己的定语)已经死亡,正如死蝴蝶留下的茧、出壳鸡雏留下的蛋壳一样。詹姆士(1911年)说:"在把心理学称为自然科学的同时,我们还必须加以说明,目前的心理学只不过是七零八碎的实验资料凑成的大杂烩,哲学批判主义不可抗拒地从四面八方袭来并渗透到心理学的各个部分,这种心理学的根本原则和它的原始资料还应从更广泛的角度得到研究和从崭新的角度来加以探讨……甚至对各种心理现象范围内的主要元素和成分,也没有做出相应的规定。此时的心理学是什么?是一大堆原始的事实资料,是议论纷纷、莫衷一是,是对纯粹描述性质的分类和经验概括所做的一系列收效甚微的尝试,是根深蒂固的成见,仿佛只要我们有意识,我们的大脑就能决定意识的存在。可是,在心理学中没有一个我们在物理现象领域内使用这个词的那种意义上的规律,也没有一条我们用演绎法得出结论的原则。我们甚至不知道那些因素在它们之间能够确定作为基本心理动作的关系。总之,心理学目前依然不是一门科学,但在将来,它必将成为一门科学。"

詹姆士给我们提供了一份金光灿灿的资产登记册,这本登记册成为我们从心理学那里继承的遗产,其中登记着所有财产名录。我们从心理学中接受的是一大堆原始资料和心理学在未来成为科学的许诺。

我们是怎样通过这个名称与神话联系起来的?如同伽利略之前的物理学和拉瓦锡之前的化学一样,心理学现在仍不是一门科学,它至多不过是将来会成为科学的一个影子。但是也许从詹姆士写了这话以后,情况发生了实质性的变化。在1923年第八届实验心理学国际代表大会上,斯皮尔曼重复了詹姆士的定义,并且说心理学现在仍不是一门科学,有的是将成为一门科学的希望。为了把事情说清楚,需要有像切尔班诺夫那样的下诺夫戈曼德的那种土老憨的好运,仿佛他所说的一切就是人人接受的颠扑不破的真理,这个真理已经受过千百年的考验,这个真理可以无缘无故地摧毁一切。

另一种意见甚至显得更为重要。归根到底,我们必须坦率地说,心理学不是有两个而是只有一个继承者,关于名称,不可能发生严重的争论。第二种心理学不可能成为科学。我们必须与巴甫洛夫一起说,我们认为从科学观点来看,这种心理学观点是站不住脚的。巴甫洛夫(1950年)作为一个真正的学者,他提出的不是心理现象是否存在的问题,而是我们如何对其研究的问题。他说:"生理学家应该怎样对待心理现象呢?置之不理显然是不行的,因为心理现象与生理现象是息息相关的,对整个器官工作起着决定性的作用。如果生理学家决定去研究它们,那么他们就面临一个问题,即该如何去研究的问题。"因此,在划分时,我们不会拒绝任何一种现象,将其让位于另一方。我们研究我们的道路上存在的一切事物,我们还解释我们的道路上似乎存在的一切事物。"人类研究心理事实已经几千年……用千百万页纸来描述人的内心世界,可至今我们还没有获得这一劳动成果——人类心理生活的规律。"

划分后留下的东西将归入文艺领域。弗兰克把长篇诗剧的作者称为心理学教师。对狄尔泰(1924年)来说,心理学的任务就是在它的描述网中捕捉隐藏在李尔王、哈姆雷特和麦克白内心的东西,因为他在他们身上看到了"比心理学、比所有心理学教科书加到一起还要多的迥然不同的东西。"诚然,斯腾对这种来自诗剧的心理学大加嘲笑。他挖苦说,这种心理学犹如画了一头奶牛,可无法从它身上挤出牛奶。但是,与其理论成为鲜明对照的是,秉承狄尔泰的理论,描述心理学越来越走进长篇诗剧、长篇小说。在个体心理学第一次国际代表大会也即个体心理学把自己看作是第二种心理学的代表大会上,人们听取了奥本海默的报告。奥本海默在他的概念的网络中搜索,终于找到了莎士比亚通过形象提供的东西,这也正是狄尔泰想要的东西。第二种心理学陷入了形而上学的泥潭,它连个名称也没有。正是对这种心理学不可能成为科学的认识,决定了我们的选择。

因此,我们心理学的名称只有一个继承者。也许它该放弃继承?完全不是。我们都是辩证论者。我们根本没有想科学发展道路是笔直的,它会有曲折、反复,会走弯路。因此,我们就会明白这些挫折的历史意义,就会认为这些挫折是我们整个链条中必需的一环,是我们前进的必经阶段,正如资本主义是走向社会主义必经的一个阶段一样。我们珍视科学为我们所做的迈向真理的每一步。我们并不认为科学是从我们才开始的。我们不会在任何人、任何理论面前做出让步:无论是亚里士多德的联想观念还是关于主观错觉的怀疑论者的理论,无论是缪勒的因果关系观念以及他的心理化学理论还是斯宾塞的"精致的唯物主义"(狄尔泰在其中看到的"不仅是基础,而且是危险"),我们都不准备做出让步。总之,在唯心主义者如此千方百计地清除掉的这种心理学中完整的唯物主义路线面前,我们决不会做出让步。我们知道他们只有这一点是对的:"解释心理学的隐蔽的唯物主义……对政治经济学、刑法、国家学说都起到了分裂的作用。"(狄尔泰,1924年)

赫尔巴特的动力心理学和数学心理学理论,费希纳和赫尔姆霍茨的论著,泰纳关于心理运动性质的理论(这种理论后来成为比纳关于心理姿态或内心拟态的理论),里博的运动理论,詹姆士—朗格的边缘情绪论,甚至符兹堡学派关于思维和作为活动的注意的学说——总之,在科学中,走向真理的每一步都属于我们。要知道,我们选择两条道路中的一条不是因为我们对它感兴趣,而是因为我们认为它是真理。

由此可见,这条道路已经把作为科学的心理学中曾经有的一切全都包括在内,因为以科学的态度研究心灵的尝试本身,以自由思想控制心理所做的努力,无论如何也不会使心理学被神话弄得晦涩费解和麻木不仁。也就是说,关于心理的科学概念的理论本身就包含心理学整个未来的道路,因为科学的道路是走向真理的道路,尽管会遇到艰难险阻,但终将达到目的。可是这恰恰是科学要走的道路:我们斗争,我们克服错误和难以置信的困难,我们还要和千百年来的偏见进行残酷的搏斗。我们不想成为数典忘祖的伊万家族,我们不是夸大狂,我们不认为历史是从我们开始的,我们不想从历史中得到一个明哲保身的和平庸的名称。我们要的是沉积有千百年尘埃的名称。我们看到的是我们的历史权利、我们的历史作用以及使心理学成为科学的追求。我们应该在与过去的联系和对比中来考察自己,甚至在否定过去的同时依然要依靠它。

有人可能会说,这种用于本义的名称并不适用于现在我们的科学,它的意义随着时代的变化而变化。甚至你无法指出一个名称、一个词是不改变自己意义的。当我们谈到蓝墨水和飞行术时,难道就不会犯逻辑错误?可是我们还相信另一种逻辑——语言的逻辑。如果几何学家现在把自己学科命名为"大地测量学",那么心理学家也可把自己的学科命名为"研究心灵的学科"。如果现在大地测量学的概念对几何学来说意义已经过于狭窄的话,那么某个时候这个概念就成为整个科学为自己生存而向前迈出的一大步。如果现在心灵的观念是反动的,那么某个时候这个观念就成为古代人类的第一个科学假设,成为整个科学为自己生存而取得的巨大思想成就。动物大概没有关于心灵的观念,因而也不会有心理学。我们从历史得知,心理学作为一门科学,应该从心灵观念开始。我们在其中看到的只不过是愚昧和错误,正如我们并不认为奴隶制度是一些人性格不好的结果。我们知道,作为通向真理的道路的科学,必定包括误解、错误、偏见等必要因素。对科学来说,重要的不是存在这些因素,而是尽管这些因素是错误的,但当这些错误被克服后,依然会通向真理。因此,我们接受科学的名称及留存在这一名称中的所有自古以来的误解的痕迹,把这些痕迹作为克服错误的显明的标志,作为战斗留下的伤痕,作为在极其复杂的与谬误斗争中产生的真理的活生生的证据。

实际上,所有的学科都是这样做的。难道未来的建设者都是从头开始的?难道他们不是人类经验和全部真理的完成者和继承者?难道他们在过去没有同盟者和前辈?哪怕给我们指出即使只能用于本义的一个词、一个科学名称也好!莫非数学、哲学、辩证法、形而上学这些名称现在所表示的意义都是它们过去某个时候曾经表示过的意义?更不用说研究同一客体的两门分支学科必定要用同一个名称了!在这里,我们不禁想起了逻辑学和思维心理学。学科的分类和命名不是根据这些学科研究的客体,而是根据研究的原则和目的。难道在哲学中,马克思主义不想知道自己的前辈?只有非历史的和缺乏创造性的头脑才能想出新的名称和学科来敷衍了事,而这种思想与马克思主义是格格不入的。切尔班诺夫引述一份资料说,在法国大革命时代,"心理学"这一术语曾经被"意识形态"这一术语替代,因此这一时代的心理学应该被称为心灵的科学。而意识形态则是动物学的一部分,可分为生理意识形态和理性意识形态两个部分。这是没有错的,但有那么多的不可胜数的危害是从这种非历史的词汇使用中产生的。我们可以从对马克思的文章中关于意识形态的某些论述现在往往很难解读的地方,从马克思谈到这一术语时给人以语意双关印象的地方,看到如何使像切尔班诺夫(1924年)那样的"研究者"有所借口,硬说马克思所说的意识形态就指的是心理学。这种术语学改革是我们科学史中对旧心理学的作用和意义估计不足的部分原因,最后在这种改革中导致与其名副其实的后继者之间的彻底的分裂,使整体一分为二,在中间留下一条显明的界线。曾经宣布过仿佛心理学与生理学没有任何共同之处的切尔班诺夫,目前又拜倒在法国大革命面前,并表示说,心理学从来就是生理学,说什么"当代科学的生理学是法国大革命带来的心理学的产物"。只有极度愚昧无知和期待别人成为极度愚昧无知的人才能说出这样一些话来。是谁的当代科学的心理学?是缪勒或斯宾塞、贝恩或里博的?确实是的。但狄尔泰和胡塞尔、柏格森和詹姆士、闵斯特伯格和斯托特、弗兰克和切尔班诺夫的呢?是否又可能是个大骗局?要知道,所有这些新的心理学的建立者都把另外一个体系即与缪勒和斯宾塞、贝恩和里博相敌对的体系作为自己的科学基础,切尔班诺夫用这些人的名字来掩饰自己,却又蔑视地把这些人斥为"像一只死狗"。然而,切尔班诺夫就是用这些对他来说是陌生的和他所敌视的名字来掩饰自己的,利用"当代心理学"这一术语的双关语义进行投机的。是的,在当代心理学中,存在着一个能认为自己是革命心理学产物的分支学科,可是切尔班诺夫毕生(现在也同样)想做的只是把这门分支学科打入冷宫,使它与心理学完全断绝关系。

然而,这里要强调一下:看,共同的名称有多危险!那些法国心理学家竟采取了非历史地背叛它的行动!

"当代心理学"这一名称是被马尔堡大学教授戈克列尼乌斯第一次于1590年引入心理学领域并被他的学生卡斯曼于1594年接受,而不是18世纪中期被克里斯琴·沃尔夫接受,而且也不是像通常认为的那样第一次采用这个名称的人是梅兰希顿。据伊万诺夫斯基考证,这一名称原来是人类学的一个局部名称，与人类躯体学一起构成一门独立的学科。说梅兰希顿第一次采用这一术语，根据的是为他的18卷论文集所写的出版者序，在这篇序里，错误地称梅兰希顿为当代心理学这一名称的第一次采用者。"没有心灵的心理学"的作者朗格完全正确地放弃这一名称。"但难道心理学就应不被称为关于心灵的学说了吗？"他这样问。对于受到怀疑的学科，我们该如何设想，它通常是否有研究对象？然而，他认为抛弃传统名称是一种迂腐的不切实际的做法，于是他一下子改变了科学研究的对象，并号召大家毫不犹豫地接受没有心灵的心理学这一名称。

正是从朗格的这种革新之后，就开始了无了无休的心理学改名这样的无聊事。所使用的名称，就其本身来说并不意味着什么，重要的是，每当使用时总得加上附加语，如"没有心灵""没有任何形而上学""以实验为基础"或"从经验观点出发"等，没完没了。心理学这个词本身甚至已无关紧要了。朗格的错误在于，他接受旧名称后没有彻底地、完全地拥有它——没有把它与传统区分、从传统中分离出来。既然心理学可以没有心灵，那么有心灵的就已经不是心理学，而是其他什么东西。当然，这名称在这里缺乏的不是良好的意愿，而是力量和期限——是区分的时机没有成熟。

这个术语学的问题现在依然摆在我们的面前，这归属于划分两门学科的标题的问题。

我们该如何称呼自然科学心理学？现在经常有人把它叫作客观的、新的、马克思主义的、科学的心理学和行为学科。当然，我们依然为它保留心理学这个名称。但这种心理学是什么样的？我们能用什么来把这种心理学与同样用这种名称的任何其他体系的理论区别开？只要把现在心理学中所使用的那些定义的一小部分重述一下，我们就会发现这些划分没有以逻辑上的统一作为自己的基础。在"心理学"前加一个定语，有时用来称呼行为主义学派,有时则用来称呼格式塔心理学,有时用来称呼经验心理学方法和精神分析法,有时用来称呼各种结构原则(遗觉、分析、描述、实证原则),有时又用来称呼研究对象(功能心理学、构造心理学、实际心理学、意向心理学),有时又用来称呼研究领域个体心理学,有时则又用于称呼世界观(人格主义、马克思主义、唯灵论、唯物论),有时则又用来称呼许多事物[主观—客观的、结构—非结构的、生理的、生物的、联想的、辩证的、直觉的、科学的(布隆斯基)和"科学的"(被唯心主义者用于自然科学意义)的心理学]。

在这以后,"心理学"这个术语又表示什么意思了呢?斯托特(1923年)说:"这样的时刻快来到了,到那时候谁也不想再写心理学著作,正如谁也不想再写数学著作那样。"所有术语都是不稳定的,逻辑上互相不排斥,没有术语化,词义晦涩费解、含糊不清、生僻难懂,它们都指出词的一些次要的特征,不仅不能比较容易地确定词义,反而妨碍对词义的确定。冯特称自己的心理学是"生理的"心理学,而后来又反悔了,认为这样称呼是错误的,应把自己所做的工作称为"实验的"工作。这就是所有这些术语所起作用不大的最好的证明。有些人采用"实验的"这个词表示其与"科学的"同义,另一些人采用这个词则只表示方法的意义。我们则仅仅指那些从马克思主义观点来看属于心理学的最常用的形容语。

我认为把心理学称为"客观的"心理学是不合适的。切尔班诺夫说得对,这一心理学术语在国外科学中使用时所表达的含义是各不相同的。我们也认为这个术语有许多歧义,这种情况使有关精神和物质的认识和方法论问题产生混淆不清的现象。术语反而助长了技术手段和认知方法这两者之间的混淆。这种混淆所导致的结果,是用辩证方法和同样是作为客观方法的调查方法来处理问题,使人们深信,在自然科学中,必须排除利用主观的指标、主观的（在形成过程中）概念和主观的划分的所有可能性。"客观的"这一术语常常被通俗化，等同于"真实的"；而"主观的"这一术语则常常等同于"谬误"（这是词的通常使用造成的影响）。此外，术语不表示整个事物的本质，只是表示有条件地在某方面改革的本质。最后，想成为在主观理论的心理学或者想走解释主观事物道路的心理学不应该把自己称为客观的心理学。

要是把我们的学科称为行为心理学，那也是不对的。至于上述名称中包括的定语"行为"，那就更不用说了，这个新的定语使我们无法将它与一系列学派区别开，也就是说，这个定语没有达到自己的目的，它存在着误导。这是因为新的心理学想认知的是心理，而不是其他。这个术语是非常平常的生活用语，这一点更能引起美国人的注意。当华生（1926年）把"行为科学中个性的概念和正常想法中个性的概念等同起来"的时候，当他提出要创建为"平常人""在研究行为科学时不感到方法的改变或对象的某种变化"的学科的时候，当他提出要创建研究自己的问题即研究如"为什么乔治·斯米特遗弃自己的妻子"这类问题的学科的时候，当他提出创建从解释日常方法开始的学科、创建不能形成日常方法与科学方法之间的差异并在对那些事实——对日常生活和普通含义不关心的那些事实——的研究中看到整个区别的学科的时候，"行为"这个术语的使用才是最合适的。但是，正如下文将要讲到的那样，我们将确认，这一术语在逻辑上是站不住脚的，它没有提供标准，使我们能够根据标准来区别为什么要把肠胃蠕动、尿液分泌和发炎这些问题排除在学科之外。术语的多义性和非术语化在布隆斯基、巴甫洛夫、华生和考夫卡那里则完全是另一回事，我们会毫不犹豫地抛弃它。

此外，如果把心理学定义为"马克思主义"的心理学，那也是不对的。

我已经谈到过,以辩证唯物主义观点编写的心理学教科书是不可接受的。最近,雷斯纳翻译詹姆森的书,此书被冠名为《马克思主义心理学概要》,我认为这个书名的用词是不当的。当谈到生理学中某些具体流派时,书中有"反射学与马克思主义"这样一些用词,我认为也是不当的而且是危险的。这不是因为我怀疑这种评价的可能性,而是因为无法使这种评价量化。因为处于中间状态的术语,其评价尺度不存在或失真了,因而只可能做出这样的评价。要知道,此书的作者不是用完整的马克思主义观点来评价整个反射学的,而是根据一批所谓马克思主义心理学家的某些看法来评价整个反射学的。比如说有人提出乡苏维埃和马克思主义的问题,应该可以认为是错误的。尽管在马克思主义理论中,阐明乡苏维埃问题的资料比起阐明反射学问题的资料来并不少——这一点是毫无疑义的,尽管有关乡苏维埃的理论是彻底马克思主义性质的理论,它在逻辑上与马克思主义整套理论是有紧密联系的——这一点也是毫无疑义的,可是还是有人提出了这样的问题。而我们则依然采用另一种衡量标准,即利用中间的、比较具体的却不怎么普遍的概念。我们谈论苏维埃政权和乡苏维埃的问题,谈论无产阶级专政和乡苏维埃的问题,还谈论阶级斗争和乡苏维埃的问题。不是所有与马克思主义有联系的东西都可以被称为马克思主义的,这是不言而喻的。如果对此做一点补充,心理学家在马克思主义的应用时常求助于辩证唯物主义,即它的最普遍、最概括的部分,那么,衡量标准的不相适应也将变得更为明显。

最后,特别令人感到困难的是,把马克思主义运用于新的领域。目前这种理论的具体状况、这一术语使用中的巨大责任感、利用术语来进行政治和思想投机,所有这一切,都使我们感到现在提倡马克思主义心理学是很不合时宜的。就让别人称呼我们的心理学是马克思主义的心理学吧,这比我们自称是马克思主义心理学要好。我们要在行动上来实施这种心理学,而不要仅仅停留在言论上。归根到底,现在还不存在有马克思主义心理学,应该把创建这种心理学看作是一项历史任务,而不应该看作是凭空从天上掉下来的什么东西。在当前,要在对待名称问题上完全摒弃这种不认真的、不负责任的态度,当然,这样做是会有困难的。

可以与这种情况相比拟的是另一种情况,那就是心理学和马克思主义的综合不是由一个学派来完成的。在欧洲,这个名称很容易给混淆提供借口。许多人不见得知道阿德勒的个体心理学已经与马克思主义相结合了。为弄清楚什么是心理学,这里不能不提到它的方法论基础。当心理学证实自己有权成为科学的时候,曾引述里凯尔特的话。里凯尔特说,"心理学"这个词用于自然科学中和历史学中具有两种不同的含义,并因此区别为自然科学心理学和历史心理学。如果不做到这一点,那么历史学家和诗人的心理学就无法被称为心理学,因为这种心理学与真正的心理学没有任何共同之处。新学派的理论家们都接受这一点,因为里凯尔特的历史心理学和个体心理学是一回事。(宾斯万格,1922年)

心理学分成了两半,引起争论的只是新的独立分支学科的名称问题和理论上的可能性问题。心理学不可能成为自然科学,个体的东西不可能成为任何规律。心理学需要的不是解释,而是理解。雅斯贝斯把这种一分为二引进了心理学,但他所说的内识心理学指的就是胡塞尔的现象学。这种内识心理学是任何心理学的基础,非常重要,甚至是不可替代的,但它本身不是也不想成为个体心理学。内识心理学只能由目的论发展而来。斯腾(1924年)为这种心理学奠定了基础。人格主义只是内识心理学的另一个名称。他试图采用实验心理学的手段和自然科学的手段来研究差异心理学中的个性,但解释和理解这两方面都同样没有取得满意的结果。能够取得满意结果的只有直觉,而不是推论因果思维。这种心理学认为"自我的哲学"这样一个标题对自己来说是一种荣誉。它根本不是心理学,而是哲学想成为的那种样子。于是,这样的心理学,关于它的本质,是不能有任何怀疑的。正是这样的心理学在自己的理论体系(比如在自己的群众心理学理论)中引证了马克思主义理论,引证了基础——上层建筑理论,并把这些理论看作是自己的天然的基础。在社会心理学中,这种通过阶级斗争理论为马克思主义和个体心理学的综合提供了迄今最好的和最有意思的设计,即要求两者互相延伸、互相丰富。黑格尔的三段式既适用于精神生活,也适用于经济生活(正像在我们俄罗斯那样)。这个设计引起了有趣的争论。这一争论在维护这种理论中展示了健康的、批判的、纯粹的马克思主义在一系列问题上所采取的方法。如果说,马克思教会我们懂得阶级斗争的经济基础,那么阿德勒也为他的心理学的心理基础做了同样的事情。

这里不仅说明当前整个心理学中形势的复杂性,说明最出人意料的和最离奇的结合是可能的,也说明上述这种形容语的危险性(至于谈到离奇现象,这里要顺便插一句:正是这种心理学在俄罗斯反射学中引起了争夺相对理论权的斗争)。如果把詹姆森的折中的、非原则的、肤浅的和半科学的理论称为马克思主义心理学,如果大多数有影响的格式塔心理学家都认为自己是科学工作中的马克思主义者,那么这个名称就会失去针对刚开始的尚未获得"马克思主义"权利的心理学派的规定性。我记得当我有一次在融洽的谈话期间认识到这一点的时候,我感到非常惊奇。我曾与一位非常有学识的心理学家做过这样一次交谈:"你们在俄罗斯研究的是怎样的一种心理学?你们说你们是马克思主义者,可是这并不能说明你们是什么样的心理学家。当我得知弗洛伊德在俄罗斯声名大噪时,我首先想到的是阿德勒学派的学说,要知道他们也是马克思主义者,但你们中有的是不是另外一种心理学？我们也是社会民主党员和马克思主义者，但我们同时又会是达尔文主义者，还会是哥白尼主义者。"有一个在我看来是决定性的观点，我确信是对的，这是因为事实上我们没有把生物学称为"达尔文主义"生物学。定语所包括的这一层含义，在科学概念本身中已被包括了，对这些概念的承认是不言而喻的。马克思主义历史学家从来没有把自己研究的历史学称为"俄罗斯马克思主义历史学"。他认为"马克思主义的"这个词对他来说是与"正确的、科学的"这些词是同义的。除马克思主义历史学外，他根本不承认其他历史学。对我们来说，事情应该是这样的：我们要使我们的科学研究达到正确的、科学的程度，也就是说达到马克思主义所要求达到的程度。我们要使我们的科学研究工作完全符合真理的要求，也即符合马克思主义理论的要求。按词的本义，其实我们也不能把大家称为联想心理学、实验心理学、经验心理学、遗觉心理学的这类心理学称为"马克思主义心理学"。马克思主义心理学不是流派中的流派，它是唯一正确的作为科学的心理学，除此之外，其他心理学都不可能成为这样的心理学。反之，所有过去和现在的心理学中真正科学的东西都归属于马克思主义心理学。这个概念比流派甚至学派的概念要更广一些。一般来说，这个概念与科学心理学的概念是一致的，不管在哪里，不管是谁创立的，心理学都得用这一标准来衡量。

布隆斯基(1921年)使用的"科学心理学"这一术语指的就是这个含义。他这样做是对的。我们想做什么，我们改革的意义，我们与实证主义者分歧的实质，我们的科学的根本性质，我们的任务所要达到的目的和规模，我们要实施的内容和方法，这一切都在"科学的"这个定语中表达出来。这个定语完全满足了我的要求，但它在这里却是不需要的，等于是画蛇添足。这个通过恰当形式表达出来的定语马上就会清楚地发现，与被说明词"心理学"所包括的内容相比，它没有被说明的词增添任何东西，两者所包含的内容是重合的。要知道,"心理学"是科学名称,而不是话剧或电影的名称。心理学只可能是科学的,谁也没有想到过把小说中对天空的描写称为天文学。同样,"心理学"这个名称用于称呼拉斯科尔尼科夫思想和麦克白勋爵夫人梦呓的描写也是不太合适的。任何不是科学地描写心理的东西都不能称为心理学。这样的事物还有很多很多,简直不胜枚举,如广告、评论、编年史、小说、抒情诗、哲学以及其他事物。要知道,"科学的"这个定语不仅适用于布隆斯基的概论,而且也适用于缪勒对记忆的研究、苛勒对黑猩猩的实验、韦伯—费希纳的阈限学说、格罗斯的游戏理论、桑代克的练习理论、亚里士多德的联想理论,即适用于历史中和当代现实中隶属于科学的一切。如果我打算争论的话,那么明明是错误的、被批驳的和被怀疑的理论、假设和学说也可能是科学的,因为科学性和可靠性不总是一致的。戏票可能是绝对可靠的,但不是科学的。赫尔马特关于作为各种观念之间关系的情感的理论无疑是错误的,但同样也无疑是科学的。目的和手段决定某种理论的科学性,事情就是这样。因此可以说,"科学的心理学"中的"科学的"是多余的,等于什么也没有说。如果去掉"科学的",直接称为"心理学",反而更确切些。

我们只能接受"心理学"这一名称。这一名称已把我们所承担的任务的规模和内容全都清清楚楚地勾勒出来了。要知道,心理学并不是与其他学派并列存在的一个学派,它所包含的内容不是与其他类似的部门与学派那样只涉及心理学中的某一部分、某一方面、某一问题或某一解释方法,我们这里所谈的是整个心理学和它的整个规模,谈的是不容许任何其他心理学存在的唯一的心理学,谈的是作为一门科学而存在的心理学。

因此,我们要谈的只能是心理学。我们将通过定语弄清楚其他学派和流派,并将其中的科学的同非科学的东西区别开来,把心理学与经验主义、神学、理念区别开来,还要把科学存在的几千年来像依附在一艘远航轮船上那样依附在科学中的一切事物区别开来。

我们也可以因为其他需要而使用定语,如为了心理学内部的系统化的、纯逻辑的、方法论的原则分组的需要。为此,我们可以把心理学分为普通心理学、儿童心理学、动物心理学、病理心理学、差异心理学和比较心理学等等。心理学将是整个心理科学家族的总名称。要知道,我们的任务完全不在于把自己的工作从过去普通心理学的工作中分离出来,而在于在某种新的基础上把自己的工作和心理学的整个科学研究工作统一成一个整体。我们想要做的不是从科学中分离出自己的学派,而是从非科学中分离出科学,从非心理学中分离出心理学。我们所说的心理学现在还没有,这种心理学有待大家来创建,这是摆在所有心理学家面前的任务。正如詹姆士所说,世世代代的心理学家都在为此付出精力和劳动。在心理学界中将涌现出自己的精英和大批的普通研究人员,在一代又一代的精英和普通研究者的共同努力下必将产生我们所说的这种心理学。我们的科学将带着这个名称进入新社会,这种心理学的创建已经初露端倪。我们的科学无论过去还是现在,都无法在旧社会中获得发展。当人类还没有掌握社会真理和社会本身的时候,要掌握个性的真理和个性本身是不可能的。与此相反,在新社会中,我们的科学将成为社会生活的中心。"从必然王国向自由王国的急速过渡"必然会把掌握我们的自身使其服从自己需要的问题提到日程上来。从这个意义上讲,巴甫洛夫是对的,他把我们的科学称为研究人的自身的最新的科学。这门科学的确将是人类有史以来甚至人类史前时期以来的最新的科学。新社会将造就新人。当人们谈到按照新人类无可争辩的特点来重塑一个人或人为创立一种新的生物学类型时,这将是生物学中唯一的、自己创造的第一个物种。

在未来的社会中,心理学必将成为一门关于新人的科学。没有做到这一点,马克思主义和科学史的前景就不能算是十全十美的。但是,这门研究新人的科学依然是心理学。现在,我们手里拽着心理学这条线索,说这种心理学与当前的心理学很少有相似之处,这是无意义的,正如斯宾诺莎所说的猎犬座与狗(吠叫着的动物)是相似的那样。①

---

① 斯宾诺莎:《伦理学》,定理17,诠释。

评考夫卡的《自我观察与心理学的方法》*

现代心理学潮流中已具备建立马克思主义心理学体系的必要条件。基于这一想法,编者将考夫卡的《自我观察与心理学的方法》一文收入文集。科学的发展使科学研究不再是只在一个国家内闭关自守地进行。只局限在俄国科学思想范畴去认识当代心理学危机,那就大错特错了。请听听我们的经验主义的心理学的代表们是如何描述的,他们说:在西方,心理学中的一切都像"矿物学、物理学和化学"一样,是静止不变的,而我们的马克思主义者们却无缘无故地想要进行学科改革。我重申:不能错误地描述和歪曲事情的真相。

将目标确定为美国战斗的行为主义,标志着俄罗斯危机的开始。虽然最初这是正确的。我们必须摆脱唯灵论与唯心的主观主义的束缚,站在心理学客观的立场上。但是目前大家都很清楚,马克思主义心理学只能在一定地点之前与美国行为主义和俄国反射学派是同路人,而在后面就必须和它们划清界限,确定自己的道路。

在共同对付主观主义和经验主义的斗争中,他们——昨日的同盟者——明天就可能成为我们的敌人。社会人在为捍卫社会心理学原则基础,为把人的心理学从生物学的桎梏中解放出来成为一门独立学科而斗争,而不让其成为只是比较心理学中的一章。换句话说,我们一开始把心理学视为社会人而不是高级哺乳动物行为的科学,就立即可以清楚地看

---

* 张树芸、黄浩枢译。

到同昔日的同盟者出现的路线分歧。

斗争在深入并转入新的阶段。必须牢记（为了控制全局并预见到以后每一步）斗争不是以"科学的"经验主义的安闲与和平的自然景色为背景的，而是在异常激烈尖锐的学术战争环境下进行的。心理学界所有的人都卷入了这场战争。心理学学科目前的情况绝不像一首田园牧歌那样宁静。只有那些对一切视而不见的人才认为"玫瑰花上一切安宁"。特别是，西方的心理学完成了有极大破坏性的工作。呈现在我们面前的幼稚的尚不成熟的经验主义似乎是欧洲科学中陈腐过时的东西。

兰格在总结心理学现状时指出，"当今的心理学家如同坐在特洛伊废墟上的普里阿摩斯一样"。他一直在谈论着心理学危机，认为危机就像"瞬间就可以在人们的眼前毁灭一座繁华城市的地震"。他还把联想心理学的蜕变同炼金术的转化进行比较。确实如此，危机始于联想理论的蜕变，从此，坚实的基础从科学心理学的脚下消失，地震开始了。当前我们正处在危机和主要的斗争力量正进行着方向的转变之中，这是极为有趣和带有示范性的。如果说欧洲危机的开始是以唯心主义和主观主义因素的加强为标志的，那么目前的危机则刚好往相反的方向发展。

埃维尔格托夫（1924年）确认，心理学正在转变为（也已经变为）真正唯物主义的，其方法也是唯物主义的。如果说这还不完全如此，那么，毫无疑问，它正确地指出了方向。心理学正在朝着成为唯物主义的方向前进，尽管在前进的道路上可能还会不止一次地陷入唯心主义的泥沼。心理学明显地分裂为两个学派：一派依靠彼尔格桑主义，强调提出并理顺了唯灵论在心理学中的路线；另一派则明显地奔向建立一元论和唯物主义生物心理学的方向。

必须准确地分析在西方心理学界目前正在进行的这场学术斗争。我们打算用俄语出版基本的重要著作来介绍每一流派,并在最新一集里对西方现代心理学流派加以综述。我们将从所有流派中最有影响和最有意思的被人们称为格式塔心理学派开始。这一学派的著名代表人物之一就是考夫卡。我们无意在这篇短评中详尽地描述和评价这一理论,只是对其提出几点简单的看法。

格式塔心理学(在译成其他语言时也被称为方法论、完形心理学和结构派心理学)是在近十年期间形成的。它早已超出形式知觉实验性的研究范畴,以此为起点逐渐形成其主要的心理学内容。就像考夫卡在另一篇文章里所说的那样,格式塔心理学企图变成共同的心理学理论。它把自己的结论扩展到比较心理学和儿童心理学、社会心理学和所有边缘学科,企图重新建立它们的原则基础。作为一门新的心理学学说,这一新理论既超出传统的经验主义心理学(联想心理学和符茨堡心理学),也与行为主义心理学相对立。这一新流派的理论受到各国的关注。有关这一理论的文章,可以在法国、英国、美国、西班牙等国的杂志上看到,在德国就更不用说了。完形心理学(格式塔心理学)站在反对经验主义和幼稚的行为主义立场企图找到对行为的综合观点和制定出综合的方法,使得这一流派在一系列问题上受到我们的盟友的异常重视。但这并不意味着我们的同盟是非常长久牢固的原则性的联合。现在我们已经可以清楚地发现我们和这一理论一系列分歧的观点。读者可以在考夫卡的文章里找到这一学派极其重要的正反两面的观点。我们只是指出它和马克思主义心理学的共同点和分歧,以后再做详尽的分析和评价。

1. 新坐标系的一元论唯物主义

心理与行为,"内在与外在"(克列尔的术语),表象与现实的反应(考夫卡),并不是两种迥异的不同自然界的领域。"内在就是外在"(克列尔)。

新理论与构建了物理学、生理学和心理学的"整体"（格式塔）定律的原则性一致。新理论接受了从量变到质变的辩证原则，并用它来解释为什么感受会有质的不同的原因（费诺明诺夫）。意识的过程不会成为唯一的研究对象，而应该被理解为更为重要的整个心理生理过程的一部分。在这里，经验心理学的"心理现象"彻底失去了本身的独特意义。心理被看作"行为的异常方面"和行为的组成部分。

2. 综合的与实用的研究方法

承认行为中的内在与外在相一致但不是同一。新学派心理学家不仅拒绝分析性的自我观察（因为它本身不可能是心理学的方法，也从来不是心理学的主要方法），同时也拒绝奥措恩的极端状态的天真主观主义。他们完全同意行为主义提出的整个系列的内省指责，承认根本不考虑行为的"内在"方面（考夫卡）是错误的。新方法企图论证实用的主观—客观方法，这种方法包括描写法（描写—内省的）和功能的（客观—反应的）观点。

3. 分歧点

在我们学科的研究客体和研究方法的许多方面，我们同格式塔心理学看法无疑是一致的，但不能无视两个学派之间存在的分歧，这些分歧随着两派的发展还会增加。但这丝毫不会使新流派对我们失去意义。我们从来也未指望在西方科学中找到现成的马克思主义心理学体系。如果马克思主义果真在西方科学中出现，那简直是个奇迹。新学科的锋芒碰到这些分歧观点只会变得更加锐利。我们在同经验主义的斗争中学到了很多，在同天真的行为主义者的碰撞中自己弄明白了不少东西，会使马克思主义心理学的许多论点在同格式塔理论的论争和对它的评论中变得更加鲜明。看来，论争将会沿着一些问题展开，如新理论企图避开活力论和机械论，心理问题过度向理论结构和最新物理资料靠拢，缺乏社会观点和意识的"直觉"理论,等等。但是我们不会忘记,西方出现格式塔心理学流派这一事实本身无疑标志着心理学学科发展客观内在的推动力在心理学马克思主义改革中起作用。只要我们不是从同经验主义者论争的狭小窗口而是从世界科学的范围去看心理学的发展原则,就可以认识到这一点。

结构心理学中的发展问题研究*

一

在本文中,我们打算研究结构心理学中的发展问题。研究任务是将这一理论中真实的和虚假的东西区分开来。我们将采用多次尝试过的方法来达到这一目的。我们将在研究中依靠这一理论中的真理性的东西,借助于它来揭露包含在这一理论中并把它弄乱了的那些虚假的命题,因为依据斯宾诺莎的伟大思想,真理照亮了自己,也照亮了迷误。

我们将要对考夫卡在书中阐述的发展问题展开研究,而本文则是在该书俄文版出版前为它而做的一篇评论性的序言。

评论性地研究某一本书,研究类似于考夫卡这样一本介绍整个世纪期间某一方面科学知识的发展和包含着大量事实、概括、规律的著作,意味着要深入到形成本书的各种思想的内部连接之中,深入到它的各种观念的本质之中。对此书的评论性研究,意味着要确立理论与其中所反映的现实之间的联系。这种研究不能不以借助现实的评论方式来进行。

必须具有所评述理论中所反映出来的现实事物性质的知识——哪怕是只具有最普通的知识——才可能着手于这种评论。这种研究的制高点是评判性的实验,它将批评转移到事实方面,将那些区分两个理论体系的关键的、有分歧的因素提交到对事实的评判上。很遗憾,对评判性实验的

---

* 刘华山译。

陈述没有包括在我们的任务中。我们只能在联系到问题的理论分析时才顺便提到它。本书中所包含的事实材料，正是我们必须依据的、提供了反映到理论中的现实的最主要的事实资料。

实际上，对考夫卡的著作进行评论性的研究，无异于要另写一部著作，像本文这样的文稿，不过是那本尚未写出的著作的一个纲要。

考夫卡的著作是从统一的理论原则出发而写的为数不多的儿童心理著作之一，其基础是在普通心理学中首先形成的结构原则，或者完形原则。该书试图从这一原则角度分析儿童心理学的全部基本事实。

该书的主要理论任务是同学术思想上的两条绝路开展思想斗争。许多现代学术理论都由于这两条绝路而终结了自身的发展。考夫卡说，无疑地，在机械论解释和心理活力论解释二中择一的情况下，我们处在两者（一个是迫使我们放弃科学原则的、主张活力论的斯齐拉，另一个是主张无生命性质机械论的哈里布达）之间的夹缝中。

在克服机械主义和活力论这个基本任务的名义下，整个结构心理学建立起来了，发展起来了，但并没有胜任这一任务，这部著作也是这样。在这个意义上说，本书是欧洲心理学的一个最高点，以它作为一个支撑点（也就是说，依靠它并同时离开它），我们有可能探索到我们儿童心理学概念发展的起点。因此，我们的评论性研究应该按照本书作者的同一线索来展开。我们的任务就是，检验考夫卡引入到儿童心理学中来的新的解释原则能够在多大程度上使得我们能有效地克服儿童心理学中的机械主义和活力论的发展观。

当然，我们也不会逐章地对本书进行分析，但我们将区分两个基本原则并对其进行评论性研究。考夫卡说，他感到只有一条通向完成自己任务的道路。他试图评论性地陈述心理发展的原则并据以对个别的事实进行研究。实际上我们也是这样做的。我们应该按照原则符合事实、事实由原则来解释的观点，审查作为这一工作基础的普遍原则。

应该成为我们当前研究对象的两个基本原则是结构原则和发展原则。我们将从三个角度来考查这两个原则。首先，我们要根据最接近的事实着手分析作为本书基本原则的结构概念，也就是按照原则和最初借以提出、证实这一原则的事实材料相适应的观点来分析结构概念。然后，我们将按照原则与事实相适应的观点，把这一原则运用于儿童心理学方面的事实。这样从两个不同的方面即从原则与实际相联系的角度来阐述这一原则后，我们能够收集全部必要的资料，以便对从这一解释原则中发展出来的儿童心理发展理论进行批判性的整体衡量。

二

于是，我们将从与原则有紧密联系的事实出发，开始分析结构心理学的基本原则。考夫卡自己就说过，儿童心理学没有建立自身的解释原则，于是它不得不运用产生于普通心理学和比较心理学的类似的原则。他说，不存在我们要将之归于儿童心理学的那种心理学的发展原则。在这些原则运用于儿童心理学以前，它们已经出现在普通心理学或者动物心理学之中。

这使得我们跟随着作者，从比儿童心理学更宽泛、更普遍的意义的心理学原则的研究来开始我们的工作。考夫卡全部的重要工作不是别的，而是要将这种在普通心理学和比较心理学中发展起来的普遍原则运用于儿童心理发展的事实上来。

因此，如上所述，如果我们想要用评论性研究的基本方法将事实和原则做一个比照，从原则出发来分析事实并用事实来检验原则，我们就应该从该理论最初建立起来的那个范围的事实开始研究。在这里,我们希望揭示出事实与用来解释它的普遍原则之间的内部冲突,揭示出被一定系统的连贯的、合乎逻辑的进程所掩盖和压制的冲突。因此,从最一般的意义上说,对某种理论进行批判性的研究,几乎总是意味着不同的原则观点的某种思想斗争。

就这方面来说,本书由于有别于其他众多关于儿童心理学的系统论述,它将理论研究作为自己学说的基础,从而使批判性研究的任务变得简化了。考夫卡说,科学陈述的特征在于,它不是知识的简单报道。它应该指出这些知识对于科学的直接依存性,应该指出在活动中依存性的动态进程和探索。因此,同样也应该对那些归根结底是虚假的、无效的原则加以说明。读者应该清楚,这些原则为什么是无根据的,它们的缺陷何在,以及在哪些方面必须改变解释。由于反复地讨论不同的意见,读者就能够认清作为科学的心理学的发展过程。整个科学都是在为捍卫自己基本原理的鲜活的斗争中成长起来的,这本著作正是以融入这一斗争为宗旨的。

读完本书后,读者实际上会很容易确信,全书贯穿着同两种对立的理论的斗争,因而将批判性的观点用于对它的领会和掌握不仅不与本书特点相抵触,反而直接与其内在性质相吻合。但是只有当这一斗争是依据事实力量进行的时候,某一具体科学领域的理论斗争,其结果才会是富有成效的。我们在自己的研究中试图依据的首先也正是本书作者所运用的那些事实的力量。

我们立论的主旨是,弄清了结构原则对于儿童心理学体系的适用性这一理论问题,也就意味着弄清了现代理论心理学一个最复杂的、最核心的焦点问题,同时也就保存了这一原则中真理性的、有益的成分。

最好地理解这一基本原则的内涵,莫过于关注它的发生历史。结构性原则最先是作为对主宰旧心理学的原子论和机械论倾向的对立物而产生的。依据原子论和机械论的观念，心理过程应被视为心理生活中的那些个别的、互不依赖的客观的联想性联系的总和。类似的理论所遭遇到的主要困难在于它不可能适当地解释。既然是各种互不相干元素的偶然联想的凑合，何以能够在心理生活中产生对于人的意识来说是如此典型的、合乎理性的、整体性的体验，产生明智的、目的明确的行为过程？

新的理论的出发点，正如它的一个批评者所指出的，用歌德的话说，是把问题变成了假设。它以下述观念作为自己基本的假设，即心理过程从一开始就是一个闭合的、有组织的、有内涵的、决定了其中各组成成分的意义和权重的整体形成物。这样一个整体过程在新心理学中被称作结构，或者完形，它与一开始的大量客观的心理原子的偶然堆积是相互对立的。

我们不打算停留在普通心理学范围内的结构概念的发展上，我们现在感兴趣的是从发展问题的角度来理解这一原则。如上所述，这一原则在发展问题上的应用，最早并不是发生在儿童心理学范围内的，而是发生在动物心理学范围内的。

当我们谈到发展问题时，我们遇到的第一个问题是新的行为方式的形成问题。我们考虑到，考夫卡之所以以充足的理由将这一问题提到中心地位，是因为发展实际上首先意味着新事物的产生。每一种理论正是依据它如何回答心理方式产生的问题来从不同角度解决发展问题的。

我们最先碰到的新的行为方式的形成问题是与动物学习理论相联系的。我们在这里以一种最简单原始的方式发现了动物个体生活过程中新的方式发生的事实。在这里，这些新的行为方式的出现对于实验人员来说通常是容易理解的。考夫卡就是从动物学习中新的行为方式形成的理论来着手考查发展问题的。

但是在这里,随着心理学研究的基本原则的改变,对于结构心理学来说,这一问题的提法也与过去有所不同。从单纯的、彻底的经验主义观点来看,学习问题通常是作为训练、操练、识记问题。简言之,学习问题是作为记忆问题看待的。我们发现,考夫卡对问题提法的新意在于,他转移了学习问题本身的重心,将整个问题的这一重心从记忆转移到所谓初始的新行为的发生问题上来。

他说,学习问题不能表述为"后来的行为如何依从初始的行为?记忆的问题是什么"。学习问题首先应包括"这些初始的新的活动方式是如何形成的"。

如此说来,初始的新行为的产生问题就成了研究的真正起点,这与行为的识记、巩固、再现无关。从对这一问题的研究中,考夫卡发展出自己的理论,并将它与我们讨论心理学中这一问题时所见到的另外两种理论进行对照:一是在上述的桑代克著作中看到的试误理论,二是彪勒发展的三阶段理论。在同这些理论的斗争中,考夫卡主要依靠的是苛勒以类人猿为对象的动物心理学实验过程中得到的事实材料。但是吸引考夫卡的还有另一些材料,特别是他还批判性地研究了桑代克本人获得的事实材料。

如果不揭示使问题具有充分意义的整个思想背景,那么要正确理解结构心理学中的发展问题便是不可能的。因此,我们将转而简述另外两种理论,新心理学正是在与它们的对抗中产生的。

依据试误理论,任何新行为的产生都遵循着行为的偶然性原则——从许多偶然动作中选取适于成功完成任务的动作联合,然后使其得到巩固。但是,考夫卡说,提出这一原则,并不是解开问题的结子,而是砍断结子。根据这一原则,非先天的行为一般是不存在的,因而,作为新行为的第一次行为也就不存在。

实际上,从这一理论来看,存在的只有活动的先天方式。个体发展中发生的新的行为只不过是根据试误原则挑选出来的那些先天反应的偶然组合。

考夫卡一步一步地考查了导致这种有争议的原则产生的具体事实,并得出了试误理论根据不足这一有说服力的结论。他指出,在桑代克本人的实验中,动物不仅感知到了给定的情境概况,而且由于学习,最初形成了对这一情境的分解,从中产生出一个中心点,情境中与此有关的其余成分获得了从属性意义。

整个情境对于动物而言并不是完全盲目和无意义的。考夫卡说,对于动物来说,情境主要意味一个处所,一个可以由之逃出并奔向食物的地点。动物将自己的动作与放在笼子外面的食物以某种方式联系起来。这样说来,完全无意义训练的理论就站不住脚了。

如果仔细地、一步一步地分析桑代克叙述的整个实验过程,正如考夫卡所做的那样,就不能不同意说,在(从笼子逃出的)活动过程中,情境的各个成分对于动物来说具有一定的意义,与此同时我们也从分析中获得了某种全新的东西。正如考夫卡所说,一般说来,桑代克实验中的感觉方面的训练产生了新的形成物。动物完成了某种任务,因而它的活动就不是一连串偶然的尝试和错误。

考夫卡引用了亚当斯的实验,他的结论是,不能把训练想象成一个逐步摈除无效动作的过程。他援引了托尔曼的观点。托尔曼用以下陈述对自己有关动物学习的丰富实验做了概括:"所有学习过程都是问题解决的过程。"

于是考夫卡得出结论:在桑代克的实验中,事实与其理论说明处于尖锐的不协调之中,而说明又是用来对事实进行解释的。事实告诉我们,动物在解决指定的任务、划分知觉情境、将自己的行动与置于笼子之外的目的物联系起来的时候,它是以领悟来指引自己的行动的。而理论则是把它的行动解释为无理智的和盲目的反应的总和,这些反应是纯粹机械的,只是由于其外部的成功和失败而巩固下来或被淘汰,从而不仅没有内部联系,而且与反应产生的情境也没有任何共通之处。

考夫卡如此高度地评价桑代克实验中动物的行为,可以从实验事实中看到,如下面所述,这些事实对于自己的整个理论有着重大意义,以至于考夫卡倾向于将桑代克的实验与鲁哲对于人的实验相比拟。

鲁哲同样将人置于他不了解的情境中。正如考夫卡所说,他的研究结果导致了一个一般原理的确立。人用来解决任务的尝试活动,在这种情况下与桑代克实验中动物的行为常常是很类似的。于是,考夫卡将试误理论与作为其最初产生的基础的那些事实的不一致,作为反驳该理论的第一个根据提出来。

但是对于考夫卡来说,反驳这一理论的最主要的证据来自苛勒对于类人猿的著名研究,人所共知,这些证据已经查明,类人猿身上无疑地存在着理智的智力行为,表现为利用工具达到目的,或者指向目标的迂回动作。我们不打算介绍考夫卡著作中描写的那些精彩的实验,我们只是要说,对于考夫卡来说,它们构成了有助于推翻试误理论的核心的、基本的论据。

我们可以借助动物真正解决所面临的新任务的境况来简明地表达新的原则。我们发现,这一解决过程的实质,并不是每一个各自可以通达的动作加入到新的组合中,而是整个视野的新的结构化。这后一个原则的实质可以归纳为,依据苛勒的实验,与感受野的结构相适应,动物产生了闭合的、符合目的的行为。

这种行为与盲目试误中发生的许多反应的偶然组合正好相反。于是,考夫卡提出了与由桑代克理论引申出的那种观点完全不同的学习观点。他说,学习在任何时候都不会是绝对独特的。当有机体学会了某个课题后,他不仅学会了如何重新解决同一个课题,而且也开始更有能力解决他以前不能胜任的其他课题,因为在某些情况下,新的过程会因为其他同类的过程而变得容易,在其他场合建立起来的新的条件使新过程的完成变为可能。①

于是,学习实际就是发展,而不是简单机械地获取孤立的行为方式。作者认为只有这一理论才能解释为什么那些决定行动的重要的东西能够从情境中包含的大量关系中被区分出来。

我们说,这是因为视野中产生了与目标有关的认识了的结构。于是任务解决也就不是别的,而是结构的形成。对我们来说,这个问题之所以没有产生,是因为其他方面没有建立起认识了的结构。考夫卡质问:如果排除了意义并把偶然性看作是联想机制的盲目作用,那就有必要解释,为什么有意义的关系被觉察,而无意义的关系则没有被觉察。

考夫卡于是得出结论说,最初的问题解决行为产生的本质在于新的结构的形成。他的学说的卓越之处在于他把结构原则不仅运用到类人猿的智力行为上,也运用到桑代克实验中的低等动物的行为上。因而考夫卡把结构视为某种原发性的、自始就有的、本原的行为组织原则。如果认

---

① 本质上,考夫卡依然停留在桑代克的理论立场上,试图追随他,将儿童发展的理论建立在动物训练的资料和规律之上。他试图在这一立场的内部充分成功地改变这些规律的性质,但是从动物心理学到儿童心理学的方法论途径依然是桑代克的途径。他甚至没有提出这样的问题:在何种程度上有可能将"学习"一词一般地应用于动物和儿童,而保留它的相同意义。

为这一原则只是高等的或智慧的活动形式所固有的，这种想法就错了。它也出现在最基本和最早形态的发展之中。作者说，这些判断使我们确信我们对结构功能的原发性性质的理解。如果结构功能确实是那样原本的，那么它们也就应该反映到我们称之为本能的低等行为中。我们看到，对试误理论的反驳促使考夫卡得出结论，即结构原则在同等程度上既适用于类人猿的高等智力行为，也适用于桑代克实验中低等哺乳动物的训练，最后，也适用于蜘蛛和蜜蜂的本能反应。

这样，考夫卡把结构原则看作普遍原理，使他能够从统一的观点出发，既能把握最低等的本能行为，也能把握动物反应的训练和智力活动过程中产生的新的行为。正如我们看到的，这一原则的基础仍然是可认识的、闭合的、合乎目的的过程与个别反应元素的偶然拼合的对立。

但是只有当我们查明它与另一种对立性质的理论的分歧时，这一原则的整个意义对于我们来说才是明确的。这是一个三阶段理论，据此理论，行为的发展要通过三个基本阶段。

考夫卡在说明这一理论时谈到，智力的最高阶段是具有做出发明的能力的阶段，跟在其后的是训练、单纯的联想记忆阶段，最后是最低阶段——本能阶段。本能和训练具有自身的优势和缺陷。本能的优势是确信程度和完善性，借助于它，行为在第一次时就可以立即完成。训练的优势在于，它是一种适用于个别生活环境的能力。与此并立的是它们的消极方面——本能的固化作用和训练的惯性。也就是说，训练条件下的学习需要很长的时间。而在智力阶段，则把两个低级阶段的优势联合在一起了。

如果说桑代克理论的目的指向论证动物新行为发生中的无意义性和偶然性，那么，彪勒的理论对智力活动提出了过高的要求，过于割断了它与低级阶段的联系，并只是赋予它理智的、结构闭合的性质。彪勒的出发点是，理智以判断为前提，而判断伴随着人们确信的体验，而这是猩猩所缺少的。

于是，如果说试误理论试图从不同反应成分的偶然联合的机械主义原则来解释动物新行为的产生的话，则三阶段理论试图把发展看成内部互不相关的、不能为统一原则所涵盖的一系列阶段。"行为的这三种形态是什么样的？"考夫卡问。是否可以认为它们是完全不相同的？这样一来，发展仅仅在于，它们中的一种以某种尚不明确的方式汇合于另一种。

考夫卡在这一理论中的批评，首先是指向彪勒的理智行为一定要以判断为前提的论点。他说，即便对行为的这一限制符合成人身上被称作理智的行为，在最简单形式的理智行为中，具备这一特征也并不是必需的。其次，考夫卡试图擦除动物活动发展不同阶段之间的严格的界限。对他而言，本能会不知不觉地过渡到训练。在联想学习理论和本能理论之间存在着非常紧密的依存关系。正如我们在上述文字中看到的，他同样地试图擦除训练和智力活动之间的严格界限。

他尝试考查的不是三个完全异质的形态，而是要找出它们之间的已知的依存关系。他说，认真的读者会看出，用以在同等程度上去解释本能、训练和智力的确定的原则，也就是结构原则，对我们来说起着主要的作用。我们试图采用行为的效应本身的内部闭合性和目的指向性作为所有解释的基本原则。在智力活动中，结构性原则总是最鲜明地表现出来。因而我们可以采用能够解释行为高级形态的原则来解释行为的低级形态，然而，到目前为止，情况相反，人们将认为可以解释低级行为的原则移用到高级阶段的行为上来。按照考夫卡的意见，智力、训练和本能是基于不同的形成经历、不同的制约条件、不同历程的结构性的功能，而不是基于彪勒所设定的在必要的场合可以连通的不同器官。

于是我们得到了一个非常重要的结论:结构性原则被证明是适用于动物界所有多种多样的、从最低级到最高级心理现象的唯一原则。在某种意义上说,考夫卡打通了与先前研究者所铺设的道路相反的一条通道。如果说桑代克试图从动物活动的外部形态,通过把智力行为归结为低级的先天的反应来解释动物的智力行为的话,那么考夫卡企图在相反的道路——自上而下的途径,把在高等动物的智力行为中发现的结构性原则用来解释训练中甚至本能中表现出来的动物的外部的无意义行为。

出现了极大规模、极广范围的概括,覆盖了心理活动的全部形式——从最低级到最高级。这一概括没有被仅仅限制在学习方面,研究者还将它迁移到作为各种心理活动基础的生理现象上来。考夫卡援引了魏特海默关于生理现象结构性的假设以及列施里的研究,后者提出了生理过程的动力学理论,而生理过程同样是以结构现象的形式显现的。

考夫卡把这一将结构性原则迁移到作为心理活动基础的生理过程的尝试,视为免遭心理活力论危险的手段。他试图为心理结构寻找神经系统生理结构方面的解释。

据此,他说,本能、训练和智力并不是三种完全不同的原则,但在它们之中,我们发现的正是不同方式表达的同一个原则。因此,从一个阶段向另一个阶段过渡也就是不定的和经常变动的,而且本来就不可能确定词的绝对意义上的智力行为是从何处开始的。他说,我们也不能说,智力行为开始之处就是本能行为结束之处,因为夸大地固化智力行为本来就是片面的。他进一步说,我们的智力标准也可以被用在本能行为甚至昆虫那里,如同用在人的身上一样。

为了完善这一观点,必须说,在新心理学中,结构原则不仅迁移到作为心理活动基础的生理现象上，而且基本上也可以迁移到全部的生物过程和现象上，进而迁移到物理结构上来。考夫卡引用了苛勒的著名的理论研究，该研究为自己提出的任务是要查验，我们所面对的物理世界是一个具有结构的典型特征的一个物理系统，是一个完整的闭合过程，其中每一个个别的部分都受制于它所从属的那个整体。

为了结束对考夫卡理论的阐述，我们仍然要援引他个人对于这一理论所涉及的另外两种对立理论的理解。他说，如果我们将心理发展的机械主义理论与彪勒的三阶段理论做一个比较的话，那么我们可以说，它们中的一个可以被称为一元论，另一个可以被称为多元论。该如何称呼我们的理论呢？因为它承认无限的现存结构以及多样性的结构变化，因而可以说是多元论的，但它又不是那种认为反射和本能、训练和智力一类常设能力数量是有限的多元论。它也不是那种把所有过程都归结为神经联合或联想机制的一元论。考夫卡的目的是要探寻用最普遍的结构规律对发展做出最终解释。

现在我们可以将视线转移到批评性分析刚刚阐述的理论上来。从一开始我们就发现，对它的批评其实已经现成地包含在考夫卡自己报告的事实与概括中。我们也就从这些事实和概括开始。

三

廓清这一理论所依据的那些事实的真正意义、它的心理学性质，并从原则上予以评价，是我们对这一问题的批判性研究的重心所在。

我们以为，这些事实从总体上说，确认了考夫卡理论的纯粹的错误方面。这些事实完全有信服力地反驳了机械主义的试误理论和半活力论的三阶段理论，揭示出了两种理论皆缺乏证据。但与此同时，当我们仔细地研究这些事实,将它们与更大范围的现象相比较,使其获得真正的意义时,就会清楚地看到,在作者用作解释的证据中,与所包含的真理性成分并列的,还有它的虚假的核心。

从本质上说,我们以上所分析的考夫卡整个理论的内部核心,就是苛勒在自己研究结果中所得的基本结论。苛勒以普遍原理形式表述这一结论,宣称说,他们在猩猩身上发现了与人所拥有的同样的理智行为。猩猩的理智行为不总是与人的行为外部相似,但在适当设置的研究条件下,它们具有典型的理智行为是可以得到可靠证实的。

某种类人猿从其他动物的整个王国中突显出来而接近人类,不仅是由于狭义上形态学和生理学的特点,而且还由于显露出了作为人所特有的行为样式。按照苛勒的看法,我们对于它的那些在进化阶梯上处于更低等级的近邻,到目前为止了解得还很少,但就是这些了解得不多的内容,以及这本书中的资料,都不排除一种可能,那就是在我们所研究的领域,在智力方面,类人猿比许多低等的猿类更接近于人类。

考夫卡的整个理论因这一论点得以坚守,也因它而跌落。

因此我们应该回答的第一个问题是:从苛勒之后所做的进一步研究来看,这一论点在何种程度上是基本独立的;就词语的本意来说,类人猿的行为在何种程度上是与人相类似的,猩猩的理智在何种程度上比低级猿猴更接近人类。

如上所述,考夫卡的整个学说都发轫于这一论点。正如我们进一步会看到的,对于在这些研究中发现的并在猩猩的智力行为中得到最清楚表露的那一原则,考夫卡试图将其扩展:一方面向下扩展,用以解释动物的训练行为和本能行为;另一方面向上扩展,用以解释儿童的整个心理发展。如此扩展这一原则合理吗?这主要取决于获得这一原则的那些事实

（按心理学性质来说）与试图将这一原则扩展于其上的那些事实在何种程度上是接近的，或者它们就是同源的事实。

也许可以说，在现代心理学中，眼看着就要出现一个新时代，一个几乎还没有哪个著名的心理学代表人物认清了的时代，最好可以标定为"后苛勒"时代。它的出现对于苛勒的工作来说，如同苛勒的研究对于桑代克的工作。也就是说，它是苛勒理论的辩证的否定，以脱掉外形的方式保留了它的论点。

我们所见证的这一时代，产生于两种历史倾向，它们直接源自苛勒的工作，其中，就有以胚胎的形式为苛勒本人所预定的。但是对苛勒来说，这两种倾向并没有改变事情的本质，相对于整个问题的核心，宁可说它们只是次要的、辅助性的成分。对苛勒来说，下面我们将要谈到的这两种倾向都不能动摇其基本命题，依据这一命题，猩猩的智力按类型来说是与人的智力同一的，猩猩能表现出人所特有的行为。

第一种倾向是试图将苛勒研究的积极成果向下扩展，第二种倾向则是将其向上扩展。

苛勒的论点与桑代克的相反，认为动物的行动不是机械的、盲目的，而是有领悟的、结构性的，是与人相类似的，它给自己提出了一些填平桑代克在人和动物间所挖掘的沟壑的直接任务。

这种论题的扩展是通过两条基本途径来实现的。

从一个方面说，研究者开始允许将苛勒的论点向下延伸，扩展到低等动物并从中发现基本上同样是结构性的、理智的行为。一系列类似的研究指出，苛勒所提出的智力行为标准——他在猿类智力行为中找到的最纯粹标准，本质上并不是智力行为所特有的。

正如我们已经谈到的，考夫卡认为有可能将这一标准运用到本能行为,他假设本能、训练、智力并不是三种完全不同的原则,但是我们可以从它们之中找到用不同方式表达的同一个原则。这在本质上对于苛勒发现的原则来说是致命的。苛勒说,按照结构的观点,可以把从整体上解决任务情况的出现作为理智行为的标准。当把这一标准运用于动物的训练行为(如同考夫卡做过的)以及动物的本能行为(如同其他人所做过的)时,苛勒的追随者们只能为他提供拙劣的帮助,继续从外部直接地发展他的思想。他们指出,动物的本能行为与训练出的行为服从的是与智力行为相同的一个标准。于是,制定出的标准本身并不是智力行为特有的。动物的所有行为原来同样都是有理性的、结构性的。

在极端情况下,这一运动导致了有关会思考的动物的理论的重建,导致试图证明狗所固有的掌握人类语言的能力。

这样一来,由于无限地向下扩展,动物行为的普遍理性和结构性的观念所导致的结果是,这些特征不再能把理智行为在一定程度上清楚地区分出来。在这种普遍结构性的框架内,蜜蜂的本能行为与猩猩的智力行为的程度是相等的。用于一种动物和另一种动物的原则原来是同一个包罗万象的原则,只是表现形式不同而已。在正确地指出心理发展的三阶段之间的联系后,结果这一理论无力揭示它们之间的差别。不难看到,这一倾向使我们返回到有关会思考的、有理解力的动物的理论,说得极端一点,这一倾向恰好是要通向考夫卡极力要回避的东西——隐蔽的心理活力论。

第二种倾向是通过其他研究者走过的另一条道路实现的,正如耶尔克斯所做的,使高等动物越来越人性化、将猿类越来越抬高到人类的水平,并得出诸如下面的论断:既然认可猩猩能使用工具,那为什么试图教会它人类语言就一定不能成功呢?

于是，苛勒关于猩猩行为与人相似的观点在其进一步发展中产生了一种意向：一方面是要证明动物的那些最原始的本能行为因其与智力行为遵循同一种原则而同样具有似人性，另一方面是最终要抹掉区分高等类人猿与人的界限。

从苛勒的研究中直接生长出来的这些意向，最终是要将苛勒关于动物行为的理智性、结构性的基本原则推向极致，推向它的逻辑极限。这一原则开始追溯到细节详情，从动物心理学领域中驱除一切非理智的和盲目的东西，并揭示行为的每一个动作的情境—结构的理智性质。

正如我们着重指出的，这两种意向从一开始只是要捍卫、巩固和深化苛勒的思想，无论如何也没有料想它们会导致相反的后果，而实际上却否定了衍生它们的学说，其继续发展似乎走的是直接的逻辑途径，结果却导向了一条历史的曲线。类似的曲线，我们在从形态人类学到桑代克，以及在从桑代克到苛勒的转变中曾经见到过，在其他地方也曾考查过。

重要的事实是，关于苛勒所发现的实际现象，进一步的后续研究都对之做了充分介绍，并且指出，隐藏在猿类操作与人类工具使用的表面相似性背后的，是他们的原则上的差异。猿类的智力与对应的人类行为从外部看是相似的，但按种类与类型来说二者是不相同的。

苛勒自己也没有想到，他在著作中就引用了有利于这些论点的重要证据。如上所述，虽然正是基于这些证据，苛勒建立了自己的整个理论，但是很容易证明，他的论证过程却砍断了支撑自己整个理论的支柱。他的证据中最主要的东西、整个问题的焦点、他的整个论断链条的基本结论是，本能行为原来也是符合目的的、有理性的并在自身结构中是闭合的。进一步说，苛勒提出的智力标准，也完全适用于本能行为。作为整体的、与视野结构相适应的任务解决现象的产生，不仅是特别地适应于人类理智行为的标准，同时在同样程度上也是适用于动物最原始的本能行为的标准。

苛勒提出的智力标准因而明显是错误的，结构性的动作也还不是智力动作。正如考夫卡所证明的，它也可能是本能动作。于是这一特征对于查明智力本身是无益的。这一标准完全适用于任何本能行为，例如燕子筑巢。正如考夫卡正确指出的，这里，本能任务的解决也是作为整体而出现并与视野结构相符合的。

如果情况是那样，那么会产生一点疑惑，即苛勒实验中的类人猿行为，从本质上说并没有超越本能行为水平。就心理学性质来说，相比于人类的理智行为，它们明显地更接近动物的本能行为。虽然从外表看，它们与本义上的工具使用极其相似。

考夫卡本人在其他著作中给自己提出了这一问题，并依据本书中所叙述的一切，遵循与我们一致的精神，力图彻底地解决它，即反对苛勒的基本结论。但是，他没有想到的是，与此同时，他毁坏了自己理论的根基。在分析猩猩的智力行为时，他问道：这些智力行为的发生又是怎么回事呢？

在苛勒式的实验中，情况通常是，在动物面前某个够不着的地方放着水果，动物想得到这些水果，或者用我们的术语说，猩猩位于这边，看得见的水果在那边，于是产生了一个平衡被破坏了的情境，一个不稳定的系统，它会唤起动物重建它的平衡。但是有水果唤起动物行动的那种情境，其本身还不是任何意义上的智力行为。

我们在上面已经看到，这是本能的特征，它为有机体建立起一定条件的组合，其中平衡被破坏了。因而我们应该把所发生的这些行为标定为本能行为。如果水果可以经由直接途径获得，那么我们也应该把跟随其后的整个过程称为本能的行为。可见，本能行为与智力行为间的差别并不一定是平衡的破坏、行为的发生,而是借以重建平衡的方式。

这使我们走向与本能行为对立的另一端——意志行为。是不是每一个非本能行为(和准本能行为、自动化的行为)都是意志行为?将猩猩的行为称作意志行为有什么意义吗?我之所以提出这个问题,是为了说明将日常词汇用于心理学理论中必须何等谨慎。

动物想要什么?当然是要获取水果。但这一愿望并不是在意志决定的基础上而是在本能的基础上产生的。它当然不会奔向一根棍子。如果我们要说,动物在奔向作为目标的水果时,又想获得一根棍子作为工具,那就是对智力的解释了。一根棍子之所以轻易地就满足了它的愿望,是因为它在想出如何利用棍子之前,是决不会奔向棍子的。可见存在着的既不是本能行为,也不是意向行为,而是典型的智力行为。

四

从本质上看,考夫卡在行文中所说的话,对于认清猩猩的纯本能行为与使用工具的智力行为和意向行为之间的那种巨大的原则差异,已经完全足够了。正如我们在上面看到的,考夫卡试图用一个原则涵盖本能的与智力的过程,于是两种行为间的原则差异被抹掉了。正如考夫卡本人所说,猩猩的本能行为,从外部看来与使用工具极为相似,但实际上与其没有任何共同之处,只是冒充了人类所具有的那种理智行为。

没有谁比苛勒更好地说出了动物与人类活动的差别。在更晚一些的著作中,他谈到一个问题,即在猩猩那里,为什么连最微弱的文化因素都没有能与工具使用相联系。对于这一问题,他自己给出的部分答案是,最原始的人为了掘地,都会准备棍子,哪怕是在他并没有打算更快掘地的时候,哪怕他感到缺少工具使用的某些条件的时候。按照苛勒的意见,这种状况无疑与文化肇始有关。

如果我们要把只有在动物与人的不同心理过程间才存在的那么大的原则差别的事物归入到一个共同的原则中的话,那么结构原则本身显然是不能满足要求的。最原始人类的工具使用,独立于现有行为的本能性唤起,独立于现实起作用的视觉情境,这些正好是与猩猩操作的最本质特征完全对立的。

对于人来说,工具终究是工具,并不依赖于在需要使用工具的情境中它现时是否存在。对于动物来说,物体在情境之外就丧失了自己的功能意义。棍子如果不在一个与目的有关的视野中,对于动物来说,它就不再被知觉为一个工具。箱子(正如考夫卡本人详细谈到的),如果有另一只猩猩坐在上面,就已经不再是获取目的物的工具了,在新情境中开始被动物知觉为供躺坐的箱子。

可见,工具对于动物来说,并没有从直观情境中分离出来,而是更为一般结构的无独立性部分,并随着它所进入的情境而变更其意义。因此,与棍子外观相似的物品,例如细管,对于猩猩来说,很容易充作幻想的工具。考夫卡在本书中详细分析过的所有事实充分提示我们,猿类的本能行为与人类对工具的最原始的使用处于多么极端的对立之中。

大体上说,近来所有研究都对苛勒提出的有关猩猩与人类行为的相似性方面的有限因素的意义做了大幅度的放大,以至于违背了他的基本论断的原意。苛勒已经指出过,猩猩不理解机械的连接,除了可观察的视野,它们在情境中不能利用其他任何东西来决定自己的行动,仅仅是可意料到的、仅仅是可想象到的东西不可能成为它的行为的决定因素,它们没有未来(哪怕是最近)的生活。

进一步研究指明,我们在这里所说的不是程度的差别,而是那些原则上的、根本特征上的差别，是苛勒指出过的由量的差异转化为原则上质的差异，一个过程到另一个过程的性质差异。通过对向下扩展苛勒原则的派别所完成的有关猩猩的智力操作与低等动物的更简单过程的比较研究，其结果是确认在低等行为中存在着这一原则，同时也就动摇了这一原则可以作为智力行为的有效标准的信念。考夫卡本人指出过，这一原则已经可以适用于桑代克实验中训练条件下的动物行为。

正如我们从上面看到的，考夫卡认为，反驳强力地撕裂本能和智力的三阶段论的最主要的证据在于，结构原则在相同程度上适用于本能行为和智力行为。这使得作者拒绝做出清楚的区分，拒绝分清智力结构和本能结构。于是苛勒式的原则被消融到普遍的结构行为中。

本能的反应和理智的反应向结构原则这一屋檐下集合，这在上面引用的考夫卡的话中可以找到清楚的表述。在这里，他毫不模棱两可地断言，猩猩的行为无论如何也不可能是意向行为，按其产生的性质说，它们绝不可能超出本能行为。行动中的动物与情境的基本关系，实际与我们在燕子筑巢时所见到的情况没有两样。而工具使用所要求的则是对情境的另一种不同的关系。

正如我们从援引的苛勒的实例中所看到的，工具的使用要求关注未来的情境。它要求工具具有某种独立于情境的意义，也就是说独立于现实知觉到的情境，要求对情境做出概括。这仅仅是指那种能应用到一系列视觉上不相似的情境的工具。最后，它还要求人使自己的操作服从预定的计划。

我们还不打算详细地考查工具使用的心理学问题。但是，上面引用的东西足以使我们认识到，这一操作的心理学结构按其本性来说，与猩猩的操作该有多么大的根本区别。

正如前面提到的,把猿类提到人的高度的另一种倾向同样得到错误的结果,因为一系列的实验表明,猿类所具有的类似于人的智力,不但对于使动物学习人类的言语,而且对于唤起它们的某种意义上类似于人的活动,都是远远不够的。

可见,无论是在自己的正面的结果还是负面的结果中,这一倾向都导致了对苛勒关于猿类和人类智力同一性的原理的辩证的否定。

旨在把苛勒的原则引向逻辑极限的那一派别暴露出:被这些研究者误认为是猿类智力的那些东西,也就是结构上的充分理解性,操作中所具有的情境意义,实际上正是这一派别的软肋。按照苛勒在另一著作中的说法,动物,实际是自己视野的奴隶。正如勒温正确指出的,自由的意图——真正工具使用的完全必要的成分——就能把人与动物区分开来。

正如苛勒多次观察到的,在他的猩猩中,动物实际是无能力用意志努力去变更给定的感觉组织的。与人相比较,它们在极大的程度上是自己知觉野的奴隶。正如在考夫卡著作中呈示的,确实,猩猩的所有行为表明,动物在自己的行动中,竟然是奴隶性地依从于视野结构。在动物那里产生的意图,只能是它所处情境中的某种结构成分强加给它的。

正如勒温所说,一个明显的事实是,人拥有建立有关任何行为甚至是无意义行为意图的完全不同寻常的自由。这种自由对于文化中人来说是特征性的。儿童和灵长目动物只有极小程度的自由。很显然,与拥有更高的智力相比,建立行为意图的自由能够在更大的程度上将人与极为接近人类的动物区分开来。

从本质上说,我们不难看到,所有上述作者——苛勒说动物是视野的奴隶,考夫卡指出猩猩的操作的性质不是意向性的而是本能性的,勒温提出自由意图是区分人和动物的最显著的特点——大家都关注到了同一个事实,作者觉察到了却没有从原则高度充分予以评价的同一个事实。于是,这一事实似乎没有促使他们得出一个清晰的结论,即在从基本上区分人与动物的操作时,从单一原则的观点出发又要涵盖各类行为是行不通的。

更晚些的研究(例如梅尔松和吉约姆的研究)曾指出,如果可以谈及猩猩操作的似人性的话,那也不是相对于健康的、正常的人来说的,而是相对于有大脑障碍、患有失语症(即丧失了言语以及与言语有关的人的智力所有独有特点)的人来说的。在对这些病人进行鉴定时,格里博注意到,他们经常会连同语言一起丧失人所特有的不受限于情境的自由态度,丧失形成自主意图的可能性,结果是成为自己知觉野的那种奴隶,同苛勒研究中的猩猩情况一样。

用格里博的精彩的话说,只有人才会做出某种无意义的事情,也就是不是直接产生于知觉到的情境中的事情,是从某种现实情境的观点来看没有意义的事情,比如当缺少使用工具的客观条件也缺少处于饥饿状态的主观条件时,准备掘地用的棍子。但研究表明,在动物那里情况却是相反的:猩猩并不把工具从所提供的情境总体中分离出来,工具对于它来说失去了任何具体内容,因而猩猩的行为的理智性与最原始人类有效使用工具条件下的行为的理智性,除了词语本身外,没有任何共同的东西。

唯有如此,我们才能理解苛勒本人所关注的那一重要的事实,那就是,成了猩猩的财富的类似于人的智力,并没有改变它们知觉中的任何东西。用动物心理学术语说,它是沿着单纯路线而不是沿着混合路线进化的产物。这就是说,它无疑是新的形成物,但没有改造动物固有的整个知觉系统及其与现实的关系。换言之,苛勒实验呈现给我们的是本能知觉系统中的智力操作。

作为整个问题的焦点、最主要的和基本的结论,我们可以说,如果依然完全停留在那种结构原则的范围内,不引入能让我们区分高级的和低级行为的补充性标准,猩猩智力操作(考夫卡将其作为论证自己解释全部儿童心理学的唯一原则的事实基础)在最本质的特点上,竟然没有任何东西原则上能将自身与任何本能反应区分开来。

在这个意义上,我们可以使用结构主义者的武器转而反对他们自身。根据他们提出的部分依赖整体的原则,我们可以说,属于另一种意识结构的智力的性质,在原则上必定不同于在全新的整体、人的意识中发现的智力的性质。

脱离整体而使活动的某一个狭窄的方面孤立地集中起来的试图,从本质上说,与考夫卡本人所依据的结构原则是相互对立的。其实,要知道,本能行为只是在自己的情境中才是符合目的的、结构上才是合理的,但超出情境之外就是无意义的。猿类——这应是被充分证明了的——也只有在视野和它的结构界限之内才会理智地行动。在此之外,其行动就是盲目的。因而对结构原则的事实论证整个地被限制在本能范围内。

难怪考夫卡依据充分地提出将这一点作为反对彪勒三阶段理论的基本证据。但是,如果以为反驳了这一原则,我们就会重新回到彪勒的三阶段理论的话,那就不正确了。当考夫卡证明这一理论是深陷迷误的产物时,他是完全正确的。本质上说,所有三个阶段都是在同一个东西内部决定的,即都是在本能内部决定的。要知道,作为彪勒的第二阶段典型代表的条件反射,同样是本能,不过它是个体化的、适应于特殊条件的。此时,活动的性质依然像在无条件反射中那样受到本能的制约。正如我们所看到的,完全与猿类行为有关的同样的现象,例如条件反射,在执行机制的结构和表现条件上虽然带来了某种新东西,然而从整体上说,依然完全置

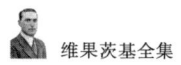

于本能意识的范围内。

彪勒用三阶段理论概括动物与人的整个发展的意图,与结构主义者擦去本能和智力之间的基本界限的意图,在同等程度上不能令人信服。①

因此,我们看到,动物发展的高级产物即猩猩的本能,在性质和类型上与人的智力是不相同的。这不是一个无足轻重的结论。然而它足以迫使我们从根本上重新审视用考夫卡的结构原则解释儿童心理发展的合理性。如果动物发展的高级产物与人尚不是相似的,那么就必须做出结论,导致动物本能产生的发展就不同于作为人的智力完善基础的发展。

只此一点就足以让我们承认,任何自然主义心理学,将人的意识仅仅看作是自然的产物而不是历史的产物,因而试图用单一的结构概念去覆盖整个的动物与人的心理学,在事实面前永远是站不住脚的。它必然是形而上学的,而不是辩证的。

正如我们所知道的,苛勒的著作以论战的姿态指向在它之前占统治地位的桑代克的机械主义观点。他的著作的这一部分有着充分的原则意义。它证明了以下观点:猩猩不是自动机械,它的行动是包含理解的;动物的智力操作不是偶然发生的,不是通过试误过程实现的,不是个别元素的机械大杂烩。这是在解决任何发展问题时都不可排斥的理论心理学的稳固、可靠的成果。

因此,如果从这一方面,也就是从下层来分析它的观点,将其与动物的盲目的、无意义的行为相比较,那么这些观点是充分有效的。但是如果从另一方面,也就是从上层分析它的观点,将它与人对工具的有效利用相

---

① 正如作者所述,考夫卡与彪勒的理论本质上并不是那么对立的。它们很像是同一个蓝图的两个变体方案,都是试图用同一个原则来覆盖动物和人的全部心理发展。在这一方面,两位作者的立场是一致的。我们已经指出,正是这一点将考夫卡的理论与桑代克的理论联合在一起。

比较,并给自己提出问题:在智力方面,猩猩是离人更近,还是离低级猿猴更近呢?这一问题的答案与我们从苛勒那里看到的,只能是直接相冲突的。

苛勒实验中猩猩的行为与桑代克实验中动物的行为之间的差别,也就是理智行为和盲目行为之间的差别,比起猩猩的操作与有效地使用工具之间的差别,其实原则上是无关紧要的。猩猩的操作与真正意义上的人类工具使用之间的差别,原则上要大于它与动物的本能的和条件反射活动之间的差别。因此,当考夫卡有别于三阶段理论,指出贯穿动物心理的所有这三个阶段的内部同源时,他是正确的。

于是,我们与其把猩猩的智力看成人类思维领域的最低形式,不如说它是动物界行为的最高产物。宁愿说这是动物进化的晚近的、最终的环节,也不说它是人类意识历史的最朦胧的开端。

正如已经指出的,在患有大脑皮层一系列病变的病人那里,尤其是人所特有的脑区产生病变的病人那里,我们观察到了某些程度与猿相似的行为。我们准备坚持的是,只有在这种场合将猩猩与人的行为相提并论才是合理的、被许可的,也只有在这种场合(并且只是在个别特点方面)我们才能找到两种智力过程的现实的而非臆想的相似性以及现实的相同性。

我们得知有类似的病人,在他想喝水的时候,他能够从长颈玻璃瓶向杯子里倒水,但在另一个场合却不能自主地完成同一个操作。从本质上看,我们知道,这一行为与我们在猩猩那里看到的是类似的。当有别的动物在箱子上躺卧时,猩猩不再把箱子看作是那个工具,即在另一情境中它以外表上类似人的方式使用的同一个工具。

如上所述,我们会想,猩猩所谓的工具使用,相对于人类最原始的工具使用来说,在极大程度上是处于与燕子筑巢更为接近和内部同源的位置上。

我们之所以那样详尽地评价考夫卡的基本原则,是因为只有评价他的学说的基础性原则,才有可能可靠地评价他的整个儿童心理学理论。

五

在这一部分,我们将谈及心理学和儿童心理发展中人的独特问题由之发端的最重要、最本质的边界问题,即是将人与动物区分开来的东西,将人在整体上,在他的意识及其与现实的关系的整体构造上,而不是在一个或另一个局部机能相似上与动物区分开来的界限。

于是,我们澄清了我们评论性研究的基本论题。考夫卡整个著作的主要缺陷是,他试图把儿童心理发展的基本现象都归结到支配动物心理学那一原则上去。他想把动物与儿童心理发展安排到同一个系列中,他想用一个原则囊括动物与人。

自然,他因此遭到了事实的强烈对抗。我们只需看看从动物研究中获得的两个基本实例,就可以了解到那些事实是如何对将其归入到同一个系列的意图进行对抗的。

我们先从实践的智力开始。按照我们的看法,有一种状况值得注意,苛勒在动物身上发现的智力操作,正如研究所呈现的,其自身是不能发展的。正如考夫卡所说,苛勒对这里发展可能性的极限给予了很低评估。

在另一些场合,将儿童与动物在那些要求实践智力的操作方面进行对比时,考夫卡还要说得明确得多。他注意到阿利佩特的资料,该资料说明,儿童在生命的初期,这些能力有了快速的发展,与此同时,猿猴却在这一方面几乎没有进步(尽管经常练习)。

类似的情况,我们在研究模仿问题时也遇到过。考夫卡重新从动物模仿与儿童模仿的类比出发来考查问题,二者都服从于结构的规律。他认为模仿的低级形式与高级形式之间的差别不是本质的,进而说,对他来说模仿问题转化成了与下述问题类似的一般结构的问题:运动结构是如何从知觉结构中产生的。

然而,在考查模仿对于发展的作用时,我们又一次碰到了上面所说的差别。苛勒写道,很遗憾的是,就连在猩猩那儿,也很少能看到模仿,而且永远只有当给定的情境(如任务解决情境)处于猩猩自发动作实现的界限之内时,才有可能观察到模仿。

可见,动物——即使是最有理智的动物——也只能模仿或多或少接近其本身可能性的东西。与此不同的是,对于儿童来说,模仿基本上是获取完全超出他本身可能性范围的活动的途径,是获得诸如言语和所有高级心理机能的手段。考夫卡说,在这方面,模仿是强大的发展因素。

即使局限于举出的两个实例,仍然可以清楚地提出一个基本问题,我们要想在考夫卡的著作中寻找它的答案,那是徒劳的。儿童的实践智力和他的模仿,原则上可以从所引证的制约着猩猩这两种机能的同一些规律得到说明。如果这是真的,那么我们又用什么去解释一个事实,即这两种机能在儿童发展中与在动物行为中却起着原则不同的作用?正是从发展的观点来看,差异是比类同更为本质的东西。因而,在我们看来,结构原则对于解释作为整个问题即发展问题的核心论题,是远远不够的。

我们不打算停留在广泛散布于全书各处的其他实例上,来继续说明前面已经用概括方式向我们表达过的内容。读者很容易找到不少地方比这篇简短的前言更能鲜明地说明,猩猩的行为在何种程度上与本能的动机和情绪不间断地联系,它们在何种程度上不能脱离直接行动,在自己的知觉中动物在何种程度上会丧失与工具的对象关系而处于对直观情境的奴隶般的依赖状态中。

从上面所说的看来，读者会不无惊奇地注视到考夫卡的基本主线，也就是他总是简述的一个思想要点——同一性的思想，即动物和人的行为的原则上的共同性。想要寻找更多的事实根据来支持我们的观点——将结构原则扩散到儿童心理发展的所有方面是缺乏根据的，只要看看那些描述猩猩操作受限于直观情境的特点就足够了。

为了彻底地阐述我们的观点，还必须做如下说明。正如上面所指出的，整个结构心理学令人兴奋之处是其关于心理过程具有理智性质的思想，这一思想是用来对抗被它归于陈旧理论的关于心理过程的机械性、盲目性和无意义性的观点的。但在看过上述内容之后，就不会怀疑新心理学实际是把动物的理智性和人的理智性视为原则上同一的东西。我们以前所谈的一切使得我们认清这就是结构主义原则的根本缺陷。

我们还须指出，考夫卡就动物行为所说的理智性与儿童心理发展中所涉及的理智性虽然都是结构现象，但就其心理学性质来说，二者是两个不同的理智范畴。

谁也不会反对心理发展研究应该揭示对现实的理智态度、理智体验的产生这一基本思想，但是问题的焦点在于，动物和人的意识所固有理智性到底是同一的还是有差别的。

考夫卡说，被他视为结构原则的事实证据的那些操作的本质特征就是对情境的理智性知觉的产生。他说，如果情境的意义是自觉地被知觉到的，行为就带有理智的性质。与此完全相同的还有迁移，即某种条件下所掌握的活动方式如果能够在新的、变化了的条件下被成功地运用，那么它就总是理性的、以理解为前提的迁移。总有一天所掌握的意义能够推广到与已知的事物具有共同性质的所有其他事物上。因此他说，迁移就是结构原则的理智运用。

这一关于理智性的观念在如此程度上渗透到考夫卡的所有描述和分析中,以至毫无疑义地在他的理论中被提到了首位。但是在两种场合中(在动物的行为与儿童的行为中),我们所遇到的情境理解性有着原则上的不同。

让我们仅举一例来对此进行说明。考夫卡引用了一个涉及儿童未能成功的解决课题的实验。这一实验作为一个实例,有着超出作者所赋予的更大的普遍意义。情况是,在一次实验中,儿童在面临一项要求利用棍子才能完成的任务中,表现得无能为力。对此解释很简单:儿童虽有一根棍子,但直到后来遭到严格的禁止之前,他一直是将棍子当作马来骑的。情境中存在的棍子,类似于儿童过去玩耍过的棍子,因具有被禁止的性质而无法用来解决任务。

加尔特在箱子实验中观察到类似的现象。有许多箱子摆放在房间里,对面有一排椅子,所有儿童无一例外地不能胜任任务。原因在于,他们被严格禁止站到椅子上。当这个箱子实验后来作为游戏而重复时,获得了成功的结果。

这个例子清楚地说明了我们所关注的现象。显然,棍子获得了被禁用的意义,或者动作——站在椅子上——被禁止,这与猩猩由于箱子上躺卧着另一个动物而不再用箱子作为获取高处水果的支架,在本质上是有区别的。很清楚,在这一以儿童为对象的实验中,物体获得了超出视野界限的意义。

利用椅子作为支架或者利用棍子作为工具方面的困难,不是因为儿童在情境中看不到这些东西对于达到目的的用处。原因原来在于,这些东西对于儿童来说实际获得了某种意义,就是,儿童不应该用椅子或者棍子来做游戏。换言之,在儿童问题解决中牵扯进了社会规则。我们细想,我们在这些实例中所碰到的因素,对于类似情境中的儿童行为来说,是决不能排斥在一般规则之外的。

在我们的实验中,我们不止一次地遇到那一假定的东西,当儿童着手解决问题时,奇怪的是并没有利用明显地置于他视野里的东西。似乎存在没有说出的假定,他在情境中应该按照某种规则行事。一旦允许利用棍子或者椅子,就会导致儿童在顷刻间就能完成任务。这些实验说明,如果视野中的情况是,其中的物品能够相互加入到一定的关系中,则对于儿童来说,他的可观察情境就会同样成为更复杂意义的一部分。

在这种条件下,我们看看被清晰地反映到所有其余的儿童实验中的最显著的实例,其最主要的结果是,在儿童解决任务中占首要地位的是意义野规律,也就是儿童以什么方式理解情境以及自己与情境的关系。① 这里就产生了我们在下一部分中所要研究的问题,即思维与言语的问题。

正如考夫卡所说,与这个问题有关的,看来要涉及大量麻烦,因为最大的困难是要回答问题——人是如何利用思维使自己从直接的知觉中解放出来并因而把握世界的。这种在实践基础上利用思维而摆脱直接知觉的解放,是我们的儿童实验研究所得到的最重要的结果。正如我们的实验所揭示的,在这一问题中,词起着最重要的作用。关于词,考夫卡自己说过,在儿童发展的一定时期,词不再与愿望和情绪相联系,并形成了与事物的联系。

正如实验所揭示的,词将儿童从苛勒在动物那里观察到的奴隶般依

---

① 我们注意到苛勒本人提出的问题本质上涉及的是,猩猩在自己与情境的关系中,和在自己的行为中,在多大的程度上不是由那些现存的、直观的成分决定的,而是仅仅由"所思考的"、仅仅由观念所决定的,由人的思维中具有最大意义的那些东西决定的。我们有条件地将其称为意义野,来与苛勒的视野相区别。

从性中解放出来。它也解放了儿童的行为。它赋予情境的可观察成分以意义,并对之加以概括,导致工具内涵的产生,工具是就其自身而言的,并不依赖于它处于何种结构之中。

儿童在解决任务时常见的那种事实,其本身反映的并不是什么新东西。许多研究和我们的研究都观察到了。迄今为止,几乎没有哪一个已发表的类似研究报告中没有肯定这一事实。但是大量的研究忽略了这一事实,没能理解他的原则意义,没有看到词及与其相关联的意义,将儿童置于与情境的原则上新的关系之中,根本上改变了他的知觉的简单动作,建立了勒温所说的自由意图的可能性(勒温将其视为区分人与动物的最本质的特点)。

我们不想详细地讨论我们已经在他处引用过的实验。我们只想说,研究伴随着儿童实践活动的言语(好像是对他的活动的简单伴唱)的这一尝试,是与考夫卡提出的结构原则相对立的。把言语同时把意义野纳入到一定情境的儿童活动中,而不改变它的操作结构这一事实,意味着站在反结构主义立场上,并与作者本人所依据的那些观念处于尖锐的矛盾之中。

这样,从他自己的思想出发,他本应该承认,儿童的实际操作与表面相似的动物操作是有着原则性的差别的。

六

我们现在可以结束对作为考夫卡著作基础的第一个原则的分析,并以所获得的结果做出总结。看了上述内容后,大概不会怀疑,考夫卡的理论给自己提出了极其大胆的、宏大的意图,试图将人类儿童的高级活动形式归结为在动物身上观察到的低级形式。

不难看出,将人类行为和知觉的高级理智形式归结为动物的低级智力动作的理智形式,从本质上说,是作者为了克服活力论而不得不付出的极其昂贵的代价。他向机械论做出了让步以克服活力论,因为从事情的本质上说,机械论不仅把人的行为归结为机器的运动,而且把人的行为归结为动物的活动。我们和考夫卡在对机械论理解上的最基本的分歧即在于此。

正如我们从考夫卡专论这一问题的报告(1932年)中很容易看到的,他认为机械论的主要危险在于活的、有知觉的东西被归结为静态的、自动化的、无机的。他从词的字面意义上来理论机械论,如同归结为机器论。因此他想,如果不是只从机械原则的观点,而是从生理系统的观点来理解静态的性质,正如苛勒在自己的研究中所做的,也就是允许在无机界存在制约着它的各个组成部分的作用和意义的整体结构过程,那么这样的归结原则上是可能做到的。

但是以这种方式来克服活力论,也就是试图将人的行为简化到从动物行为中发现的规律上去,那事实上就意味着中途止步。这比起桑代克尝试以纯粹的自动化的方式来解释与高级过程相联系的活动,当然要高明一些,但是这仍然是囿于"机械"一词本义上的纯粹的机械主义。

可见,如果说,企图用单一的结构原则解释动物和人的行为,会将考夫卡引入到以向机械论让步为代价的克服活力论的道路上,并迫使他中途止步的话,那么,它所导致的却是相反的结果,恰恰是走向通过以向活力论让步而克服机械论的道路,即是重新迫使他在机械论与活力论之间半途而废。这种立场——站在现代科学思想死胡同之间的半途上——对于现代结构心理学,尤其是对于考夫卡的著作来说,是极为典型的。

这些心理学家,在强化了自己的中间立场后,认为自己同样远离了机械论和活力论。实际上,就整体而言,他们是沿着这两种观点所决定的道路前进的,并把来自这两个极端、来自它们原本试图躲避的某些东西不自觉地收罗到自己的学说中来。实际上,考夫卡从自己的理智性观念出发,将结构原则运用到本能活动,必然地导致了本能的智力化。也就是说,从他的观点看来,最重要的东西不是在发展中产生的,而是从一开始就给定了。

结构,原来是从整个发展一开始就存在的原生现象。往下的一切是按照逻辑推论,通过结构的进一步繁衍而前进的。难怪在分析本能时,考夫卡把另一个问题——本能的整个非理智性、盲目性、非理解性——丢到一旁,而且认可理智性是在发展过程开始前就存在的一种素有的现象,因而他使许多心理学研究者随时要面临的一个最棘手的任务——解释理智性的发生和起源的任务——变得极为容易了。

实际上,如果所有行为都是理智的,那么无论理智的与非理智的之间的界限,还是所有的非理智的东西,就会完全消失。正如在桑代克那里,一切被归结为一个类别——多一些或者少一些而已。在那里,非理智性多一些或者少一些;而在这里,理智性多一些或者少一些。儿童发展与动物发展不可分割。按照考夫卡自己的表述,两个问题中的任何一个,比较心理学的核心问题也好,儿童心理学的核心问题也好,他都要试图将它们融成一体。

他说,为了给他所提出的对儿童心理发展的解释提供更广阔的论证,必须把比较心理学的其他一些方面包括到论述之中。两个目的相互紧密联系。他试图将它们融合在一起,建立起相同的"格式塔",而不是对所有的平行问题做不连贯的叙述。但是这一著作的致命弱点也就在于此。试图将儿童发展与动物发展融合到一起,建立起一致的、不可分割的结构,其中一方与另一方都是其非独立的部分，这意味着建立的是最原始（用考夫卡本人的话说）的"格式塔"，正如他在我们所分析的这本著作中正确指出的，它是科学认识发展早期的、初始阶段所特有的结构。

考夫卡所说的作为婴儿意识早期结构特点的东西，可以从理论方面整体地归入他固有的动物与儿童发展的统一结构。考夫卡强调说，所说的是很简单的结构，我们将其理解为早期的、组成极其简单的。某些品质呈现在单一底色之上。我们可以逐字逐词地简短地表述我们对考夫卡理论中呈现的结构的印象：单一底色上的某些品质。这些品质——结构性和可理解性，还没有分化，还没有分割。

于是，呈现在我们面前的是一部渐进式的、自然主义的儿童心理发展理论，它有意地混杂着动物的和人类的忽略了人的意识发展的历史性质，其中人所特有的问题只是作为事实材料而不是作为这一理论的原则基础存在的。毫不奇怪，哪里出现了人所特有的儿童心理发展问题，它们就会在哪里通过事实反映出来，它们就会强烈对抗作者的自然主义叙述的企图，并力图撕破这一统一的、不可分割的格式塔的外壳。

因此，当考夫卡想起苛勒的精彩的表述时——其中宣称，理智行为和智慧能力本身与唯智论的解释是相对立的，唯智论在任何地方都不像它在智力问题上这样缺乏说服力——从本质上说，考夫卡所引证的论据都是反对自己的，因为正是他试图从猩猩的理智操作的自然性出发，以唯智论的方式解释发展的基本原则。如果不是试图以智力操作的类比来理解发展，那么还有什么其他东西更能表现唯智论的特点呢？

整体来说，考夫卡的理论破坏了他自己选作基础的决定性的原则。正如我们所知，这一原则的要点是承认整体对于部分的首要地位。如果确信这一原则，就必须承认，既然人的意识的整个结构、整个系统不同于动物意识的结构,那么就不能将这两个结构中的某一具体成分(智力操作)视为同一个东西,因为这个成分的含义只有在它参与构成的那个整体中才是明确的。

这样,结构性原则本身指明了考夫卡全部理论建构的基本错误。他的理论的真理之光照亮了他的迷误。

我们在前面考察考夫卡理论的基础上得出的结论,意外地把我们引导到一个难以置信的结果上来。我们记得,考夫卡本人曾把自己的研究道路描述成自上而下的道路,这有别于通常的自下而上的道路。考夫卡认为后者的实质是将在活动的低级形式中发现的惯用原则用来解释高级形式的活动,他则尝试着要把从活动的高级形式中发现的原则用来解释低级活动。

然而考夫卡的道路仍然是自下而上的道路。他试图用在动物行为中发现的原则来说明儿童的心理发展。

考夫卡拿结构性原则来解释儿童心理学的全部丰富的内容,这一状况很让人想起詹姆斯俏皮地描述最初着手表述情绪的有限性质的重要原则时的类似的情境。原则对于他来说似乎是那样地重要,那样地对整个问题起决定作用,好像是那种能打开所有锁的万能钥匙,以至于为了它而把原则所要解释的那些现象的事实分析推到了第二位。

詹姆斯谈到自己的原则时说,如果我们已经有了一只会下金蛋的母鹅,那么分别地去描述所下的每个蛋就是次要的工作。从他的眼中看来,他的原则好像是下金蛋的母鹅。因此不用感到奇怪,分析个别的情绪在他看来退到了第二位,同时正是他的理论后来穿越过的一系列事实揭示了他的最初设想中的错误。

在一定的意义上,这也适合于结构原则。把结构原则看作是会下金蛋的母鹅,描述和分析每个个别的蛋应被视为第二位的事情。没什么奇怪的,这时对儿童心理学的各种各样事实的解释原来就好像描述同一只鹅下的两个蛋,一个酷似另一个。

考夫卡查明,结构性真的是儿童心理发展的出发点,连婴儿也具有理智性的知觉。最小孩子看到的世界,也是某种格式塔的世界。因而,结构性原来处于儿童发展的开端。

自然就产生了一个问题:晚些时候的格式塔世界与早期有什么区别? 对产生于儿童发展过程中的这些更复杂的结构,我们在本书中找到了展开形式的事实描述。但是我们在书中没有找到我们想要的问题答案,即产生于儿童发展过程的结构与生命开端时固有结构的原则上的差别在哪里而不仅仅是事实上的差别在哪里。相反,形成的印象是,对于作者来说,不存在这种原则差别,差别都是事实方面的差别。从一开始就下金蛋的母鹅,在儿童发展的整个期间原来是不变的。整个争论的核心就在于此。如果坚持这个观点,就必须赞成,在儿童发展的过程中,没有产生任何原则上的新东西,没有任何未包含在猩猩心理或婴儿意识中的东西。

同时,我们一直谈及的那些来自事实的对抗,将会随着我们从动物心理学方面转向儿童心理学的事实内容方面,变得特别容易被觉察。

七

我们打算在本部分从结构性原则对于儿童心理学适切性的角度对这一原则进行评价性的研究,并查明,这一原则应用中什么是以简单类比为基础的,什么是得到了证明的,而最主要的是,这些类比、这些证明的解释价值何在。那个被考夫卡称作"儿童和他的世界"的问题成了本部分基本议题。假想行为的学习、思维和言语、游戏等问题现在都应成为我们研究的对象。

我们还是从个别成分开始,但是这些个别成分在我们看来有着普遍意义,因而可以作为所有后面分析的导引。它并不是直接地将我们与上一部分的结论联系起来。在讨论儿童记忆发展的时候,考夫卡顺便提到,起初儿童消极地对待他的回忆内容,他只是逐渐地掌握它们,开始随意地重新回到某些事件上来。在另一处,谈到结构与智力的关系时,他指出,形成越来越完善和有包容性的结构正是智力的机能,于是,结构并不是产生于智力结构发生之处,它的位置基本上处于另一些中心。

这两个例子中包含了有着极大理论重要性的问题。我们注意到这一点,并予以强调,对于儿童记忆发展史来说,最本质的东西正是由消极的回忆向自主地转化和随意地唤起回忆的过渡。很显然,不是个别的因素,不是偶然的因素,也不是次要的因素决定了这一过程,而是儿童记忆发展中人所特有的一切因素在焦点汇集,在由消极记忆向积极记忆这一过渡问题上的集中,因为这一过渡标志着这一机能的组织原则本身的改变,标志着与意识中过往经验复制相联系的这种活动的改变。

请问:普遍理智性的结构原则,对于解释儿童心理生活的这种随意性的产生,在多大程度上是有用的和充分的?

正是这样,当我们得知,结构不是产生于理智结构产生之处,我们自然会面临一个问题:这些理智的结构和非理智的结构的区别何在?我们不禁要问:与非理智结构的产生和完善相比较,理智结构的产生难道没有给自己带来任何新的东西?或者,换言之,我们要问:不仅对于解释儿童心理生活随意性问题,而且对于解释儿童心理生活理智性问题,结构性原则

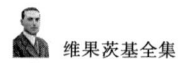

到底在多大程度上是可靠的和适当的?①

从那个碰巧挑选出的第三个例子中可以看到,我们这里涉及的不是偶然的实例,而是某种原则上重要的东西。例子显示,不管我们关注儿童心理发展的哪一部分,到处都可以遇到同样的一些问题。考夫卡讨论儿童数概念的发展,注意到"数——我们思维的最完美的样例"。

这里,在分析我们思维的最完美的样例中,似乎应该把思维之所以是思维的那些独有的特点放在注意的中心。考夫卡说,对于我们的思维来说,其典型的特征是,我们可以随意地将我们的思维操作用到任何材料上,而不依赖于对象的自然方面。在发展的其他阶段,这将是另一种情况:是物体自身决定了对于它来说是可能的思维过程。而后面各部分内容将集中于这些"发展的其他阶段"。

于是,这一部分要做的并不是把数概念变成我们思维的最完美的样例,介绍的同样是数概念,只不过是从反面、从发展的早期阶段缺少人类思维的本质特点的角度来对之加以分析的。

八

我想,利用上面引用的三个例子,我们可以指出在我们感兴趣的整个问题中的一个主导性的共同特点。当我们有必要对发展的起始的、原发的因素进行解释时,结构原则总是有说服力的。这一原则能指明:数,在它成为思维的完美样例以前是什么。然而,当它从这一低级的结构转化为抽象的概念,成为所有抽象概念的原型时,这个结构原则就不能对之做出解释了。这里,原则的解释就要让位于事实的判定、让位于某种连贯性的

---

① 这里本质上说的是结构心理学中的整个高级心理机能问题,随意性和理智性只是说明这些高级形式心理活动的个别特点。

事实描述了。

正是这种结构原则在解释记忆发展的起源时是有优势的,但是,这些低级的记忆结构是怎样转到积极的回忆时,结构原则又一次局限于对消极识记与积极识记更替的简单判定,因而无法对之做出解释。

同样的情况也存在于非理智结构和理智结构的关系中。从这一原则观点看来,一种结构向另一种结构的转变依然是不可解开之谜。

因此,在解释原则与用它来解释的事实材料之间建立的是一种完全特殊的关系。这种自下而上的说明必然使作者走向一种结果,即早期的、初始的、史前阶段的儿童发展可以得到适当的、令人信服的解释。而发展过程的本身,也就是对这些初期阶段的否定以及使它转向发达思维阶段的过程,却依然不能得到解释。

这不是偶然的。所有这些搜集到一起的事实都集中到一点,不把它弄清楚,我们就不能于事有益地向前推进。这一点涉及意义问题方面。

正如我们已经看到的,结构主义心理学开启了理智性问题的历史道路。但在这个问题后面,它看到的只是简单的、初始状态的理智性,它是心理生活的本能的与智力的形式、低级的与高级的形式、动物的与人的形式、历史的和史前的形式同样固有的理智性。它借助于在类人猿的半本能行为中发现的原则,来解释儿童言语和思维的发展过程。

触及言语发生的问题时,考夫卡重复了斯腾的著名原理:在理性言语发展之初,儿童有一个极其伟大的发现,即所有的物品都有自己的名字。他在"儿童生活中极其伟大的发现"与猿类的工具使用之间采用彪勒的类比法做了类比。他尾随着彪勒说,词进入了物品的结构,对于猿类来说,就像棍子融入了获取水果的情境。

考夫卡用同样的方式解释儿童的第一次概括,其表现是,儿童把所掌握的词一下子用到新而又新的物品上。"应该如何理解这些迁移呢?"他问道。彪勒完全正确地把在称名期儿童身上观察到的迁移与猩猩的迁移(例如,猩猩有时把帽檐当作棍子用)做了类比。而这些决定了寻找问题解释时必须遵循的方向。

如果在言语掌握与猩猩使用棍子之间的这种类比是合乎规律的,那么对于考夫卡进一步做的所有论述,就不会有什么反对意见。然而,依据近来的研究,它被证明是根本错误的,与此同时,与其有关的问题也是从错误的角度提出的。这种类比的错误在于,在这里忽略了词中的最本质的东西——决定词的心理学性质的心理学特征。忽略的正是词的意义,没有它,词就不再成为词了。

的确,考夫卡在运用结构原则解释儿童年龄段的言语产生时,指明了儿童这些最早的言语操作的理智性质。但是他将直观情境中对猩猩来说棍子所获得的意义与词的意义画上了等号。我们觉得这样做原则上是不合理的。

须知,只有借助于词,用概念进行抽象思维才第一次成为可能,猩猩不可能有的而人所特有的活动才成为可能。我们应将此归因于词的意义。其本质是,人在自己的行为中开始不受直观上所知觉到的东西的限制,不受视野中的结构的制约,而仅仅受制于思维。

在这里,考夫卡忽略了从感觉发展到思维的过渡中所完成的辩证飞跃。难怪结构心理学对整个思维问题都没有详细研究,几乎处处是建立在与可视结构的形式类比的基础上的。不能不同意布龙斯维克在近段时间热情捍卫的意见,这一意见是,结构心理学的最困难的问题是意义问题。这一心理学将词之特殊意义的问题"溶解"在所有行为的非特殊的理智性的一般问题之中。因此,对于类人猿的不自如行动与思考着的人的自由行动之间事实上如此清晰地显现出来的差别,依然未做审慎的考量。

我们再重复一遍,所有反常状况在于,考夫卡没有忽略事实,他看到了各种各样的不能置于结构主义解释框架中的现象,但是他总是倾向于不赋予事物的这些实际状况以原则的意义,因此,事实总是从原则的解释中自然而然地逃逸,而发展的分析也被简化为对现实状况的简单事实描述。

米绍特的实验显示,与对某个直观整体的理智知觉相比较,单个的结构性知觉的意义是贫乏的。赞德尔的实验指出,某种视觉形象的部分,由于逐渐积累,会突然达到一个极小的理解水平,开始作为有着确定意义的整体的一部分被知觉。彪勒的实验表明,儿童知觉中的结构和意义的产生,出自两个完全不同的根源。

是的,考夫卡并不认为这些实验是有足够说服力的。然而,正如彪勒所说,事实是,所有有能力理解图画的意义方面的孩子,无一例外,都是已经掌握了言语的称名功能的孩子,他们中只有一个已能理解言语的孩子不能指认图画。由此作者得出结论说,意义和结构的发展出自两个完全不同的根源。不久前的格塞尔和维格马耶尔同样指出,只有当儿童掌握了有意义的机能言语时,他才能产生理解的图画知觉。

不能不同意布隆斯维克的观点,他认为意义能在很大程度上决定结构的过程并与其如此紧密地相联系,以至于最终转变为统一的理智知觉的有机部分。在这里,他论证充分地说,看来,结构理论的解释力达到了自己的最高界限。

可称道的是,苛勒本人在不久前的一本著作中如此严格地区分了目的和意义。他把意义视为由经验途径产生的,然而问题依然是存在的:在意义产生的这一过程中是不是存在结构理论的机能原则,以及它是如何在这里发生作用的。这样极其谨慎地提出问题，从本质上说，依然将概念、抽象思维的发展史问题，也就是位于整个儿童心理发展中心的过程发展史问题，置于悬而未决之中。但在我们看来，那样提出问题毕竟要比玩类比的简单游戏更为谨慎，除了那些我们在直观思维方面已经熟知的结构本身外，类比的手法未能在抽象思维过程中发现任何原则上不同的东西。借助最后提出的解决方案依然完全不能满意地解释，苛勒本人指出过的猿类与人类身上原则相同的结构过程，何以事实上导致了原则上不同形态的与现实的关系，这种关系是如此重要，与其发生直接有关的正是人所特有的文化心理发展的可能性。

让我们再在意义问题上做短暂停留，因为它是解决进一步提出的所有问题的钥匙。

正如我们已经知道的，考夫卡将意义问题消融在一般结构和所有心理过程的理智性之中。实际上意义是结构的特殊成分，原则上它不能从结构上已经定型的过程总体中分离出来。

苛勒在自己近来的系列著作中直接接触到这一问题。他从正确的原理出发，即在直接经验中我们总是要涉及理智的知觉。正如我们已正确说过的，如果我们确认，我看见面前有一本书，可以反驳说，谁也不可能看到书，因为他假定在感觉与知觉间做了严格的区分。按他的说法，我们不可能看到书，因为这个词包含了某一类事物的意义，这一个事物只是类属于它。苛勒认为心理学家的任务是将这种意义从那些可观察的资料中分离出来。一般来说，感觉过程本身不能向我们呈现任何事物。在感觉经验直接与意义混在一起以前，客体是不可能出现的。

我想，所有的对这一问题的唯心主义研究中，只有苛勒一个人无疑是正确的，这一点应在一开始就指出来。他的正确之处在于，他反对那种试图在知觉结构的感觉组织方面把意义作为某种第一位的东西呈现出来。他有充分说服力地证明了,意义不是那种第一位的因素,它在个体发展过程中要发生得晚得多,结构的知觉才是原发的、独立的、比意义更低级的形成物。苛勒在这一点上无疑是对的。

还是很容易指出他的根本错误所在。他强调说,即使我们一点也不了解知觉客体的意义,这些客体仍然继续被我们知觉为某种有组织的、孤立的联合体。当我看到了一个绿色的物体,我可以直接说出它的颜色。以后我可能知道,这颜色可以用作铁路信号和希望的象征,但我不会想到绿色本身可以用这些意义来解释。颜色最先是独立存在的,只是后来才获得了附着于它的某种次生的性质。一切有组织的感觉联合,相对于意义来说都是原生性地存在着的。

但是,只要想起考夫卡引用过的苛勒本人的动物对灰色背景知觉训练的实验,就可以立刻看到,知觉本身自然也不是绝对与意义无关的。看来,只有伴随着意义的产生,儿童才会开始知觉颜色的抽象品质,而不管在它的旁边放着的是什么颜色。这样一来,苛勒所说的那种意义与感觉结构的混合物,就不能不使所知觉物体的感觉组织本身发生某种改变。

对于苛勒来说十分清楚,我们与实物实际接触的知识还不能决定它们作为独立的整体而存在。但是一旦我们记起他自己实验中猩猩在另一种情境下不再能认出箱子的事实,就可以立刻看到,离开确定的对象意义,这些实物是不可能作为独立的东西而存在的。正是由于产生了有意义的结构,才会出现那种对象的恒定性,而这正是区分人和动物与现实关系的最本质的方式。

立足于这一观点,当苛勒要指出,什么是与意义无关的独立存在的感觉结构时,他自己也只能陷入与结构原则的尖锐矛盾中。他说,正如在物理学中，分子能够作为一个机能单位分离出来，确定的整体在感觉野中也是那样独立存在的。

人所共知，结构心理学一开始就打算摧毁心理学中的原子论。它这样做只是为了把分子放到原子的地位，因为如果站在苛勒的观点上，就必须认可，被知觉的现实是由单个的、独立于它们意义的一系列分子组成的。

在别的地方，苛勒径直地说，如果形式是一开始就存在的，那么它们就可能真的很容易获得意义。具有所有形式化性质的整体一定是事前给定的，于是意义似乎已包含在其中，从而意义中就没有任何新的东西。它不能给自己带来在事先预定的形式中未包含的任何东西。此后就不必感到奇怪，苛勒把意义的发生基本理解成复现的过程，从本质上说，也就是联想的过程。

一个很有意思的事实是，结构主义心理学从批评无意义音节实验开始，而走向了无意义知觉理论。以反对联想主义开始，而以联想原则的胜利而告终，因为它试图借助于联想原则来解释心理生活中一切的人所特有的东西。要知道，苛勒本人也承认，正是具有意义这一点区分了人的知觉和动物的知觉。如果说，意义应把自己的起源归于联想过程，那么这种联想过程就成了人所特有的所有活动形式的基础。于是，意义不过是被再认出来的，复现出来的，联想再现出来的。

在这里，苛勒自己改变了结构原则，并彻底返回到他一开始就反对的那种意义理论。于是，苛勒肯定地说，如果从原则上看问题，那么事情就好办了。但是实际上，我们的知觉和意义原来是不可分割地融合在一起的。因此，原则和现实是相左的。结构心理学用类比获得了抽象的性质，把我们引向远离直接的、活生生的、质朴的和理解的体验的道路，而这些体验是我们在直接经验中实际经历的。

同时，苛勒本人知道，在正常的成人那里没有什么可以脱离那种附有意义的混合物。他还知道，在克里斯唯心主义公式中含有部分正确的东西——这一鲜明的唯心主义公式宣称，是意义把感觉变成了事物，因此，物体意识的产生直接与意义相联系。他还了解，因与直观的情境相联系，意义似乎局限于视野之内。同时他站在与考夫卡相同的立场上，在证明结构相对于意义的原发性、初始性和第一性时，也肯定了它的统治地位、它相对于意义的优势。

而情况刚好相反。正因为结构是某种初始的、低级的东西，它就不可能是解释人所特有的活动形态的决定成分。当苛勒说任何视知觉被组织在某个结构中时，他是完全正确的。他举了一个星座结构的例子。但我们看来，这个例子批驳了他自己。仙后座当然是那种结构的一个例子。然而，对于将直接知觉到的东西和一个意义联系起来的天文学家，和对于没有天文学知识的人，天空是排列完全不同的结构。

由于在这里我们已经接触到了中心意义的问题，就不能不谈谈对儿童知觉发展史的一般看法，以便将它与考夫卡的观点进行对比。我想，这一观点最好可借助简单的比较来说明。试比较，不同的人（不会下象棋的人，刚刚开始下象棋的人，中等水平和高水平的象棋手）是如何知觉散布着许多棋子的国际象棋棋盘的。可以肯定地说，所有这四类人看象棋棋盘是完全不同的。不会下象棋的人是从这些棋子的外部特征来知觉棋子的结构的。棋子的意义、它们的布局和相互关系完全不在他的视野之中。对于了解棋子的意义和棋着的人来说，同样的棋局显现的完全是另一种结构。对于他来说，棋局的一部分成了背景，另一部分作为棋子而凸显出来。中等水平的棋手将以不同的方式看棋局，而优秀棋手又按另一种方式审视棋局。

儿童知觉发展过程中发生的现象也大致是这样。意义导致了有意义的图景的出现。比采（Бице）研究过的一位棋手告诉他，说自己仿佛是把"城堡"理解为一种直向力，而把棋子"象"理解成一种斜向力。儿童开始领会事物不是别的，而是按照它们的意义，将思维成分带到自己的直接的知觉之中。

如果将这些与我们在考夫卡著作中读到的关于知觉内容相比较，就不能不看到，考夫卡是多么不遗余力地要捍卫一种看待儿童知觉发展史的相反的、自然主义观点。按照这种观点，对于他来说，整个知觉发展史是在合乎逻辑的系列上建立起来的，从颜色知觉开始，到我们用以领会和思考现实的范畴结束。

我们仅仅分析这两种极端的观点，以便了解考夫卡在这里所走的道路以及为什么这种道路是错误的。

考夫卡反对彼得斯关于颜色知觉结构中颜色概念的产生所起的决定性作用的实验。不过，在最近的出版物中，他应该返回这个问题并重新考量它。彼得斯在自己实验的基础上提出的问题无疑是正确的。他指出，在大孩子那里，颜色知觉的发展不是先天感觉机能或形态学基质的简单进化。用他的话说，它们是奠基于在感觉范围内形成起来的被称为知觉、再现、思维的高级智力过程。知觉只由感性的感觉决定。了解颜色的名称可能比感觉成分更为有力。同一个名称使儿童得以把颜色归于相同范畴。

正如已经指出的，考夫卡开始时强烈地反对这种有关颜色知觉的口头—感知系统的发展理论。他说，彼得斯实际上是从称名方面揭示颜色比较对知觉的影响的，但是我们不应把知觉和比较理解为汇合到低级、不变的感觉过程中的某些高级系列的过程，而是独立决定自身要素和感觉质量的结构过程。

但是在出现了格里博和戈里德斯坦关于颜色称名健忘症的著作后，考夫卡认为这里所引用对彼得斯实验的解释是不充分的。按照格里博和戈里德斯坦的意见，言语对被他们称为范畴行为的知觉有特殊的影响。在范畴行为中，例如某种颜色，从某种直观的合成体中解放出来，仅仅被感知为一定颜色类别的代表，比如红色的、黄色的、蓝色的代表等。这里谈的不是颜色与名称的简单的结合。

考夫卡只在自己著作的个别地方——例如只在引用过的地方——做了让步，承认言语对知觉的特殊影响。当他设想言语是作为一种特殊类型的结构与其他结构同时产生的，没有改变知觉过程本身的任何东西时，他实际上处处坚持的仍然是无结构性的立场。于是，他跟随苛勒，倾向于接受这样的观点，即知觉的结构恒定性与我们的概念是平行发生的。因而他坚持的观点是，动物所没有的对象的恒常性（正如我们看到的）和动物拥有的形状知觉恒常性，从原则的观点来看，可能是没有差别的。

在讨论产生于知觉和思维中的范畴（物质性，质量，行为）时，考夫卡得出结论说，它们如同简单的结构那样产生，与低级结构原则上没有任何差别。但是我们的实验结果指出，儿童图画知觉的这些阶段的质的更替，取决于他是否借助言语传达图画的内容，或者是否戏剧性地揭示图画上所描述的东西。

在第一种场合，儿童显示出直观性时期的鲜明的征候，也就是能罗列图画中所画的个别的物体；在第二种场合，转述整体的内容，也就是能说明图画上描述的事件。我们想，还不能把这当作言语对知觉的影响的直接证据。看来，这种影响要在考夫卡本人援引过的儿童绘画史中找到自己的具体表现。

实际上，如果彪勒说的是，儿童对结构和有意义的图画的领悟是各种各样的,那么福里克里特则成功地指出,儿童自己画无意义图形与画一个有意义的物体是不同的。儿童在概略地画出一个有意义的物体时,会把词语移入图画中——在所画的物体与自己要表达的意思之间挤进了含有物体一定意义的词语。而在表达直接感觉到或者接受的无意义形状时,儿童走的是完全不同的另一路线,表达的是对这个形状的直接的感觉。

我想,一同选取的所有这些现象都不是偶然的。用格里博的话说,它表明,当对于动物来说存在的只有环境时,对于人来说却产生了关于世界的观念。这一关于世界的观念的产生历史,把人的实践以及产生于其中的意义和不受物体直接知觉束缚的概念作为自己的开端。

因此,正确地解决意义问题决定了所有下面的问题。正如现代动物心理学家所说,对于动物来说,实际上并不存在世界。周围环境的刺激作用形成了一道坚固的墙,将动物从世界中隔离出来,并似乎将它禁锢在自己的石头墙的屋子中,对它隐藏了其余的整个陌生世界。而在儿童方面,我们看到的原则上是另外一种情况。

考夫卡说,仅仅是第一次说出的名称,对儿童来说,通常就已经指的是所称事物的特性了。但是事物的这一新的特性的产生未必不会改变事物本身结构,改变这种新的特性未产生前就存在的事物结构。第一次称名已经包含了全新的过程,即概括过程,而正如我们所知,即使是最简单的概括,也包含了曲折的、飞离现实的抽象过程,是一块"想象力的片段"。

詹姆斯正确地说,动物区别于人的一个心理学上的特征是缺乏想象力。他在谈到动物时说,它们固定地要成为其墨守成规、几乎不能超越具体事实的思维的奴隶。假如一个平庸的人的本质可以移植到一只狗的灵魂中去,那它就会因为那儿完全缺乏想象力而落入极端恐怖之中。思维在它的智慧中所能唤起的不是类似的思想,而是与狗接近的次生的思想。

太阳的余晖让它想起的不是英雄末路,而是该吃晚饭的时候。这就是为什么人是唯一的、有能力进行哲学思辨的动物。为了对宇宙为什么是那样的、它是怎样成为那样的这些问题能感到惊奇,必须首先有这样的概念:它本可以成为有别于现在的另一样子的。对于动物来说,在想象中使最寻常的现实结果脱离真实的事实,把现实的东西化为可能的东西,都是不可理解的,动物永远也不会在自己思维中形成这种概念。它把世界简单地理解为某种预定的东西,永远也不会以惊奇的态度对待它,詹姆斯这样地总结道。

詹姆斯建议做的这种向狗的心灵中移植人的本质的想象实验,从本质上来说,考夫卡理论上做过了。他把从动物行为中发现的原则应用到儿童整个发展过程中。因此毫不奇怪,理想教学的本质,是将我们从现实直接支配下解放出来,并将控制这一现实的权力交还到我们手中。这与考夫卡本人的基本原则恰恰是对立的。

九

在这种情况下,克服结构主义观点的片面性不是要向后退回到个别元素的无结构的、自动的、无规则的链接上去。结构原则仍然是理论思维的伟大的、牢固的成果。在批评将它用于解释儿童的发展时,我们不是想说,已被考夫卡否定的那个相反的原则就是正确的。我们不是要回过头去,回到前结构主义,而是要以结构主义为起点,继续朝前走。

将结构主义原则运用到儿童发展的事实上并不是完全不正确的,而是不充分的、是有条件的、有限制的,因为它在儿童发展中所揭露的不是人所特有的东西,而是人和动物所共有的东西。因此将这一原则运用到儿童心理学上的基本方法论不是错在其不正确,而是错在其过于包罗万象,故而对于揭示作为人的发展那种区分性、独特的特点是不够充分的。

正如我们不止一次地极力指出的,凡是作者显得论据不足的地方,他都会与原则本身的合逻辑的运行产生抵牾。结构原则的最本质的东西使我们做出推测,儿童发展过程中产生的新的结构,不是浮在表面的,它与形成物开始发展前就存在的、低级的、原始的结构不是混杂在一起的,也不是相互隔离的。

在这一原则的应用方面预料的根本分歧,只需集中到一点,那就是,必须在结构性内部而不是在它的外部探索新的原则,因为假如母鸡的知觉和作为人的思维完美样例的数学运算结构是同一个结构的话,那么这种使我们不能分出差异的原则本身,对于查明发展过程中发生的新的东西来说,就不具有充分的可区分性和动力性。

正如我们说过的,结构原则无形地存在于儿童发展的全部过程中。我们批判性研究的任务不是要推翻这一原则,或者用相反的观点来取代它,而是要批判它的不加分析地、包罗无遗的应用。正是其缺乏特异性和反历史的态度,导致其以同等程度应用于本能和数学思维。应该寻找将儿童心理发展提升到超越结构主义原则高度的途径,走向立足于心理发展的历史原则基础上的高级的、人所特有的心理学。

在这方面,结构原则的真理应能再一次帮助我们克服它的谬误。

十

现在我们只好把前面所做的评论集中到一起,并做些归纳。考察一下我们在考夫卡那里见到的对于发展问题的一般界定。正如我们从上面所说中看到的,解决这个问题的最主要的方法论,其缺陷在于考夫卡的结构原则对作为我们评论性研究开端的基本问题给出了不够令人满意的回答。

我们还记得,他是从心理发展过程中新的形成物的产生如何成为可能的这一问题开始的。这对于试图揭示发展问题的所有理论来说,实际是一块试金石。而我们研究的最重要的结果显示,正是从考夫卡所采用的观点出发,新的形成物才是不可能的。我们力求说明——现在没有必要以某种扩展的形式对此再做一次重复——结构原则的运用意味着对儿童与动物心理做同样的看待,擦去了历史的与生物的之间的界限,因而本质上意味着拒绝承认新的形成物。

如果结构是在婴儿意识中一开始就给定的,如果在继续发展过程中所有产生的东西不外乎只是那些初始结构主题在事实方面的新变种(这就意味着发展过程中没有任何原则上的新东西产生),那么从一开始,给定的原则就通过简单的数量增加,从自身复制出虽然事实方面是多样的但在结构的心理学性质方面则是原则上同一的东西。

考夫卡到底是如何提出关于发展的问题的?

正如读者不难看到的,考夫卡区分了两种基本的发展形态——区分了作为成熟的发展和作为教学的发展。确实,他不止一次地谈到他所罗列的这两种发展间存在的相互影响和相互依存。然而,考夫卡所说的成熟与教学的这种相互依存只表现在情况的事实确认层面,我们在任何地方都没有看到对这一问题的原则上的解决,即要回答:在儿童发展过程中,我们应该怎样理解同一发展过程的这两个方面。

在这种情况下,统一的发展过程本质上分成了两个过程,这样从原则方面,我们看到了考夫卡对待儿童发展的二元论的态度。在成熟与教学的这种相互影响中没有什么是主要的、支配性的、主导的和决定性的。两种过程在相同的起点以相同的身份加入到儿童意识的发生史中去。不错，在这里，考夫卡从事实方面不止一次地指出，产生于教学过程中的形成物永远有着重大的意义。但是这种事实状况却没有转化为对事实的原则上的阐述。

成熟原则本身为什么是儿童发展的基本的自然主义观点，对此大概不需要做特别的证明。因此我们只分析事情的第二方面，即教学问题。

一个值得注意的事实是，在写了一本献给教师的书的同时，考夫卡研究了教学问题，不过只是针对儿童发展的早期阶段也就是学前期的教学形式。他多次提到，当拿最低层的表现来分析时，我们就能够清楚地确认发展的意义。但是这种用来自低层次的原则揭示高层次现象的尝试正是自下而上的途径，我们在上面论述中，是把它作为考夫卡整个理论的核心的弱点来看待的。

在考夫卡的书中，用他自己的话说，"主要说的是学前的儿童"。初看起来，这对于教师来说似乎不是特别令人感兴趣的。但他想要说明，教师在学校接触到的发展问题，在生命开始时人的心理上就已经出现，它将对发展开端的详细研究当作自己的目的。如果借助最重要事实的帮助能够科学地解释对很小的孩子的教学是怎么一回事，那么教师就可以运用它去理解和组织教学过程。如果关注原始形态并研究教学的初级形式，那么我们对教学本质的判定在许多方面就会变得容易。

考夫卡把在发展的最低级形态中研究它的开端作为自己的课题，这一事实不是偶然的。我们看到，依照他的解释原则的方法论性质，只有发展的开端，只有它的起始时刻，从他的基本思想角度来描述才是适当的。因此，无怪乎到现在为止，结构心理学不研究（如果不改变自己的基本宗旨，怕也未必能够研究）思维理论。考夫卡著作中最好的章节是有关婴儿意识的一章，这也不是偶然的。只有在这里，结构原则才获得了最大的胜利，只有在这里才庆贺最高级别的理论凯旋。

我们与否定发展初期阶段意义的思想没有共同之处。相反，我们倾向于肯定考夫卡的著作在消除学校的教学与学前期发生的教学之间明显界限的首要意义。我们不能不进一步看到，考夫卡关于教学与发展相联系的概念以新的姿态——革命的姿态——提出了发展的学说。

事实上，我们先前谈到过结构主义思想与桑代克的思想在动物心理学方面的斗争。为了正确地理解考夫卡的著作的意义以及它的不足，我们必须将这种斗争转移到教育心理学领域，以便认清结构心理学带来的所有新东西。

正如我们所知，桑代克合乎逻辑地发展了基于他的动物实验的思想，走向了完全确定的教学理论，考夫卡的著作以决定性的力量推翻了它，同时将我们从先入为主的虚假观念中解放出来。这里有一个决定性的问题——关于形式科目的老问题，就是学生每天都要完成的局部反应能在多大的程度上发展他们一般智力。桑代克说，这是教学科目的一般教育意义的问题，简言之，是形式科目的问题。桑代克问，养成的精确计算的习惯在多大程度上能够影响计算行为的精密性，影响称重和测量，影响讲趣闻的技能，影响朋友性格的判断？养成不是靠猜想或者熟记来解决问题而是理性地证明几何定理的习惯，在多大程度上能影响逻辑地和自觉地处理政治论据的能力，或者在选择宗教信仰时的分析能力，或者影响正确地解决需要不需要结婚这样问题的能力？

桑代克已经是在用讲笑话的方式提出问题并鲜明地表达了他对问题的否定回答。正当对这一问题的通常回答是承认局部获取的每一种特殊形式的发展都直接地、同等程度地完善了普遍的能力时，桑代克却直接给出了相反的答案。他指出，智力的发展只存在于受到使用一定材料进行的特殊教学的范围内。桑代克引用了一系列涉及初等、低级机能的实验资料,并指出,能力的专门化程度比表面上感觉到的情况要高得多。他认为,专门的教学有着特殊的作用,它对一般发展影响的程度,要以教学过程中所包含的操作的相同的成分、相同的材料、相同的性质为限。

但是,他不相信教学科目能以某种神秘的方式发展意识的整体。他说,每一次教学都把自己的碎片放入一般的储备中。智力和性格不是通过某种细微的、不起眼的蜕变,而是在习惯形成规律的影响下通过养成局部的思想和行为而巩固起来的。除了在今天、明天和其他所有日子里的每一次不太重要的冲突中控制自己,没有什么办法能学会自我掌控;除了说真话,谁也不能成为一个诚实的人;除了完成自己的任务,谁也不会成为忠于职守的人。严守秩序的智力和意志的价值——这就是不断地关注习惯的养成。

按照桑代克的意思,习惯控制了我们。发展意识,就是要发展许多局部的、互不依赖的能力,形成许多局部的习惯,因为每一种能力的活动要依赖于该种能力所用的材料。完善意识的一种机能或是它的活动的一个方面,要影响另一种机能或另一个活动的发展,只有当这两种机能或活动存在共同的成分时才有可能。

把我们从这种看待教学过程的机械主义观点中解放出来的是考夫卡的理论。他指出,教学任何时候都不是特异的,在某一个领域所形成的结构不可避免地要导致另一个领域的结构机能发展的易化。但是考夫卡完全保留了桑代克的原理,按照桑代克的观点,教学就是发展。二者所有的差别仅在于,桑代克把教学归结为习惯的形成,而考夫卡把教学归结为结构的形成。

但是,教学与发展过程一般说来处在另一种复杂得多的关系之中,发展有着内部特征,是成熟与教学融合在一起的统一过程,这一过程有着自我运动的内部规律,这种观念,与两种理论同样距离甚远。

因此不必奇怪,考夫卡环顾了教学中所有与人所特有意识的性质产生有关的一切问题。他说,从现实中解放出来,就像我们的思维可能做到的,是我们文化的特殊成就。

但是整个结构原则所指引的,并不是这种从对现实的直接知觉中解放出来的道路,而是使人看到我们的每一步都依赖于用以了解现实的直观结构的道路。

十一

有两个问题可以作为正确评价考夫卡原理的试金石:第一,这是游戏问题;第二,与第一点有关,是儿童生活于其中的特殊世界问题。

游戏之所以是结构理论的试金石之一,是因为对于游戏来说,它刚好是假想行为的标志性的开端。儿童的游戏活动是在脱离现实知觉的情况下(虚构的情境中)进行的。在这个问题上,考夫卡是正确的,他要求重新审视格罗斯关于游戏意义的理论,并指出,就游戏这个词的本义来说,不但动物没有游戏,而且早期年龄儿童也没有游戏。在这里,心理鉴别力帮助他看清了事实和事实间的真正差别。但在考夫卡那儿产生的对格罗斯理论的再一次否定,并不是出于原则上的考虑。他不是推翻它的自然主义性质,而是要用另一种自然主义理论去替代它。

因此毫不奇怪,考夫卡最终得到了反常的、意想不到的结论,这一结论竟然与他自己的出发立场是矛盾的。他自己完全公正地批驳了皮亚杰关于儿童解释的神秘主义性质的看法,指出了儿童基于与现实直接联系的自然主义的解释倾向。他还进一步正确地指出,儿童的自我中心主义带有功能的性质,而不是异常的性质。但是同时他又与此尖锐地相矛盾。他指出,德维—布留里关于原始知觉的神秘主义性质的假设可以列入儿童知觉中。他倾向于确信,宗教体验与儿童世界结构原来是内部相吻合的。

他说,还存在着一个领域,这个领域是儿童从成人那里效仿过来的,并且与儿童世界内部相吻合。他指的是宗教。

正如我们所知,考夫卡的基本思想在于,儿童存在着两个世界——成年人的世界和他自己的世界。儿童从成人世界拿过来的东西与他自己的世界应该处于内部同源的关系中。宗教及与其有关的体验本是被儿童接纳到自己内部世界中的那些成人世界的要素。

考夫卡在解释儿童对待玩具的态度时,企图使这一理论也适合于儿童游戏。当儿童把木偶当作活物对待时,他们可以玩木偶;而过了一些时候,当他被从这项活动引开的时候,他可能会拆毁它或者把它投入火中。对这一事实的解释是,这个木偶处于两个不同的结构中。在儿童的内部世界,这个木偶是被赋予生命的物体,而在成人的世界中,这只不过是一个木偶而已。对待同一个物体的两种不同的方式源于它加入了两个不同的结构。

很难想象还有比类似的儿童游戏理论更强的对事实的武断态度。须知,儿童游戏的本质是虚拟情境、某种意义野的建构,它改变了儿童的所有行为,使儿童的行为和行动受到仅仅是虚构的、想象中的而不是可视的情境的制约。这些虚拟情境的内容始终指向它们所产生的成人世界。

我们真的有了一次机会来详细地分析这种两个世界(儿童世界和成人世界)的理论,和由此产生的两种心灵(共生于儿童意识中的两种心灵)的理论。我们目前只需指出,作为一般的发展概念,这种理论是指考夫卡所阐述的理论。

我想,根据这种理论,在考夫卡那里,儿童发展本身是成人世界排挤儿童世界的过程。这种理解不可避免地会导向一种结论,即儿童是在对抗成人中长入成人世界的,儿童在自己的世界中独立成长,成人世界的结构简单地排挤儿童结构并开始取代它的位置。发展变成了一种排挤和置换的过程,我们从皮亚杰理论中对此已有很好的了解。

十二

以此为据,儿童发展的整个性质有了不可思议的特点,在结尾时我们应该谈及这一点。

儿童最早存在的是规模非常有限的结构。考夫卡想,如果我们能从包含儿童行动的现象结构的大小的角度来研究儿童行为的话,那么我们就能更好地理解儿童的游戏。初期显露出来的是,儿童一般不可能建立超过直接完成行动的更长时间的结构。

于是,在这里,正如考夫卡所强调的,所有的单个行动组合是互不依赖的、平等的和等价的。但是儿童逐渐建立起了时间结构,而目前的特点是,这些不同的结构是并列的,互相之间没有显示出特别的影响。不同结构间的相对独立包容了儿童世界与成人世界这两大集群之间的情况,实际上,它们每一个内部的个别关系的情况也是这样。

这些被引述的描述文字,足以使我们看到,考夫卡把某一阶段之前的儿童发展过程描述为无结构的。然后开始产生了互不依存、各自并列的个别分子结构。发展在于这些结构的规模或者数量上的改变。这样,从发展开始,再次处于无序分子的杂乱中,然后由此通过联合,产生了对于现实的整体关系。

出现了一个奇怪的现象。我们看到,苛勒在彻底粉碎了原子论后,断言用互不依存的、相互隔离的分子取代原子的地位。我们现在看到的是同样的情况。初始结构的不连贯性和这些结构数量的增大,这就是考夫卡的观念中描述儿童发展过程的两个决定性的要素。这只能说明,桑代克所关注的个别元素的行为所处的位置,现在被放上了更复杂的综合体验或者结构,也就是说单位改变了,它得到加强了,原来原子的位置上放上了分子,但发展的过程依然是原样的。

我们又一次看到,考夫卡是怎样与结构主义原则处于矛盾之中并背叛它的。在他的阐述中,发展过程本质上是无结构的。这是确实的,是确凿无疑地被证明了的:一切都是从结构中发生和成长起来的,但它是如何成长的呢?原来是通过这些结构规模的扩大,通过克服从一开始就一直存在的不连贯性而成长的。如上所述,发展的起始点原来就是结构心理学的最辉煌的胜利。发展的开始就已经支配了今后的整个道路。对于这一心理学来说,发展的最高成就仍然是一本没有打开的书。

因此,不应该对我们在研究的结尾时所遇到的状况感到惊诧,我们所看到的就是它的主要成果。

我们看到,考夫卡是通过引入唯智论原则达到克服机械论的目的的。考夫卡以向活力论的让步,承认结构是一开始就有的,来克服机械论;又以向机械论的让步,来克服活力论,因为正如我们所看到的,机械论不仅意味着将人归结为机器,而且将人归结为动物。他假借魔王的名义赶跑了魔鬼,又假借魔鬼的名义驱赶魔王。

在他的研究中,发展不是一种自我运动,而是一种排挤和替换的过程。发展不是统一的过程,而是形成于成熟和教学的二重过程。主导发展的教学本身,完全要用唯智论来解释。如果对于经验主义者来说,教学就是记忆和形成习惯，那么对于考夫卡来说（他会不厌倦地重复），教学意味着问题解决、智力行为。而猩猩的智力行为对于他来说，是认识人类儿童整个教学与发展的关键。发展是一系列任务的解决，是一系列的思维操作，也就是说，我们面对的是彻底的唯智论。考夫卡试图对之进行去唯智化，依据的却是他在前智力、低级的、本能反应阶段发现的同一原则。

但是，如果我们弄清楚了，正如我们上面所说的，这一封闭的唯智论导致了用智力之光去照亮本能，又用本能的钥匙去打开智力之门，那么就大概不会怀疑，我们同时要面对的既有心理活力论，也有机械论。

正如我们上面所说的，考夫卡知道两种理论中的任何一种都是证据不足的，于是就站在它们之间的半路的中点处，想要摆脱二者以自救。但是正如我们看到的，结构缺乏联系，最终要与他的全书结语相矛盾。书的结语中说："在本书中，我们认为，心理发展的本质不是个别要素的联合，而是结构的形成与完善。"

正如我们看到的，在发展初期，结构具有片断性，这些结构—分子联合到一般的结构之中。这一发展的观念最终会导向把发展理解为先天固有的结构的变形、实现和联合。结构是最初就有的，而它的运动，考夫卡将其解释为结构的精确性、长度、可分化性的增长，也就是说，发展被纳入"多一些和少一些"的范畴中。

因此，我们的研究让我们得出结论，对于结构作为心理发展的普遍原则是否合适的问题，只能给出否定的回答。在依据结构原则分析问题时，必须克服它的局限性，必须指出它在什么地方在何种程度上实际证明了什么。它的证据只能涵盖那些非人所特有的、退居到发展进程次要地位的、人类儿童的史前的方面。在考夫卡试图用结构原则说明儿童发展的事实进程的地方，他采用形式上的类比，把一切都引向结构性这个公分母,用他自己承认的说法,也只能对发展的初期做出解释。

因此,必须探索人所特有的高级意识性质的产生与发展,首先是与词和概念一起、通过词和概念而发生的人的意识理智性质的产生与发展。换言之,必须探索儿童心理学的历史概念。

我们不难看出,在这条道路上我们不能绕开结构心理学,尽管其中缺乏本义上的发展概念,因为考夫卡的书中所有对于儿童发展的描述都向我们表明——正如法国谚语说的——事情越是多变,就越是照旧不变。也就是说,还是一开始就存在的那个结构。然而,结构原则比起我们科学发展进程中被它替代的那些观念,更具有历史进步性。因此,在通往儿童心理学的历史概念的道路上,我们应该对结构原则做辩证的否定,这意味着要同时保留它和克服它。

我们应该尝试用新的方式解决人的意识的理智性问题。结构主义心理学只是徒有其名地使我们想起理智性,以它开始,以它结束,用斯宾诺莎的说法,正如猎犬座使我们想起狗,一种会吠的动物。

反射学与心理学研究的方法论*

对人的反射学研究方法论现在已经走到自身发展的转折点。发展路线出现转折的必然性(不可避免性)源自反射学为自己提出的研究人的所有行为的巨大任务(作为一方面),与由条件反射训练(唾液分泌的或运动的)的经典实验所提供的那些简单、贫乏的解决任务手段(作为另一方面)之间的不适应。这一不适应随着反射学由研究人与环境间的最基本的联系(表现极简单形式和现象之间关系的相关活动)转入探讨最复杂的、最为多样性的相互联系而暴露得越来越清楚。而罔顾这种复杂多样的相互联系,人的行为的最重要的规律就不能得到认识。

在这里,超出原始、简单现象的范围,对于反射学来说,剩下的只有同样适用于所有行为方式的一般的、贫乏的见解,即它们都是条件反射系统。但是这种普遍的、过于一般的原则既没有抓住每一个系统的专门的特点以及行为系统中的条件反射的组合规律,也没有能揭示一个系统对另一个系统的影响和复杂的相互作用,甚至未能为科学地解决这些问题开辟道路。因此,只要提出和解决人的复杂一点的行为问题,反射学著作就暴露出这种宣言式的、粗略的特点。

经典的反射学仍然在精心研究无所不包的科学原则、具有达尔文意义的完美规律并将所有事物归为一个类别。正是因为这一原则无所不包,它才不能为科学提供判定其具体的和个别形式的直接方法。归根结

---

* 刘华山译。

底，关于人的行为的具体科学也不能局限于这一原则，正如具体的物理学不可能局限于一个万有引力原理一样。要想在普遍原则的基础上认清具体的、物质的、有限的地球世界，就得测量系统，就得有自己的仪器和方法。反射学的情况也是这样，一切都在促使人的行为科学突破经典实验的限制而去寻找其他认识方法。

然而现在不仅已经清楚地显露出反射学方法的扩展趋势，而且初步形成了扩展的路线。这一路线的指向是，与实验心理学中早已创立起来的研究方法越来越接近并最终实现完全的融合。尽管对于如此对立的两个学科来说有些不可思议，尽管在这一方面反射学界并没有充分地达成一致，而且他们对实验心理学看法各异，但还是可以像谈论眼前正在发生的事实一样，来谈论这种融合，谈论建立关于人的行为研究的统一方法，进而建立关于人的行为的统一学科。

学科间这种相互接近的简略的历程是这样的。起初皮肤电刺激用到脚底，以唤起脚掌或整个脚的防御反射。后来普罗托波波夫（1923年）在研究过程中引入了实质上的改变——以手代替脚，假定正是选择手作为反应标准是极为有利的，作为最完善的效应器官，手在被用来对环境影响做出定向反应方面比脚更为精细。他非常有说服力地论证适当地选用效应器官的重要性。实际上，很显然，如果选择口吃的人或聋哑人的言语器官，或者选择去掉对应的运动中枢皮层的狗的腿，或者一般选用对于相应类型反应来说适应能力很差的器官（人的脚对于抓捕运动）作为效应器官，在所有这些场合，尽管此时神经系统的分析与综合机能完好，但我们在研究定向活动的速度、精确性和完善性方面仍会收获不多。普罗托波波夫说，实际上，经验告诉我们，手的条件反射的形成要快得多，在获得分化方面也同样快速而且更加牢固。由于这一改变，反射学实验方法开始极大地接近心理学方法。被试的手随意地放在桌子上,手指可通过薄板接通电流。

这样一来,研究人的反射如果是要进一步建立普遍原则并以探索决定行为的各种反应为目的,则选定效应器官被证明是决定性的重要因素。"人和动物拥有许多效应器官供自己支配,但毫无疑问的是,他们总是以那些更为发达、更能适应某种条件的器官去应答不同的环境刺激",普罗托波波夫说,"人用双脚逃离危险而以双手自卫,等等,当然,也可能用脚掌建立起防御性的组合反射"。但是如果需要研究的不仅是大脑两半球的机能组合本身(=普遍原则——维果茨基),而且要确定定向活动的速度、精确性和完善性,则选取何种反应器官用于观察,对于这一类研究来说就不是没有差别的。

谈到第一点就不能不谈第二点。普罗托波波夫不得不承认,改进不能就此打住。"人在同一领域拥有比手要发达得多的效应器官,利用它,可以与周围环境建立起无可比拟的更为广泛的联系——我在这里指的是言语器官"。我认为在反射学的研究中,转向利用研究对象的言语,并将其作为条件联系的部分表现来考察,是完全可能和合理的,这些条件联系通过运动领域决定了人与周围环境的相互关系。至于言语必须被当作条件反射系统来研究这一点,就无须过多地说明,对于反射学来说这几乎是浅显的真理。在研究对象范围的扩宽与加深的意义上,言语的利用给反射学带来的好处,所有人也都是清楚的。

于是,关于效应器官,来自心理学的分歧与矛盾再也没有了。巴甫洛夫指出的正是选取狗的唾液分泌反射作为考察对象的优越性,因其最少随意性和自觉性。现在谈谈条件反射原理的实质,谈谈食物出现时"心理性唾液分泌"本来是非常重要的,但是新任务要求的是新手段,向前推进迫使我们改变论述的路线。

第二个也是更为重要的状况是,反射学方法碰上了任何小孩都非常了解的一些事实。人的反射分化过程完成得很慢。许多时间被耗费在使从一般情境中形成的反射变为分化的反射上面,也即是让人学会只对基本的刺激物起反应,而要抑制对不相关的刺激的反应。情况原来是(着重号是我加上的——维果茨基),用相应的适当言语去影响被试,既可以促进条件反应的抑制,也可以促进条件反应的唤起。如果对人说明只有一个指定的声音将与电流配合,而另一个声音不与其配合,那么分化立刻可以完成。言语可以唤起对于基本刺激物的条件反射的抑制,甚至可唤起对于电流的无条件反射的抑制,只要叫被试不要将手缩回。

这样一来,为了形成分化,"相应的适当言语"被引入到经验方法之中。同一种手段不但适用于条件反射的抑制,也适用于反射活动的唤起。"如果我们用词命令被试在某一规定的信号出现时将手缩回",其效果一点也不次于手通过薄板接通电流时的情况。普罗托波波夫认为,我们永远能够唤起我们所期待的反应。很清楚,根据反射学的观点,被试根据事先的词语约定将手缩回是条件反射。这种条件反应与另一种(电刺激下形成的)条件反应的全部差别仅限于,在这里我们有了第二条件反射系统,而在另一种情况下是第一条件反射系统。但是普罗托波波夫也承认,这一情况更支持的正是这种方法。"毫无疑问,对人的反射学研究将来应主要借助于第二类条件反射进行"。实际上,如果对人的行为做分析,其实质的要素——无论是从量上看还是从质上看——正是高级条件反射,正是它们可以用来解释人的静态的或动态的行为,这不是很清楚的吗?于是就要有两个假定:(1)借助于词的指令可以唤起反应和限定(分化)反应;(2)我们可以把利用各种反应(包括词的、言语的)完整地引入实验心理学的方法领域。

普罗托波波夫在引证的历史文献中两次谈到这一点。他说:"这时实验的安排与实验心理学在研究所谓的简单心理反应的问题时一直应用的安排就完全相同。"以后还要包括"实验安排的各种变体,例如,出于反射学也可以运用所谓的联想实验……使用这种方法不仅要考虑当前的对象,而且可以启用从前刺激的痕迹,包括抑制性的刺激"。

在以极大的决心从经典的反射学实验转向迄今为止生理学家仍被禁止使用的极其丰富多样的心理学小实验,并大胆地勾勒出反射学的新的道路和方法时,普罗托波波夫虽给予心理学实验以高度的评价,但对本文所致力于捍卫并力图为其提供证据的极其本质的两个要点仍然说得吞吞吐吐。

第一点涉及研究的技术与方法,第二点涉及两门(?)科学的原理和目的。两门科学彼此联系,而与两门科学联系的还有一个使事情变得混乱的本质上的误解。无论是从反射学已经采用的原理中必然得出的逻辑结论,还是这一方法整个发展路线已经预定并即将付诸实现的进一步行动,都迫使人们承认这两个依旧模糊之点。

究竟是什么使心理学和反射学的实验没有能彻底地、充分地融合和协调一致起来呢?促使普洛托波波夫这样提出问题的只有一个东西,那就是对被试的询问。被试对于有关某些过程方面、有关实验者采用其他方法不能获取的反应的口头回答,以及实验对象自己的意见和证词。分歧的本质似乎就在这里。反射学家们认为这些分歧是原则性的和决定性的。

他们以此将它与第二个问题——两门科学的不同的目的——联系起来。普洛托波波夫从来没有谈到过对被试询问的问题。

别赫捷列夫多次谈到,从反射学的观点来看,也许只有以自己为对象时才能使用主观的研究方法。其实,正是从反射学研究的彻底性的角度看,才必须对被试进行询问。实际上,人的行为以及新的条件反应的建立不仅取决于明显的、充分的、完全显露出来的反应,而且也取决于那些没有在其外显部分表现出来的、半抑制的、不完整的反射。别赫捷列夫追随谢切诺夫指出,思维,不过是被抑制了的条件反射,是抑制和中止在前三分之二的反射,比如说,词语思维就是被抑制的言语反射的最常见的情形。

请问:为什么允许研究完整的言语反射甚至把主要希望放在这一方面,就不能考虑无疑同样是客观存在的只是未在外显部分显露出来的、被抑制的反射呢?如果我把可能联想到的"晚会"这个词大声说出来,使实验者听得见,这应当作为词语反应——条件反射——来考虑。而如果我对这个词的发音是别人听不见的,是自言自语,是我在想,难道它就不再是反射并且因此改变了自己的性质吗?发声词与不发声词的界限到底在哪里?如果我嘴唇微微活动,低声絮语,但实验者还不能听到,那又怎样呢?他可否让我大声地重复这个词语?或者这样做就成了主观方法、内省法或其他被禁用的东西?如果可以这样做(大概,几乎所有的人都会同意),那么,为什么不可以要求我大声说出心里想到的词语,而不只是微动口唇和低语?要知道这反正是一样的,这种心里想的词语,无论说出与否都仍然是运动反应、条件反射,离开它思想就不能存在。而这已经就是询问、就是被试的口述、证言,就是有关他的那些不明显的、实验者凭着听力无法捕捉到的(这就是思想与言语间的整个差别,仅仅如此而已)但无疑是客观发生过的反应的记述。我们可以通过许多途径确证这些反应确实发生过,它具有客观存在的全部迹象。而且最重要的是,它们自身还力求使我们确信其存在,以那种强度和鲜明程度表现在后续的反应过程中,以迫使实验者或者考虑它们，或者干脆就放弃研究它们融入其中的后续反应过程。那么，那种反应过程，那种假定不包含被抑制的反射（＝思想）的条件反射过程还会有很多吗？

这样一来，我们或者放弃按照人的行为存在的方式去研究它，或者将对这些不明显反射的考虑纳入到我们的实验之中。要想理解行为，反射学就必须考虑思维，考虑整个的心理。心理——只是抑制了的活动，而所谓"客观地"，也不仅是指可以触摸的和人人能看到的，那些只有通过显微镜或者望远镜或者X射线才能看到的，也是客观的。同样地，被抑制的反射也是客观的。

别赫捷列夫指出，在心理的高层领域，符兹堡学派在"纯粹的思维"方面研究的结果与我们对条件反射的了解本质上是相符的。科罗里直截了当地说，符兹堡学派研究在无意象和无词语思维方面所发现的新现象，本质上不是别的，而是巴甫洛夫条件反射。单是为了查明思维动作本身是不能自我观察的，查明它是现成的、不可报告的，查明它是纯粹的反射，在研究被试的报告和口述方面需要完成多么精细的工作。

但显而易见的是，这些口述、询问的作用以及它们对于反射学和科学心理学研究的意义，并不完全是主观主义心理学家有时赋予它们的那些东西。客观主义的心理学家到底应该如何看待它们，它们在受到科学检验的严格的实验方法系统中的地位和作用又当如何呢？

反射不是孤立地存在，不是分散地起作用，而是联合成一个综合体、一个系统、一个决定人的行为的复杂组群和形成物。反射形成综合体的规律，这些形成物的类型，其内部相互作用和完整系统之间相互作用的种类和形态，所有这些问题，对于解决行为的科学心理学的最敏锐问题有着首要的意义。反射学说刚刚建立，而所有这些方面依然没人研究。但是已经可以谈到一些事实,诸如个别反射系统间的肯定存在的相互作用,一个系统对其他系统的影响,甚至几乎可以一般地、暂且还有些粗略地揭示这一影响的机制。这种影响机制是这样的:某个反射通过其效应部分(运动、唾液分泌),使其本身又成了同一系统或另一系统的新反射的刺激物。

尽管任何一个反射学家都没有做过类似的表述,但它的真实性是十分清楚的,以至于人们默许了它,看来仅仅是因为它已被默认并为所有人接受。狗以唾液分泌(反射)对盐酸做反应,而唾液本身又是吞咽反射或是将其吐出的反射的新刺激物。在自由联想中,对于词的刺激物"玫瑰",我说出了"旱金莲"——这是反射,而它又是下一个词"毛茛"的刺激物(这仍然是发生在一个系统或是相近的协调系统内部的)。狼的嚎叫作为刺激在我身上唤起了躯体的或面部的恐惧反射,而改变了的呼吸、心跳、颤抖、嗓子发干(反射)又使我说出"我害怕"。这样,一个反射对于同一个系统或另一系统的反射可以起到刺激物的作用,就像外部无关刺激一样地引起反射。在这方面,反射联系本身想必服从条件反射形成的所有规律。按照条件反射规律,一个反射由于在一定的条件下成为另一个反射的条件刺激物而与其发生联系。这就是反射联系的显著的、基本的和首要的规律。

这一机制也允许我们在最切近和最一般的特点上理解被试的口头报告对于科学研究可能具有的客观意义。观察者不能直接觉察的不明显的反射(无声言语)、内部反射,常常可以通过那些可观察的反射而间接地予以揭示。相对于可观察的反射,那些未显露的反射是刺激物。依据完整的(词的)反射的存在,我们断定相应刺激物的存在,在这一场合它起着双重作用:对于完整的反射来说,它是刺激物;对于先前的刺激物来说,它是反射。由于正是心理即不显著的反射组合在行为系统中有着如此巨大的作用,因而对于科学来说,拒绝利用心理在其他反射系统上的反映来间接地揭示它，就无异于自取灭亡。（我们想起别赫捷列夫关于内部的、外部内部的及其他反射的学说，尤其是我们还经常遇到一些自己不能觉察的、在躯体过程中逐渐消失的然而可以通过由它引起的反射予以揭露的内部刺激。这里的逻辑和思维与论证过程是一样的）

如此理解的被试口头报告，绝不是自我观察活动，后者似乎是将自己的一勺焦油搅和到科学客观研究的蜜罐里。没有什么自我观察，被试完全不能处于观察者的地位，不能帮助实验者观察自己也不能觉察的反射。被试即使在自我报告时，终究依然是实验对象，但询问给实验本身引入了某些改变、变形——将新的刺激物（新的提问）引入到新的反射中，使得有可能对先前反射的不明确部分进行推断。因此，整个实验好像通过了两重物镜的折射。

于是，看来有必要把意识本身，或者把我们行动和状态对于我们的可意识性，首先理解为从一些反射向其他反射的传导机制在每一个意识瞬间正确发挥作用的系统。作为唤起其他系统的整个系列的其他反射的刺激物，任何内部反射向其他系统传递得越是正确，我们越是有能力清楚地认识到并使他人也认识到我们的感受，这种感受就越是意识到的（被感知到，用词语固定下来，等等）。"意识到"也就意味着把一种反射转移到另一种反射。无意识的心理活动也就是不能转移到另一种系统中去的反射。可能存在极其多样的意识，也就是包含在起作用的反射机制中的各系统间的多种多样的相互作用。意识到自己的感受并不是指别的，而是指将其作为另一些感受的客体（刺激物）而拥有它。如果说简单的感受是对物体的感受，那么同样地，可以说意识就是对感受的感受。然而反射能力（对物体的感受）正是充当新反射（新的感受）的刺激物（感受的对象）的能力——意识性的这一机制，也就是反射从一个系统向另一系统传递的机制。

这很接近别赫捷列夫所称的报告的反射和未报告的反射。特别是，符兹堡学派的研究结果表明了对意识的这样理解。顺便提及，这一学派查明了思维动作本身是不可观察的——"不能对思维进行思考"——思维动作是处于知觉范围之外的，也就是说它自己不能充当知觉的客体（刺激物），因为这里说的是另一性质的现象，有别于其他可以观察和知觉的（可以充当其他系统的刺激物的）心理过程。进而，按我们的看法，思维动作、意识动作不是反射，或者说它不能作为刺激物，而是反射系统的转换机制。

由于这种理解划定了被试口头报告和他的自我观察之间方法论上的原则的、根本的差别，不言而喻，研究者的指导语和询问的学术性质也就发生了根本的变化。指导语并不要求被试承担部分的自我观察，不要求他分出部分注意并将其指向自己的感受——绝不会这样。指导语作为条件刺激物系统，事先唤起实验中必要的、决定进一步反应进程的定向反射，唤起实验过程中必须利用的那些传导机构的定向反射。在这里，对于衍生的、映射出的反射的指导语与对于原初反射的指导语没有任何原则的不同。在前一种情况下的指令是，说出您现在默念的那个词；在后一种情况下的指令是，缩回您的手。

还有，询问本身已经不是要尽可能多地打听出被试的感受。情况发生了原则的和根本的变化。被试不再是讲出犯罪口供的见证人，他曾经是罪行的目击者（他以前的角色），而自己又是罪犯——最重要的——这是就犯罪的当时来说的。而这里说的不是实验结束后的询问，这里说的询问是实验的继续，是它的有机的、不可分离的部分，是无论如何不能从第一部分中独立出来的实验本身，而在实验过程中所利用的只是实验本身的资料。

询问不是实验的附加物,而是尚未完结的实验的延续。因此,询问不应设计成交谈、谈话、侦查者的查询,而是要设计成一个刺激物系统。它的设计要精确考虑每一个发音,严格挑选那些在该实验中具有绝对可靠的、科学的、客观意义的映射出来的反射系统。

这就是为什么询问法的整个系统的改造有着重大的意义。应该制定询问的严格客观的方法与系统,使询问成为可引入到实验中的刺激物的一部分。十分清楚,那些没有加以限定的自我观察,正如大量有关记载所表明的,是不可能具有客观意义的。要知道什么是可以问的。在使用模糊不清的词汇、定义、术语和概念的情况下,我们就不可能以客观可靠的方式,把被试关于"轻微的挫折感"的口述与引起这种口述的客观的反射—刺激物联系起来。但是如果被试报告是"当出现单词'雷声'时,我想的是'闪电'",则对于间接地确定如下的事实可能就具有完全客观的意义:被试是以未显露的反射"闪电"对单词"雷声"做了反应。

这样一来,询问和指导语以及审核被试口头报告等方法的根本改造是必要的。我要强调的是,有可能在每一个具体的场合建立客观方法,它将把对被试的询问转化为完全精确的科学实验。

在这里,我想提到两个因素:一个是对上述内容做出限定,另一个是扩宽它的含义。

这些观点的限制性含义是明显不过的:这种改造过的实验法适合于成年人、正常人、能用我们的语言听和说的人。而无论是对于新生婴儿、精神异常的人,还是想要隐瞒什么的罪犯,我们则不会去询问。这是因为在他们身上,反射系统的联系(觉知)、反射向言语系统的传递,或者是不发达,或者是因病患而紊乱,或者是受到其他更强的反射定势的压制与抑制。但是对于成年的、正常的、自愿配合实验的人来说,这种实验方法是不

可替代的。

其实,就人来说,很容易区分出最好能正确地称之为社会联系反射系统的一类反射,这是对于人造刺激的反射。听到的词是一个刺激,说出的词正是那个刺激建立的反射。这些为意识打下根基的可逆的反射(反射的相互联系)既是社会交往的基础,也是集体行为协调的基础,同时这也指出了意识的社会起源。对我们来说,有一类产生于人的社会刺激能从全部大量刺激中凸显出来。由于这类刺激是我们自己可以重建的,对于我们来说很早就成为可逆的,因而能以与所有其他刺激不同的方式决定我们的行为。它们使我们认同自己,与自己变为同一。从广义上说,行为和意识的根源在言语。从一方面说,言语是社会联系的反射系统;从另一方面说,言语因为是其他系统作用的反映,所以从根本上说也是意识的反射系统。

这就是为什么关于"他人的'我'"的问题、关于认识他人心理的问题的谜底就在这里。对自己的意识(自我意识)的机制与认识他人的机制是相同的。我们认识别人,并像我们认识别人那样地来认识自己。因此,我们对于我们自己来说是什么样的,就如同别人对于我们来说是什么样的。我们意识到自己,只是因为我们对于自己来说成了他人,也就是因为我们能将自己的反射重新知觉为刺激物。在"我能够大声地重复我默念过的词"与"我能够重复向别人说出的词"之间,从机制上说是没有任何原则的差别的。二者都是可逆的反射—刺激物。这就是为什么如果满足了一切选择条件,也就是选择那些完全可靠的、完全必要的、与所研究的反射完全有关(关系的性质我们事先已确定)的内容,在实验人员与被试发生的正常社会联系中,被试的言语反射系统对于研究者来说就具备了科学事实上的可信性。

另外，从含义的扩展上说，上述意思可以这样简单地表述：从完善客观研究和关注未显露反射的目的看来，对被试的询问，是以觉醒状态正常人为对象的所有实验研究的必要组成部分。在这里说的，不是被试对于主观体验的自我观察的报告（别赫捷列夫只是正确地赋予它以次要的、辅助性的、补充的意义），而是指实验的客观部分。如果缺少它，那么几乎连一项实验都不能被很好地处理，而且这一客观部分本身还是确定前一部分实验结果可靠性的检验标尺。实际上，就一般高级有机体和人类来说，心理比完整的反射起着更大的作用，故不研究心理就意味着放弃研究（指客观的研究，而不是片面的、主观的研究）人的行为。在对有理性的人的研究中，不存在这样的情况：其中，抑制了的反射、心理因素未以某种方式支配被试行为，或者可以将它从所研究的现象中排除掉而完全不予考虑。实验期间内也不存在那样的行为动作，即在被试觉知到了的反射过程中未融入一些看不见、听不见反射。就是说，不存在那样的情况，其中我们可以拒绝那种即使是纯粹起检验作用的实验部分。而从本质上看，它，那种由实验者引入、也不能不引入的成分，正是言语、是谈话，然而它并没有与其他实验因素同样地受到科学考虑。

如果您的被试向您申述，说他没有理解指导语，难道您随后不把这种言语反射作为确凿的证据，说明您的刺激所唤起的并不是您所需要的反射？而如果您问被试："您是否明白了指导语？"难道这种自然的提醒不是让被试转向完全的、应答性的词语反射（是，或者不是），将其作为一系列抑制了的反射的证据？而在被试延迟做出反应后，被试申述："我想起了让我不高兴的一件事。"难道实验者对此会不予考虑？等等。还可以引用不科学地使用这种方法的大量实例，因为如果没有这种方法，事情就不能得到妥善处理。不同于其他一系列的实验，在延迟反应后立即询问被试："在实验中您没有想到无关的事情呢?"从而得到回答:"是的,我一直暗自盘算,今天我到处遭到的回击是否公正?"这样做难道不会对自己有利吗?因而,不仅仅是在不利的情况下关注被试的报告才是有利的和必要的。为了测定被试的定向反射,为了查明我们唤起的必要的隐蔽反射,为了检验是否发生过无关的反射,还出于许许多多其他的目的,都有必要引入经过科学改造过的询问法来取代不可避免地要混入到实验中来的会话法、交谈法。显然,在各个具体的情况下,这一方法需要有一些复杂的变化。

在结束这一问题而转向与此有关的第二个问题时,我们有兴趣地看到,曾经充分地、全面地采用过实验心理学方法的反射学家,恰恰忽略了这一点,显然认为它是多余的、与客观方法不相符的等。在这方面,有意思的是,在《医学中的新观念》文集的一系列论文里,拟定了方法论的发展路线,其取向如同普罗托波波夫所做过的那样,其特点是排斥询问法。实际情况就是这样的。

巴甫洛夫学派在转向人的实验研究时,复制了心理学整个方法,但没有使用询问法。从代表大会上关于这方面的实验报告中,我们看到的研究结论的单调、结果的贫乏不是部分地可以由此得到解释吗?除了很早就提出了的和比较有说服力地确认了的一般原则和查明人形成反射比狗要快以外,他们还能确定什么?而这些是不需任何实验就能知道的。考查显而易见的东西和重复初级常识,将会导致不想根本变更自己方法的所有研究陷入僵局。

在这里,我给自己提出的任务是,为人的行为的研究与实验建立一个统一的科学——客观方法论的框架,并从理论上为这一尝试申辩。但是正如我已经说过的,这一技术问题是与反射学家所坚持的理论上的其他分歧意见紧密联系在一起的,即使这些反射学家也承认与心理学家有着共同的研究方法。普罗托波波夫说:"将实验心理学长期应用的研究方法纳入到反射学的方法之中,是反射学自身自然发展的结果,丝毫不意味着反射学转变为心理学。反射学方法在逐步完善的过程中,会偶然地(着重号是我加的——维果茨基)将它引入到研究中,只是从表面看来(着重号是我加的——维果茨基)与在心理学中应用的方法类似。而这两个学科的基础原理、对象和任务仍然是完全不同的。当心理学将心理过程作为心灵的体验从它的客观方面进行研究的时候……"往下的其余部分,每一个读过反射学著作的读者都能明白。

我想,不难说明,这种接近不是偶然的,研究方式的相似也不仅仅是表面上的。因为反射学力求解释人的所有行为,它就不可避免地也同那些资料即心理学资料打交道。我们要问:反射学能否把作为延缓的反射系统与各种系统交织物的心理从研究中抹掉而完全不加考虑?没有心理,还能科学地解释人的行为吗?没有心灵的心理学,没有任何形而上的东西的心理学,是不是应该变成没有心理的心理学——变成反射学?假设心理不应存在于行为系统中,这在生物学上本来就是荒谬的。情况要么是向这种明显的谬误妥协,要么是否认心理的存在。但是极端的生理学家并不倾向于这种看法,无论是巴甫洛夫,还是别赫捷列夫。

连巴甫洛夫也直接说,我们的主观状态对于我们来说是第一位的现实,它指引了我们每天的生活,决定了我们共同生活的进步。但是按照主观状态那样生活是一回事,而真正科学地分析它们的机制则是另一回事。这样一来,存在着指引我们每天生活的第一位的现实——这是最主要的,而如果不考虑这一指导行为的现实,不考虑心理,那么要客观地研究高级

神经活动(行为)仍然是不可能的。

巴甫洛夫说,从本质上看,生活中使我们感兴趣的东西其实只有一个——我们的心理内容。让人着迷的首先是他的意识,他的意识的苦难。巴甫洛夫自己还承认,撇下心理现象对其不予以注意是不可能的,因为它与生理现象紧密地联系在一起,制约着器官的全部活动。能否此后放弃研究它呢?于是巴甫洛夫正确地划定了每门科学的作用,他说,反射学建立神经活动的基础,而心理学建立上层建筑。"因为不考虑复杂的东西时,简单的、基础的东西也可以理解;而不考虑基础的东西时,要弄清楚复杂的东西却不可能。于是,我们的原理更完善,因为我们的研究、我们的成绩一点儿也不取决于他们的研究。我感到,对于心理学家来说,情况相反,我们的研究应该具有更大的意义,因为它们以后将成为心理学大厦的主要基础。"所有的心理学家都会同意"反射学是普遍的原则、基础"这个观点。到目前为止,所做的是建立动物和人的行为的共同基础的工作,暂时谈及的是简单的、初级的过程,还没有必要考虑心理问题。不过这只是暂时现象:当反射学的经历由20年变为30年的时候,事态会发生变化。我就是在反射学家遭遇到方法论危机即他们从基础的、初级的和简单的研究转向上层建筑,转向复杂的、精细的研究时候,开始我的工作的。

别赫捷列夫(1923年)表达得更加坚定,也更加直接,这意味着,他站在更为内部自相矛盾和前后不一致的立场。他认为,承认主观过程是自然界中完全多余的或者次要的现象(副现象)是极大的错误,因为我们知道,自然界中所有多余的东西都萎缩了或消失了,而我们的个人经验告诉我们,主观现象在有关活动的最复杂过程中实现了最高的发展。

请问:能不能把在有关活动的最复杂过程中实现最高发展的现象排

除在研究之外？能不能排除正是以这种相关活动为自己研究对象的那门科学？但是，别赫捷列夫并不排斥主观心理学，反而在它与反射学之间划出了界限。对于每个人来说，这里有二中择一的可能：或者抛开心理而对相关活动做出充分解释——这是别赫捷列夫所承认的，而这样一来，心理就成为次要的、不必要的现象——这又是别赫捷列夫所反对的；或者是，那样的解释是不可能的，那么能否承认主观的心理学，又将它划到有关行为的科学之外？等等。抛开这两点，别赫捷列夫也谈到这两门科学的相互关系，谈到它们将来有可能接近，但是因为接近的时间还没有来临，暂时我们采取别赫捷列夫假设的两个科学门类相互紧密联系的观点。

别赫捷列夫还谈到将来有可能甚至必然要建立一门专门研究主观现象的反射学。但是，如果心理不能从相关活动中分割出来，它恰恰是以自己的高级形态实现高级发展，那怎么能单独地对之加以研究呢？如果承认事情的两个方面是性质不同的、本质不同的，这种研究倒是可能的，而这正是心理学长期坚持的观点。但是别赫捷列夫推翻了心理平行和相互作用理论，坚持的恰恰是心理与神经过程相统一的观点。

他多次谈到主观现象（心理）与客观的东西的相互关系，但依然隐蔽地停留在二元论的立场上。而且从本质上看，二元论就是巴甫洛夫和别赫捷列夫这一观点的现代别名。别赫捷列夫之所以认为实验心理学是不可接受的，是因为它用自我观察法研究内部世界、研究心理。别赫捷列夫认为实验心理学的研究成果绝对与意识过程有关，但关于方法问题，他则直接地说，反射学运用的是专门属于本门学科的严格客观的方法。其实，在我们看来，反射学本身也承认它的方法与心理学方法是完全吻合的。

这样一来，两门科学有着同一个研究对象——人的行为。为此，允许它们运用同一种方法,但同时,无论如何,二者仍然继续作为不同学科而存在。① 是什么东西在阻碍它们的融合呢?是主观的或心理的现象——反射学家百般地重复着。究竟什么是主观的或心理的现象呢?

在对这个重要问题的看法上,反射学站在纯粹的唯心主义和二元论的立场,后者可被恰当地称作反常的唯心主义。对巴甫洛夫来说,这是一种非空间、非因果的现象;对别赫捷列夫来说,它们没有任何客观存在,因此只能用自己做研究。但无论是别赫捷列夫还是巴甫洛夫,他们都知道,这些现象指导着我们的生活。他们仍然把这些现象、把心理视为某种有别于反射的东西,应该单独地进行研究,而不管反射学应如何研究。这当然是地道的唯物主义——它排斥了心理,但这只是就其本身而言的唯物主义。超出它的范围的,就是地道的唯心主义——把心理从人的行为的综合系统中分离出来并对之进行研究。

没有行为的心理,就如同没有心理的行为,是不存在的,因为这简直就是同一个问题。按照别赫捷列夫的意见,主观状态、心理现象,只有在出现神经电流的时候,只有在出现与神经流的延搁有关的集中反射(注意这一点)的时候,只有在新的联系建立的时候,才会存在。这是什么费解的现象吗?现在不是已经搞清楚了吗?它们全部地、无遗地都可以归入机体反应,但却是由其他反射系统——言语、情绪(面部—躯体反射)等所映射出来的反射。意识问题应由心理学提出,并基于它是一种相互作用、一种反映、一种不同反射系统间相互刺激这样的理解来加以解决。意识是传递

---

① 在印于文集《反射学的新进展》1925 年第 1 期上的代表大会报告里,在附注中谈到有关我的这一思想时说,作者"针对陷入内部矛盾的反射学,唤起某些幸灾乐祸的意见,重新试图抹杀反射学与心理学途径之间的界限",专题主持人不是反驳这一思想,而是引文说"此外,报告人——心理学家,也试图同化反射学立场,结果是自说自话"。多么煽情的沉默啊!尽管准确地指出我的错误才是更合适的和更必要的。

到其他系统的刺激并从中唤起回应的东西。意识——这是一种效应装置。

这就是为什么主观现象只是我一个人才能触及的——只有我一人能把我个人的反射知觉为刺激物。在这一点上，詹姆斯是非常正确的，他通过精辟的分析指出，没有什么能使我们接受这样一个事实，即意识能作为独立于世界之外的某种事物而存在，虽然它既不否认我们的感受，也不否认这些感受的意识性。意识与世界之间（对反射的反射与对刺激物的反射之间）的整个差别仅在于对象的背景。在刺激物的背景上，这是世界；在自己反射的背景上，这是意识。这个窗户——物体（我的反射的刺激物）；而它呢（同样性质的）——我的感觉（传递到其他系统上的反射）。意识只是反射的反射。

认定意识应该被理解为有机体对自己个人反应的反应，比巴甫洛夫本人更有机会成为优秀的反射学家。没什么奇怪的，如果你想做一个始终如一的人，有时就必须反对一下犹豫不决的观点，就比教皇更有机会成为出色的天主教徒，就比国王更有可能成为优秀的君主主义者，而国王并不总是一个好的君主主义者。

如果反射学把不该它管辖的心理现象从自己的研究领域中删掉，则它的行动，恰如唯心主义心理学不管怎样都在自己封闭的世界里研究心理。然而，心理学几乎任何时候原则上都不把心理过程的客观方面排斥在自己管辖的范围之外，也不把自己禁锢在像是无人居住的灵魂孤岛的内部生活的圈子里。脱离空间和因果关系的自足的主观世界是不存在的。这意味着连研究它的科学也不能存在。但是研究没有心理的人的行为，这正如反射学家所想的，就像研究无行为的心理一样地不可能。因此这里没有两门不同科学的位置。无须什么特别的判断力，我们就可以发现，心理和意识都是指有机体内部的、神经系统内部的同一种相关活动，是人的身体对自己的相关活动。

两个知识门类的现代状况，强力地提出一个两门科学实现必要的、有成效的充分融合的问题。西方与苏联心理学正在经历着严重的危机。詹姆斯将其称为原始材料的沙堆。兰格（1914年）将现代心理学家状态与普里阿摩斯站在特洛伊废墟上的状态相提并论。一切都坍塌了——这不仅仅是俄罗斯的危机。但是反射学在建筑基础时就走进了死胡同。一门科学离开了另一门科学就不能顺利地应对。还有一个不可避免的迫切问题——制定共同的科学—客观的研究方法，提出共同的核心问题。每门科学如果分别行事，那就连提出问题也不能做好，更谈不上解决问题了。难道不很清楚吗？上层建筑的修建必定要考虑到它的基础部分，而建筑工人在结束了基础工程后，如果不对增高的大厦的状况和规格进行检验的话，就不能再往上放置东西，哪怕是一块石头。

直截了当地说，意识之谜，心理之谜，无论你用什么手段——不论是从方法论上，还是从原理上——你都不能绕过它们，骑着马也绕不过。詹姆斯问：意识存在吗？他又回答，他相信气息存在，但是怀疑意识的存在。但提出的是一个认识论的问题。从心理上说，意识就是一个毋庸置疑的事实，最重要的现实，是有着极大意义而不是次要的和偶然意义的事实。对此，谁也不会争辩。这就是说，我们需要将问题搁置一旁，也可以将它搁置一旁，但不能完全取消它。在新的心理学还可以勉强自圆其说以前，暂时还不会明确地、大胆地提出意识和心理问题，也不会通过客观的实验途径解决这一问题。反射在何种程度上产生了意识特征，它们的神经过程是什么，它们的过程特点是什么，它们的生物学意义何在——这些问题必须提出，也应该着手通过实验途径来加以解决。事情仅在于：必须及时而正确地提出问题，才有可能或早或晚地解决问题。别赫捷列夫兴致很浓地谈到泛心论,谈到植物和动物的兴奋,在其他地方,他并没有下决心要批驳灵魂假设。处于对心理的那样原始的无知状态下,反射学至今还会害怕与心理接触,并将自己封闭在生理学唯物主义的狭小的圈子里。在生理学中做一个唯物主义者是不难的;而在心理学中要试图做一个唯物主义者,如果你没有做到,你就会回到唯心主义者的位置上。

最近一段时间,关于自我观察及其在心理学研究中的作用问题,在两个因素的影响下变得极端地尖锐。一方面,客观心理学起初似乎是倾向于把内省法视为主观的方法而将其全部地、彻底地抛弃,而在近一段时间,开始试图发现所谓内省法的客观意义。华生、拜斯以及其他人开始谈论起"口头行为"并试图建立内省法与我们行为的这一口头方面功能的联系,其他人谈到"内省行为""征候—言语行为",等等。另一方面,最近三四年中产生了巨大影响的被称为格式塔心理学的德国心理学中的新思潮,在两条战线上展开了尖锐的批判:既指责了经验主义心理学,又指责了行为主义的同一错误——未能提供一种可以接受的方法(主观的或者客观的)用以研究人的现实的、日常生活行为。

这两方面事实给自我观察的价值问题带来了新的复杂化因素,因此也就迫使我们发展出对本质上不同的三种自我观察进行系统分析的方法,这些形式的自我观察被争论中的三方所利用。下面将介绍这种将问题系统化的尝试,但事先要做几点一般性的说明。

第一种分析方法在这一问题新的复杂化中最为突出:问题解决产生于经验主义心理学内部危机越来越明显的时候。没有比这更虚伪的意图,它力求把分裂俄罗斯科学为两个阵营的危机描述成似乎只是俄罗斯的地域性危机。现在危机正沿着世界心理科学的整条路线蔓延。心理学派(格式塔理论)是从经验主义心理学内部产生的,对这一点,可以清楚地做出证明。这些心理学家对内省法有什么批评呢？最重要的是，指出心理现象在采用这种方法研究时，会不可避免地变成主观的东西，因为内省法要求一种有分析力的注意，总是把观察对象从包含它的联系中抽取出来，并把它移交给新的系统——"主观系统""我"（考夫卡，1924年）。感受同时也不可避免地变成主观的。考夫卡将只能观察明显感受的内省法与我们凭视力读信吃力时所借用的眼镜和放大镜进行对比。然而，如果说放大镜没有改变物像本身而帮助我们看得更清楚些，那么内省法则是改变了观察对象的物像本身。在比较重量时，考夫卡说，按照这一观点，真正的心理学描述不应该是"这个物体比那个重"，而应该"我的重量感觉增加了"。这样，本来客观的东西因为使用了内省研究法而变成了主观的东西。

新心理学家既承认符兹堡学派的悲壮谢幕，也承认整个经验的（实验的）心理学的无力。的确，他们还承认纯客观方法的无效。这些心理学家提出了机能的和整合的观点。对于他们来说，意识过程"只是更大的过程的一些局部的过程"。因此，在追踪更大的过程（整体的过程）的意识部分，追踪它的意识边界时，我们要对我们的原理采用客观事实进行机能检验。心理学家承认，自我观察不是基本的、主要的心理学方法，这里说的只是那些现实的、可靠的自我观察，是通过了用所得结果和核定的事实进行的机能检验的自我观察。

于是，我们看到，如果俄罗斯反射学和美国的行为主义试图发现"客观的自我观察"，那么最好也是向经验主义心理学代表人物去寻找"现实的、可靠的自我观察"。

要想回答涉及自我观察的问题，就必须试图将所有形式的自我观察系统化，并分别考查每一种形式。

我们可以区分出五种基本形式。

1. 对被试的指导语。这当然是局部的指导语,要求被试从内部自觉地组织行为。在以人为对象的实验中,谁要是试图不用它,谁就有可能犯错误。因为这时代替明确的、经过思虑的指导语的,是被试的自我指导语、实验的暗示性环境导致的指导语,等等。现在不见得有谁会质疑指导语的必要性。

2. 被试有关外部客体的报告。出示两个圈:"这——是蓝圈,这——是白圈。"那种经过专门检验过的内省法,也可能是可靠的,就是用一系列的刺激和一系列的报告的功能变化来检验(不是蓝色的圈,而是一系列逐渐由深蓝色到浅蓝色的圈)。

3. 被试有关内部反应的报告,如"我感到痛""我觉得甜",等等,这是不可靠但可符合客观检验要求和有可能通过检验的内省法。

4. 隐蔽反应的外显。被试说出他想到的一个数目,说他嘴里的话难于说清楚,重复想到的一个词,等等。这也是反应的一种间接的显露,是我们在本文中为之申辩过的。

5. 最后,是被试对自己内部状态的详细描述(符兹堡学派的方法)。这是一种最不可靠、不可检验的内省形式。在这里,被试处在合作观察者的地位。他是观察者,是主体,而不是实验的客体。实验者则只是一个侦查者和笔录者。在这里,代替事实的是给出现成的理论。

我们想,解决自我观察法的科学价值问题,与司法侦讯中受害者和罪犯的报告的实践价值类似。他们都是偏袒一方的——这是我们事先知道的。他们都包含虚假的成分;也可能,他们都是虚假的。因而依赖他们是丧失理智。但是这是否意味着,我们在过程中应该完全不听取他们的口述,而只需询问见证人呢?如果是的话,这也是不明智的。我们听被告和受害人所述,检验它们,将它们相对照,转而关注物证、文件、作案痕迹、目击者的供述(这里通常也有伪证),这样,我们就可以查明事实真相。

不应忘记的是,一门完整的科学不可能只用直接的观察来展开对对象的研究。① 历史学家和地质学家用间接的手段重建已经不存在的事实,毕竟他们研究的是曾经存在的事实,而不是留下和保存下来的痕迹和文献。心理学家常常也是处于与历史学家和地质学家同样的地位。他们像侦探揭露他任何时候都没有亲见的犯罪行动那样展开研究。

---

① 文集:伊万诺夫斯基,文献问题,科学与哲学的方法论引言,明斯克,1923,第199—200页。作者指出,某些心理学家反对将无意识引入心理学,其理由是它不能直接观察。过去心理学家根据无意识的痕迹、它的表现、影响及其他类似的东西研究了无意识,客观心理学家采用同样的间接方法研究意识现象。

桑代克《基于心理学的教学原则》俄译本序言*

一

当前在俄罗斯，人们看待生物、物体和生物学科的方法和原则性观点发生了激烈鲜明的全面变化，这必然会对心理学所有应用领域产生一定影响，对教育心理学也不例外。如果一种学科的理论知识的原有概念和观点发生了根本变化，思想和方法从基础上改变，那么作为学科主干上的分支的应用课程，就必然会出现极具破坏力的不正常现象，并改变整个学科体系，这一过程或许会迟些才出现，但是必然会发生。

在产生这一现象的过程中，人们必然会重新对教育心理学学科的全部遗产进行批评性的审视，这些遗产是牢牢地与经典的和新的、经验主义的和实验科学的心理学联系在一起的。目前更为重要的是，在未重新审视之前，找到一些不会把人引入歧途的合适书籍供过渡的变革时期使用。因为陈旧的东西已不可信，不能继续使用，而能够使用的新著作还没有写出来。科学上有益的、效果良好的变革和转折往往意味着这一学科的研究和教学要经历一番痛苦的折磨。但是，无视师范教育体系的心理学，就意味着否认对教育过程和教师的教学实践本身进行任何可能有科学根据的阐释，就意味着把社会教育和劳动教育的全套理论建立在纯粹的意识形态之上。这就否认了建立师范教育制度的基础，也否认了许多看似杂

---

* 张树芸、黄浩枢译。

乱无章但是丰富多彩的教学法和教学课程之间相互联系的关键点。简而言之，否认心理学就是否认科学的教学法。这里，我们必然要被迫选择阻力最大的路线。

这一切本身是完全正确的。如果注意到，当前心理学正在进行的思想变革直接引起了对教育过程实质的科学观念的根本改变，那么，这对教育就更有特别的意义和动力了。可以说，教育第一次展示了自己真正的科学本质，教育工作者第一次得到的不仅是可以谈谈猜想和隐喻，而且可以谈论教育工作的准确意义和学科的规律。

教育问题是有关人类心理问题新观点的焦点，因此，新心理学比旧心理学更应该成为教育的基础，关于这一点，我们下面还要进一步更清楚地加以阐述。新体系没有必要从自己的规律中做出教育方面的结论，或使自己的论点去适应学校里实际使用的需要，因为解决教学问题教育正包含在这一体系的核心中，教育是这一体系的首要问题。心理学和教育学的关系实际上正在发生变化，两个学科之间的联系变得越来越密切，对彼此的影响和支持越来越大。

我们这篇文章应当作为桑代克的《基于心理学的教学原则》一书的序言，这本书正符合学校和一般教师对教育心理学教材的需求，符合我们过渡时期任务的需要。几年之后，这本书很有可能被用俄语写成的更为完善的著作所代替而失去仅有的意义。但可以确信，在最近几年，这本书有足够的材料成为我们教育心理学教师的基本教材和指南，成为过渡时期一本可用的书。之所以这样说，首先是因为作者坚持普通心理学理论，以此观点来说明教程里所有普遍的和个别的问题。这一观点可以确切地加以判定和说明，是完全合乎逻辑地对心理学和人类行为进行的客观见解。这一见解是与客观研究和讲述事物的方法一直连在一起的。

桑代克是当代最著名的实验心理学家之一。他肯定是行为心理学（即所谓的美国行为主义）和客观心理学的奠基人。有趣的是，巴甫洛夫院士在《动物高级神经活动（行为）客观研究20年经验：条件反射》一书的序言中称他为创造新心理学的第一人。序言中说："应当承认，走上新路者的荣誉应授予桑代克（Animal Intelligence: An Experimental Study of the Associative Processes in Animals, 1898）。他的实验比我们的早了两到三年。无论在对未来的所有宏伟任务的看法，还是在获得结论的准确性上，他的书都堪称经典。"（1950年，第18页）

仅此一点就已经非常清楚地说明，桑代克的理论观点与正在我们眼前形成的新心理学体系的出发点完全相符。只要稍微翻阅一下桑代克的书，就完全可以确信，他完全赞同新心理学的基本思想——把人类心理和行为看作机体对环境造成的外部刺激和机体内部产生的刺激的反应系统。对桑代克来说，行为是反应系统。按他的理解，心理只不过是特殊的和特别复杂的行为方式，亦即最终的反应。

这一观点明确地把儿童心理的各个方面解释为儿童行为对已知刺激物的反应和把全部教育过程归结为在反应经验的积累过程中改变天生的东西，养成本身具有的东西。自然，这一观点就决定了在编写每一章时，都使用没有争议的、科学上绝对可靠的实验心理学材料，并完全抛弃所有抽象的主观精神感受分析，这种分析是死板的、分类性和公式化的。

桑代克这本书中还有一个几乎是最重要的特点，那就是实践性。这一倾向，在书的字里行间和他每一个想法中，我们都可以明显地感觉到。这就使这本书的可贵变得完全不用怀疑了。它完全是为了实践、为了学校和教师的需要而被创作。书中所有丰富的用作练习的实践材料、交谈、习题、评论等，使学生有可能在掌握课程每章内容的过程中，不光从理论上，更是通过令人信服的独立检测的方法，全面熟悉材料。在讲述心理学基础教学法原则时，桑代克在书中自己扮演了这一心理学派生动的例子和化身。他考虑到自己全部的课程教学规则，尽一切可能让心理学的读者全力以赴，更快更好地掌握所学材料。他要求读者积极学习，结合自己的经验来学。他在书中多次提到这一点。

根据我们的理解，由于具有这些特点，本书将在近期内成为所有教育工作者和普通教师无论是在学习教育学著作上还是在单纯深入研究教育工作基础方面的基本教材上，成为一本能够解决问题的主要著作。我们觉得，现有的用俄语撰写的这一课程的教材几乎都令人很不满意。相比之下，这本书就显得特别可贵和令人信服。

实际上，高等学校教育心理学教程和课本中的观点是传统的旧观点，对培养人们去科学地理解教育，极少有帮助。毋庸赘言，我们只需指出，这些教程和课本不解释儿童心理和个性的发展和形成的心理学本质这一进化的推进机制和教养作用的实质等关键问题。以上这些问题在传统心理学中仍然未被说明解释，在教学中总是被以沉默来回避或者是被讲得含混不清，让人摸不着头脑，什么都不明白。

这不仅是俄语版课本个别的缺点，而且是作为普通课程基础的心理学体系本身不可避免的本质上的缺陷。传统的学校心理学把心理看成是静止的，而不是变化的，是呆滞僵硬的状态而不是在正在形成、发展和兴起的过程中。甚至连进化的思想在最普及的教程中也几乎没有认真出现过。现成的意识及其各种特性、各个部分一起被描述、分析、分解、分类，似乎它亘古以来就一直像在内省中展现在我们面前那样存在着。

在这种情况下，儿童心理状态通常是被从成人意识的所有表现和特点通过很简单的减法设计出来的，而这些意识表现和特点在这个年龄段的儿童身上是无法看到的。这种做法得到的参数又被设计为某个年龄段的儿童心理状态。以前的科学没有原则的手段以避免这一明显的错误方法。科学没有别的出路，因为科学可靠性的基本根源来自成年人的自我观察。现在逆向沿着儿童年龄阶梯下行，按相反的顺序，采取减法——总是通过儿童的不足之处，通过儿童没有的东西，总是使用反面的概念和术语来确定并描述儿童的心理状态。

这是被夸大了的但并未歪曲的旧心理学公式。不过，我们在下面还将有机会把两种观点做一简短的却是鲜明的对比。我们肯定地说，传统心理学无论如何是不能站到唯一正确的道路上的。在对从儿童到成人的精神状态的教学研究中，传统心理学实质上只局限于确认儿童心理状态的某些孤立分散的方面，那是徒劳无益的。传统心理学不懂得如何把心理状态发展综合起来的方法以及教育的实质是什么。新心理学的道路——也就是桑代克的道路——与旧心理学相反。因此，它没有通常类型的学校教程的这些缺点，它把我们从描述性的、片段的、静止不变的心理学引领到对人类行为及其发展与运动的机制对其发展、形成和成长过程的教育管理进行综合解释的知识体系中来。

虽然如此，本书还存在一些相当严重的缺点，其中最主要的是书中关于教育学和心理学之间思想上明显的不一致。作者有时没有做出教育学原则性的重要结论，而这些结论是完全可以用他自己的心理学论据得出的。关于心理状态的观点，我们不要求他说出一些对教育似乎是新的提法。如果可以这样表达的话，我们说他是心理学中的多数派，是教育学说中的民主立宪党人。他的极端激进主义很容易容忍与自己相邻的相关科学领域的自由主义并与之和睦相处。

总的看来，书中的心理学论据是按照和我们完全不同的学派体系的教育学实践总结出来的。对作者来说,学校仍然是智力发展的主要工具。他对学习的批评很温和,他把劳动原则当作极为有限范围的辅助手段(手工劳动、手艺等)。在一些章节里,作者在解释智力教育时承认学校是一无所能的,这里就特别表现出两条路线的分歧。当他面对道德时,他清醒的和准确的科学风格就变成了"用良好的思想营养心灵,做家庭和学校的好榜样"等。在这里,心理学被量裁——用美国学校实践训练的方式而不是按劳动学校的样式去量裁。

出于这一原因,教育中的社会因素几乎被完全忽视。教师仍然是上级,是教育机器的首要动力,是真理和教益的源泉。教育是由教师指向学生的,始终是极端个体性的。用一位作者的话来形容,教育是教师和学生的二重唱。其实,正是桑代克主张的心理学理论中包含着建立社会教育学并将其扩展到空前规模和范围的极大的可能性。

面对目前正在兴起的教育学,桑代克对教育和学校的目的、对学校的思想体系本身都做过描述,尽管书中对学校的思想体系谈得不多。所有这一切都与我们的教育学有极大的分歧并带有美国官方体系的痕迹。"积极性、荣誉、天职、爱和服从的典范",这就是桑代克说的这一体系的典范。

本书名为《基于心理学的教学原则》,这准确地表达和测定了桑代克的书在哪一方面和我们的教育学存在分歧,这一分歧在前面已经简述过。这正是建立在教与学优先的基础上的学校体系。因此,一切教育学问题在书中不均衡地被压缩和减少,这一点从书名就可以见到。问题常常被归结成微型的,教育的原则问题被歪曲、被用错误的观点来介绍。

本书有另一个引人深思的不足之处,就是没有对先天形成的和后天获得的反应行为进行综合的生物学和社会心理学的论述。这里,正确的有价值的思想的运用往往都在局部而没有汇集起来，没有进行完整彻底的阐述。我们可以看出，关于反应、关于反应的流向和发展的规律的一些意见，是孤立的、互不连贯和残缺不全的。因此，其分类、某些术语以及一些科学叙述方法的基本原则也没有被弄清楚。

本书的第二个缺点不是本质的，相反，这里各个部分和一些论点的内部是完全一致的。这一切被一个综合的心理学理论联合了起来，每一章和其他各章都有一个共同的基础。这一综合的理论基础，可以说，在书中无处不在，但是却很隐晦含糊，很难被觉察，甚至连细心的读者都无法发现，要深入挖掘才能找到。

本书的写法是，每一章都介绍了一些理论知识。在原稿中，作者在每一章前面都从自己的《心理学入门》（1920年）一书中摘引了对于理论准备来说是必要阶段的内容。在前言中说过，本书要求读者具备基础的心理学知识，特别是动作心理学的知识。标题"为了培训"下的引文就是依此目的编写的。摘引内容集中于作者的《心理学入门》，它似乎是现在这本书的导论。但是能为有关活动规律提供适当知识的任何通常的心理学教程也能用于培训。这里说得很清楚，"教学原则……"是在考虑到理论性基础知识的条件下编制的，这种理论性引言作为学习本书的前提是必要的，因此将其引入具体课程中来是事先预定的。

如果撇开那些细小的、常见的特点和争论于不顾，那么对本书的评论也就可以终止于上述两种意见了。同时可以看出，这两个缺点和其他一些优点一样，都是根本性的。本序言也有自己的任务，那就是给本书正文加进两处批评性的修改，用我们的教育学和心理学的理论观点为本书奠定社会教育学和心理学的基础，试图哪怕不能完全将缺点去除也要千方百计地使其不那么突出、不那么严重。我们认为，这两个必要的修改采取对本书批判性的前言的形式和两个由后面各章内容组成的简短扼要的提纲形式来讲述基本的心理学和教育学提纲和公式,这对批判性地掌握本书很有必要。我们没有采取用编者注的形式同作者论战,否则会因为太频繁而令人厌倦,也违背了本书的宗旨。增补部分的情况就是如此。更改原文、改动译文或对整段的原文进行原则性的加工修改,就意味着本书的价值和科学风格会全部丧失,这样做会弄巧成拙。

出于上面的原因,我们不得不在这两个评论性的序言上稍作停留,目的是在教育学方面引导教师做批判性的理解,而在心理学方面用综合的观点来武装他们。两个序言都极力追求达到这一目的。我们认为,即使手头没有合适的资料,也可以轻而易举地把这两个序言用作书的绪论一章。

我们再次说明,如果在教学法部分和绪论中持有对作者批评的观点(哪怕不是直接针对他的理论),那么在心理学部分所形成的主要用俄语资料编写成的科学出发点,完全不是与书中详尽描述的思想体系完全不相干的一些机械性的附属物。它们仅仅是为了揭示作为本书基础的思想体系,并加以说明。用的词语和术语可能不完全接近作者的风格,但完全符合他的科学理念和原则。上面引用巴甫洛夫院士的意见可以作为这一点的最好证明。

二

用一般看待人类的观念来看,心理通常被视为一种完全特殊的现象,属于与其他领域完全不同的范畴,是超物质的和非实物的。当我们谈到记忆、意志、思想的时候,我们指的是某种特殊现象,这种现象与世界上正在发生任何现象、存在的任何事物有着原则的区别,不能相互比较。

在这方面,通常的观点和术语一样,与传统心理学的科学观点完全一致。传统心理学认为心灵和肉体的根本界限是基本前提。自然,持这种观点是无法解决关于人的精神和精神的产生、关于精神的作用及其发展等问题的。

有人认为人类天性有双重性,天性的各个部分各不相同,不能将其归纳为单一的起源,认为精神本质和现象的存在是个别的、相互独立的。这种看待心灵和肉体的观点被称为二元论和唯灵论。精神基本特点的不可解释性就是由这种理论得出的结论。在研究某种事物时,把精神与其他一切事物割裂开来,切断它和现象的一切联系,这意味着从一开始就注定事物研究本身的不可解释性。用科学的方法解释事物,就是要揭示出其与其他现象的联系,在已经过研究的链条和体系中加入新的东西。这样做正与传统的观点相反。由此,我们可以清楚地看到心理学学科在基本问题上的无效性和无能为力,无论在理论上还是在实践上,都是如此。局部问题还可以互相联系,用这种观点去解释。但是用这种理解事物的方法去理解总的概念,就理不清头绪了。

除了纯方法论上的无效,传统心理学还有一个缺陷。众所周知,其问题在于,现实根本无法证明它看待心理的这种方式的正确性。相反,一切事实和一切事件都有力地证明另一种完全相反的情况:心理以其细致复杂的机制被列入人的整个行为体系中,心理在每一点上时时刻刻都浸透和贯穿着这些相互依存性,心理哪怕在千分之一秒时间内也不能与其他世界和机体的其他过程隔绝孤立地存在(在这千分之一秒内,心理学家可以计算出心理作用过程的净时间)。谁要坚持主张并研究相反的东西,谁就是在研究自身智慧虚假的形成,研究空想而不是研究现实,研究不切实际的口头结构而不是研究真正实际的东西。

因此,一位最权威的研究者兰格(1914年)得出科学结论:传统心理学没有"公认的体系"。他还说:"当代心理学家就像特洛伊废墟上坐着的普里阿摩斯一样。"他还把当前的经验主义心理学的危机称作科学最基本的危机,并将其比作地震。他还说,只要回忆一下炼金术的例子就够了,尽管老炼金术士有许多实践经验,但炼金术还是败落了。医学历史上的这类急剧变化也是如此。需要特别指出的是,在俄罗斯进行的客观心理学和主观心理学拥护者之间的学科论争之前,这一危机早就已经非常清楚地暴露出来了。詹姆斯还把传统心理学称为不成熟材料的堆砌,并做了如下评述:"当前的心理学是什么?是未经分析的、杂乱无章的实际材料的堆砌,是一系列纯描述性的分类法和对经验论总结的无力尝试,是根深蒂固的偏见。似乎是我们具有有意识的状态,而我们的大脑能够决定其存在,但是却没有任何一个这种意义上的物理现象的法则,没有一个用演绎的办法可以得出结果的立论。"

不言而喻,心理学学科总体上的无助性在应用于教育学时表现得更为突出和明显。我们在前面曾经指出,动态、发展、变化的增长和教养问题与这一心理学本性毫无关系,也是无力解决的。还有,这一心理学的实践结论有不精确性和粗糙的经验论从自己第一手的不成熟的经验中做出总结的缺点。这一心理学使儿童个性像整个教养过程一样,机械地把一系列个别的心理功能(能力、现象)与儿童机体其他所有生命过程的联系完全隔绝。这一七拼八凑毫不连贯的心理学发展理论是一个大杂烩,与那种零碎的、五花八门的培育正在成长的儿童机体的教育学完全一致。

新心理学认为心理和机体所有其他生命过程有紧密的联系,并以这一思想为出发点去寻找在心理整体作为机体生命活动之一时这一心理作用的意义和发展规律。在这里,心理的生物学合理性是解释的基本原则。在这种情况下,心理被理解为机体的一种功能,类似机体的其他功能,与机体所有的活动一样,是生物学上有益的、使机体适应环境的功能。借助适应的基本形式的分类图解确定心理的普遍生物学意义及其在一系列其他形式的适应中的地位并不困难,该图解是我们从谢维尔佐夫的著作《进化与心理》(1922年)中借用来的。

机体对环境所有的适应很容易划分。首先,可分为遗传性的和非遗传性的,后者产生于个人特有的经验过程中。其次,以上两者可以包括在动物结构的变化(器官等的变化)之中,而且可以在动物身体不发生变化时在其行为的变化中表现出来。几乎所有动物(鸟类、鱼类和鼠类等动物)的器官都会在适应生存的重要生物学条件进化结果中显现出来。这一点对任何动物都是很明显的。达尔文解释并称之为自然选择的这些遗传适应机制,通过生物学上有益的适应特点的遗传传递而被牢牢地固定了下来。

但是器官的遗传变化是一个非常缓慢的过程,与环境改变缓慢的速度相符。机体还具有快得多和灵活得多的方式来适应环境的变化。这种器官功能性变化的方式是单独的生物体自身经验造成的。这是器官经过强化练习用缓慢变化来迅速适应的现象。动物在不伴有机体变化的情况下,行为的改变构成另一组的适应。

反射(咳嗽,闭眼睑、缩回肢体等防护性的反射)和本能一样,构成了第一组遗传适应。它们构成所有形式的经验积累的生物资本,并完全符合机体结构中遗传结构的第一组。它们同样是合理的(蚂蚁、鸟类、蜜蜂等的结构本能),同样适应环境条件,同样以自然选择或突变进化的方法缓慢地变化。

第二组适应是通过机体不变化而行为发生变化的方式,由所谓的理智型的行为形成,是本来意义的心理领域并出现在个人经验的过程中囊括动物个体活动、行为、举动总数之和。其目的仍是适应环境,同样具有生物学使命。这样一来,生物适应的最主要的四种形式总示意图如下:

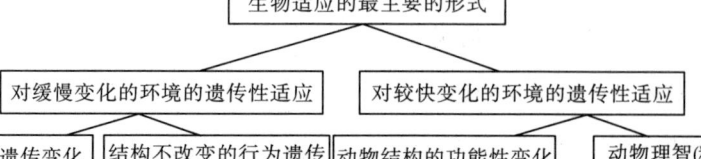

这一示意图使我们可以轻松地解释精神在一系列生物性适应中的地位和本性。行为就是灵活、多样、复杂的机制,它赋予适应反应以巨大的多样性和无先例的细致性。人能够统治大自然,能够以高级方式使自然适应自己的需要,使动物以相反消极的方式适应自然,这一点正要归功于行为。

人和动物的行为由反应构成。反应是一个基本机制,此机制的模式构成一切行为——从鞭毛虫最简单的反应形式到人的最复杂的行为和举动。反应是一个很宽的普通生物学概念。植物枝叶伸向光亮,我们可以说是植物的反应;飞蛾扑向烛火或者狗见到肉块分泌唾液,是动物的反应;人听到算题的条件后,就会进行一系列的运算来解题,这是人的反应。在所有这些情况下,可以明显地看出所有反应的三个瞬间。反应是机体的回应,是机体对某个作用于它的环境因素的适应作用。

因此,一切反应都应当包括机体对环境这一作用接收的第一瞬间和外部对机体或者机体本身产生的刺激。在我们列举的例子中,光亮对于植物、烛火对于飞蛾、肉块形状对于狗、算题条件对于人都是刺激物、出发点和反应的刺激剂。紧随其后的必然是反应的第二瞬间,就是机体受到刺激后其内部所发生的一些变化,它们推动机体做出回应动作。这可以说是机体内部对刺激的加工消化。在我们的例子中,这是植物在光的作用下、飞蛾在烛火的作用下、狗对肉块的回忆、人的思维等产生的一些化学反应过程。最后,内部过程以第三瞬间(机体做出的适应性动作如分泌等)作为终结——那就是植物茎的弯曲、飞蛾扑火、狗分泌唾液、人在纸上计算。

所有这三个瞬间必然包括在任何反应之中。但有时其中一个瞬间甚至所有瞬间都表现得复杂细微,用肉眼无法分辨出这三个阶段。但准确的科学分析总一定能够揭示这三个阶段的存在。有时候刺激是与环境和机体的各种因素复杂地结合起来的,很难分析出正是这种刺激产生的作用;有时候回应的动作是那样匆忙短暂,不易察觉,乍一看似乎根本没有发生。在这种情况下,就要求用特殊手段来确定并观察它。例如,经常会发生这样的情况:在内心独白也就是进行所谓无声思维时,若语音运动的反应被抑制没有表现出来,这些反应就以刚能察觉的内部运动的形式或在脉搏、呼吸的变化和构成情绪基础的其他躯体反应的形式流露出来。

最后,研究得最少的是我们称为反应的第二瞬间的内部过程,这一过程往往特别复杂。在这种情况下,有时候刺激和回应刺激之间的时间中断相当长,如果不进行复杂的专门分析,那么确定两者之间的关系是非常困难的,而且还经常会遇到在同一时间内很多完全不同种类的刺激引起内部过程复杂的相互作用。这种有时是相互联系有时又是相互矛盾的刺激物的斗争和冲突使得反应过程具有特别复杂并且不总是能够预见的性质。但是人的行为无论在何时何地,无论如何复杂,都脱离不了那几种反应的类型。

这一机制对行为,无论是遗传的还是后天获得的行为,都做出了同样的解释。遗传反应这一类是由反射形成的,它们通常被确定为某个器官活动的反应,也是由本能形成的,是整个机体行为反应更为复杂的形式。以上两种反应都同样属于遗传反应,极为灵活而且在整体上是合理的。在生物学的意义和起源上,它们完全类似于机体结构的遗传改变,也同样通过自然选择的方法出现。

关于行为的非传统形式的起源,长期以来一直是一个非常复杂的问题。这一问题可以说只是在近十年来由于俄罗斯生理学派(巴甫洛夫和别赫捷列夫)实验工作的经验和美国行为主义心理学家(桑代克等)的研究才得到最终的科学解决。这一与达尔文主义有内在联系的、解释个人经验起源的发现,其本质可归纳如下:

用实验的方式可以完全查明,动物和人天生的反应肯定不是某种固定不变的东西。在任何这种反应中建立的某种环境要素和机体回应动作之间的联系可以在一定条件下改变,那就是可以在机体的那个动作和环境的新要素之间建立起新的联系。

因此,把一块肉给狗,狗会分泌唾液。这是简单的或者说是无条件反射,是天生的反应。但如果在给肉的同时(或稍早些),用另外一种刺激作用在狗的身上,比如铃声,那么在经过几次两种刺激物共同作用后,狗便开始在铃声响时分泌唾液,尽管没有给它肉块,甚至根本没有给它看到肉块。狗形成了新的联系——在原来的动作和环境新要素(铃声)之间的新联系,这一联系在动物的遗传经验中是没有的。狗学会了在听到铃声时做出反应,在正常情况下它从来没有这样反应过。这一新的反应(分泌唾液作为对铃声的回应)可以被称为条件反射,因为它是在动物个体经验之中的,并在特殊条件下(新的刺激和以前的刺激结合同时作用的条件下)产生的。

通过类似的试验,我们可以查明,新的条件联系可以在任何环境要素和机体任何反应之间形成并固定下来。换句话说,任何现象、任何动作,在一定条件下可以成为任何动作和举动的刺激物。这里揭示了这种机体和环境的新联系即条件反射所具有的巨大生物意义。这些联系的产生意味着机体对环境要素的各种不同组合的回应也多种多样没有穷尽,意味着机体和环境之间可能有着极其复杂的关系,意味着机体的适应运动的灵活性也是异乎寻常的。

如果再算上反射的另一个特点,那这个意义就更大了。问题在于,不仅可以通过把无条件反射和不能引起兴趣的刺激结合,而且可以通过把条件反射和新的刺激相结合的办法来建立新的联系。换句话说,新联系不仅可以在天生反射的基础上,而且可以在条件反射的基础上形成和出现。如果我们培养了狗听到铃声就分泌唾液的条件反射,那么就完全可以把铃声和某种新刺激(例如轻轻地挠几下狗背)结合起来,使其经过一段时间后形成新的条件反射。现在只要轻轻挠几下狗背,狗就会分泌唾液了。这是第二级或第二序列的条件反射,因为这一反射是在自身条件反射的基础上形成的。

高级的超反射即第三级条件反射也是可能的,它是在第二级条件反射的基础上养成的,以此类推。我们有充分依据进行假设——如果存在形成超反射的极限,那么这个极限也是极其遥远的。因而,极高级的条件反射也是可能的,也就是说,离最初阶段的基础和机体与环境之间天生的联系非常遥远。这一情况使得高级动物发展预防性反应,适应遥远的信号和即将到来的刺激的预兆,使这一类型的行为开始在保留个体中起重大作用。特别是这些超反射,它们给予人类发展一切复杂形式的脑力活动和劳动反应的可能性。

实验研究证明,联系的性质也不是千篇一律的。有回应的动作在条件刺激的行动停止后迟一些才出现的所谓遗觉反射,可以被称为迟来的反射。在这种反射中,回应的行动似乎滞后,与刺激相比时间上落后,在刺激动作开始后经过一段时间才表现出来。另外,刺激的力度、质量和速度上的异常复杂的分化原来也是可能的。因为在反应之前,机体产生极其复杂的分析活动,它似乎是在把现实分解成最细小的成分,非常细致准确地弄清自己反应和某些环境要素的联系。

最后,动物行为的巨大复杂性引起一些反射和刺激物的相互作用。如果在发生条件反射时另有某种不相干的、力量足够的刺激物开始活动,这种刺激就会阻碍反应的进行,暂时中止反应活动。如果向产生阻碍的这一刺激物再加进新的第三个刺激,它就会对第二个刺激物产生阻碍,阻碍原来的阻碍物,解除反应的制动状态。全面制动和部分制动之间极为复杂的关系以及一组组同时作用的反射之间的各种相互关系都是可能存在的。

所有这些和其他一些以无可争辩的科学可靠性被确定下来的材料,使我们有可能想象人类行为在后继形式中的发展过程。应当把整个行为看成是形形色色、极其复杂的各种极不相同类型的反应的总和。同时,天生反应(反射、本能和情绪反应)是行为的基础。这似乎是整个物种长期经验获得的生物学有益适应的遗传财富。条件反射是在天生反应的基础上出现并建立在其上面的个体经验新的一层,实质上它仍然是天生反应,不过是割裂的、混合的和周围世界有新的各种各样联系的天生反应而已。条件反射正是物种遗传生物学经验适应生物个体独特的生存条件并将其变成个人经验的那个体制。

这样一来,人类行为展现在我们面前的不仅是一个已经养成的反应的静止体系,而且是一个一刻不停地产生新联系的过程。它形成新的依存性,培养新的超反射,同时解除旧联系,消除原有的反应。而最主要的,人类行为是宇宙和人类之间分分秒秒都在进行着的斗争,这一斗争要求瞬间的联合,要求机体采取最复杂的战略,是机体内部为争取优势、为拥有执行工作的器官而进行的许多各种各样反应的斗争。总之,人的行为充分展现自己真实的复杂性和巨大意义,像人和宇宙之间以及人体内部斗争的动力和辩证过程。这就是新心理学的初步知识。

三

从以上关于行为内容简要的泛泛论述,我们明显地觉察到,人类的反应有社会制约性的特点。事实上,我们看到实验的自然科学确立了个体经验和个人行为形成机制。原来,个人行为(作为条件反射体系)不可避免地在天生反应或者说是无条件反应的基础上,由已知的条件而产生,这些条件调节和决定反应形成的整个过程。

这些条件在哪里?不难看出,它们存在于环境组织中。个人经验是作为环境中各种不同的成分组织的模式形成和组成的。实质上,巴甫洛夫的一切实验仅限于环境的已知实验组织,其中加进了狗,他主要关心的正是有待完善的环境组织及认真地实现要素的各种不同组合。

环境作为一切对机体刺激的来源,对我们每个人来说,都起着同样的作用,就像巴甫洛夫的实验室与被实验的狗的关系一样,这一点不难理解。那里人造的已知因素的组合(肉块和铃声)使新的联系连接起来并产生条件反射。这里大自然的存在和多种因素的同时发生,同样准确地(只是复杂的作用不可计量)培养新的条件反射。环境(包括人的社会环境,因为自然环境对现代人类来说仅仅是社会环境的一部分,因为社会之外的任何相互关系和联系对现代人类来说都是不可能的)最终在自己机体中带有形成我们全部经验的那些条件。

这样一来,遗传经验对个体存在条件的适应过程是完完全全由社会环境所决定的,一点余地也没有。但是我们要知道,遗传经验最终还是由久远的环境影响来确定并受其制约的。归根结底,遗传经验的起源和结构还应归功于环境。人的一切由无条件反应形式的行为都是由遗传经验所提供的无条件反应乘以表现为个体经验的新的条件联系而构成的,就像是环境乘以环境,或者是社会性的平方。

由此得出第一个也是最重要的结论。教养的全过程得到准确的心理学解释。我们无法进一步想象初生婴儿像一张白纸,教养者可以在上面随意写上什么。我们不会像讲述两组反应的某种机械式的组成那样,以不确定的意义来讲述遗传和教养的作用。我们只是这样大概地介绍一下所有情况。

新生婴儿在出生那一刻就被赋予了具有一切功能的工作器官并成为适应性无条件反应的庞大种族财富的继承者。人无论在何时做出的一切动作(莎士比亚完成一部著作、拿破仑实现长征、哥伦布发现美洲)无一不是他们在摇篮时期就获得的,区别仅仅在于组织性和协调性。

婴儿不协调的混乱动作如何变成成人协调的、理智的行为呢?根据当今的科学资料,我们可以判断,这是在孩子所在的环境有计划、有系统的独立作用中产生的。他的条件反应是在环境要素预先决定的作用下组合形成的。

当然,不能对儿童机体在养成和确立个体经验中的作用视而不见。首先,从广义上理解,机体本身就是环境的一部分(从机体对自身作用的意义上看)。机体对自身起到了环境的作用。其次,机体的生物学组织最终被环境过去发生的影响所制约和确定。最后,机体的这种基本生物功能,像生长、身体各部分器官的形成和它们的生理学活动等(例如人们所说的关于内分泌的学说),是与机体的其他功能和行为这一与环境有最密切接触的机制紧密联系着的。

但如果把机体内部和外部的过程在某种条件下进行对比,并尽力明确其相互依存性,分清什么应该属于前者,什么应该属于后者,那么我们就会看到,这一相互依赖的性质正是受环境制约的。因此,心理学家很容易确定,教养是积累和养成条件反应的过程,是行为遗传形式对环境条件的适应过程,是机体和环境之间新联系形成的过程,也就是条件反应形成的道路上每一点受制约的过程。

这一性质是教养的各个时期都具有的,不管这一性质过去叫什么,属于什么思想体系。任何教养都一直是社会制度的功能,任何教养实质上都是社会性的。这样说是由于儿童形成新的反应的决定性因素归根到底是植根于环境之中的条件的,或者更广泛地说,是根植于机体和环境的相互关系中的条件的。

在过去的中学、18、19世纪的宗教寄宿学校和学院里,培养贵族少女的最终不是教师,不是女学监和校监,而是每一所这样的学校里建立起来的社会环境。由于这一点,把教师看作教养过程中主要的甚至几乎是唯一的推动力这一传统观念衰落,孩子不再是教师把自己的教导当作酒水倾倒进去的普通器皿,教师也不再是把教导者的知识压出去的水泵,教师完全不给学生以直接影响和教导,直到他自己成为环境的一部分为止。

由于受教师是教养环境的主要部分、是主要动力的说法制约,教师在学校的作用被夸大了,因此,他忘记了自己真正的职责。以科学的观点来看,教师只不过是社会教养环境的组织者、环境和每个学生之间相互作用的调控者和检查员。这里的一些情况必须阐明。

问题在于,教师的劳动和其他人的任何劳动一样,带有双重性质。用例子来说明最容易不过——把用车子挽索套在自己身上沿着城市街道运送乘客的日本人力车夫和有轨电车司机进行比较。人力车夫起着双重作用:一方面他替代了马、蒸汽、电的力量而成为牵引力,他只不过是施加在自己简单的小车上的动力,是这一简单机器的一部分;另一方面,尽管作用不大,他却起着另外一种完全不同的作用,即他是这一并不复杂的生产的组织者,是这一机器的指挥者和操纵者,他做着只有人才能做的那部分工作:开动和停止小车,绕过障碍,放下车杆,等等。电车司机的劳动也同样存在着这样的双重性,当他拉动刹车或推动发动机手柄用体力把车从一个地方开到另一个地方时,他是肉体动力的来源,是机器的普通部分。但是他的作为这部机器的组织者和操纵者的另一个作用则更加明显,是电流、车轮和车厢的主宰。

但是,这两种必定存在于人类任何劳动中的情况互换了位置。人力车夫的体力劳动占了主要地位。如果他感到劳累,那正是因为他代替了马。毕竟人可以不用马,但是马离不开人。也就是说,尽管人力车夫在起着机器组织者和操纵者的作用时,其作用接近于零,但是仍然有一定的意义。电车司机的作用则相反,他的体力劳动几乎接近于零,但操纵机器这第二个作用是复杂的。

这一比较非常直观地表明了技术发展的方向。随着文化和技术的发展,人类的劳动由人力车夫走向电车司机,会走得离我们所举例子的这一起点很远很远。与此同时,人类的劳动形式会越来越高级。奴役机器、机器的奴隶作用、机器的附件、小小的螺丝统统成了历史。同时,人类对大自然的驾驭能力和劳动效率也大大提高。对电车司机和人力车夫所做的比较就有力地说明了这一点。

尽管教师没有能够使自己具有从人力车夫成为电车司机那样高深的技术,但是他们的劳动仍然具有那两个方面的性质。教养从来都是起环境的作用的。教师有时要充当环境的补充部分(做家庭教师或私人教师),所有学校的情况都是如此。教师有责任组织环境,有时这一责任由特别优秀的人物代替他们来担当,那时教师在组织环境中只是起最起码的作用。在俄罗斯古典的旧中学里,情况一直是这样的。教师在课堂上讲解提问,起的是环境的一部分作用。书籍、图画、游览等可以代替他起这部分作用(目前已经很有成效地被取代了)。

我们不妨稍微夸大其词地说,当前教学法的全部改革是围绕着下面这一题目进行的,那就是,在教师像人力车夫那样起着发动机和自己的教育学机器零件作用的地方,如何才能使他们的作用变得接近于零,让另一个作用(社会环境组织者的作用)成为主要的。道耳顿制、劳动方法以及动作训练等,都是为了达到这一目的。桑代克的观点和这一观点完全一致,他把教师的作用归结为调节儿童反应的刺激物的作用。但是与这里描述的观点背道而驰的是,他在主要方面仍然把教养过程归结到教师身上。从完全正确的心理学的角度提出的问题指出,我们的行动就是我们的教养者,学生自己培养自己,也就是自己加强自己的反应。由此并不能得出关于根本改革学校和教师劳动的必然的教育学结论。

教学就是教师的作用更接近于人力车夫,而不是电车司机的作用的代名词。桑代克在多处写道,中学和大学教师就是最完美的人力车夫,他们把拉着教养过程的小车的缰绳套在自己身上,而把组织和管理教养过程的责任扔在一旁。

正是因为这个,教养的基本目的对我们来说比对桑代克来说作用要大得多。教师应当很清楚地了解这些目的,不要局限于作者提供给我们的那些模糊不清的公式。

"增加人类的幸福，减少生存在世上的人类的痛苦"，教师不能只满足于这一公式。教师应该准确地知道要通过什么途径才能做到这一点，并使一切教养工作达到此目的。但是这些话就像"理想、积极性、荣誉、义务、爱和服从"这些词一样，构成资本主义社会遮遮掩掩的伪善的理想，当然无法用来武装教师。

桑代克自己说过，本能就像儿童其他天生的反应一样，如果不能使尼亚加拉河倒流到埃利湖并使水储留在湖中，那么，就可以修建新的人工水道，使水流转动工厂的轮子来为人类服务。这就是教养的准确公式。为此，教师必须具体准确地知道，他应当把孩子天生的愿望引导到什么样的水道中去，应该让他们转动什么工厂的什么轮子。

桑代克非常准确地谈到关于学校的片面性问题。学校培养的仅是一种能力——运用概念。根据桑代克的意见，教师自己和这一思维类型的人对学校来说还远远不够。他知道，是学生自己培养自己。归根结底是学生自己做的事情，而不是教师在培养学生。重要的不是我们给予什么，而是我们得到什么。只有通过自己的独立活动，学生才能改变自己。尽管如此，这一想法还没有被彻底贯彻。

如果注意到人类行为的异常复杂性，桑代克对教师作为社会环境组织者的作用就特别估计不足。如前所述，教养过程是机体内部最复杂的斗争过程。我们已经触摸到这一斗争的若干规律和机制。

在这一斗争中，一系列刺激正在消失，正在成为现实的是斗争后取得胜利的现实。这样一来，组织社会环境的任务就具有特别细致复杂的形式。我们不能说"把婴儿的全部天生反应、把环境对他的全部作用都提供给我，我就可以用数学的精确性预言他的行为"。必须对反射内部斗争的复杂因素进行校准,教师的任务就是组织并引导这一斗争,教师要做的事情就是保证必要的反应取得胜利。

这就是为什么我们不得不同意作者的观点——他说,书中评论的问题不是通常在"教养守则"标题下解决的问题。至于用什么最佳办法可以解决教养所追求的那种改变的问题,要在"教学原则""教学方法""教学的理论与实践"或"教育心理学"的标题下来进行讨论。本书试图对最后一些问题给出答案。该书试图论证的是教学技巧,而不是预先规定学校或者教授课程的总目标,或者测定教学的总成果。这里我们研究分析的不是做什么和为什么做,而是如何去做。

我们只需接受这本书里的如何并完全改变其为什么和是什么。关于这个"如何",我们应当完全现实地去理解。桑代克公正地说道,教养的本性是由改变形成的,这个改变可能朝着不同的方向,我们可以给教养提出各种目标。"但是实际上,任务永远只有一个——培养出一些确定的孩子,应该在他们身上实现确定的改变。我们该如何去行动呢?"

附带说明,我们对作者的原文未做任何改动。

彪勒《儿童心理发展概论》俄译本序言[*]

一

这里提请读者关注的彪勒的《儿童心理发展概论》（以下简称《概论》——译者注）一书俄译本兼有两个罕见并存在一本书中的优点：具有真正的科学性而且文风朴实、简明扼要。因此，不仅是研究儿童心理学的教育工作者，而且还有心理学专家，都认为此书引人入胜，通俗易懂。该书全面系统地概括了儿童心理发展的各个方面，材料翔实，理论结构和假设多样，以其内容充实、形式简洁的特点而与众不同。可以说，这是目前所有关于儿童心理学的著作中最好的一本了。本书适用于广大的读者群，首先是适用于教育工作者和家长。正是这一点促使我们着手翻译这本内容充实的《概论》。

彪勒是现代德国著名心理学家之一，是心理学研究者和思想家。他的《概论》和其他巨著，都具有广博的理论基础。他试图把生物学基础作为儿童心理学的依据，并以此建立心理学发展的普遍理论，把对全部最新心理学来说是最具特色的整体理解心理学过程提到首位，一贯严格地把发展的思想作为基本解释原则。这就是《概论》全书的主要理论基础。

随着整个最新心理学的发展，彪勒的理论和原则观点在过去的20年间也经历了严肃复杂和深刻的演变。他的这些观点只有从心理学学科近

---

[*] 张树芸、黄浩枢译。

年来发展了的角度才能进行评价和正确理解。彪勒作为一个屈尔佩的符兹堡学派的积极成员开始他的科研活动。这一学派主张用心理学认知的唯一源泉进行深入的内省。现在,在《儿童心理发展》一书和《概论》中,特别是在《心理学的危机》一书中,彪勒表明赞同现代心理学著作的全部基本观点。他认为这些基本观点是最全面的综合,从本质上包括了主观和客观心理学、认知心理学和行为心理学、无意识心理学和结构心理学、自然科学心理学和精神科学心理学。他认为这一综合是把作为科学的心理学和整个心理学的历史命运统一起来的论点。彪勒的综合在书的某些章节里是以未经研究的目的论为依据的。把极不相同、经常是不可调和的心理学思潮综合起来,用目的论的方法看待一系列问题的倾向,导致他有时把不同种类的学说和理论观点折中地拼凑在一起,不顾事实地将其公式化。不过,这一点在《概论》中的确还不太明显。《概论》的另一个缺点更为突出,就是把儿童心理发展的生物因素和社会因素混为一谈。

和有关研究儿童心理发展的大部头著作一样,彪勒在《概论》中和现代儿童心理学持同一个片面的错误观点,把儿童心理发展看作一个统一的纯自然的生物过程。在研究儿童心理发展中,不加区分地混淆天然的和文化的、自然的和历史的、生物的和社会的因素,就必然会导致对事实的理解和解释产生原则性的错误。

有人认为人类语言和绘画能力的发展、理解和思维能力的形成与动物发展智力活动基础知识的过程没有原则区别,这是毫不奇怪的。彪勒热衷于研究黑猩猩和人类儿童初始使用工具的相似性,把儿童最初出现思维形式的那一阶段称作类黑猩猩年龄,那就不足为奇了。仅此一个事实就足以充分揭示彪勒的基本倾向——把生物的和社会文化的发展归纳为一类,忽视人类儿童发展原则上的独特性。

可以说彪勒在《概论》所依据的已知著作中提出的任务是揭示黑猩猩有理性的行为，发现它们与人类的相似性，但是，他在儿童智力发展的研究中却有相反的倾向。他追求的是揭示婴儿的行为与黑猩猩的相似之处。对他来说，人类儿童发展的进程只不过是生物发展阶梯上所缺的中间台阶。对他来说，从猴子到有文化的成年人的整个发展路程是沿着唯一的生物学阶梯攀登而完成的。彪勒不理解心理学的发展正从生物学向着历史学进化的方式做原则性转变，或者至少可以说，他不认为那是原则性转折。同样，他分不清个体发育中的生物发展这条线和儿童社会文化个性的形成那条线，他把两条线混在了一起。

这样一来，就产生了对发展的内部规律估计过高的观点，从而削弱了社会环境的影响。环境作为高级智能发展的主要因素，在《概论》中始终处于次要地位。儿童行为发展到最高级形式的历史原则上与基本生物学总的发展历史是密不可分的。概念的形成过程与任何直接联系到儿童机体进化的基本功能的发展过程原则上没有区别。

大自然不会发生突然的变化，发展总是渐进的，这是彪勒本人表达的观点，这一观点是违反辩证法的。他强调发展的渐进性而刻意抹杀飞跃，这就使他看不到人类从生物学发展到历史发展这一现实的飞跃。彪勒自己将其称为人类渐进的过程。

行为高级形式是系统发育方面人类历史进化的产物，在个体发育中具有发展的特殊历史和特殊道路。用基本功能发展的观点去研究行为高级形式的发展这一倾向导致了两个可悲的结论。

首先，儿童在一定时代和一定的社会环境中在某种程度上具有的特点便因此被视为发展中绝对的、普遍的、不可缺少的环节。同分析类似黑猩猩的年龄一样，彪勒将童话年龄（或更确切地说，小邋遢鬼的年龄）看作儿童发展的特殊阶段，把它和鲁滨孙式的人的年龄区别开来。他用心理分析的放大镜去观察儿童及其童话，把童话年龄变成了某种自然范畴，变成了一个生物学的发展阶段。历史上产生的、社会的、由阶级决定的规律性被他奉为大自然的永久准则。

其次，上述观点不仅在原则上混淆了儿童发展一定阶段和一定时期的生物学和社会学准则，而且在单独的年龄时期之间如何客观划分儿童发展的整个过程方面，就普遍出现了严重歪曲儿童心理学中各个年龄段的情况。

彪勒得出结论，认为儿童心理学的主要意义应该总是集中在出生最初几年的婴儿时期，这并非偶然。在这位研究者心目中，儿童心理学只是当基本的、初级的心理功能逐渐成熟时的儿童早期年龄段的心理学。《概论》作者认为，婴儿出生后心理就迅速大步向前发展，而心理学家应当研究的正是这最初的几步，就像研究身体发育的学说应该仅仅研究胚胎一样。这仅仅是彪勒与之有内在联系的、唯一可以接近现代儿童心理学的几步。

彪勒在关于儿童心理发展的大部头著作中谈到了这一比较，异常准确地反映了儿童心理学的实际情况。他所有关于心理发展最初几步的基本意义的论断，原则上维护儿童心理学实质上是婴儿和早期年龄的心理学的观点，完全符合我们前面说过的对他的观点的看法。彪勒所研究的当代儿童心理学，就其发展的实质来说，值得进行研究的仅仅是高级功能的胚胎发育，仅仅是人类精神胚胎学。当代儿童心理学理解本身方法论的局限性，因此它自觉地去研究这一问题。实质上，当代儿童心理学中研究的仅仅是胚胎。

与胚胎学做比较客观上是正确的，但这样比较并不可靠。这种比较指出了儿童心理学的弱点，暴露出其致命之处，揭示出克制和自我节制是被迫的。心理学想将这种节制和克制说成是美德。

从实质上说，在《概论》中，展现在我们面前的仍然是"人类精神的胚胎学"。所有的年龄都被集中到婴儿时期，只研究婴儿年龄段的一切功能。婴儿年龄又被集中到处于黑猩猩和人的思维之间的生物学的边缘部分。彪勒全部心理学的主题思想的力量和弱点就在这里。同样，《概论》的力量和弱点也在于此。

我们认为，在彪勒此书的俄译本前面写下这些意见是必需的。我们唯一的愿望就是向善于思考的读者提供可依据的明确观点，以便他们批判地掌握《概论》一书中的全部宝贵材料，批判地思考其论点和理论基础。

二

《概论》比论述同一问题的长篇著作有新意的地方是，较为清楚地揭示儿童心理的生物基础和建立符合儿童发展的普遍理论的尝试。彪勒本人在《概论》的前言里也正是这样阐明的。能够以通俗形式来概括儿童心理学长篇著作的主要内容，又包括了建立儿童发展普遍理论的尝试这样一本为广大非专业读者出版的概论，大概很难再找到另一本了。

本书是理论和原则性研究的结合物，是大气的风格和表现为概论形式的对儿童心理学最基本原理简明扼要的叙述的结合物，这在科学文献中是罕见的，这两个方面通常不会在一部著作中同时出现。在构建普遍理论的时候，很少同时阐明同一科学领域的基本原理，这两个任务往往是由不同的作者来完成的。由一个作者在同一本书里把两者结合起来，这种做法使《概论》特别与众不同，同时也使它打上了自相矛盾的印记。

一方面，这种结合把对心理学基本知识的阐述提高到了一个不同寻常的高度。在读者眼中,理论思维,对思维的检验、评论和把这些综合成新体系的活动活跃了起来。最后这一点赋予许多人们熟知的最基本的知识以崭新的形式,使它们增添了光彩。但是把这些基本知识原封不动地移入另一体系,就成了问题。

《概论》全书讲述的实质上完全是那些人们称之为最基本的科学知识,有着丰富的理论内容。本书力求从新的角度去思考、用新的观点来介绍这些旧的知识。因此,这就要求读者不仅要掌握这些知识,而且要灵活地用批判的态度去思考。作者不满足于简单地向读者介绍知识,而是在读者眼前把自己的结论纳入理论体系,并要求读者全面讨论、批评并仔细研究推论的整个过程。

这就出现了问题的第二方面。它使得全书不仅与众不同,而且具有自相矛盾的特点。用理论思维使基本知识活跃起来,推动其离开原来的高度,将其变成大气风格的问题。因此也把不少有争议的、自相矛盾的、无法证实的有时甚至是错误的东西带进就其自身而论是无疑的、常常是摇摆不定的、错误的理论思想观点的实际材料中去,这种错误的理论思想还没有从非科学的形而上学唯心主义因素中解放出来。

因此,我们有必要在《概论》前面写出简略的批判分析文章,分析彪勒所依据的一些理论原则。分析的唯一任务就是对作为《概论》基础的这一理论结构做出修正,并向读者指出对各基本流派的批判思路,使他们认清那些不应该接受而必须加以摒弃的东西。

彪勒书中哪些内容需要进行这样的批判呢?用最普通的话和具体的例子来说,我们打算尽早在第一篇里讲述首先应该批判和反对书中的哪些基本东西。我们知道,概论的优点和缺点、长处与不足出自一个共同的方法论的根源,因此就不能机械地用删除书中某些章节的办法把优缺点分割开来,应该弄清楚其中错综复杂的地方。

彪勒和现代儿童心理学一起从反对用原子学说看待儿童发展的观点出发,寻找儿童心理学的完整概念。他说,我觉得当前最重要的任务是,要像100年前彼斯托洛兹那样重新去追求理解整数的思想。按彪勒的意见,如果我们能够理解精神的生理功能及其发展的内部节奏,那么彼斯托洛兹的事业在当代就将重新振兴。

我们无法完整又简短、使内容丰富又简洁地表述彪勒基本思想核心的实质。摆在研究人员面前的任务是将儿童心理发展作为整体去理解,而且这一整体应作为精神的生理功能及其发展的内部节奏被展示出来。再说一次,精神的生理功能及与之联系的发展的内部节奏被当作儿童心理学的全部,这样简单的解决儿童心理学整体问题的办法是通过完全排除研究者对精神的社会功能和精神发展的社会制约节奏的注意而获得的。

不言而喻,引起反对的不是较为清楚地去揭示儿童心理学的生物基础的尝试,而是仅仅把这一生物基础充作其意义被揭示在儿童心理发展的整体中。彪勒把生物学基础作为儿童心理学的依据,这一尝试本身就证明了作者和全部儿童心理学一起把理论从统治着符兹堡学派著作的形而上学、主观唯心主义的心理概念转向自然科学、生物学,从而也将自发的唯物主义思想向前推进了一大步。当然,科学的儿童心理学只能建立在牢固的生物学基础上。

全书从头到尾贯穿的是发展的思想,是作者尽力寻求正常儿童大脑外壳结构发育精神生活中出现巨大和原则性成绩的原因。与之相联系的是从儿童生物学发展的基本观点来研究儿童心理发展的倾向。这三个想法构成彪勒理论结构中最珍贵的东西,它们都直接源于彪勒认为最主要的儿童心理学的生物学基础。

但是试图用精神的生理功能来研究透儿童心理学的全部内容,把儿童全部的心理发展简化为这种功能,这对心理学家来说就意味着陷入生物学的牢笼。这一尝试必然会导致把生物学概念扩展到合理的方法论范围之外的心理学,会产生一系列的理论迷惘和不解。其中的主要问题我们在第一部分已经简要地提到了。

三

如果我们试着把这些错误换算为它们方法论的公分母,然后进行简化,把其中所含的相同的数提到括号外,就可以发现这些错误的根源是两条同样错误的基本理论思想路线,第一条路线是把生物学心理学化,第二条路线则是把心理学生物学化。两者互相联系却朝着相反的方向前进,都是从根子上错误的前提出发做出的完全合乎情理的结论。这些错误的前提用等号把彪勒基本方法论等式的两部分连接了起来:全部儿童心理学的"整体思维"="精神的生物功能"。

我们先来研究一下第一条路线。不论乍看起来它使人感到多么离奇和难以置信,把心理学全面生物学化的企图必然会导致在实际上走向反面:把生物学心理学化。因为事实上(我们举一个具体例子)用精神的生物学功能的观点来研究概念的形成,就意味着不仅歪曲了概念形成过程的心理学特点,把它原则上同"实践发明"或者黑猩猩智力活动的其他形式等量齐观,而且极大地歪曲了生物学功能的特点,给它们添加了原来没有的东西,将其誉为是最高等级的,并假设(就算是假设吧)它们比普通的有机的生命过程包含更多的东西。

这也意味着给活力论打开了通道,同时也意味着先给出了肯定的答案然后才提出问题。在一系列生物学功能之中是否应该存在人类全部心

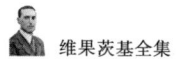

理学，生物学功能是否已经包含心理学的（或者是思想意识形态的）一级类似精神的原理？如果答案是否定的，那么如何解释在生理学一系列功能和过程中会出现思维和概念的现象呢？

彪勒作风一贯严谨，这就使得他的生物学思维更加引人注目。在《概论》中，当分析像关于本能的意识、婴儿知觉的过程、大脑和思维的发展等问题时，彪勒在每一步骤上都证明了自己的严谨。顺便提一下，这一切问题，彪勒都不是用活力论的观点来解决的，但在理论上他不得不承认，当代活力论的领袖德里诗的活力论观点是可能的。根据彪勒的看法，有机生命的最普通的现象（生长，繁殖，再生）要求允许一切生物存在精神形式的自然因素。在这里他引用的是德里诗的话。

无法更清楚、更有说服力地去证实把儿童的精神发展简化为生物学的、自然界的初级因素的尝试实际上会导致把精神当作初级的自然因素的活力论。彪勒所引用的德里诗的著作就是这样的。

这一思维进程的另一面就是我们在前面所说的第二条路线，即把心理学生物学化。

把动物心理学试验的方式转移到儿童心理学中的思想被彪勒加以发展，他认为在婴儿最初几年的生活中，这一方法是最佳的试验研究方法。他规定了一系列在此情况下必须做到的技术修改，而没有指出在同一试验情况下对待研究儿童行为和动物行为有任何原则区别。以上这些都不是偶然的。

同样并非偶然的是，彪勒同意里克尔特、基里杰伊等人的观点，认为当前不能（谁知道呢，也许永远不能）把个性理解为受到一些有助于个性形成的影响的结果。这实际上是同意了关于个性的形而上学观点。同时从个性发展的科学研究的观点看，彪勒基本上没有找到比我们已经发现的动物界心理发展的三个阶段更新的东西。

这一极为引人注意的事实,与实际上同意个性的不可知性的同时,研究者没能用科学认知的观点在这"个性"本身找到超出动物行为基本方式界限的东西。这是彪勒整个体系最核心的事实,也就是行为发展三个阶段的基本理论,同样包括了人类和动物的一切行为。难道仅此一点还不等于承认,在人类和人类儿童的发展中没有产生任何原则性的新东西,没有出现行为的任何具有人类和人类特点的阶段?还不等于承认这一发展完全被纳入了生物学行为进化的范围?

当然,在儿童发展中,正如以上所述,把初级的、基本的、生物学最低一级的东西推到首位有损于人类特有的、高级的、人类心理学中历史的和社会性的东西。彪勒主张,儿童的房间、弱智者的居所和特殊学校都可以是研究人类精神结构和人类发育基本路线的最佳场所。彪勒难道讲得不精辟吗?

到处都可以感觉到出现这样一种倾向,即认为全部心理学功能和形式都植根于生物学,把最简单的、初级的、基本的东西极端化,赋予发育的胚胎阶段以万能的意义。关于这一倾向,我们在绪论概要的第一部分里已经谈到过。

四

但是,摆在我们面前的是一个分解和分析的任务。把初级的看成是基本的,这有什么不好呢?要知道初级的实际上也正是基本的。基础是由最低级的、初等的、极简单的功能组成的,而高级的则是衍生的、继发性的甚至是第三阶段的功能。

一切就是这样。因为彪勒的思想正在于此,所以他无疑是正确的。但是经过分析，除正确性外的另外一点也被揭示了。如果有谁不局限于此，而试图把整个发育归结为初级阶段的基础，认为初级阶段的形式是绝对的，那么他就是无视发育的客观辩证法，无视发育过程中在初级阶段基础上不断出现新的、质量上不能归结为基础的产物，他就是无视科学认识的辩证方法——揭示发育的客观辩证法唯一合适的方法。

但是，正像前面提到过的，反辩证法正是彪勒整个体系的根本缺陷。他全部错误的根源就在于此。

"大自然不会飞跃，发展总是渐进的。"这一违反辩证法的规律正是彪勒在关于动物和人类行为的问题上得出的结论。对他来说，不存在从生物学到历史的飞跃。自然，对他来说也不存在行为从生物学进化到历史进化的飞跃，不存在动物心理学向人类心理学的转换中的基本飞跃。像整个欧洲的儿童心理学一样，彪勒的理论试图绕过人类问题的社会因素。这是他的核心思想，是他全部理论的集中点——对心理学发展的反辩证法理解。

就像对个体发育的理解一样，这一观点也导致对系统发育的解释产生错误的认识。最主要的是，错误地认为发育的各种形态都是混杂在一起的，机械地将其等同起来，首先是系统发育和个体发育、人类的发育和儿童发育。

彪勒坚信，原始人类的历史就是我们时代儿童的精神发展史。但接下来原始人类的历史——通过儿童的发育——就变成了导致人类出现的生物进化。彪勒说，在生物学的阶梯上，我们不知道黑猩猩和人类的思维之间存在过渡的台阶，但是我们能够在人类儿童发育的过程中观察到这一点。这就可以说明这一转变是如何完成的。

行为的生物学进化路线及其在种系发展里的历史发展，这两条个体发育中的路线,并未被作者区分为两种原则上不同的发展形式。另外,种系发展和儿童发展并列在一起,并被告知,在儿童发展中出现心理进步的某些基本规律完全不受外部影响,也就是说,在史前时期和儿童时期都一样不受外部影响。

不受外部影响,就是在环境之外对人类发展起作用的规律不会为区别低级和高级形式的行为和思维、发展的生物因素和社会因素留下位置。这些因素是与本时代本阶级儿童有关的、局部的和固有的普遍生物学发展的规律性。按彪勒自己所承认的,研究的主要任务在于找到这些真正的、永恒的、基本的、不受环境影响的发展规律,使它们从全部具体的历史的东西变为抽象的,在具体形象模糊的轮廓中看清一般儿童的特征。

由于这一基本观点,这一系列问题得到了极其错误的解释。我们已经谈过关于高级智力功能的问题。对于这一问题,作者一直以生物学观点去对待,努力去寻求正常儿童精神生活中像大脑外壳结构性发育中概念形成的功能发育成功的直接原因。这种努力在这种范畴的尝试中是典型的。

如果我们不是假设在大脑皮质结构性发育中产生必要的条件和可能性,形成生物学前提以培养概念功能的发展,这些概念是最高级的、历史形成的和受社会制约的思维形式,那么就会把行为的所有高级形式的历史归结为大脑皮质结构变化的原因。

我们可以进一步指出儿童游戏的纯自然主义理论。这一理论是彪勒按格罗斯拟定的方法发展起来的。彪勒说,这里已经存在着动物游戏中能力的进一步发展。这基本决定了他对儿童游戏和动物游戏之间联系的看法——同一能力的进一步发展——仅此而已。

下面我们不想一一列举受彪勒整个体系的方法论缺陷影响而产生的

所有具体问题。最后只想着重研究一个对所有这类课本来说都很典型的问题,那就是彪勒所阐述的心理特性的遗传性问题。

五

彪勒在分析心理特性的遗传性问题时,对100个同族的罪犯进行了考察。他认为,得出的结果表明:有这样的人,他们从幼年开始就具有根深蒂固的追求流浪和偷窃的行为,在以后的生活中他们就会逐渐变成监狱和拘留所的常客。这些人有致命的遗传性,这种特性与其他身体特性一样有规律地一代传一代,然而相对于一般的素质来说,它是隐性的。但是必须提一下,这些素质如此经常地只把男人送进监狱和拘留所,就像孟德尔定律所要求的那样。

这样一来,像任何普通的身体特性一样,父传子的遗传素质会按照孟德尔定律准确地传承。这就是彪勒的犯罪基础论的中心思想。这一观点无论多么骇人听闻,都十分清楚地证明作者只不过是奉行着老一套的"犯罪是与生俱来的"的错误理论,把父母和儿子进入监狱归结为"致命"的遗传性,忽视了犯罪的社会经济因素。通过这一例子,我们应该停下来仔细研究分析一下,这样的结论是如何得出的,而且在一定的理论前提下,又是如何不可避免的。

我们说的是一个突出的例子,说明在某一结论基础上一些事实本身是真实的,如果对这些事实的阐释被错误的理论概念所指引,那么它们仍然会导致绝对错误的结论。

彪勒在研究中查明的事实本身是正确的。这些事实是什么?那就是在父母和孩子蹲监狱这件事情上有着非常高的相关比例。例如,彪勒研究过一些父母曾双双被长期关押在监狱的孩子们的命运,一组30个孩子中有28人也进了监狱。事实就是如此,这说明在父与子进监狱之间存在着联系,仅此而已,再没有其他意思。

接下来我们开始对事实进行诠释和阐明。这是什么样的联系呢?彪勒断言,这种联系就是遗传,犯罪的本性就像身体的某种普通特性一样按门捷利定律遗传了下来。这样一来,他和人所共知的进行天才的遗传性研究的加利通以及许多其他人所做的一样,也就是人云亦云,重复遗传学说中已知的、十分幼稚的、已经成为陈词滥调的错误。

彪勒的研究和其他类似的研究一样导致完全错误的结果,认为父母和子女之间特征的相同(不再进一步分析)是论断遗传性的基础。彼尔松就断定,遗传性就像亲属等级和相似等级之间的相互关系一样。这一论断就成了彪勒著作基础默认的出发点。

对这一广泛传播的错误,布隆斯基在我们的科学文献中做出了批评。他说,所有一次又一次重复这一错误的人,都是从彼尔松的论断出发的。这一论断必然导致逻辑上所称的循环论证。研究者在论断中进行循环论证,把实际上要证明的东西当作出发点。例如,彪勒预先认定,如果入狱的父母和他们的子女之间出现联系,那么这一联系就是遗传性的。然而正是这一点才是应当证明的东西。

实际上,难道父母和子女之间存在任何相似的特征就一定能够证明这些特征是父母遗传给子女的吗?彼尔松的论断包括的范围太广,因此也是错误的。他的论断不仅包括生物遗传性,还包括布隆斯基所称的生活和存在的社会条件的社会遗传性。这一遗传性不受门捷利定律的约束,而是受社会生活规律的约束。

布隆斯基说,遗传性不是简单的生物学现象。我们应当把生活条件和社会地位造成的社会遗传性和染色体遗传性区分开来。在这一社会阶级遗传性的基础上，形成了祖祖辈辈从事某种职业的人群，在生产能力高富裕的阶级社会里，这些人群有丰富的物质保障和很强的繁殖力，其中大量的人就有极大的可能成为有才能的人。与此相反，从事日常艰苦工作、体力劳动和贫困的劳动群众就没有任何可能有天才遗传下来。

根据加利通的研究，布隆斯基所说的"天才的遗传性"逐字逐句地照搬彪勒的监狱素质学说和彪勒引用的别捷尔斯关于智能的继承问题的研究结论。别捷尔斯对父母、孩子和祖辈上学时的分数进行了比较，确认对学校成绩起作用的智力能力是遗传得来的这一事实，但他忽视了学校成绩是很多因素首先是社会因素造成的。别捷尔斯认为，在学校能够取得好成绩的素质是由按门捷利定律遗传下来的占优势的特性。

显而易见，所有这些研究都把原本意义的遗传性同社会遗传性以及生活条件的遗传性混为一谈，因为父母和孩子的相似，他们命运的相似，当然不仅要用特性遗传，而且要用生活条件的转变来解释。

一个孩子的父亲和母亲被长期关押在监狱，这个孩子当然很大可能会有同样的遭遇。这不单是因为在对孩子们进行教育时父母的犯罪常常成为他们的榜样，不单是因为父母蹲监狱这一事实本身往往注定使一个孩子无家可归，而且还因为促使父母犯罪的社会原因本身通常会继续影响到第二代，孩子们的命运就注定和他们父辈的命运当时被注定一样。贫困、失业、无人照管、无家可归等都是经过研究的犯罪因素。难道这些因素就没有像对他们父辈一样，对孩子们产生强烈影响吗？

那些社会条件（物质保证、家庭生活的文化条件、休闲时间等）保证了祖辈、父辈当时在学校学习时的好分数，这些条件应该基本保证这些父母的孩子们也得到好分数。事实也的确如此。

只有在把生物学和社会学遗传性极度混淆起来的基础上，才会有可能出现像我们在上面引用的彪勒关于"监狱素质"遗传性的论点,出现别捷尔斯关于遗传素质导致在校学习是有好分数和加利通关于遗传素质导致拥有部长、法官职位和学者职业的论点。犯罪现象是由社会经济因素决定的,纯粹是社会现象,是社会不平等和剥削的产物。不去分析社会经济因素,犯罪现象就硬被说成是由祖先传给后代、具有规律性的生物学遗传特征,就像眼睛的颜色是固定的一样。

我们如此详尽地分析了彪勒论述的遗传学问题,并不是因为这一问题在彪勒的论断体系中占据中心位置,而是因为这一问题对其方法论的错误认识来说很典型,也说明原则性错误的出发点是如何导致理论上的错误结论的。要知道,彪勒并非立意要分析方法论的基础和心理学的遗传问题,并非要确定什么行为一般会遗传给下一代以及遗传的素质对发展复杂的、综合的和高级的心理功能和行为方式有何影响。但是如果不进行这一分析,作者的进步生物学思想就开始潜移默化地影响他全部论述的进程,社会学问题就又变成了生物学问题,而生物学又被认为在儿童心理发展的全部悲剧中起着万能的和绝对的作用。就像彪勒所说的,在这一悲剧中,除了生物学因素,没有其他"人物"登场。

评论可以就此结束。我们是从指出彪勒不区分儿童心理发展的社会学和生物学因素开始的。这是彪勒全部理论中基本方法论的缺陷。在结束时,作为对他的著作的总结,又归结到这一问题上。显然,这就是他的《概论》的基本内容。

拉祖尔斯基《普通心理学与实验心理学》序言*

一

拉祖尔斯基这一著作的新版是在俄罗斯心理学科学和高等院校心理学课程的教学正在经历着严峻危机的时刻问世的。一方面,生物学思想的成就以准确的自然科学方法渗透到高级神经活动最复杂、最繁难的领域;另一方面,心理学科学内部反对经验主义心理学传统体系的势力不断增强,这是危机产生的原因。此外,几乎整个俄罗斯文化阵线都试图用辩证唯物主义观点来重新审视心理学的基本原则,把心理学的科学研究、理论探讨和教学工作同具有更重大普遍意义的哲学前提结合起来,这一追求是自然而然的,不可避免的,对危机的产生也起了推波助澜的作用。

由危机的产生和心理学的改革造成的复杂形势(包括理论上和教育上的),要求立即对再版的有关这一问题的著作特别是目前再版的旧教程预先做一些说明。

拉祖尔斯基的教程是15年前他根据自己在彼得堡一所高校使用的讲义编写而成的,并被用作高校讲授这门课的教材。它完全符合教材的用途,充分发挥了作用。这本教程简要明了,通俗易懂,具有教科书必须具备的一切优点。书中材料有完整的科学性,简单扼要,安排有系统性,合乎教学要求。本书已出了第三版。按照我们的想法,它首先应该成为学校心理

---

* 张树芸、黄浩枢译。

学课程的指南,从而帮助教师和学生走出危机。以前,学校实际上已经感受到这一危机,缺少课本则是最严峻的问题。

新版教程的这种作用,使我们不仅简单地将作者随意写成的文章加以重印,而且还要批判地加以修订。目前的这一版由莫斯科第一国立大学心理学院的助教阿尔捷莫夫、多勃雷宁修订,由鲁里亚执笔,任务艰巨。一方面,要尊重令人敬重的伟大学者拉祖尔斯基教授的科研和教学遗产,避免对他的思想做任何歪曲和庸俗化,尽可能保持原作的精神、用词和表达方式,就像他讲课时所用的语调和停顿一样;另一方面,必须给学生提供一本1925年上课用的心理学教材,这就要考虑对课本进行临时修订。一般说来,对课本的修订需要有10—15年时间的积累,但是最近10年正处于危机年代,需要增加和改动的地方就显得特别可观。

十分清楚,这一任务对任何人来说都是难以完成的。因此,只好把这一尝试看作是一种不能彻底解决问题的折中办法,只有这样,才能编写出过渡性的临时课本。因为目前还无法编写出完全符合学科当前形势提出的所有要求的新课本,编写那样的新型课本是将来的事。我们认为,拉祖尔斯基教程完全可以作为过渡性的临时教材使用。作者的教学和理论工作是建立在完全健康的科学土壤之上的,他的教程也是如此。

教程的开头写道:"可以认为,把心理学逐步变成精确的科学是现代心理学的主要特点之一。'精确的科学'的含义和我们通常用来描述自然科学的含义一样。"目前,在这一"逐步变成"的过程中,我们正处于对学科进行激进改革的前夜,因此,教程作者的观点很容易被人认为是太温和和"逐渐的"。但无疑他是那些致力于把心理学变为精确科学的心理学家之一。他用普通生物学的观点看待心理现象,认为心理学的全部问题都是与生物学有关的。他初始的论点是,一切心理功能同样有自己生物学的一面。换句话说,机体中纯粹的心理过程是没有的。(他还说,与其他一切心理现象一样,创造过程也属于生物心理学,具有自己一定的生物相关物。)他对心理活动具有完整的规律性的见解,他的关于个人整体特征的学说证实了我们认为心理机体是某种完整的、综合的、有组织的统一体的思想。以上这一切都相当符合生物心理学及现实主义心理学的基本原则,从而使本书比许多其他大学教程更接近于当代现实,这些教程中有的甚至是不久前才编成的。对此,我们还应当增加俄国大学的教程中罕见的特点,那就是,往教材里补充实验心理学的成分和材料,并且全书应该贯穿自然科学工作者和现实主义者冷静和直截了当的精神。

这些就是这本教程的无可争议的优点,是它同重新出现的科学心理学的交会点,必须在书的开头就使其明确起来并加以强调,使其在书中占主要位置。但是为了保持其优势地位,我们必须极其审慎地在课文中做一些改动。总的来说,对课文的一切修改,也就是对本书所做的技术性编辑工作,可以归纳为下面几点。

删除书中《宗教的感觉》一章(第二版中的第21章)。此章与本教程并没有有机联系,不是本书体系中必要的组成部分,从科学角度看,也没有特别重要和独特的价值。它不过是感觉心理学里一个小小的分支,完全不是不可或缺的内容。而且,对信仰和宗教概念的心理分析本身来说,会成为备受争议、科学上未被证实的、假设的、不足信的问题。而作者在其他方面的观点则未必如此。因此,在课本中保留这样有争议的片面性材料是极不适宜的。而且这些材料由于近年来文化的剧变已几乎失去了意义。现代大学里的这一门课程当然也不能有这一章的内容,因此,应该将之删除。

我们还从第一章《对象与任务》中删除了一页。作者一反自己原来的观点,认为进行科学研究有提出假设的权利,因而精神这一概念作为观察心理过程的依据是应该存在的。这就把我们一下子抛到了比不要精神的经验主义心理学还要遥远的过去,显得和科学心理学教程极不协调。

除此之外,我们基本上按原书的第二版重印,仅仅删节了个别单词、不完整的句子和一些注释等。删节的主要原因是,我们对原文已进行了一些补充或者是出于纯技术的和修辞上的需要。我们认为可以这样做,因为课本不同于歌曲,歌曲不能删掉词句。课本删掉或更换一个词句使其更符合上下文,不能被认为是歪曲。但是这样做的情况不多,只是在完全必要不能不改的地方才进行。

对原文所做的改动和补充都放在方括号内,以区别于原文并显示出后来增添的内容。这样做十分有必要,因为课本的性质本身不允许有大量备考、注释以及对作者或其他人文章的引文。课本就应该是课本,亦即用于教学的有条理地系统讲授科学课程的书。

增补和修改全部带有暂时的性质。例如,在谈到心理学的任务、方法和对象时,每次都加上"经验主义的"。因为从理论和历史的角度看,作者的观点只有在修改后才能保留着科学的可靠性。这一修改本身原来就是不言而喻的。其实,不添加这一词语就可以清楚指的是什么,专门预先加以说明是多余的,因为除了经验主义心理学,对我们这一教程来说,不存在其他心理学。总之,大部分的修改都属于这一性质。某些地方增加词语是为了强调某一想法,为了和上下文或前面补充的东西联系起来;某些地方删去一些多余的、会引起误会的词句;某些地方更换了一些词语,也是为了使增添的东西和上下文能作有机地联系起来。

最后,我们在一些章节里所做的较为重要的补充,也同样放在方括号中。我们认为这些补充是非常必要的知识,应当放进课本里。如果缺了这些知识，课本就根本无法使用。因为在课堂讲授的教程和供阅读用的教程是完全不同的。因此，每次做增补时，都不只是对一些原理、引言做简单的补充说明和提出一些不成熟的意见，而是处处为学生着想，用三言两语指出问题的实质。每次增补，我们都是遵循通过已知历史展望未来的原则，既照顾到历史又要有发展的眼光。这些增补往往是以前瞻的学术观点来说明的。这一点应该这样来说明才更为恰当：拉祖尔斯基的书本身并不是十分严密和独特的心理学体系。他本人对科学的独创表现在他的工作的其他领域，而不是在理论心理学普遍体系的研究上。

由于近十年来经验主义心理学还没有一致认同的体系，各种流派、学派的心理学家纷纷建立自己独特的讲授课程的体系，都以自己的方式对心理学的基本范畴和原则进行解释。在这种情况下，我们对拉祖尔斯基教程进行介绍时，只能说这是一本包括若干体系的入门知识、综合多种不同观点、协调各种心理学派、走中间路线的教程。当然，作者个人的观点在他选择和综合资料时已经充分地表达了出来。所以，称其为折中主义的是最恰当不过了。这样，人们才会认为新增的论点和材料没有违背原书的体系，而是能够在与教程里其他许多体系的交会处找到自己的位置。

应当指出，用教条主义的方法来编写课本是不对的，课本应当给学生提供知识。在当代，心理学课本应多少带点评论的性质，尽管这是违反教育学的。现在还没有建立起一个能够不依靠过去的一切就能确立自己方向的科学的新心理学体系。我们这一学科的基本观点在很多方面还是由纯粹反面的特征来决定的。还有很多东西是靠放弃和批评的力量保持在新学科之中。用托伦戴克的话说，心理学作为一门科学与其说已经接近完善，还不如说更接近于零。另外，利用旧术语表达过去的经验非常有必要，在生活和科学的通用语中存在着人们习惯了的概念和范畴。

因此，从一开始我们就必须反对把整本教程转换成新心理学语言，或是仅仅使用与其对应的术语、分类和体系这样的想法，因为这意味着把修订的拉祖尔斯基教程第三版变成编写一部全新的书。所以，我们不得不决定出版一本用经验主义心理学术语、用传统的分类法等来描述经验主义心理学体系的书。这样做只不过是希望能够使用一些合乎科学的新材料来更新教材，使之多少接近于当代现实。其次的任务则是使该书具有一些原则性的批评材料，增加一些新观点。

问题在于，总体说来拉祖尔斯基是立足于传统经验主义心理学基础上的，存在着与其同样的缺点和不足。这些缺点和不足使正在兴起的科学心理学站到了经验心理学的对立面，成为它的反对派。每当我们想随手或偶然零星地补充一些材料来鲜明地揭示基本路线的分歧、详尽和有说服力地介绍新观点时，却往往都做不到。因此我们设想，最合适的是在本序言的第二部分中简明扼要地加以说明。它可以给所有使用本书的人提供批判的思路和必要的免疫力，使其能够正确对待在拉祖尔斯基书中得到充分介绍的观点。这样一来，对每个读者来说，第二部分就成了本书的序言或附加的一章。

我们很清楚，通过这样的做法，我们完全不用深入阅读就可以看出本书改变了的基调，弄清书中的意义。这比预先进行说明和在文中做出一切无足轻重的删节、标记和修改更为有效。但即使如此，我们仍然认为：把拉祖尔斯基教程重新纳入我们流派，哪怕是批判性地接受，也比彻底摒弃不用能更好地纪念拉祖尔斯基。因为他的课本完全是为了这一学派写成的。更何况拉祖尔斯基不仅是一位学者，还是一位社会工作者和教育家。毫无疑问，如果他还在世的话，现在也未必会一字不改地再版自己的著作。对此我们可以深信不疑，尽管现在估计他会站在何种立场是不合适的。对于学校来说,使用过去有用的材料,哪怕是批判地使用,总要比在整个过渡时期根本没有教材可用要有益得多。

二

如果认为心理学学科的危机是近几年才开始的,是由于出现了与经验心理学持反对立场的学派和流派,认为在此之前在学术研究中风平浪静,那就大错特错了。在取代了唯理论心理学或形而上学心理学之后,经验心理学对自己研究的客体进行了实质性的改革。经验心理学派借罗克之口宣称对灵魂进行实质性研究是投机行为,这一改革符合当时普遍的科研精神并一直向前发展,直到成为"无灵魂心理学",变成了用内部直觉和内省的方法研究灵魂现象或意识形态的实验科学。但是,他们企图像其他实验科学一样,据此来建立一个公认的大家都要遵循的心理学体系,却未能成功。心理学这一学科在19世纪末期的普遍情况是思想极为混乱,分裂成许多独立派别。各派都在维护自己的体系并以自己的方式来解释和理解本学科基本的、主要的范畴和原则。兰格不怕夸张地就此问题说道,用不同的心理学体系的角度去解释任何心理过程都会得出截然不同的描述。无论我们是以埃宾高兹、翁特、施杜姆普、阿韦纳利乌兹、美农格、宾奈、捷穆兹还是以穆勒体系心理学分类来评定和研究,都是如此。

分裂了经验心理学的深刻危机产生了不可避免的后果。一方面,没有了统一的、公认的科学体系;另一方面,新学派的产生成为必然。新的学派否定经验心理学的基本前提,而去寻求更稳固可靠、在科学上更为可信的认知原理和文献资料,企图以此找到摆脱危机的出路。

实际上,经验心理学的基本原理中遗留的形而上学的痕迹是如此深刻,与唯心主义哲学的联系是如此紧密,并且浸透着主观主义。这些都不是建立一种作为自然科学的心理学的完整科学体系的良好和合适的土壤。"心灵现象"这一概念本身包含着一系列与自然科学不可调和的因素。唯心主义心理学的流毒及其改革的不彻底性在这里表现得异常明显。承认心灵现象是某种在天性和在本质上与科学所研究的世界上的一切其他东西不同的东西,是把世界上无论何时何地都不存在的虚无的特征和特性硬解释为是心灵现象造成的,这就意味着彻底排除了使心理学成为准确的自然科学的可能性。

最后,由于经验心理学资料一贯是从狭隘的主观主义意识中获取的,并且一贯带有主观主义色彩,其基本方法是承认认知心理现象的主观主义原则,这就在很大程度上束缚着心理学科学的发展,使其最终走向衰亡,使精神分裂成许多毫无联系的孤立现象而不能综合在一起。这种心理学是无法解答任何科学最基本的也就是最初级的问题。例如,主观见证个人感受,在对其起因与演化进行解释,准确分析其构成,完全无争议、客观可靠地确认其基本特征的时候,总是不能令人信服,显得站不住脚,经不起推敲。

出于上述原因,从心理学内部就显露出必要性:必须采取客观的立场来明确其研究对象、方法和原则,以保证有可能建立准确严格的科学体系。在未来的体系尚未确定、情况还不明朗、客观心理学各个派别的见解还很不一致、在其最基本的论点和出发点往往还不清晰的时候,仍然可以尝试大致勾勒出这一科学心理学的某些共同观点。我们当代心理学家可以从这些共同点的角度来看待并批判地接受和修正过去的心理学资料。

人和动物的行为往往被称为科学心理学的研究对象。行为指的是有生命的东西发出的区别于非生物界的一切动作。任何一个这样的动作都是有生命的机体受外部环境影响或是对机体本身产生的某种刺激做出的反应。反应是普通生物学的概念。植物的茎朝着亮光伸展,我们同样可以说是植物的反应;飞蛾扑火或狗见肉流涎,可以说是动物的反应。人听到门铃声就去开门就是人的反应。所有这些行为都有着非常清晰完整的反应过程。反应始于某种刺激、推动力、动因(光亮、烛光、肉的形状、铃声),然后转化为机体由此而产生的内部过程(在光线影响下植物和飞蛾的化学反应过程;狗和人的神经兴奋紧张、知觉、"回忆"和"思想")。最后,以机体的某种回应的动作、行为、变化、举动(茎的弯曲,蛾的扑火,狗的分泌唾液,人的走路开门)作为结束。在所有反应中,无论是最初级、最简单的反应还是过程极其复杂或是多种刺激同时发生以及刺激来自机体内部的(肠壁蠕动,血液涌向某个器官)反应,都存在刺激、机体对刺激的感知和回应三个阶段。前者情况和形式简单,表现明显,很容易被看到;后者复杂,就不能明显地分清这三个阶段。但是,经过准确的分析,也可以发现反应的三个阶段的存在。

反应的形式常常是很复杂的,这就要求我们进行仔细的分析来揭示这三个阶段。有时候刺激物在机体的内部隐藏得很深,或者与回应行为的时间相距很远,或者与其他刺激物有复杂的联系,以致肉眼往往观察不出来并加以确定。机体回应的动作或行为常常非常克制、简单,十分隐蔽,不易被发现,很容易被忽略,甚至使人感到根本不存在。在有些轻微感觉或者有一些想法没有说出口时,呼吸和血流发生的变化就是如此。从单细胞生物最简单的、表现为离开不好的刺激去靠拢好的刺激的动作开始,反应逐渐变得复杂并具有越来越高级的形式,成为人类最复杂的机体行为。

这种看待基本行为机制的观点与本教材引用的精神现实的基本生物示意图完全一致,即对外部印象的知觉、主观的领会和作为这一领会的结果给予外部世界的某种影响。教程还有另一共同的论点,认为任何精神感受,无论在知觉中还是在判断中,在紧张的意志中还是在感觉中,都已经存在着过程或活动。这一论点与上述理解也完全一致。

动物和人的行为构成有机体生物性适应环境的异常重要的形式。构成发展有机体生命基本和通用规律的适应性有两种基本类型。一种是由于环境的某种作用,动物的结构及其器官发生变化而形成的;另一种是在动物机体结构不变的情况下,由于行为的改变而形成的。后一种形式的适应,其意义并不逊于前一种。众所周知,本能在保留个体和物种时具有何等重要的意义。本能可归结为动物异常复杂的适应性运动。没有这些运动,动物及其物种的存在都是不可思议的。由此我们可以逐渐理解精神的生物性作用。精神使人类行为非常复杂,使人类行为具有无限的多样性和高度的灵活性。因此,精神是机体世界无与伦比的最珍贵的生物适应性。人类能主宰大自然,应该归功于精神。主宰大自然就是人类自身适应性的最高形式。在这种情况下,精神自身可以在科学研究中发现自己的运动本性,发现本身的构造与反应结构完全相符,发现生物体适应现实生活的意义及其特殊功能,即与自身本性完全相同的其他适应功能。最细微的精神现象,其实质正是特别有组织的、特别复杂的行为方式。因此,精神具有这样一种适应功能,也就是,生物体在自身不变的情况下做出其他所有的适应形式。

上述两种适应方式(动物结构有变化和结构无变化的行为改变)还可以分为遗传性的和非遗传性的。前者是经过极其缓慢进化的方式产生的,由于自然淘汰而发展,由遗传而巩固传承下来;后者是比较迅速灵活的适应形式,产生于个体的经验过程中。如果说前者允许适应环境缓慢的变化,那么后者则可以适应迅速急剧的突变。因此,它们在生物体与环境之间建立的是多种多样和灵活的联系方式。

动物和人类的行为同样是由遗传反应和个体经验获得的反应形成的。遗传反应是由反射作用、本能和某些情感反应形成的,是所有物种共同的,是有益于有机体生物适应性的遗传财富。它们的起源是生物体结构的遗传变化,这可以用达尔文天才的进化论来解释。

就在不久以前,巴甫洛夫和别赫捷列夫研究出关于条件反射的学说,揭示了获得反应的起源和形成反应的机制。这一学说的实质可以归结如下:如果动物受到能引起其本能反应(单纯的或无条件的反射)的刺激,同时(或者稍早)又受到另一种引不起兴趣、在正常情况下不会做出反应的刺激,那么当这两种刺激同时共同的作用重复数次之后,动物往往会开始对以前不感兴趣的刺激做出反应。例如,给狗喂肉,狗就会分泌唾液,这是一种单纯的或无条件反射,是本能的反应。如果同时(或稍早)给狗以任何另一种刺激,如蓝色光、节拍器的响声、挠痒声等,经过数次重复这种同时作用的刺激之后,狗通常就会建立条件反射,仅仅看到闪烁的蓝色亮光或听到节拍器的响声就开始分泌唾液。这时在狗的反应(分泌唾液)与环境之间建立了新的联系,这一联系不是得自遗传,而是由于已知条件(刺激时间吻合)在对狗的个体体验过程中起作用而培养形成的。

这种条件反射的形成机制可以解释很多动物行为中的问题。这是一种非常奇妙的适应机制,这种机制非常灵活,可以使动物同环境建立多种多样的联系,形式复杂而灵活,给予动物行为超生物的意义。这一机制清楚地揭示了行为的基本规律:获得的反应(条件反射)在遗传(无条件的)基础上产生,实质上仍然是那些遗传反应。但是处于被分解的组合状态,是在与环境因素全新的联系中产生的。同时,它们可以在一定条件下(足够的刺激力度,与无条件刺激时间吻合)成为任何反应的刺激物。换句话说,就是由于这种机制,机体和环境就可能发生无限的各种各样的联系和相互作用。这样,人类身上可以见到的各种高级形式的行为就变成完美的适应方式。

此外,我们还发现,作为对生物体起作用的刺激体系,环境原来是建立和形成条件反射的决定性因素。正是环境决定着建立动物行为新联系的必要条件。环境对我们每个人来说起着实验室的作用。在这个实验室中培养狗的条件反射,实验室以某种方式协调和联系刺激物(肉、蓝色光、面包加节拍器),每次以最优方式组织动物的行为。在这个意义上,条件反射机制是一座桥梁,是跨越达尔文确立的形成遗传适应的生物法则到马克思确定的社会法则的桥梁。正是条件反射机制可以解释和说明人的遗传行为是如何转变成人的社会行为的。前者构成一切动物物种的普通生物学获得,后者是在遗传的基础上、在社会环境决定性的作用下产生的。只有这一学说才有可能奠定人类行为学说的坚实的生物社会学基础,把人类行为作为生物社会现象来研究。巴甫洛夫说得完全正确,他认为这一学说应当成为心理学的基础,成为心理学的起点。

对条件反射这一艰巨而复杂的问题的研究才刚刚开始,离在所有领域探索得出最终结论还很远。然而我们仍然可以认为,条件反射机制能够解释异常复杂、形式多样的行为这一观点是在已经取得的结果的基础上得到证明的。是的,看来条件反射不仅可以通过将遗传反应的无条件刺激物同不能引起兴趣的刺激物结合起来独立形成,还可以通过把新刺激物与过去已经建立的条件反射相结合来形成。例如,如果狗已经形成了对蓝光分泌唾液的反射,那么,把蓝光的作用同新的刺激物(铃声、敲击声)联系起来,经过数次试验后,就可建立起狗对单一的声响或铃声的反射,这是第二层次的条件反射。这种极其高等的超级反射是可能的,也就是说，在生物体与个别距离初级的本能反应无限远的环境因素之间建立联系是可能的。

另外，现已证明，在反应正在进行的过程中，如果受到力量足够的外界刺激物的刺激，反应就会受到干扰甚至消失。而对这种刺激施加新的刺激，又会影响其产生的干扰力量甚至解除对原来反应的妨碍。多个刺激物不同的结合会引起各种各样的复杂反应，这样非常复杂的情况是存在的。同样的实验证明，在一定条件下，培养动物的所谓遗觉反射（这时回应的反应只是在刺激物停止作用后才出现，或者反应的回应部分比刺激开始的时间晚一些），叫作滞后（迟到的）反射。此外，我们还探索到极其复杂的反射相互调整的规律、反射的相互制约及强化以及对工作器官的争夺。

所有这一切以及许多其他建立在不容置疑和无可争辩的准确的科学知识基础上的事实，使我们能够大胆地假设，人和动物的一切行为以最有力的形式从条件反射定型为各种不同的成套动作。任何举动都是按一定的反射模式形成的。一些学者（别赫捷列夫等人）认定，行为科学应当称为反射学。但是，心理学家更喜欢"反应"这一术语，因为它具有更广泛的生物学意义。反应包括普通生物学概念范畴内人的行为。植物有反应，最简单的动物机体也有反应。反射仅仅是反应的局部现象，即具有神经系统的动物的反应。反射活动必须以反射弧的概念为前提，神经细胞传输这一刺激，即由传入神经构成的神经通道传导，把这一刺激传递到离心神经中心体系的神经细胞，最后由外展神经将刺激导向工作器官。"反射"是一个狭义生物学的概念。

再说，神经系统学说的现状已经可以清楚地解释反应现象。这些反应的产生不是借助于对感觉器官的神经刺激来推动中央神经系统产生新的过程,而是通过各种方式限制大脑放射过程中产生钾盐的自我兴奋中心。继拉扎列夫之后,我们可以假设这些非反射性反应的存在(因为这里没有放射弧和外部刺激),同时又具有精确完整的反应——这里有刺激物(放射衰变)和机体内部的过程和反应。最后,"反应"这个术语在实验心理学中具有悠久传统,因而当代力图建立新的心理学的心理学家都一厢情愿地附和,并重复兰格的说法:"对一些重大的还远未能准确描述的现象,我们具有传统的名称。这些名称是从以前那个还不知道现今严格的科学要求的时代留传下来的。既然科学对象发生了变化,那么是否应该将其名称废弃不用?如果废弃,这样做既教条又不切实际。因此,我们应该毫不犹豫地接受'无灵魂心理学'(行为心理学)这一名称。因为当我们还要做其他学科不宜去完成的任务时,这一名称仍然是有用的。"

此外还必须指出,从行为心理学的观点来看,反射学像经验心理学一样,是另一个极端,同样不能被接受。如果说后者研究的是处于孤立、抽象、游离状态的无行为心理,那么前者则力求忽视心理、撇开心理去研究行为。这种片面的生理唯物论同经验心理学唯心论一样,也远离辩证唯物论。这种片面的生理唯物论局限于研究人类行为的生理学方面,忽视了社会因素,它仅仅研究动物机体总体世界中人的那一部分,即生理部分,因为人是哺乳类动物。根据这一观点,全部历史和社会经验,以及人类积极用劳动去适应大自然的一切努力,这种与其他动物消极适应自然相反的独特性都无法解释了。因此,连反射学家也承认心理存在的不容置疑的真实性。别赫捷列夫就曾警告说,不要把心理过程看作多余的、次要的自然现象。巴甫洛夫则把心理称为"最重大的现实"。

从生物学的角度上讲,主张心理的真实性,同时却认为心理是没用的东西,没有心理也可以解释所有的行为,这是非常荒谬的。没有心理,人的

行为就不存在,就像没有行为心理也不存在一样,因为心理和行为是同一个东西。只有能够揭示心理在人类行为中的生物意义的科学体系才能准确地指出,它给机体反应带来什么新的意义,才能把它解释为行为的现实,只有这样的科学体系才能称为科学心理学。

这样一个体系还没有诞生。可以肯定地说,它既不可能产生在经验心理学的废墟上,也不可能出现在反射学家的实验室里。它将作为关于动物和社会人行为的广泛生物社会综合学说出现。这一新的心理学将成为普通生物学的一个分支,同时也成为社会学各学科的基础,它将成为自然科学和人类科学的交叉点,因此它也和哲学紧密联系。但是,这里所说的哲学指的是代表科学知识综合理论的严格科学的哲学,而不是未做科学总结之前的那种投机哲学。目前我们暂时只能大致确定新心理学前进的总体方向和对待旧心理学的科学遗产总的评论标准。在还未建立新的术语库和没有制定新的分类法以前,暂时(还不止一年)使用旧概念和旧分类法,但必须极力强调它们的局限性。

总之,在大多数情况下,我们应该把它们看作"日常生活心理学"术语,或者用拉祖尔斯基的话来说是通用的、非学术的、通俗的心理学术语。拉祖尔斯基把建立复杂的实验性研究与这一"普通日常生活"之间的联系作为本书的任务之一,不是无缘无故的。因此,我们也应该用同样的态度来对待这些有条件约定的术语(例如意志、感觉、表象等),并赋予它们日常生活用语的作用。我们不妨把作者有关唯理论心理学的话用在他自己身上。"目前……要是不做实质性的改变,我们已经不能接受这样的分类。如果我对其原封不动,那首先是由于它具有历史意义,其次是因为在日常生活中我们常常几乎正是以这种方法划分心理过程的。一般说来,能力心理学(我们将其称为经验心理学)与日常生活心理学相当接近。在这种情况下,很难说到底是谁影响了谁——是哲学家影响了知识渊博的人,还是日常生活的观察影响了哲学家。然而毫无疑问,二者非常接近。通常应该指出的是,要记得,日常生活心理学的术语往往不仅符合有关精神生活的现代科学知识,而且符合过去'唯理论'的心理学理论。"

　　毫无疑问,对我们来说,对于经验心理学的一切概念、分类和术语——经验心理学的全部科学材料,我们都将要以新心理学的观点重新加以审视,重新设计,重新构建。首先,许多原来是第一位的将退居末位。新心理学是以本能为出发点的,并把心向作为心理学的基本核心,所以大概不会将其放在教材的最后一章来分析。新心理学要避免像对原子那样对心理学的片断零碎的现象进行个别研究。通过这种研究,混杂的心理学把人类的行为分解了。但是目前,在新体系没有建立起来之前,我们在科研和教学中必须以批判的态度暂时接受旧科学的东西。要记住,这是经验心理学经过多年客观考察积累和通过准确的科学实验得来的无疑有重要价值的东西,利用这些东西是向新心理学过渡的唯一途径。只是我们要始终牢记这些术语是有条件界定的,记住每个概念和词语是何时发生了变化并增添了新内容的。我们时刻都不要忘记,经验心理学的每一个词语都是旧瓶,要装进新酒。

苛勒《类人猿的智慧研究》俄译本序言[*]

一

科学思想和观点的发展是辩证地实现的。对于同一个现象的彼此对立的观点在科学知识的发展进程中相互更替，新的理论常常不是过去理论的直接继续，而是它的辩证的否定。它包含了自己的经得起历史检验的先驱者的全部积极成果，但其自身在体系和结论上总是力求超越它的界限，并实现对新的更深层次的现象的把握。

看待动物智慧的科学观点同样也是辩证地发展的。我们可以清楚地标出并追踪近期这方面理论发展所经历的三个阶段。

第一阶段是那些拟人论。它们受动物和人的行为某些情况下的外部相似性的蒙蔽，把人的观点、思想和意图赋予动物，把人类的行为方式转移到动物身上，并且假定在相似的情境中，动物借助那些同样的心理过程和操作，可以得到与人所能得到的同样的结果。此时，人类的最复杂形式的思维被认为也是动物所具有的。

反对这种观点的是对动物行为所进行的客观的科学研究。这些研究通过详细的观察和实验成功地确认，那些被前一种理论视为理智行为的大部分操作，可以归入先天的、本能性的活动方式；而其余部分——看似理智方式的行为——则应归于偶然的试误方式。

---

[*] 刘华山译。

在动物智慧的研究中,桑代克这一客观心理学之父通过实验成功地指出,动物在依靠偶然的试误方式行动时,能完成看起来与人类同样的复杂行为样式,但本质上与人类有很大的差别。在桑代克的实验中,动物打开了比较复杂的门闩,操持各种复杂的器具,但所有这些都是在对情境本身或者是对器具没有一点理解的情况下,特别通过自我训练完成的。他的实验研究开启了动物心理学的新时代。也正是桑代克本人恰当地表达了动物智力研究方面的这种新思潮及其与旧有观点之间的对立。

首先,按桑代克的说法,大家都乐意谈论动物的智慧,谁也不去谈论动物的愚笨。新思潮的基本目的是要指出,当被置于人通常会运用思考的同样情境中时,动物表现出的却是愚笨的、缺乏理智的行为,与一个思考着的人并不具有任何本质上相同的东西,因而为了解释这种行为,也就不需要用动物智慧来加以描述。

如上所述,我们科学的整个时代所获得的最重要的研究成果就是这样的。

关于这一点,苛勒公正地说,最近一段时间以前,智力学说一直被否定的倾向所笼罩,研究者们据此力求证明动物行为的无智慧性、"非类人性"和机械性。

苛勒的研究,作为这方面研究的另一系列,标志着问题发展的新的、第三个阶段。苛勒抱定桑代克所关注的同一个问题,试图研究在高等动物、在类人猿身上是否存在词语本义上的"智力",即是否存在那种从来被视为人所特有性质的行为。但苛勒却试图以另一种手段、采用另一种不同的方式来解决这一问题,并为自己提出了不同于桑代克的另一种理论目标。

桑代克的历史功绩无疑在于他成功地、彻底地结束了动物行为科学

中的拟人论的趋向,并且奠定了动物心理学中的客观的、自然科学方法的基础。机械论的自然科学为自己在这些研究中的辉煌胜利而庆贺。

但是在完成了揭示习惯动作形成的机制这一任务之后,科学发展进程本身又为研究者提出了从实质上推进桑代克已有研究的新任务。这些研究在理论上形成了动物与人的行为之间深深的沟壑。正如桑代克的研究所揭示的,在动物的行为中未能发现哪怕是很微弱的智力痕迹,结果从自然科学观点来看仍然不能理解人类的智慧是如何产生的,它与动物的行为是通过什么样的发生学线索产生联系的。人的理智行为和动物的非理智行为似乎被完整的鸿沟隔开,而正是这一鸿沟不仅显示出了机械论观点在解释人的行为高级形式起源上的苍白无力,而且也反映了发生心理学中实质性的、原则上的冲突。

实际上,在心理学面前,从这一点开辟出了两条道路:或者是在上述问题上离开进化论,放弃从发生学上考察思维的意图,也就是站到智力理论的形而上学观点一边;或者是绕过思维问题,不是解决它,而是取消问题本身,并试图说明,人的行为,包括他的思维,都可以完全地归结为行为反应的机械训练过程,与发生在鸡、猫、狗身上的过程没有任何本质区别。第一条道路通向唯心主义的思维观念(符兹堡学派),而第二条道路通向幼稚的行为主义。

苛勒公正地指出,无论我们如何逼近理智行为的特点,也无论我们提出何种区分理智行为和其他类型行为的标准,就连桑代克也是在其早期的研究中默认理智型行为存在的。

联想主义心理学,同桑代克心理学一样,恰好是遵循如下的原理:那些在不成熟的观察者看来是理智的过程,或许都可以归结为简单的联想机制的反应。苛勒说,在这一派别的激进代表人物桑代克那里,我们在其以狗和猫为对象的基本研究结果中发现了下述原理：在这些动物身上，没有什么行为表现出了某种程度的理智。苛勒继续说，如此表述自己结论的人，应该承认另有一种行为是理智的，他从直接观察中，例如对人的观察中，已经看到了这种对立现象，尽管他试图从理论上要否认它。

显然，对于所谈论的问题，有一种动物具有十分特殊的意义。类人猿——进化阶梯上我们最近的亲属，在其他动物的系列中占有完全特殊的地位。这方面的研究应能把人类理智的起源解释清楚。

正如苛勒指出的，正是这种与人的相似性成为唤醒我们对类人猿智力研究朴素兴趣的基本动机。过去的研究指出，在机体的化学历程方面，既然它能影响血液的性质，那在大脑构造方面，类人猿就应该比其他更低等猿猴离人更近。这就会自然地产生一个问题：通过专门的研究来确定人与猿之间在行为方面的亲缘关系是否同样能够成功？

苛勒研究的主要和重要意义是，他所成功得出的基本结论在于为人们的朴素的预期提供科学依据，即类人猿不仅在形态学和生理学特征上比更低等的猿猴离人更近，而且在心理学方面，它同样是人类最近的亲属。这样，苛勒的研究在心理学中的最关键的、重要的困难之点第一次获得了达尔文主义的事实根据。它们又在比较解剖学和生理学资料中添加了比较心理学资料，并以此首先填补了进化论链条中缺失的环节。

可以毫不夸大地说，这些研究最早提供了准确的事实根据，证实了人的高级行为发展领域的进化论。这些研究克服了那种由于桑代克的工作而在理论上形成的、横隔于人的行为与动物行为之间的沟壑，而架设了跨越分隔理智行为和非理智行为的深沟的桥梁。这些研究指明了那一从进化论观点看来是无可置疑的真理：智慧的幼芽，人的理性活动的幼芽，已经存在于动物世界中。

的确,理论上没有绝对的必要期待类人猿显露出与人相似的行为特点。

近来,正如瓦格纳公正地指出的,人起源于类人猿的观点引起了人们的怀疑。有理由假定,人的祖先是某种已经消失了的动物形态,而人正是由该种动物沿着直接的进化途径发展而来的。

克露奇以一系列极有说服力的理由证明,类人猿不过是人类始祖的一个单独的分支。在适应特殊生活条件的过程中,在生存斗争中,它们应当是牺牲了自己组织的某些部分,来开辟通向进步性进化的基本形态的道路并走向成人。用克露奇的话说,拇指已发生的一种退化,就给这些分支切断了向上发展的道路。从这种观点来看,类人猿走向了偏离进化基本轨道的死胡同,却推动了进步性进化的实现。

如此说来,将类人猿视为我们直接的先祖并期望从它身上找到人所固有的一切行为方式的原基,本来就是一个天大的错误。我们与类人猿的共同祖先,很有可能已经消失,因而,正如克露奇所指出的,类人猿只是这一原初物种的一个旁系。

这样,我们预先应该预期的,就不是发现猿猴与人之间发生学上的相似性,而是猿猴身上那些连与我们共同始祖比较起来也是退化了的许多东西,是许多弃之一旁而偏离了发展基本路线的东西。因此,只有实验研究才可以可靠地回答我们感兴趣的问题。在此之前,什么都不能解决。

苛勒以精确的科学实验着手研究这一问题。他把理论上的可能性转化为确定的科学事实。要知道,就是在赞同克露奇指示的正确性时,我们也不能不看到理论上的一种极大可能性,即由于无论是在血液的化学机理上还是在大脑的结构上,猿与人极为接近,我们可以期待着在这类猿类身上发现人类特有活动形态的萌芽。这样,我们将会看到,不但是对类人猿的朴素的兴趣,而且还有进化论中许多重要得多的问题,都已经被这些研究所触及。

苛勒指出,类人猿显露出作为人的特殊不同之点的那种智力行为类型,恰恰就是高级猿类能够发明和使用工具。使用工具——这一人类劳动的基础,正如公众所知,它决定了人在适应自然过程中的区别于其他动物的深层次的特征。

人所共知,根据历史唯物主义观点,工具的使用是制约着有别于人类祖先动物学发展的人类历史发展特征的起始因素。但是对于历史唯物主义来说,苛勒的发现在于,类人猿能够发明和使用工具,不仅不是任何程度的意外,反而是理论上事先可以猜测和预料的事情。

马克思对此谈道:"使用和制造劳动工具,即使是以某些种类动物所有的那种原始方式使用和制造,构成了人类劳动过程的特有的、典型的特征。"因而,富兰克林将人界定为能制造工具的动物[①]。这一论点告诉我们的不仅仅是我们已经在某些动物身上发现了使用工具的萌芽。

"人一旦成为制造工具的动物,"普列汉诺夫(1956年)说,"他就进入了自身发展的一个新时期:他的动物学发展过程正在结束,而他的历史生活道路开始了。"普列汉诺夫进一步说:"显然,使用工具,即使多么不完善地使用工具的那一时日已经到来,也必须以智力的相对巨大的发展为前提。在我们的猿人祖先获得那种程度的'心灵'发展之前,已经历了久远的时间。它们是如何做到这一点的?关于这个问题,我们不是应该问历史,而是应该去问动物学……无论如何,反正是动物学在传承着已经具有制造和使用最原始工具能力的人的历史。"

于是我们很清楚地看到,发明和使用工具的能力是人的历史发展的

---

① 《马克思恩格斯全集》中文版,第23卷,第190—191页。

前提,它产生于我们的祖先还处于动物发展的时期。同时需要特别着重指出的是,在谈到我们祖先具有的使用工具能力时,普列汉诺夫不是指某些低等动物固有的本能性的工具使用(例如鸟筑巢、海狸筑坝),而是以智力的巨大发展为前提的发明工具的能力。

苛勒的实验研究不是这一理论前提的直接事实证明。因此,在从理论研究转向对类人猿实验研究时,我们应该在这里引进上述的修正。我们一刻也不能忘记,苛勒研究的类人猿和普列汉诺夫所说的我们的猿人先祖并不是同一个物种。但是,即使做出这种修正,我们仍然不能否认一种想法,即在这一种和那一种之间无疑存在着很近的发生上的亲缘关系。

苛勒在实验中和在动物的自由的日常嬉戏中观察到了普遍的工具使用现象,而这与普列汉诺夫所说的人类历史发展的前提无疑有着发生学上的亲缘关系。

苛勒记录了猩猩对棍子、箱子以及其他能当作工具的物件的多种运用方式,以及如何借助于这些工具对周围的实物施加作用,同时还描述了简单工具制造的事例。例如,黑猩猩能将两三根棍子连接起来,将一根棍子的一端插入另一根的空洞处,从而得到一根延长了的棍子,或者折断小树枝以将其作为一根棍子用,或者拆开安装在猩猩操纵台上做清洗靴用的器具以从中取出铁棒,或者挖出半埋入土中的一块石头,等等。

正如苛勒所说,简单的一根棍子在猩猩那里成了它最喜爱的一种万能工具,它们找到了使用棍子的多种多样的方式。文化历史学家和心理史学家可以不费力地将这一用作万能工具的棍子看作是我们形形色色工具的雏形。棍子被猩猩用作跳跃的撑竿,也用作钓竿或者勺子,同时还可以迫使蚂蚁爬上棍子,然后把它们舔着吃掉。对于动物来说,棍子是可以用来捅开贮水池顶盖的把手。棍子可以用作挖土的铲子,棍子可以用作威胁其他动物的武器,棍子可用来拨掉身上的壁虎或老鼠,或用来触碰一下通电的导线,等等。

我们会无疑地将所有这些运用工具的不同方式看作是人类劳动活动发展的确凿的萌芽、胚胎的印迹和心理学前提。因此恩格斯在补充劳动在从猿到人过程中的决定性作用时说,"劳动创造了人本身"①。恩格斯为此非常细致地、着力地考察了能导致劳动活动产生的前提条件。他揭示了手脚的功能分工问题。他说:"这在从猿到人转变中迈出了决定性的一步。"②

达尔文曾断言,如果不能利用双手,不能利用这些具有听命于他的意志的非凡性能的工具,人任何时候都不能获得自己在世界中的统治地位。恩格斯完全同意达尔文的观点。恩格斯把双手从运动机能中解放出来看作是决定性的一步。他同样完全同意达尔文,假定某种非常高度发展的类人猿正是我们的先祖。

在苛勒的实验中,我们找到了一种实验性的证据,它证明了还在我们祖先的动物学发展时期,实际上就已经为向工具使用的过渡做好了准备。

也许还要指出,上面所说的内容中包含了一些内部矛盾。实际上在苛勒确认的资料中,以及我们根据历史唯物论应做出的预期中,不是存在着矛盾吗?我们说过,马克思把工具的使用看作是人的劳动的区分性的特征,他认为在界定时有可能忽略动物身上存在的工具使用的萌芽。我们现在谈及的在猿类身上看到的相对普遍发育的、式样上接近于人类的工具使用,不就是人的专门特点吗?

众所周知,达尔文反对只有人才有能力使用工具的意见。他指出,许多哺乳动物以萌芽形态显露出来的正是这种能力。如猩猩利用石头来砸

---

①② 《马克思恩格斯全集》俄文版,第20卷,第486页。

碎坚果,大象折断树枝并用它来驱赶苍蝇,等等。

普列汉诺夫在谈到达尔文的见解时说:"显然从自己观点看来,他是完全正确的,就是说,在'人的重要性质'中,没有一个特点在一种或另一种动物中没有见到过,因此,不存在任何确定的理由可以认为人是某种特殊存在,可以将他划分到一个独立的王国中。"但是不要忘记,数量上的差异会过渡到质量上的差异。在一个动物物种中作为萌芽存在的东西,有可能成为另一个动物物种的识别性的特征。这特别适合于说明工具的使用。大象折断树枝,挥动它驱赶苍蝇,这是有意思的和有启示意义的。但是在"象"这一物种的发展史上,利用树枝去对付苍蝇,大概没有起到任何作用:象,并不是因为与其多少有些相似的祖先挥动过树枝而成为象的,这与人是不一样的。

澳洲土著人的整个生存都依赖飞镖,正如现代英国人的整个生存都依赖机器一样。如果你没收了澳洲人的飞镖,把他变成了农民,他就必须改变自己的整个生活样式——自己的全部习惯,自己的思维方式,自己整个"本性"。①

我们已经指出过,苛勒研究和观察过的猿类的工具使用,在这些近期研究中所见到的不是普列汉诺夫所说的那种本能方式。要知道,连普列汉诺夫自己也肯定过,在动物界和人类的边界处存在着要求高度发达智力的工具使用和以这些能力的存在为前提的工具使用。

恩格斯也同样指出过,"劳动过程只有当工具准备好了才会开始"②。因而我们应该预料,工具使用应在动物界就达到较高程度的发展,只有这样,向人的劳动活动过渡才成为可能。但与此同时,普列汉诺夫谈到的人

―――――

① 《普列汉诺夫全集》,第一卷,1956年,第609页。
② 《马克思恩格斯全集》,第20卷,第491页。

与动物的工具使用具有质的差别的观点,原来也可以全部地适用于苛勒的猿类。

我们举一个再好不过的简单例子来说明,在高级猿类的生物适应中,工具所起的作用还是微不足道的。我们提到过,猩猩利用棍子作为武器,但大多是只在"军事"游戏中才利用这一工具的。一只猩猩拿起棍子,威胁性地走近另一只,用棍子刺它,而对手也以棍子来武装自己。这样,在我们面前展现的是猩猩的"军事"游戏。但是苛勒发现,如果这时发生了争执,游戏过渡到正经的打斗,武器就会被丢到地上,猩猩开始动用前肢、后肢和牙齿互相攻击。进展的速度允许我们分得清游戏和真正的打斗。如果猩猩慢慢地、不好意思地挥舞棍子,它就是在游戏;而如果情况变得紧张,猩猩好像闪电一般扑向对手,它没有时间去抓棍子。

瓦格纳(1923年)由此做出了一个我们看来是不完全正确的一般性的结论。他说:必须非常谨慎,不要把应该在相当程度上归入本能部分的东西归入到智慧能力(例如,利用门,以便够得着挂在天花板上的篮子、粗绳和其他东西)。假定这种动物事先具有建立三段论的能力,并不比假定它具有使用棍子当工具的能力更有根据,此时事实会证明:一个前爪握有棍子也就是有武器的猩猩,在敌对性的冲突中,它本应利用棍子,但是却抛开它,而动用它的前肢、后肢和牙齿。

我们感到,苛勒所描述的事实对于正确评判猩猩的工具使用有着重要的实际意义。这些事实说明,这种使用还不能成为猩猩的识别性的标志,在动物适应中也不能或多或少发挥任何本质作用。工具进入猩猩生存斗争的情况趋近于零。但是我们可以做出如下假定:在有情绪刺激的时刻,如在打斗的时候,猩猩抛开了武器,还不能做出结论,说它在某种程度上缺乏将棍子当作工具使用的技能。猩猩所达到的发展阶段特征在于，它已经具有制造和以不同方式使用工具的技能，但是这一能力还不能成为其生物适应的基础。

因此，苛勒不仅用充分的证据指出了决定猩猩与人的相似的因素，而且还指出了猩猩与人之间的深层次的差别，指出了区分发展程度极高的猿类与最原始状态的人之间的界限。根据苛勒的意见，缺少言语（思维的最重要的辅助手段）以及猩猩在一些重要智力资源（如所谓想象）上的巨大局限性，正是猩猩并不具有哪怕最微小的文化发展幼芽的原因。就过去和未来来说，猩猩的生活都是在很狭窄的范围内度过的。它所生活的时间，在这方面也是相当局限的，它的所有行为几乎都是直接依赖于现存的情境的。

苛勒提出一个关于猩猩的行为在何种程度上可能指向未来的问题。这一问题的解决出于以下原因，对于他变得很重要。对猩猩多种多样的大量观察揭示了一些现象，这些现象通常只存在于拥有某些文化哪怕是最原始文化的生物中。如果猩猩没有任何可以配称为文化的东西，那就产生了一个问题：什么是它们在这方面局限性的原因。即使是最原始的人类，他也会为了挖地而准备好棍棒，尽管他不是立刻就去挖地，尽管使用工具的外部条件还不具备。按苛勒的意见，为了未来而准备工具这个事实本身与文化的产生是相联系的。不过他只是提出了问题，但并没有找到答案。

我们可以想象，从心理学方面将猩猩和人区分开来的真正重要因素的文化发展的缺失，是由猩猩行为中一些东西的缺失决定的，间接地说，是一切有可能与人的言语相比拟的东西的缺失，更广泛一点说，是所有与符号使用相类似的东西的缺失。

按苛勒的意见，通过观察猩猩，可以查明，它们拥有在某些方面极其接近于人类的言语。也就是说,它们的言语中有着很大数量的那些近似于人类言语声音的语音成分。因此苛勒设想,高级猿类缺少人类言语,不能用外周原因来解释,也不能用发音器官及某些发音动作和部位的缺陷、不完善来解释。

但是猩猩的发音永远只是表达它们的情绪状况,永远只有主观意义,任何时候都不能标志任何客观的东西,任何时候都不能作为符号来表示某种与动物有关的外部事物。苛勒对猩猩游戏的观察也表明,尽管猩猩也用带色的黏土"绘画",但在它们身上,无论何时也观察不到任何与符号哪怕是略微有些相似的东西。

同样还有其他一些研究者,例如耶尔克斯,完全有根据地确认这些动物缺少类似于人的言语。同时,关于原始人类心理学,他们指出,人的心理的整个文化发展是与符号使用有关的。显然,对于我们的类似于猿的先祖来说,只有在劳动发展的基础上清晰的言语得到了发展的那一时刻,文化的发展才能成为可能。正是这最后一项的缺失,为我们解释了猩猩何以缺少文化发展的萌芽。

至于苛勒所说的第二个要素,就是对非直观情境操控方面的局限性,或者说想象的局限性。我们认为,这一要素与言语或者某种一般符号是紧密联系的,因为言语也是人借以操控非直观情境的重要工具。

但是,言语的缺乏也好,生活的局限性也好,本质上都不能说明苛勒所提问题中的任何东西,因为它们自身也需要解释。言语缺乏不能被视为类人猿文化发展缺失的原因,是因为缺少言语本身也是这种普遍现象的组成部分。适应类型的差异才是真正的原因。正如恩格斯指出的,劳动在猿转变成人的过程中起了决定性的作用。"劳动创造了人本身"[①]——

---

　　① 《马克思恩格斯全集》俄文版,第 20 卷,第 486 页。

随着时间的推移也就创造了人的言语、人的文化、人的思维和人的生活。

二

在苛勒用纯粹的实验途径解决为自己提出的课题的背景下，作为特殊行为方式的智力问题本身就充分地摆在我们面前，在猩猩身上，有可能以最纯粹、最清晰的表现形式对这一问题进行系统考察。实际上，适当条件下的猩猩行为是这方面极为有用的考察对象，它允许我们对智力的"纯文化"方面进行研究。在这里我们可以在发生过程中，观察到那些在成人身上已经成为定型了的、自动化反应的最初形式。

研究者面临的课题显示出，猩猩不仅能本能性地使用工具，而且能以原始形态制作工具和理智地使用工具。由此可见，这种使用工具方式对于整个智力研究具有何等重要的原则的意义。

苛勒说，在提出猩猩有没有理智行为这个问题之前，应该约定，我们一般是能够对理智行为反应和其他反应做出区分的。苛勒认为，这从对人的行为的日常观察中可以得到确认。他说，正如上面提到的，默认这种区分已是联想理论的基础，也是桑代克理论的基础。

桑代克及其追随者对动物存在智力行为提出异议，而联想主义者试图把智力行动归结为联想。有一点是事实，即无论哪一种观点，它所依据的都是与苛勒相同的出发点，也就是直接地、简单地将行为划分为基于偶然尝试的机械、盲目行为，和基于对行动情境理解的理智行为。因此苛勒还说，在对待联想主义心理学问题上，他既没有持肯定态度，也没有持否定态度，这样来开始与结束自己的理论研究。他的研究的出发点与桑代克是一致的。他的目的不是研究类人猿身上的"某种事先充分确定了的东西"——首先应该解决一个一般的问题：高等猿类的行为是否还没有极端接近由实验中所确知的那种我们称之为理智行为的类型。同时我们依据科学知识的自身逻辑行事,故在实验研究的开始,清晰的、精确的界定是不可能的。只有在长期的发展和有效的研究过程中,才能给出那些清楚的界定。

这样,苛勒在书中没有发展关于理智行为的任何理论。他只是从反面触及一些理论问题,力求证明:他所获得的事实资料不能用偶然性理论来解释,因而猩猩的行为类型原则上是有别于偶然的试误行为的。他也没有对这些理智反应的心理生理机制问题、动物身上发生的反射弧的那些改变问题给出哪怕是假定的答案。他有意识地将任务限定在查明一定类型反应的存在,并尽可能细致地找到这种反应的客观标准上。

我们只是要指出,苛勒在自己著作的开头并没有以理智行为的某种清晰定义作为出发点。我们试图描述的是,他关注的是什么,何时才谈智力行为。这种理智行为并不是完全不确定的行为。苛勒说,实验指出,当人和动物通过直接途径,通过有机体惯有的途径就能达到目的时,我们就不说是理智行为。理智的印记发生在环境阻塞了通向目的直接路径而行动的间接路径依然敞开的时候,以及需要人或者动物创设与情境相符合的迂回路径的时候。他说,几乎所有关注问题本身而不管其答案是肯定的还是否定的关于动物行为的研究,都以对智力行为的这一理解为基础。

苛勒对他所运用的最一般的研究原则是这样表述的:实验中创设了某种情境,其中通向目标的直接途径被阻塞,但保留有间接的途径。动物被引入到这一情境中,而情境应尽可能地是完全清晰的、可以观察的。实验应能显示出,动物在何种程度上具备了利用迂回途径的能力。这一原则的更为复杂化的情况是将工具引入实验情境中。通向目的地的迂回途径的开辟,不能依靠动物自己的身体运动来完成,而是要在该情境中引进其他实物充当工具来实现。必须指出,从这一观点看来,将工具引入到行为过程这一现象本身,就从根本上原则性地改变了整个行为的性质,立刻使它具有迂回途径的性质。

苛勒指出,能够用来将理智的使用工具与本能活动以及偶然的尝试活动区分开来的最重要的客观标准是与客观情境结构相适应的工具操作的客观结构。他还有充分根据地进一步指出,本能是因动物的身体而存在,因它的肢体的神经支配而存在,而不是因其前肢爪子中握有的棍子而存在的。由此我们可以认为,动物的固有运动,指向一定目的虽由工具引起但并不复杂的运动,都是本能活动。而当肢体运动被工具运动取代而变为间接活动的时候,我们看到的就是动物的智力操作。与此同时,我们获得了智力行为的第二个最重要的标准,就是工具的使用。对工具能这样依据情境而合乎目的地使用,是动物智力反应的客观指标,因为使用工具是以理解事物的客观属性为前提的。对于苛勒来说,第三个也是最后一个标准是动物完成的整个的操作结构性质(完整性,稳定性)。

新的心理学将结构理解为具有一系列性质的完整过程,这些性质不能从其各部分性质的总和中引申出来,其特点是有着作为整体的一系列规律。猩猩的理智操作与通过偶然尝试性的自我训练而形成的操作之间的真正的尖锐对立表现在,猩猩的理智操作不是产生于那些事先从大量与情境无关的其他运动中随机确定的个别成分或个别部分,以及由于偶然成功而被挑选出来的正确反应随后由于经常重复而被联合到一个共同的反应连锁之中。对于智力反应(操作)来说,其代表性的特征恰恰在于,它不是由许多单个部分通过叠加方式产生的,而是一开始就作为一个整体,决定了自己各单个部分的性质和机能意义。

苛勒为猩猩智力反应的整体性质提供了理想的实验证据。他指出,作为动物整个操作的组成成分的个别的、单个的、部分的动作，如果只作为其自身看待，则是没有意义的，有时甚至会脱离目的，但在与其他成分联合并且只有与它们发生联系时，才会获得意义。苛勒说，整体性的行为是特定条件下唯一可能解决问题的方式。苛勒将这一特征作为一切解决问题的真正迂回途径的标准也就是作为一切智力操作的标准提出来。动物被放置于这样一种情境：为了得到放在它面前的水果，它应该采取迂回的动作，例如，开始他不应采用直接手段将水果搂向自己一边，而是将它推向远处，以便把它推到一个特定位置，然后绕到箱子的另一面，再从那里用前肢取得水果。很显然，在这一情境中，整体虽包含了部分，但部分却是在某种意义上与整体相反的。整体过程的各部分间的这种辩证的统一，正是智力反应的真正标准。

但是这种作为整体的反应，直接产生于情境结构对动物的影响，而反应的理智的性质可以根据动物操作结构与情境的客观结构相符合的程度予以检验。

苛勒因而走上了对智力的纯客观研究的道路。他直接地说，在指明动物的这种整体性操作时，他们对动物的意识还什么也说不出，他们暂时还只能谈到它的行为。用他的话说，理性和非理性操作之间的差别整个地涉及猩猩行为的初级的现象学。

苛勒同自然科学心理学领域的机械主义思潮进行斗争，并试图说明，他们能够完全客观地确定在向行为的高级类型过渡的过程中动物行为发展的新阶段与纯粹的自我训练之间的本质差别。

苛勒的研究产生了大量的文献，其中无论是作者的基本论述，还是他对研究的具体方面的阐释，都受到了批判性的分析。任何一个批评者都没有推翻苛勒报告的事实方面，却有许多人在对实验结果的解释方面与他发生了分歧。我们将分析集中到最有代表性的、基本的批评观点上来,这将有助于我们做出正确的评价,有助于我们理解他提出的原理。

苛勒首先遭遇的批评来自一些主观主义心理学家。例如林德沃尔斯基认为,说猿类未能表现出智力行为有两方面理由:一是猿猴不同于人,它们在几千年期间智力发展处于停滞状态;二是对于作者来说,智力等同于对关系的理解,而猿类的操作并没有基于类似的理解。这种批评的最典型表现是,提出了与苛勒完全不同的方法论原则来解释猩猩的行为,所秉持的是旧的主观主义与机械主义的观点。客观的标准和结构的标准对于它来说是不能令人信服的。在苛勒那里,智力的标准是依据事物的结构性质来处理事物的;而林德沃尔斯基则认为,按照这一标准,连本能行为我们也应当列入智力行为中。

考夫卡,另一个知名的结构心理学代表人物,在分析这些意见时公正地指出,正如许多观察和实验(福里克里特及其他人)所指出的,如果单纯地依靠本能行为,每当情境偏离了正常状况时,我们可以根据行动与情境的重要结构性质的关系,很肯定地确认它为非理智行为。

但是林德沃尔斯基批评中的最重要的和基本的成分是,它将猩猩的理智操作分解为个别部分,从而提出一个问题:理智是在这个操作的什么地方进入行动的呢?正是这个问题彻底地否定了苛勒对问题的提法,因为对于苛勒来说,理智并不"进入"某一操作的个别成分中,而操作又是整体地以自己的结构来适合情境的外部结构,因而才是理智的。苛勒曾指出,操作的个别部分,单是孤立地从自身来看,是非理性的、无意义的,而只有处于整体行动的结构中才能获得相对的意义。

如果接受这一批评所提出的主观经验主义心理学标准,那么我们不管采用什么研究方法,都必须把内省分析在人的思维中所揭示出来的那些性质预先归于理智。例如,彪勒同意,如果按照所有客观标志,则苛勒实验中猩猩的行为,它的这些操作,就不能被看成是理智活动,而只能被视为偶然的行为,也就是联想机械主义的盲目的、非理智的行动。

对于彪勒,同样地对于其他的主观主义心理学家,理智一定是与判断、与确信体验相联系的。他说,应该证明,猩猩能够形成判断。同时他又完全接收苛勒的客观解释,而苛勒在自己理论中想要证明,是事物间的关系决定了猩猩的行为。彪勒发现,这是完全可能证明的,并将此视为思维的真正的开端。由此看来,争论在于对智力的理解,而不在于对实验的解释。

为了解释猩猩的行为,彪勒提出了一系列的假设,其基本要点可以归纳如下。

他提出了迂回途径原则,通过折断树枝或者将它捋平以获取水果,以及连续地将目标物拉向自己,这些都是自然界对动物的恩赐,如同恩赐给动物的其他本能机制一样,对这些我们还不能单独地解释清楚,但应该承认它们是一个事实。

这样一来,把猩猩部分有效行为归结为本能和过去生活期间的自我训练也不是没有充分根据的。彪勒进一步假设——已经是非常随意的——动物能够领悟目标情境并以它为出发点来解决问题。他准备用想象游戏来解释猩猩的行为。他说,树枝与果实的关系对于树上的动物来说也许是很熟悉的。当动物坐在房子里的栅栏里面,栅栏外面放着一个无枝的果实,而里面有一根无果实的树枝,那么,从心理学观点看来,最主要的事实是,动物会在想象中将它们联系在一个观念里——所有其他的东西就不言自明了。对箱子的使用,也可以做同样的说明。一只猩猩在森林里发现了树的高处有一个果实,那么非常自然的是,它望望那树干,并爬上树干去摘取果实。房子里没有树，但视野中有箱子，那么内心的动作是，在自己的想象中，它把箱子放到了适当的位置。它是这样想的，也是这样做的，因为没有猩猩会沿着整个房子不断地拖动箱子而嬉闹。

我们看到，彪勒不同于苛勒的是，他倾向于把猩猩的行动机制归结为想象的自动游戏。我们觉得，所有这些解释完全不能从苛勒所获得的资料中得到印证，因为在他的研究中，没有什么可以说明猩猩实际上是先在想象中解决问题。但最为重要的，正如考夫卡所言，彪勒加之于猩猩身上的极其复杂的想象活动，按照苛勒的判断，恰恰是极端不可靠的。实际上，彪勒赋予动物将自己置于目标地位并依靠自己的目光从目的出发解决问题的能力的客观证据又在哪里？

苛勒说，情况相反，如上所述，想象生活上的极端局限性恰恰是猩猩智力的典型特征。当显而易见的情境在这些动物面前显现为某种模糊的、视觉混乱的状况时，它们的行动通常会诉诸盲目的、偶然的方式。以想象也就是以非直观、连续的刺激为自己的行动定向所表现的无能，正是猩猩的整个行为的特征。苛勒用实验成功地显示，外部情境的最低程度的复杂化或者混乱都会诱发猩猩拒绝解决任务，其实这个任务对猩猩来说本来是不难解决的。

但是，我们可以把苛勒的实验看作是猩猩行动并不是纯粹的想象游戏的确定性证据。实际上，如果像彪勒所假定的，猩猩使用棍子作为工具，只是因为它利用自己的想象转向挂着果实的树枝，那么长在树上的一根真实的树枝，任何时候也就应该很容易地、很快地变成工具。但是，实验显示的是相反的结果：对于猩猩而言，从树上折断活的树枝并用它做工具是极其困难的——这是一个比利用现成的棍子获得果实要困难得多的任务。

于是，我们看到，实验并不支持彪勒的假定，同时考夫卡也认为，猩猩的操作——将棍子和果实联结起来——并不是发生在表象方面或者类似的心理生理过程中,而是发生在视野中,同时这一操作也不是过去体验的复制品,而是新的结构关系的确立。这方面的严肃的实验证据来自耶恩沙(1927年)对儿童遗觉象的类似实验。这些实验结果表明,工具和目的间的接近,它们之间的纯粹视觉联系是在遗觉象的视野中确立的。

但是,在彪勒的批评中,有一些论点我们感到是非常重要和公正的。它们不但没有推翻苛勒的观点,而且强化了它并对之做了新的阐释。彪勒承认,猩猩的行动带有客观理智行动的性质,但实际情况是,这种自然执行的行动就其完善性和方法上的精细程度来说,却落后于许多其他动物。你哪怕只要把猩猩用箱子搭成的摇摇晃晃的建筑物与蜂巢和蛛网比较一下就知道了。一旦激励它们投入的全部情境向它们呈现时,蜘蛛和蜜蜂为达到目的而工作的速度和确信程度,都大大地高于猩猩的不确信的、不稳定的动作。

我们正是把这种特征看作支持下述观点的论据,即呈现在我们面前的不是猩猩的本能行动,而是它初次出现的行动,或者如彪勒所说,是技术意义上的"发明"。但是在彪勒的所有评论中,最有价值的是下述思想:它唤起我们特别关注的不仅是猩猩的行为与本能性行为、养成行为之间的差别,而且是使它们接近的东西。

因此,即使不能把猩猩的行动归结为本能、归结为来自日常生活的直接回忆、归结为以前形成了的习惯反应,但注意到面临新情境时以前经验在猩猩行为中仍然占有巨大份额,注意到猩猩对自然的森林生活中所遇到的情境、对实验中设置的情境的惊人的适应,我们也认为是完全正确的。

在我们看来,类似的是,彪勒令人信服地指出,在实验中无论是动物有能力对付的,还是它不能完成的,都可以同样地由森林中猩猩的自然生活条件得到解释。例如,他把借助树枝摘取果实看作是棍子使用的原型,把利用箱子向上攀爬归结到爬树行为,将动物没有能力消除障碍归结为攀缘动物在森林中习惯于绕过阻塞道路的障碍。消除障碍未必随时有理由,因此,所有附设有障碍的任务对于猩猩来说都是很困难的。栅栏附近有一只箱子,挡住了可以取得水果的入口地点,把箱子挪到一旁,对于人来说似乎是很简单的事,而许多猩猩却长时间费力地尝试其他各种动作方式,一直不能领悟到底应该做什么。因此,彪勒公正地说,在猩猩的行动中,他们没有清楚地看到它与过去行动的中断。尽管猩猩的层次高于狗,但其表象生活中也可能只有微小的进步,联想自由游戏方面进步略微多一点,此外再没什么新东西。

不能否认彪勒下述思想的真实性,即猩猩的智力不存在与以前活动的中断,而且智力操作本身,正如我们在人的智力方面也可能查明的那样,一定是建立在以前的动作方式系统之上并且是它们的重新组合。然而,加入到智力操作中并成为它的组成部分的以前动作方式,在这一更高级的行为方式中已经是一个"剪裁下的类别"。但是,当彪勒认为大自然仿佛并没有实现飞跃时,他又犯了新的错误。发展恰恰意味着完成飞跃,意味着从量的变化(正如他在将狗与猩猩进行对比时谈到的)过渡到质的变化,意味着一种类型的行为被另一种所代替。克服机械主义自然科学错误就要承认这一量变向质变过渡的辩证原则。

但是,来自动物心理学方面的"从底层"对苛勒所做的批评也犯有同样的错误。

瓦格纳在评定苛勒实验中猩猩的行为时得出的结论是,如果只考虑起始的和最终的因素,则这里可能存在有对目的的理解。但如果我们考虑到苛勒本人指出的这些因素间的那些行为细节,则理解目的能力就开始变得更加令人怀疑。猩猩所做的尝试及所犯的错误（它们不能把一只箱子放到另一只箱子的上面等），都否定了它们行动的理智性质。

瓦格纳也像彪勒那样，认为把猩猩行为归于本能是可能的："因为所有这些实物在它们眼里与它们随便利用的东西没有什么区别。门和树桩，缆索和枝杈，藤条和绳线，在我们看来，是不同的一些东西，在猩猩的眼里，作为解决问题的工具，它们则是完全一样的。"一旦了解了这一点，我们就自然地导向一个结论，即桑代克是对的，他在猿猴（低等的！）那儿没有发现联想机制行为以外的任何东西。这位作者承认，猿类处于进化的高层，但其智力仍然没有任何可以与人类比较之处，因为它们在最基本形式的思维中表现得非常无能。

在分析对现成工具使用的实验结果时，瓦格纳说："这是真的吗？报告的事实当然是真实的，但其真正的含义无疑是隐藏在猩猩竭力获得果实时所产生的成百次可能成千次荒谬的、无意义的动作中。"在指出猩猩利用无用的工具时，他说，未必可以同意苛勒的说法，他肯定猩猩表现出了与人类特有的能力类型完全相同的智慧能力。根据瓦格纳的意见，极其接近真理的学者这时会说，关于事物和现象的想象力的缺失，以及言语能力的缺失，在类人猿与最低等的人种之间划出了显而易见的界限。

我们觉得，瓦格纳在这里犯了两个错误：第一，正如苛勒所指出的，猩猩所犯的本来的错误（"良好的错误"）常常是支持猩猩具有智慧能力的观点而不是反驳它；第二，猩猩表现出理智行为的同时，也会表现出大量的非理智行为，人也是这样，这一事实丝毫也没有被否认，我们一般还是应该把一种类型的行为与另一种类型的行为区分开来。

但是，最主要的和最重要的是，瓦格纳忽略了苛勒提出的基本标准，也就是没有考虑到操作本身的结构特点，以及它与外部情境结构的相适应。因为没有同时指出同样这些要素也可能来自本能行为，所以瓦格纳事实上就什么也没有推翻。

正是博罗夫斯基没有看出有任何根据可以把猩猩的操作完全地划分为一种特别的行为类型并赋予这种动物以理智。他倾向于认为，猩猩的行为与家鼠的行为不存在任何原则上的区别。他说，如果猩猩没有做出明显的尝试（没有伸出胳臂），那么它也一定会用身体某部分肌肉在打量，像老鼠那样做出毫无规律的尝试，在过去经验基础上估计距离，用什么东西在做"试验"，此后就"意外地解决了"问题。这样一来，既然我们真的不了解问题解决是如何出现的，不了解解决的过程和机制，我们暂时也就不可能理解不同的"洞见"和"思维"。对我们来说，如果没有虚假问题的话，那样的标签可能也就只是开放性问题的一个符号。

像其他作者一样，博罗夫斯基抢在苛勒之前试图指出，猩猩是通过内部尝试和估量来解决任务的。对此我们可以说，对于能否将猩猩的操作归结为联想机制的行为这一问题，苛勒自己都将其作为一个开放性的问题。我们已经援引了苛勒的这一观点。在其他地方他对此有更明确的表述。

在解释猩猩的行为时拒绝偶然性原则，并不意味着在对待联想论问题上秉持这一种或另一种立场，连联想论的追随者也承认经验上确定的理智行为与非理智行为间的差别。但整个问题在于，能否根据联想原则恰当地解释猩猩操作的结构及其与情境结构的协调一致。苛勒说，必须从联想原则中推论出对二者之间的内部本质联系的理解是如何产生的，更一般地说，对情境的结构的理解是如何产生的，推论出动作的联系是如何根据实物本身的性质而产生的，而不是本能反应的偶然的联合。

因此，能不能顺利地将猩猩的行为归入动作联想，也就是归入习惯的形成，原来也是一个开放性的问题。此外，苛勒本人以及同一取向的其他心理学家还指出，我们应承认动物的本能或是它们的习惯也是一些结构性的、整体性的动作。

苛勒指出，猩猩像其他动物一样，在训练中能形成动作的结构，即使在桑代克的实验中也并不是动物的所有行为都是盲目的。相反，动物在不同场合其行为表现出极大的差别：在一种场合下动物解决问题不存在任何与情境之间可理解的联系，而在另一种场合却存在着这种联系。这样一来，苛勒似乎填平了智力行为与其他低水平活动之间的鸿沟。考夫卡完全公正地指出，与彪勒不同，结构心理学把本能、习惯、智力等不是看作不同的机制和互相独立的机制，而是看作内部相互联系、可以由一种转化为另一种的结构形成物。这一种取向的心理学由于假定在习惯的形成和本能活动中已经存在的不是盲目的、机械活动的幼芽，而是结构活动的幼芽，因而倾向擦掉不同发展阶段的行为之间的严格的界限。

在这些心理学家的著作中，结构原则执行了两种方法论的职能，其真正的辩证法的意义即在于此。一方面，原则将行为发展中的各个阶段统一起来，取消了彪勒所说的发展的中断，指出了从低级到高级发展的无中断性，使本能和习惯具有了结构性能；另一方面，使得有可能确定各阶段行为之间的所有深层的、原则性的、质上的差别，确定每一阶段给行为发展带来的有别于以前性质的新的东西。

正如彪勒假定的——根据考夫卡的理解——智力、训练和本能是建立在不同进程的结构功能基础之上的，而不是建立在必要时有可能接通的不同器官的基础之上的。

三

还有一些对包括苛勒研究在内的结构主义心理学和格式塔理论的分

析和批评没有被纳入到我们评述的框架之中。但是我们觉得,为了正确地评价甚至只是为了正确地理解苛勒的研究,完全有必要用简明的语言重点分析一下这一研究的真正的哲学基础。这不仅仅是因为只有到达逻辑层面,只有获得了哲学表述的思想才能显示出真正的含义,而且主要是因为,苛勒提出的问题本身——智力问题——总是历史地、本质上不可避免地与哲学问题紧密地联系在一起。可以无误和不夸张地断言,没有哪一个心理学问题,对于整个心理学体系来说能像智力问题那样在方法论上具有如此核心的、批评性的意义(我们只是限定在与苛勒实验有关问题研究上也就是在动物心理学的范围内来谈的,不涉及整个结构心理学与格式塔理论)。

屈尔佩不久前总结了思维过程方面的实验研究,确认"我们重新处于通向思维的道路上"。符兹堡学派试图向前冲破联想理论,试图证明思维过程的特性以及它与联想的不可通约性,实际上却向后退回到柏拉图思想,这是一方面。另一方面,艾宾浩斯和里博的联想主义和华生的行为主义通常是将问题引导到取消智力问题本身的方向,引导到将思维消解于更加初级序列的过程中去的方向。最近这些年这一心理学用华生的话去回应屈尔佩的论点,说思维就本质来说,与打网球和游泳什么区别都没有。

在这个问题上,苛勒的著作站在既与符兹堡学派立场也与幼稚的行为主义立场截然不同的全新的立场上。苛勒在两条战线上进行斗争,将自己的研究一方面与抹杀思维和通常反应习惯的界限的企图相对抗,另一方面与将思维看作跟初级形态的行为没有任何共同之处的纯粹心灵动作,从而使我们与返回到柏拉图思想的企图相对抗。苛勒处理智力问题的哲学新理念体现在这场两条战线的斗争中。

不难看到,如果根据外部特征判断,我们就会陷入上述内容的明显矛盾之中。我们说过,在苛勒的著作中没有任何智力理论,只有对所获得的实验资料的事实描述和分析。由此很容易做出结论,苛勒的研究一般说并没有为哲学概括提供任何理由,企图审查和批判性地评价这一研究的哲学基础,也许事先就会被指责为不能成功,按说我们就应试图越过所欠缺的思维的心理学理论,然而情况并非如此。苛勒所报道的一系列事实,同时也是一系列思想,因为只有借助这些思想,才能获取这些事实并对之进行说明与解释。正是因为苛勒缺少任何展开的思维理论,我们才有必要将视线停留在他的著作的哲学基础上来。如果研究基础的思想和哲学前提提供得不够详尽,那么为了正确地理解和评价这一著作,尝试着详尽地阐述这些思想就更为重要了。

显然,在这里根本谈不上是要抢到前面去,谈不上企图要先于苛勒哪怕只是大体地说出他还未展开的思维理论。但是为了正确地理解苛勒所报告的事实,就必须仔细研究作为搜集、研究这些事实并将其系统化的基础的那些哲学观点。

应提醒的是,苛勒对智力概念的理解,与屈尔佩及其同事在研究中所得到的结论是根本不同的。后者是从上层来研究智力,是就人类抽象思维的最展开的、高级的和复杂的形式来展开研究的。

苛勒试图从下层研究智力——从它的底层,从它的最初萌芽,例如从类人猿身上显露的萌芽开始研究。不仅是他从另一端着手研究,而且他的智力构想本身与过去作为思维实验研究基础的那种概念,在本质上也是对立的。

在思维能力方面,屈尔佩说,在思维心理学中古老的智慧找到了人的本性的区分性的特征。教父奥古斯丁与其后的笛卡儿把思维看作是处在怀疑中的人的存在的唯一可靠的证据。而我们不仅要说"我思故我在",而且同样要说"世界存在着,一如我们对它的审视和确认"。

人的本性中的区分性特性,以及审视和确认世界存在的特性,在这些心理学家看来,就是人的思维。对于苛勒来说,首要的、原则性的重要问题首先是他所发现的证据,它揭示了猩猩也显露出人这一物种所具有的理智行为,人的理智行为类型无疑地在类人猿身上也可能建立,在生物发展上思维并不是人的本性中的独有的特征,就像整个人性一样,思维也是从动物身上比较低级的形态中发展起来的。人的本性经由类人猿与动物的相接近,不仅在形态学和生理学特征方面接近,还在那种被认为是人的特性的行为方式方面也接近。我们在上文中已经看到,向来被视为人类活动的区分性特征的使用工具,苛勒也在猩猩身上实验性地建立起来了。

然而,与此同时,苛勒不仅将智力发展与动物和人的其他属性和机能的发展放到同一个系列考察,而且提出了与以往完全对立的智力活动标准。对于他来说,表现为工具使用上的智力行为,首先是一种影响周围世界的特殊方式,按照他自己的观点,是由接受我们影响的那些物体以及我们所使用的工具的客观性质决定的一种方式。在苛勒看来,智力并不是审视、确认世界存在的思维,而是其自身要服从事物的最重要的客观关系,揭示外界情境的结构性质,使人有可能依据事物的这种客观结构去发生作用的那种思维。

我们记得,从事实方面看,正如苛勒在书中所描述的,猩猩的智力活动,整个地被工具使用的描写所淹没,而从理论方面看,苛勒又提出了智力活动的客观标准。他说,我们感到只有动物的那种行为才是理智的,它作为一个闭合的完整过程,与外部情境的构造、与视野的总体结构相符合。因此,他说,这样一种特征——作为整体的、与视野结构相适应的问题解决的产生,可以用来作为理智的标准。

于是我们看到,针对公然包含在屈尔佩结论中的思维决定存在的唯心主义论点,苛勒提出了思维取决于客观的、存在于我们之外并影响我们的东西的对立的观点。同时,对于苛勒来说,思维并没有丧失独特性,他认为只有思维才具有发现和揭示事物的客观结构关系,并利用揭示出来的这些关系去影响客观事物的能力。苛勒在谈到猩猩的思维操作时说,它概括地提醒人们注意,关于人的理性活动,泽里茨得以查明的,说到底不是别的,而是结构性的行动,其理智性质在于它与客观情境结构的相适应。正是这一点可以将猩猩的智力操作与偶然的试误方法区别开来,借助于它,我们可以对动物或多或少复杂一些的习惯行为进行判定。

苛勒反对桑代克及其他美国心理学家将动物的所有行为仅仅列入试误行为的意图。他以实验准确性的态度说明,应该用什么样的客观要素将任务的真正解决和它的偶然解决区分开来。在这里,我们不打算重复苛勒的论据,更不会给它增添什么东西。我们只想强调,如果苛勒连解释猩猩智力行为的正面理论的初步知识都没有给出的话,那么,他所提供的就只能仍然是对事实的详尽的负面分析,指出他所观察到的猩猩行为是某种原则上不同于偶然试误的行为。

以上我们详细评述并权衡了苛勒和他的评论者的论据。现在我们感兴趣的正是这一反面命题的哲学方面,即苛勒完全清楚地了解的方面。他说,在驳斥有关猩猩问题解决产生的偶然论的时候,他陷入与自然科学的明显的冲突中。不过,按照他的意见,这种冲突仅仅是表面的、外部的,因为偶然论在对另一些情境的事实给出了详尽的科学说明时,在该情境下从自然科学观点看来偶然论的解释正是没有说服力的。因此苛勒将自己的理论和观点与过去曾经发展过的、在否定方面与他正在发展的理论类似的观点,严格地区分开来。

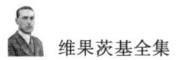

他说,偶然论已被哈特曼所否定,哈特曼认为,不能假定鸟找到回巢的路线似乎是偶然的,由此可以得出结论,这只能是由于它的无意识作用而发生的。柏格森认为视觉成分的偶然排列是极端不可思议的,因而只能迫使自己的生命冲动能产生奇迹。新活力论者和心理活力论者也同样不满意达尔文式的偶然性,并在生命物质中找到了如同人的思维那样的追踪目标的力量,但没有被有意识地体验到。苛勒的著作,用他自己的话说,在这里只涉及这些理论的那些方面,诸如偶然论遭到批驳的那些方面。

虽然许多人认为,拒绝一种理论必然导致接受同类学说中另外一种理论,但苛勒断言,对于自然实验人员来说,完全不存在一个在偶然论和超感觉动因论中的二中择一的问题。这种二中择一的观点是基于一种基础性的谬误,仿佛有机物质以外的所有过程都服从随机规律。正是从物理学观点出发,苛勒认为在那些实际上存在着其他可能性的地方,这种"或者……或者……"的思维方式是没有根据的。这样,苛勒触及结构心理学的一个最重要的理论要点,正是这种心理学试图克服现代自然科学两个基本顽症——机械主义与活力论观念。魏特海默首先指出,从结构理论看来,这两个观念都是不可靠的。

在期望脑内发生的神经过程能成为新理论的基础的同时,魏特海默也确信,不应将这些过程视为个别兴奋的总和,而应将其看作是一个整体结构。按他的看法,理论上没有必要像活力论那样做出假定,似乎在许多个别的兴奋之外,还存在着超越它们的专门的、特殊的中枢过程。宁可假定脑中的所有生理过程是一个统一的整体,不是一个简单的总和,不是由各个个别中心的兴奋叠加而成的,却又具有我们上面说到的所有结构特点。

于是,结构的概念,即是具有不能归结为其个别部分的特有性质的整体,能帮助新心理学战胜机械主义和活力论。不同于厄伦费斯和其他心理学家,他们把结构看作是高级心理过程的特点,看作是由意识带到成分中来以使这些成分得以形成整体性知觉的某种东西,新心理学的出发点则是,我们称之为结构的整体性,不但不是高级意识过程的专利,也不是一般心理的例外的特点。

考夫卡说,如果仔细考察,我们就会发现这些特点在自然界中是普遍存在的。因而,我们必须承认神经系统中存在这样的整体,只要具有这一观点的根据,也应该把心理生理过程看成是这样的整体。其实这样的根据是有很多的。我们应该承认,意识过程是更大整体的局部过程,揭示这一整体的其他部分,也就证明了,就像心理过程一样,生理过程同样是一个整体。

这样,我们注意到,结构主义心理学正在着手一元论地解决生理心理学问题,它原则上设想的不仅是心理学,而且是脑生理学的结构学说。考夫卡说,与诸如节奏、旋律、图形知觉那些现象相对应的神经过程,应该具有这些现象的重要性质——首先就是它们的结构性。

为了查明非心理过程是否存在结构,苛勒决定研究在生理现象领域有没有我们所说的结构。苛勒试图通过专门的研究证明,在生理现象方面,存在着我们在心理学中有充分理由使用这个词的本义上被称为结构的那种整体过程。这些整体的典型特点和性质是不可能通过累加的方法从其部分的特征和性质中产生出来的。

一眼就可以看出,化合物就是非心理性质的那种结构的范例。合成的化合物在任何情况下都具有不属于任何一个构成元素的性质。严格地说,这种过于简单的证明不是很有说服力的,因为正如苛勒所说,运用这种类比,一方面我们不能以化合物(部分对整体的基本依存性)为例来揭示心理现象中许多重要的属性；另一方面我们可能期待，随着生物化学的新进展，这些性质将可能归结为某些初级的生物属性。因此，为了原则上有可能把中枢神经系统中的过程看作结构性的过程，苛勒为自己提出了研究任务：在生理现象范围内是否可能存在一般的结构。正如我们说过的，苛勒肯定地回答了这一问题。

与这些研究有关的是，对于苛勒来说，传统的心理生理学问题的整个提法发生了根本的改变。与新心理学一起值得我们立即关注的是脑内的生理过程，同样还有脑内的心理过程和心理结构，因而贯穿整个心理学历史期间的心理学与生理学间的深壑正在完全消失，而在深壑处，对心理生理过程的一元论的理解正在凸显出来。

苛勒说，通常认为，即使是在对脑过程的精确的生理学观察和了解中，我们仍然不能从中借用任何东西来解释相应的体验，而应该做出相反的判断。原则上完全可以想象得到对脑的那样的观察，它可以揭示在结构上、在本质特性上与被试现象学体验相似的生理过程。实际上这几乎是很难想象的，其中不仅有技术上的原因（就这个词语的通常含义来说），而且首先还由于其他的困难，由解剖—几何空间和脑的机能空间的差别所导致的困难。

用苛勒的话说，反对思维（以及一般高级心理过程）的生理相关物假设的一个主要的常见理由是有人指出的，经过特殊划分的统一体，作为一个生理现实，它不再存在，也不可能存在。由于这里的假设会随着"生理结构"的假设的失效而一起失效，因而苛勒说，不难理解，结构理论将来对于高级过程心理学尤其是思维心理学将具有怎样的意义。

彪勒在论述现代心理学危机的著作中指出了结构心理学与"古老的斯宾诺莎学说"的渊源。这一看法是完全正确的。实际上，结构心理学反对传统的经验主义心理学的二元论,按照斯宾诺莎的说法,因为它不是把心理过程看作是遵循一般自然界规律的自然现象,而是看作是处于界外的事物。我们不难看出,与斯宾诺莎理论接近的对心理和生理现象的哲学理解,正是一元论观点的基础,并处处与其发生根本联系。

列昂节夫《记忆的发展》前言*

现代科学心理学正在经历着这门学科由其历史发展全部进程所形成的自身方法论原理的最深刻危机。危机以极大的充分性和力度涵盖了心理学研究的整个领域，使其无可置疑地标志着心理学新纪元的开端，以及它在旧的道路上进一步发展的不可能性。未来的心理学不管是什么，它无论如何都不可能是旧心理学的直接延续。危机因此还标志着它的发展史的转折。危机的全部复杂性在于，其中过去的、未来的心理学的许多特点以奇特的复杂"纹理"纠结在一起，这给廓清它的任务带来了巨大的困难，为此需要开展致力于这一问题解决的专门的历史的、方法论的和评论性的研究。

如前所述，危机具有那样无所不包的性质，以至没有哪个或多或少有些重要意义的心理学问题不被其所包涵。不言而喻，科学心理学的每一篇章都会按自身的方式卷入其中。在每一个问题上，危机都可以依问题本身性质及其历史发展道路的不同，而有着自己独特的表现和反映。然而在危机表现多样性、它通过个别具体问题的棱镜折射出丰富色彩的条件下，其方法论性质却仍然是本质同一的。因此，无论是试图拟定心理学知识的原理和体系，还是致力于某一局部的每一项心理学问题的具体研究，都只有从那些涉及整体问题的危机的角度去考察，才能够从方法论上确立自己的出发点、确定自己的方法、提出自己的问题。

---

* 刘华山译。

笔者(为之撰写本序言的列昂节夫)的研究所考察的问题也不例外。记忆更是这样的一个心理学问题,其中危机的基本特点表现得更为清楚和明晰。

众所周知,心理学危机的基本内容乃是两种原则上不同的、不可调和的倾向之间的斗争,这些倾向在心理学整个发展时期以各种错综的形式构成了心理科学的基础。这些倾向现在已为最有远见的心理学代表人物所充分意识到。他们中的多数人认识到,在两种倾向间达成任何和解是不可能的。而为数不多的最大胆的思想家已开始认识到,心理学在自己发展的道路上正面临着重大的转折,与这一转折相联系的,是与迄今为止引导着心理学发展并决定着它的内容的这两种倾向的根本决裂。

这一危机具体表现在存在着两种独立的、完全互不依赖的理论学科的心理学(自然科学的、因果的、解释的心理学,以及目的论的、描述的、领悟的心理学)这一虚假的观念上。

两种倾向之间的这一彼此不可调和的斗争也基本决定了心理学中记忆研究的命运。按照闵斯特伯格的正确意见,目的论心理学实际上很少以纯粹的、一贯的形式出现。它多半存在于与因果心理学的一些成分的某种外部融合中。这种情况(例如,记忆过程被描述为有因果关系的,而感情和意志过程则被描述为倾向性的)是一种容易在日常生活的朴素观念的影响下发生的变动。

实际上,在心理学中,记忆通常是从自然科学的、因果论的观点来加以说明的。黑灵说法表达了那一伟大的思想,即记忆是有组织物质的普遍特性,而在这一思想的旗帜下发展起来的一系列研究,在经验心理学的一般二元混杂的框架内部,形成了记忆理论中的自发的唯物主义潮流。因此,毫不奇怪的是,持极端的生理学和反射学观点的人都把记忆问题作为自己喜爱的核心课题。

但是，正如认识史上多次出现的那样，这种观点存在的本身，必然导致在另一端开始聚集起关于记忆性质的完全对立的观点。显然，在完全分析式提出问题的情况下，如果把研究的最终目的视为将记忆的高级形态归结为它的低级的、原初的、萌芽的形态，归结为记忆的一般生理学原理，将全部问题整个地消融在普遍的、不确定的、朦胧的、作为物质普遍能力的、几乎是形而上学的记忆概念之中，那么记忆的特殊心理学规律、人的记忆机能所特有的形态和方式就都不能在某种程度上得到满意的解释。

这样，形而上学唯物主义必然会导向另一个极端，它将沿着自己的道路合乎逻辑地转变为唯心主义的形而上学。

关于高级记忆的这种唯心主义概念，在柏格森的著名著作《物质和记忆》中得到了充分的表达，该书将机械主义和唯心主义观点的这一相互依存性表露得最为清楚。柏格森在分析基于习惯形成的运动记忆时，其出发点就是人的整体记忆活动不可能遵循这种记忆的规律。从习惯的规律中不可能引申出也不能解释回忆的功能。整个理论的隐蔽的却是核心的观念、它的基本前提、它的赖以存在并与之同存同废的唯一现实基础就是这样。他的关于两种记忆（脑的记忆与灵魂的记忆）的学说就是由此而来的。

在一贯以机体记忆的机械主义观点作为自己主要依据之一的这一理论中，无论是对于整个心理学还是对于具体的记忆心理学来说都有代表意义的二元论，得到了形而上学的理论支撑。脑之于柏格森，就像在一个彻底的行为主义者那里一样，只是联系外部刺激和身体运动的一个简单的器官。他说，依他看来，头脑不是别的什么东西，只是一种电话交换台，它的作用是接通联系或者迫使对方等待。神经系统的整个发展仅仅在于,被它引入到运动机构联系中的空间点越来越多,越来越远,越来越复杂。但是神经系统的基本功能在它的发展的整个时期仍然是那样的,它没有获得质上新的机能。而头脑,人的思维的这一主要器官,依据柏格森的意见,与脊髓也没有任何原则上的差别。他说,在头脑的所谓认识能力与脊髓的反射机能之间,仅有程度的不同而无本质的差别。

由此,柏格森很自然地划分出两种记忆理论。就其中一种理论而言,记忆只是脑的机能,并且在知觉和回忆之间仅有强度的差别。而就另一种理论而言,记忆是与脑的机能不同的某种东西,而且知觉和回忆之间的差别不是程度上的,而是本质上的。柏格森本人站到了第二种理论方面。对他来说,记忆是某种不同于脑的机能的东西,它是某种"完全不依赖于物质"的现象。"借助于记忆,我们实际上可以到达灵魂地带"——他这样表述自己的基本思想。脑简直就是使这一纯粹灵魂活动得以表现的工具。按照他的看法,所有事实和类似的东西都支持了"脑仅仅是感知觉和运动间的媒介"这一理论观点。

这样一来,我们看到,曾经在整个心理学界占优势的二元论取向在关于两种记忆的学说中得到了清晰的表达。我们还看到,正如这种二元论不可避免地导向唯心主义记忆概念,不论是从上而下导向唯心主义,还是从下而上导向唯心主义,都是一样的——不管是导向完全不依赖于物质的柏格森的灵魂记忆理论,还是导向原初的、包罗万象的物质记忆理论即谢蒙的记忆理论,也都没有什么区别。

当你考查了基于这一取向的心理学研究时,就会开始感到,这些工作属于那个过去了很久时代的研究,当时历史的方法还与所有科学格格不入,康德还把应用这一方法视为社会学的专利。思维及研究的历史方法渗透到心理学还要晚于整个科学。

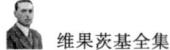

康德时代以来的形势发生了根本的变化。不仅是生物学，而且还有天文学、地质学以及整个自然科学，一般说来都已经掌握了思维的历史方法，只有心理学是一个例外。当时黑格尔曾认为历史是精神的专利，并且否认自然界有这种专利。他说，只有精神才有历史，而在自然界中，一切形态都是同时发生的。现在情况逆转过来了。自然科学早就接受了这一真理，即自然界一切形态都不是同时性的，只有透过历史发展的观点才能得到理解。只有心理学家把自己的学科作为例外，他们认为：心理学涉及的是永久不变的现象，至于这些永久不变的现象是从物质中还是从精神中推断出来的，也就没有什么差别；对待心理现象的形而上学观点无论在哪里都是同样有效的。

这种反历史的观点在著名的联想民族心理学的原理中得到了最高的表现。它宣称人类精神的规律时时处处都是同一的。尽管你感到很奇怪，但事实就是，发展的观念迄今为止依旧还未被心理学接受，尽管心理学的整个支脉正是致力于发展问题的研究，而不是别的什么东西。这一内部矛盾反映出，这些心理学家是作为形而上学者来处理发展问题的。

众所周知，儿童期记忆的发展问题给记忆心理学带来巨大的困难。一些心理学家基于毋庸置疑的事实断言，儿童期的记忆同所有其他机能一样是不断发展的。而又有一些心理学家则依据同样是如此毋庸置疑的事实断言，随着儿童发展，他的记忆会减退和收缩。最后，第三部分人试图调和前两种观点，得出结论说，在儿童前半期，记忆是发展着的，而后半期则是减缩的。

这种状况不仅是儿童心理学特有的，对于病理心理学来说也同样是有代表性的，病理心理学照样也无法了解记忆衰变的运动规律。动物心理学也是如此。对于所有这些学科，记忆的发展只是意味着永远不变的机能的数量增长。

如果允许对所有这些困境做一个归纳，那么可以说，记忆心理学最大的困难在于捕捉记忆运动的各种形态，并在记忆的运行中去研究它。十分清楚，在这种境况下，心理学研究遭遇到了不可克服的困难。

现在抱怨心理学的不完善和状况糟糕已经习以为常。许多人认为，作为科学的心理学还未发端，并只会在一个或长或短的遥远将来开始启动。心理学研究的前奏以忧伤的调子谱出：还没有为现代心理学找到最好隐喻的兰格指出，特洛伊废墟上的普里阿摩斯，正游荡于心理学文献的书页中。

最严肃的思想家，例如巴甫洛夫院士，把某个德国教授在编制大学心理学课程大纲时的困难，情愿看作是学科本身命中注定的困难。他说，战前的1913年，在德国提出了将大学的心理学从哲学中独立出来的问题，也就是要设立两个教研室代替原来的一个教研室。冯特实际上是反对这种独立的，其理由是不能编制普遍有义务遵循的通用考试大纲，因为每个教授都有自己个人的心理学。巴甫洛夫院士断定，心理学还没有发展到精确科学程度，这一点不是很清楚的吗？

学科的过去和未来几百年的问题，就是这样用源于大纲的几行字的证据，通过并不复杂的手续来解决的。

但心理学还不想死去而令哭灵人伤心。它试图认清自己的研究蓝图，建立自己的方法论。当时一些人，例如苗比乌斯，宣称"任何心理学都没有希望"正是有利于形而上学的主要论据时，另一些人却在尝试用科学心理学来克服形而上学。

这些研究的第一种出发点是发展的观点：不能从记忆的性质来解释它的发展，而只能从它的发展中引申出它的性质——新的研究的基本任务就是这样,涉及这一研究的就有列昂节夫的工作。

将看待记忆的历史观点作为自己工作基础的意图,引导作者将心理学中迄今为止还是形而上学地分割开来的多种方法联合在一起。使他感兴趣的是发展和蜕变,是发生学和病理学的分析,是诸如白痴天才那样的出色记忆。这种联合不是偶然的。逻辑上它必然地来自整个研究的出发点,来自从记忆的历史发展的观点研究它的意图。

经验主义地划分出高级记忆机能并不新鲜。我们应该将此归功于实验心理学。实验心理学能够经验主义地区分出诸如有意注意和逻辑记忆这样一些机能,却对之做出了形而上学的解释。在现在的研究中,已经尝试将注意与记忆的高级机能得以产生的发展过程的特点作为研究这些机能的基础——研究它们相对于初级机能的独特性,以及研究它们与这些初级机能的统一性和关联性。通过实验展示所谓的逻辑记忆和所谓的有意注意的形成,揭示它们的心理发生过程,追踪它们进一步发展的际遇,从发展前景的视角去理解记忆与注意的基本现象——这一研究的任务就是这样。

在这种意义下,列昂节夫的工作在方法论上遵循着我们基本的、核心的观点,即人的行为历史发展的观点、高级心理机能的历史理论。由这一理论观点看来,人的高级心理机能(包括记忆的高级机能)的历史发生和发展,是理解这些机能的性质、成分、构成、活动方式的关键,同时也是人类心理学(试图恰当地揭示心理学中真正人的内容的心理学)解决全部问题的关键。

同时,在心理学中引入历史观点,这就把对所研究现象及其规律做出独特的心理学解释提到了首要地位。这种研究依据的信念是,存在着独特的心理学规律、联系、关系和现象间的依存性,必须以心理学方式对它们加以研究。

我们最好能够重复一位现代唯心主义心理学的杰出代表提出的论题——Psychologica psychologice,但赋予它以原则上不同的内容。对于唯心主义心理学来说,以心理学的方式研究心理现象这一原则,首先要求在脱离与人类存在的物质基础的任何关联的条件下,将心理现象作为独立的精神王国进行孤立的研究。对于作者来说,这一论点的意思是,心理现象本质上是绝对独立的。但从形式方面说,要求从心理学观点来研究心理规律的这一原则又是非常正确的。列昂节夫在书中试图变更这一原则的基本内涵,合乎逻辑地将心理学观点引到所研究的对象上去。

与此有关的是,著作中还提出了一系列的有着直接实际意义的原则。关于记忆发展问题的另一个方面,总是记忆的可培养性问题,这不是没有原因的。坦率地说,形而上学地提出有关记忆心理学的问题,只会使记忆的教育学依然缺少心理学依据。只有试图从发展的视角揭示记忆的心理学性质的新观点,我们才能第一次有可能真正科学地建立记忆教育学,去获取记忆培养的心理学依据。

列昂节夫著作在所有这些方面都迈出了以新的观点研究记忆的第一步。正如任何初次尝试,自然地,它也未能涵盖所有问题,而且也不能奢望得到某种完满程度的解决。但是这第一步是在全新的、极其重要的方向上迈出的,其最终目的也许可以用最简短的、可惜在这方面迄今依旧未必为大多数心理学研究所认同的字句来界定,这就是:人的记忆。